Sex und Folter in der Kirche

Horst Herrmann

Sex und Folter in der Kirche

2000 Jahre Folter im Namen Gottes

Bassermann

FSC
Mix
Produktgruppe aus vorbildlich
bewirtschafteten Wäldern und
anderen kontrollierten Herkünften

Zert.-Nr. SGS-COC-1940
www.fsc.org

Verlagsgruppe Random House FSC-DEU-0100
Das für dieses Buch verwendete FSC-zertifizierte Papier
Super Snowbright liefert Hellefoss AS, Hokksund, Norwegen.

ISBN: 978-3-8094-2418-5

Das Werk erschien erstmals 2005 im Aufbau Taschenbuch Verlag; Aufbau
Taschenbuch Verlag ist eine Marke der Aufbau Verlagsgruppe GmbH
Diese Lizenzausgabe wurde vermittelt durch die Aufbau Media GmbH,
Berlin

Umschlaggestaltung: contact@inaction.de
Druck und Bindung: GGP Media GmbH, Pößneck

Printed in Germany

817 2635 4453 6271

Die Kunst der Liebe ist nichts weiter als ein Dutzend Stellungen und ein paar Dutzend Raffinessen, aber die Folter hat tausend Varianten.

Petru Dumitriu

Inhalt

Versuch, zuzuschauen

Sie sprachen vom Jüngsten Gericht? Gestatten Sie mir ein respektvolles Lachen! Ich erwarte es furchtlos: ich habe das Schlimmste erfahren, und das ist das Gericht der Menschen. Bei ihnen gibt es keine mildernden Umstände, sogar die gute Absicht wird als Verbrechen angekreidet … Ich will Ihnen ein großes Geheimnis verraten, mein Lieber. Warten Sie nicht auf das Jüngste Gericht: es findet alle Tage statt.

Albert Camus

Das Wahre und Echte würde leichter in der Welt Raum gewinnen, wenn nicht die, welche unfähig sind, es hervorzubringen, zugleich verschworen wären, es nicht aufkommen zu lassen.

Arthur Schopenhauer

Die Farbe Rot? Das Buch, das Sie soeben in die Hand nahmen, müßte eigentlich, Seite um Seite, tiefrot sein. Die für Druck-Erzeugnisse ungewöhnliche Farbe hat nicht nur mit der Erkenntnis unserer Schande zu tun.

Auch nicht mit der Scham, die sich bei einigen einstellt, sobald sie sich über die Serien von ungeheuren Verbrechen informieren, die Menschen gegen Menschen begingen und begehen – wegen eines angeblich wahren Menschseins oder gar um eines lieben Gottes willen.

Jedenfalls aus jenen guten Gründen, wie sie alle finden, die ihr schlechtes Gewissen beruhigen wollen.

Immer wieder, immer noch finden sich Jünger, Anhänger von Religionen, die über ihrem Ziel, angeblich dem Heil der Menschheit, den einzelnen Menschen aus dem Blick verlieren. Sie sind, um der Menschheit willen, wie sie vorgeben, andere Menschen zu opfern fähig und bereit.

Religion? Wer denen auf den Leim geht, die ausposaunen, sie habe ausgedient, täuscht sich. Zwar braucht niemand an der Vorstellung festzuhalten, Religion sei eine Uranlage des Menschen. Doch darf der Einfluß der Religion nicht auf die Vergangenheit beschränkt werden. Eine intensive Tradition »in den Seelen« lebt unter uns fort; es wäre verhängnisvoll, sie zu unterschätzen.

Menachem Friedman, Soziologe und Anthropologe an der Bar-Ilan-Universität in Tel Aviv, nannte Religion soeben »ein zentrales Thema unseres modernen Lebens«.

Tote Kirchen, auflebende Religion

Nach dem Zweiten Weltkrieg waren viele der Ansicht, das Zeitalter der Religionen sei zu Ende. Immerhin boten sich wichtiger denn je gewordene Alternativen: der Rationalismus, der Sozialismus. Sind aber, fragt Friedman, nicht beide vor unseren Augen gescheitert? Auch der Rationalismus, der sein Versprechen nicht einlösen konnte, »allen alles verständlich« zu machen?

Religion dagegen, deren ursprüngliche Erfahrung von Schrecken begleitet ist, darf in tausend Gewändern, in abertausend Verhüllungen auftreten. Ihre Propheten, die sich gegenseitig falsch heißen, mögen sich in noch so viele Schafspelze kleiden (Mt. 7,15) – religiöse Erwartungshaltungen sind nicht abzulegen. Der entsprechende Blick nach oben, unten, innen blieb üblich. Kirchenaustritte täuschen über die Lage hinweg: Religion, oft ein diffuses Gemenge der in jeder Generation auftretenden Sinn-, Orientierungs- und Heilserwartungen, bleibt in. Während dem Rationalismus bereits Versagen vorgehalten wird und Aufklärung wieder als suspekt gilt, darf Religion fröhlich weiterwirken. Der spirituelle Markt ist noch lange nicht gesättigt.

Kein Wunder, daß Dutzende von New-Age-Kongressen und -Seminaren rings um den Erdball die neuen Dogmen des Herzens, des Mutterschoßes, der überfließenden Sensitivität, der umfassenden Verschwisterung, der kumpelhaften Duz-Brüderschaft und -Schwesternschaft enthusiastisch feiern. Ein Blick auf die ekstatisch geöffneten Augen, die bereitwilligen Gesichter der gegenwärtig Erwählten sagt alles. Es scheint sogar, als sei die masochistische Bereitschaft solcher Menschen, sich als Opfer zu fühlen, ebenso wie ihre Zahlungswilligkeit um so größer, je unsinniger, »unverkopfter« die fundamentale These des jeweiligen Gurus ausfällt. Ketzerische Gedanken sind im Vergleich mit dem seltsam Entzückenden, Sinnberückenden, Berauschten nicht gefragt.

Die Kirchen, Großorganisationen des herkömmlichen Christentums, sind schockiert, weil sie die frischen Wasser der religiösen und pseudoreligiösen Energien nicht auf ihre Gottesmühlen zu leiten vermögen. Doch sie sind zu schwach, auch nur einen bescheidenen Anteil an der gegenwärtigen Glaubensrenaissance zu beanspruchen. Ihre Geschichte ist entlarvt, ihre Glaubwürdigkeit litt schwersten Schaden. Ihre geistlos verwalteten Strukturen lassen keine Rettung des Feuers zu; dieses brennt anderswo.

Es wirkt nur noch komisch, wenn Kirchenvertreter, denen in letzter Zeit die Menschen in Scharen davonlaufen, vom neuen Aufbruch des Glaubens in den Seelen sprechen und dabei ausgerechnet an ihresgleichen denken. Sie haben keinen Grund, die Entwicklung anzuprangern. Die christlichen Kirchen haben die Vernunft nicht gepachtet, auch wenn Sektenbeauftragte, die neuen Inquisitoren, dies vorgeben: Der christliche Glaube verlangt nicht weniger, sondern mehr irrationalen Glauben, als manche »Sekte« einzufordern wagt.

Erst recht nicht dürfen jene Großkirchen, die nicht nur acht Milliarden Euro Kirchensteuer pro Jahr einnehmen, sondern auch Subventionen in Milliardenhöhe für ihre Zwecke kassieren, auf die ungezügelte Spendenfreudigkeit von Sektenmitgliedern verweisen und bestimmte Sekten als »bloße Wirtschaftsunternehmen« charakterisieren: heuchlerisch, einen wesensmäßigen Zusammenhang von Glaube und Geld nur bei anderen anzunehmen und sich selbst auszunehmen. Freilich ist es ein erprobtes Prinzip, den Splitter im Auge anderer zu sehen und den Balken im eigenen zu übersehen (Mt. 7,3). Doch wer im Glashaus sitzt ...

Im übrigen erklärten uns die beiden größten nichtstaatlichen Grundbesitzer der Republik bis heute nicht, wie sie in den Besitz ihrer immensen Ländereien gelangten. Es ist bis zum Beweis des Gegenteils anzunehmen, daß bischöfliche Raubzüge und Raubkriege, klerikale Betrügereien größten Ausmaßes, oberhirtlich legitimierter Mord für den Gewinn verantwortlich zeichnen.

Auch die Folter hat ihren Anteil. Immerhin waren die erpreßten Opfer nicht selten vermögend; ihr Hab und Gut wurde nach Tortur, Geständnis, Hinrichtung zugunsten kirchlicher Oberen eingezogen. Noch ist unklar, was aus diesen Folter-Gewinnen wurde. Wieviel Besitz der heutigen Kirche mag sich diesem Dunkel verdanken? Doch fand sich ein Bischof, der auch nur am Rande einer Predigt auf solche Sachverhalte eingegangen wäre? Stellt sich ein Oberhirte überhaupt die Frage?

Der Zürcher Jurist und Religionswissenschaftler Robert Kehl stellt fest, daß bis vor etwa zehn Jahren der Religion kaum eine Bedeutung als einer schlimmste Konflikte auslösenden politischen Kraft zugeschrieben wurde. Das Dogma der Berufspolitiker und der meisten Meinungsmacher in den westlichen Medien lautete: Hinter einem Krieg und/oder einer Revolution können nur handfeste politische und wirtschaftliche Interessen stehen. Doch die Ereignisse der letzten Zeit belehrten uns eines Besseren. Manche Menschen beginnen zu realisieren, daß religiöse Überzeugung und weltanschauliche Verbissenheit als Kriegsauslöser nicht weniger wichtig sind als andere Faktoren.

Zur Erinnerung die jüngere Vergangenheit: Der Schriftsteller C. Malaparte schildert, wie ein Gegenstand seine Aufmerksamkeit erregte, den er beim Besuch des Kroatenführers Ante Pavelić in dessen Büro vorgefunden hatte. Dieser hob auf die Nachfrage Malapartes »den Deckel des Behältnisses und zeigte mir diese Meeresfrüchte, diese Masse von gallertartigen schillernden Austern und sagte mit einem Lächeln, seinem guten Lächeln: Das ist ein Geschenk meiner treuen Freunde, zwanzig Kilo menschlicher Augen!«

Pavelić war bekennender Christ und Faschist. Der Diktator ist schuldig an Folter und Mord, die die Seinen zwischen 1941 und 1943 beim katholischen Feldzug gegen die serbisch-orthodoxe Kirche verübten. In diesem Zeitraum wurden zirka dreihundert orthodoxe (also christliche!) Kirchen ausgeraubt, zu Warenhäusern, Ställen, öffentlichen Toiletten gemacht. Hinzu kamen die gnadenlose Zwangsmissionierung von 240000 Serben, die von orthodoxen Christen zu katholischen Christen befördert wurden, und die Hinschlachtung von etwa einer dreiviertel Million Andersgläubiger, oft nach grauenvollsten Foltern. Ihnen wurden Nasen, Ohren abgeschnitten, die Augen ausgestochen (zwanzig Kilo für den Chef!), die Haut wurde abgezogen. Kinder, Frauen, Greise sind lebendig verbrannt, lebendig gevierteilt, lebendig in Stücke geschnitten, lebendig gekreuzigt, lebendig begraben worden.

Die Kirche war eng mit den Mörderbanden verbunden. Ein Teil ihres Klerus war aktiv bei den Massakern tätig. Priester bekannten, es sei »die Zeit gekommen für den Revolver und das Gewehr«, es sei auch »keine Sünde mehr, ein siebenjähriges Kind zu töten, wenn es gegen die Gesetzgebung verstößt«. Ein katholischer Erzbischof erkannte die Hand Gottes in diesem Werk, dankte seinem Klerus, rechtfertigte wörtlich auch die gegen die Juden angewandten Methoden.

Und so wurde der orthodoxe Metropolit in Zagreb, wo dieser Erzbischof und der päpstliche Nuntius residierten, so lange gefoltert, bis er wahnsinnig wurde. Der Metropolit von Sarajewo wurde erwürgt. Ein einundachtzigjähriger Bischof, der nur orthodoxen, aber nicht katholischen Glaubens war, bekam die Füße wie ein Pferd beschlagen. Dann zwang man ihn, so lange zu gehen, bis er ohnmächtig zusammenbrach. Daraufhin entzündeten die Peiniger auf seiner Brust ein Feuer, stachen ihm die Augen aus, schnitten ihm Ohren und Nase ab, erstachen ihn. Doch welcher Katholik erfuhr von solchen Märtyrern, von den Opfern seiner eigenen Kirche? Wer wurde informiert über den blutigen Hintergrund, den seine Konfession für den gegenwärtigen Krieg abgibt? Alles schon vertuscht, verschwiegen, vergessen?

Pavelić, von dessen Grausamkeit sich selbst Hitler distanzieren mußte, entkam nach dem Zusammenbruch seines Gottesreiches. Papst Pius XII. aber, besser informiert als jeder andere, hatte diesen Bekenner eines »Kroatien Gottes und Marias« nicht nur im Vatikan feierlich empfangen, als praktizierenden Katholiken gelobt und mit den besten Wünschen für die weitere Arbeit entlassen, sondern Pavelić auf dessen Sterbebett im spanischen Exil auch seine besonderen Segensgrüße geschickt …

Höchst unklug, die Sprengkraft der nach wie vor zu beobachtenden Ideen religiöser Gewalt nicht ernst zu nehmen. Aus der Perspektive der einschlägigen Ideologien ist es zum Beispiel immer besser – und daher notwendig –, daß ein einzelner Mensch für das Volk sterbe, als daß das ganze Volk untergehe. Das Prinzip stellt ganz einfach und wie selbstverständlich Freibriefe für das Foltern wie für das Töten aus. Es wägt das Leben des und der einzelnen gegen das Interesse der vielen ab und rechnet in Gewichts- und Quantitätskategorien. Die Frage stellt sich von Fall zu Fall, gegen wen der inhumane Grundsatz gerichtet werden wird, wer also tatsächlich gefoltert und getötet werden darf.

Das Evangelium legt diese Handlungsanweisung dem Hohenpriester Kaiphas in den Mund (Jo. 18,14), dem Hauptrepräsentanten einer konkurrierenden Religion. Damit ist unter Christen mit der Autorität des Gotteswortes die Schuld der Juden festgeschrieben; dieses Vorgehen blieb bekanntlich nicht ohne schlimmste geschichtliche Konsequenzen.

Auch die letzten Jahre lösten sich keineswegs von dem traditionellen christlichen Vorwurf. So behauptete 1992 ein Artikel über die »wahre katholische Tradition der Judenverdammung«, die Lehre von der Kollektivschuld des Judentums an der Tötung Christi sei unbedingt gesichert, das jüdische Volk wegen Gottesmord verdammt und verflucht. 1993 lehnte es eine orthodox-katholische Redaktion ab, von Solidarisierung mit einem Volk zu sprechen, das »als solches den Mord an unserem Herrn Jesus Christus zu verantworten hat«. Auf jeden Fall brauche die Kirche die Juden, »die ihr so oft mit Feindschaft begegneten«, nicht als Gesprächspartner, vielmehr benötigten die Juden die Kirche, »um ihr ewiges Heil nicht zu verlieren«.

Zwischen 1984 und 1992 nahm die Zahl der antijudaistischen Ausschreitungen in Großbritannien um vierundachtzig Prozent zu; nicht wenige sind religiös motiviert. Die Kirchen werden öffentlich beschuldigt, zur Diffamierung der Juden beigetragen zu haben. Auf der christlich-jüdischen Konferenz vom Februar 1994 in Jerusalem sagte der französische Oberrabbiner

R. Sirat zum Friedensprozeß im Nahen Osten, die nichtreligiösen Israelis und die PLO hätten einander die Hand zur Versöhnung gereicht, nicht aber die Priester, Rabbiner und Imame.

Der Vatikan und Israel schlossen zum Jahresende 1993 einen Staatsvertrag und nahmen sechsundvierzig Jahre nach der Gründung des Staates Israel diplomatische Beziehungen auf – weniger ein theologisches als ein von politischen Interessen der Kirche bestimmtes Faktum. Der Vatikan sah sich in dieser Frage zunehmend hinter der Welt herhinken, fühlte sich von der Entwicklung im Nahen Osten überholt und isoliert. Die Mitteilung, »zwei Religionen söhnen sich miteinander aus«, ist gut gemeint, doch trifft sie nicht den Kern. Ein Kommentar meint, es habe »beschämend lange gedauert, bis der Vatikan das Richtige getan hat. Angesichts des dunklen Flecks, den das Verhalten des zwölften Pius während der Nazizeit hinterlassen hat, hätte es der Kirche zur Ehre gereicht, wenn sie nicht erst 1965 die Anklage des ›Gottesmordes‹ zurückgenommen hätte ... Nun hat der Vatikan die Machtverhältnisse neu bewertet: Israel bleibt ein gewichtiges Faktum in Nahost ...«

Zu religiöser Euphorie besteht nicht der geringste Anlaß; der Schlußstrich unter den Antijudaismus, den manche erhoffen, ist nicht gezogen. Die Diplomatie des Vatikans hin oder her, die Gottesmordthese bleibt zumindest im Evangelium aufrechterhalten. Und daher steht der Vertrag des Heiligen Stuhls mit Israel, dem Nationalstaat des jüdischen Volkes, vorsichtig ausgedrückt, »in interessantem theologischen Widerspruch zu den Lehren des Neuen Testaments«. Im übrigen ließ sich der Vatikan seinen Verzicht auf Antisemitismus und Einmischung in »alle rein temporären Konflikte« (umstrittene Territorien, ungeregelte Grenzen) kräftig honorieren: Er setzte Abmachungen über den Schutz des Status quo in den christlichen heiligen

Stätten (Jerusalem selbst wird nicht erwähnt), die Anerkennung der katholischen Erziehungsautonomie, das Recht der Kirche auf Eigentum und die Steuerfreiheit der katholischen Kirche in Israel durch.

Das Evangelium ist sich seiner Sache nach wie vor sicher: Jesus aus Galiläa, vom jüdischen Hohenpriester als Opfer gekennzeichnet und entsprechend denunziert, muß ans Kreuz der Römer. Der Verfasser des dem Johannes zugeschriebenen Evangeliums fertigt daraus seine Opfertheorie (Jo. 11,50 und 18,14), und auch der Autor des zweiten Korintherbriefes zog die ihm passenden Schlüsse (2. Ko. 5,14).

Die Christenheit wird nicht viel Zeit vertun, bis der unmenschlich gewichtende Satz, einer müsse für alle sterben, nicht mehr in antijudaistischer Attitüde auf »Jesus« bezogen wird. Bald, schon kurz nach dem Kreuzestod Jesu, gilt er sinngemäß für jene, die psychisch und physisch vernichtet werden sollen, damit nichts anderes als die christliche Kirche überlebe. Allerdings hüten sich Christen bis heute, Parallelen zwischen jenem einzelnen, dem »Stifter« ihrer Großkirche, und den vielen Menschen zuzulassen, die die großkirchliche Ideologie nicht überleben durften. Da Schweigen christliche Devise blieb, werde ich Opfer und Täter benennen.

Propaganda der ausgewogenen Gewissen

Erschiene dieses Buch besser in Schwarz als in Rot? Ich kann mir vorstellen, daß andere die Buchseiten lieber konturenlos, unleserlich, tiefschwarz sähen. Das käme ihrem Interesse gerade recht: Von Verbrechen zu lesen, zumal von den im Namen

Christi geschehenen und im christlichen Milieu geschehenden, ist ihre Sache nicht. Also die Fakten eingeschwärzt, vergessen, verdrängt, ab auch mit diesem Buch in den Papierkorb. Dunkelheit wirkt auf solche Psychen ungewöhnlich heilsam.

Wer keine Zusammenhänge zwischen Religion und Foltergewalt herstellen kann oder will, braucht sich bloß ein wenig umzuschauen: Schon der Blick auf das nächste Kruzifix genügt, um die Augen für das Thema zu öffnen. Und der progressivste Theologe wie der netteste Religionssoziologe können auf diese Weise daran erinnert werden, was für ihre Fachgebiete zentral ist. Muß etwa verschwiegen sein, wozu Gott und Mensch fähig sind? Dieses Buch bleibt rot; sein Gegenstand ist Menschenblut. Da der Schriftsteller keine Möglichkeit hat, sich davonzustehlen, muß er anschreiben gegen das kalte und leere Vergessen, gegen die geplante Lenkung und Zerstörung jeder Erinnerung: »Seht doch hin, schaut endlich hin, was unsere Väter taten – und was vor unseren Augen geschieht! Das darf doch nicht sein!« Und er sucht Verbündete, Mitmenschen, die sehen und handeln, statt zuzusehen.

Ausgewogenheit ist ein geheucheltes Prinzip der Medien und ihrer quotenträchtigen Zuschauermasse. Sie wirkt auf mich schon im Normalfall zwiespältig. Doch das in ihr sich beweisende Harmoniebedürfnis ist völlig fehl am Platz, wo Menschen leiden. In diesem Fall geht es nicht mehr an, Gut und Böse gegeneinander abzuwägen und beispielsweise das karitative Wirken, für das Kirchen stehen, gegen deren unheilvolle Vergangenheit und Gegenwart aufzurechnen. Folter, Mord und Totschlag lassen sich nicht durch Diakonie aufwiegen, als höbe selbst massenhaft gute Tat je einen einzelnen Mord auf. Dieses Lotterbett des angeblich guten, da karitativ gepolsterten Gewissens sollten Christen im eigenen Interesse so schnell wie möglich verlassen.

Vielleicht schafft nichts mehr Unglück als die guten Gewissen auf den sanften Ruhekissen, die guten Gewissen, die einer bösen Sache dienen im Glauben, daß es die gute sei. Vielleicht ermöglicht in der Tat nichts mehr Verbrechen auf der Erde als die Gleichgültigkeit. Gleichgültig sein heißt unablässig foltern und morden, ohne sich selbst die Hände schmutzig zu machen. Ich denke unter anderem an die vielen Christinnen und Christen, die das ganze Kirchenjahr über »praktizieren«, Gottesdienste besuchen, Evangelientexte und Gebete sprechen, Predigten halten und hören, kirchliche Serviceleistungen in Anspruch nehmen, die wechselnden Spektakel religiöser Folklore genießen, manche Mark spenden. Ihre Feiertagsgesichter strahlen wohl auch deswegen, weil sie sich ein Christenleben lang nicht um Themen wie die Folter kümmern mußten.

Schuld, Reue, Buße sind religiös gefärbte Denkmodelle zur Erklärung der Menschenwelt. Doch sie schafften es in zweitausend Jahren nicht, sich als gesellschaftliche Kategorien zu bewähren. Zu politischen Handlungsanweisungen wurden sie überhaupt nicht. Wie ein roter Faden wird sich eine These durch dieses Buch ziehen: Das Christentum war entgegen seiner Propaganda nicht nur nicht imstande, die Menschheit entscheidend zu bessern; es trug in Theorie und Praxis dazu bei, die Verhältnisse zu verschlimmern. Das christliche Sittengesetz, zu dessen »ewigen Sternen« wir aufblicken sollen, leuchtet nicht gar so klar, wie seine Werbeträger es verkünden.

Das Echo der Verfolgung Andersdenkender und Andersgläubiger hallt über Jahrhunderte hinweg in unsere Zeit. Der pakistanische Schriftsteller Tariq Ali, einer der Wortführer der 68er-Bewegung in Großbritannien, meint sogar, auch der Islam hätte eine Reformation durchgemacht und wäre mittlerweile säkular, hätten ihn Christen in Europa nicht verfolgt. Im übrigen war es keineswegs die christliche, sondern eine aufklärerische Geistigkeit, die eine andere Sicht des Islams in Europa anbahnte.

Die Christen unter uns können sich nicht gleich ausklammern: Auch kirchliches Strafrecht trifft von Amts wegen eine feine inhumane Unterscheidung. Wer einen Menschen tötet, verstümmelt oder schwer verletzt, wird nicht im entferntesten so schwer bestraft wie jener, der solche Gewalt dem Papst, einem Bischof oder einem Kleriker antut. Offensichtlich konnte sich das Kirchenrecht noch immer nicht von den Vorstellungen befreien, nach denen es zumindest zwei Klassen von Menschen gibt: ehrbare und weniger ehrbare (ehrlose). Die ersteren wurden und werden besonders geschützt, die anderen unterlagen von vornherein einem weniger schützenden Recht. Sie konnten, als Geringste unter den Menschen, im Gegensatz zu den sogenannten Ehrbaren ohne große Umstände auch gefoltert werden.

Die genannte Regelung im katholischen Strafrecht läßt Rückschlüsse auf den Wert eines Menschenlebens von heute zu; Rückschlüsse, die sich mit Fensterpredigten über die Würde aller Menschen nicht beheben lassen. Wohlgemerkt, die Bestimmungen stammen nicht aus dem Mittelalter. Es handelt sich um Normen, die 1983 von Papst Johannes Paul II. erlassen wurden und geltendes Recht sind. Ich frage nicht nur, woher solche Güterabwägungen stammen und wem sie in den Kram passen. Ich steige in die Folterkeller der Menschheits- und Religionsgeschichte hinab, ziehe Sie mit mir und spreche mit Ihnen von den Menschen, die unter Qualen ihr Blut vergießen mußten, wie von den Menschen, die es vergießen ließen: also von Opfern und von Tätern. Wird es gelingen, die Distanz zu den Greueltaten zu zerstören – oder wenigstens bewußtzumachen? Die entsetzliche Atmosphäre zu rekonstruieren, in der die Verbrechen geschahen? In die Herzen der Täter, Opfer, Hinterbliebenen hineinzukriechen?

Als ich vor Jahren mit meinen Kindern eine Ritterburg besuchte, entdeckten wir nicht wenige Hinweisschilder, die farbenfroh zum Besuch von Folterkammern einluden. Wir mußten tief hinab; offenbar wird mit Vorliebe unter der Erde gefoltert, wo das Tageslicht seine Kraft verliert, Schreie verhallen und Überreste von Menschen bequem beseitigt werden können. Die endlich entdeckten Keller waren voller Menschen; alles schob, drängelte, gaffte. Einige schienen enttäuscht, in dem feuchten Gemäuer keine Skelette vorzufinden. Auch das Arsenal an Werkzeugen erfüllte beileibe nicht alle Erwartungen. Der Schauer blieb bis zum nächsten Besuch.

Der Marktwert fremden Blutes

Von elenden Qualen ist in diesem Buch die Rede. Blut fließt selten frei; es muß hervorgelockt werden. Und schon sind wir bei jenen Menschen, die sich als Fragende, Lockende, quälend Tätige verstehen. Sie sind mit der Rechtfertigung ihres Tuns ebenso schnell bei der Hand wie mit ihrer technischen Intelligenz: Woher stammten sonst die gräßlichen und auf schaurigste Weise legitimierten Instrumente, die die Lexika nüchtern als Folterwerkzeuge beschreiben – und die typisch für die Menschheit sind? Nur der Mensch kennt und benennt die Wonnen der Folter. Kein anderes Lebewesen erhob Tortur und Qual unter seinesgleichen je hoch, keines sank auch nur ähnlich tief unter die Vorgaben der Natur.

Blut: »In Hohlraumsystemen bzw. im Herz-Kreislauf-System (Blutkreislauf) zirkulierende Körperflüssigkeit, die aus dem Blutplasma und den Blutzellen (als den geformten Elementen) besteht.« Es erfüllt wichtige Funktionen: Sauerstofftransport (Atemfunktion), Entschlackung (Transport von Kohlensäure und harnpflichtigen Substanzen), Ernährung (Nährstofftransport), Transport von Vitaminen und Hormonen, Gerinnung, Abwehr, Ableitung (von überschüssiger Wärme). Ein kostbares Material; fast das gesamte in Deutschland gespendete Blut wird in seine Bestandteile zerlegt und weiterverarbeitet.

Blut – das macht seine lebenspendende und -erhaltende Eigenart aus – bleibt im Regelfall im Körper. Es aus einem Menschen abzuleiten heißt, von erlaubten medizinischen Eingriffen und Blutspenden abgesehen, diesen grundsätzlich verletzen, im schwersten Fall vom Leben zum Tod befördern. Dies bewußt und gewollt zu tun bezeugt mindestens Verletzungs-, wenn nicht Tötungsinteresse: Täter sind nicht bereit, die Integrität eines anderen Lebens zu akzeptieren.

Menschenblut ist spezifisches Blut; jede Laborantin lernte dies, und Gerichtsmediziner leben von Berufs wegen von dieser Differenz. Wer Menschenblut vergießt, ohne dazu gesellschaftlich legitimiert zu sein wie gegenwärtig Ärzte, Henker oder Militärpersonen (zu anderen Zeiten auch: Inquisitoren, Folterknechte, Bluträcher, Patriarchen), macht sich strafbar. Er erfüllt zumindest bestimmte Tatbestände des Strafgesetzbuches: Körperverletzung, Totschlag, Mord. Ob er tatsächlich bestraft wird und wie streng, ob es von Fall zu Fall opportun ist, ihn zu bestrafen, ist auch in Rechtsstaaten, von der Kirche zu schweigen, eine andere Frage.

Die Christenheit hat hierin gewiß ihre Probleme. Du sollst

nicht töten? Der überlieferte Text des fünften der Zehn Gebote macht zwar keine Umstände, kennt keine Ausflüchte. Zumindest könnten unbefangene Beobachter dies meinen. Doch so naiv darf niemand sein, meint die Obrigkeit. Längst schon setzte ihr Interesse den Klartext des Gebotes um in bedingte Tötungsverbote. Sie kennt eine Regel – und etliche Ausnahmen von dieser. Getötet werden darf nicht, sagt sie. Das gilt ziemlich ausnahmslos für privaten Mord, für Freitod, für Abtreibung. Im letzteren Fall wird wieder feinsinnig differenziert: Um strafbar zu sein, mußte der Schwangerschaftsabbruch Erfolg haben, wie kirchliches Recht nach wie vor deklariert. Man höre und staune: Der bloße Versuch stellte im Recht des Wojtyła-Papstes keinen eigenen Straftatbestand dar; bundesdeutsches Recht sieht dies anders. Die Abtreibungsdiskussion nahm bisher von dieser Differenz keine Notiz.

Die Amtskirche nannte auch Ausnahmen vom generellen Tötungsverbot Gottes, die sie aus eigener Autorität für gerechtfertigt hielt – und zum Teil noch immer hält: offiziell erlaubte Morde, zum Beispiel »gerechte Kriege«, Glaubenskrieg, Todesstrafe. Bischof von Galen, dessen Widerstand gegen Hitler sich in wenigen Predigten, dessen Zustimmung zu Hitler sich in vielen Bekenntnissen bewies, ist ein Beispiel für den Umgang seiner Kirche mit dem Gebot Gottes: In derselben Predigt, in der er die Vernichtung »unwerten Lebens« in Heil- und Pflegeanstalten anprangerte, unterstrich er das Recht zur Tötung von Millionen Menschen in einem »gerechten Krieg«, dem des Adolf Hitler. Solch doppelsinnige Moral ist im Lauf der Geschichte des Christentums immer wieder anzutreffen.

So wird der Freitod als Selbstmord diffamiert und streng untersagt; er richtet sich gegen das Gottesgeschenk Leben. »Er gilt nicht nur vom Standpunkt der Religion«, schreibt ein Moralist, »sondern auch von jenem der politischen Ordnung aus als Verbrechen, weil jeder Bürger vom Tag seiner Geburt an seinem Fürsten, seinem Vaterland und seinen Eltern verpflichtet ist.« Dieses Majestätsverbrechen gegen die Grundwerte patriarchalen Denkens wurde jahrhundertelang von Staat und Kirche verfolgt. War der Selbstmord gelungen, rächte man sich schon im dreizehnten Jahrhundert christlicher Zeitrechnung am Leichnam, schleifte ihn durch die Straßen, hängte ihn auf, verbrannte ihn zu Asche. Der Eingang zum Haus des Betroffenen wurde zur Abschreckung zugemauert, das gesamte Vermögen eingezogen. Nichts mehr sollte von einem solchen Menschen bleiben.

Dabei kann das Gebot, andere umzubringen, nicht selten Vorrang haben vor dem Gebot, sich selbst nicht umzubringen. Sind andere Menschen im Krieg zu töten, kann – so die Doppelmoraltheologen – der eigene Tod mit in Kauf genommen werden. Auch wird die Todesstrafe, dieses schaurige Residuum der Grausamkeit, von Christen nicht schlankweg abgelehnt.

Ein historischer Exkurs: Als das Christentum zur Herrschaft gelangte, wurde die Anwendung der Todesstrafe nicht vermindert, sondern vermehrt. Kaiser Konstantin († 337), entscheidende politische Stütze des neuen Glaubens, verhängte sie – neben der Folter – auch für jene Delikte, die den sogenannten Heidenkaisern vor ihm noch nicht als todeswürdig galten; Gegenstimmen aus der Kirche gab es so gut wie keine. Zwar sprach sich Papst Alexander VI. Borgia († 1503) einmal gegen diese unmenschliche Strafe aus. Doch hatte er seine Gründe, Verurteilte gegen Kaution freizulassen: »Der Herr wünscht nicht den Tod des Sünders, sondern daß er lebt – und zahlt.«

Pius V. († 1552), einer der beiden heiliggesprochenen Päpste der Neuzeit, schien diese Devise, die Geld und Leben zugleich rettete, kurz darauf wieder vergessen zu haben. Die von seinen Blutgerichten gefällten Urteile waren ihm häufig noch zu milde. Es war ihm nicht genug, daß die Inquisition die jüngeren Vergehen gegen den Glauben bestrafte; auch die zehn und zwanzig Jahre zurückliegenden mußten neu erforscht und abgeurteilt werden. Eine Anweisung des Heiligen an seine Vollzugsorgane: »Ein Mann, der seine Geldstrafe nicht bezahlen kann, soll beim erstenmal mit auf dem Rücken gefesselten Händen vor der Kirchentür stehen, beim zweitenmal durch die Stadt gegeißelt werden, beim drittenmal wird man ihm die Zunge durchbohren und ihn auf die Galeeren schicken.«

Es wird zu fragen sein, wer die Folter rechtfertigte, wer sich – Christen oder Nichtchristen? – gegen sie aussprach, wer sich – Nichtchristen oder Christen? – bis zuletzt ihrer wenigstens zeitweiligen Ächtung widersetzte, wer sie heute noch übt.

Wer die gesellschaftliche Macht hat, eine bestimmte Moral zu propagieren und durchzusetzen, ist gut dran. Wer diese Macht nicht besitzt, kann es mit Argumenten versuchen, mit der Berufung auf Menschenverstand, Menschenwürde, Humanität. Ob er Erfolg hat, bleibt nach allen Erfahrungen mit den Mächtigen der Welt- und Kirchengeschichte höchst fraglich. Es ist in der Tat eine leidige Sache mit der Legitimation: Das Gerichtsmedizinische Institut der Universität Heidelberg verwendete seit den siebziger Jahren bei Autounfalltests Leichen. Seit 1972 wurden, im Auftrag von Autofirmen, bei solchen Versuchen mehr als zweihundert Leichen »eingesetzt«, darunter acht Kinderleichen. Dabei sollte die Tauglichkeit der sogenannten Dummy-Puppen getestet werden. Das letzte tote Kind wurde 1989 »verwendet«, der letzte Erwachsene 1993. Aufregung herrschte nach Bekanntwerden dieser Fakten vor allem deswegen, weil es sich auch um Kinderleichen handelte. Doch die Fragen, warum, inwieweit, von wem sich die Nutzung Toter sozial legitimieren läßt, wurden nicht gestellt. Die Heidelberger Forscher werden sie anders beantworten als die *Bild-Zeitung*, die den Skandal vermarktete.

Nun gilt auch das (nicht immer schmerzarme) Vergießen von nichtmenschlichem Blut im christlichen Abendland noch immer als erlaubt bis erwünscht; nicht nur auf Schlachtfeldern fließt Blut, sondern auch in Schlachthäusern. Offenbar mußten wir lernen, daß Selektion auch auf diesem Gebiet greift: Tierblut ist sekundäres, zweitrangiges Blut, das zu Blutmehl oder Blutwurst verarbeitet wird, und Pflanzen geht das richtige Blut ohnedies ab. Es ist demnach nur eine Frage der Definition, welches Menschenblut als vernachlässigenswert betrachtet wird; die Folter wartet schon.

Übrigens: Das Bluten einer Pflanze, in der Botanik ziemlich unbeteiligt als der »Austritt wäßrigen Saftes aus pflanzlichen Wundflächen nach Anschneiden oder Anbohren« definiert und auf den Blutungs- oder Wurzeldruck zurückgeführt, ist allenfalls unter bestimmten Gesichtspunkten erwähnenswert: Pflanzliche Blutungssäfte liefern Kosmetika oder vergärbare Getränke, zum Beispiel Palmwein, Ahornsirup, Pulque (Agavensaft). Und da die Schöpfung selbst im Tod ihren Gott lobt, haben auch dessen Prediger keine Bedenken, für ihre Fronleichnamsprozession Jahr um Jahr Hunderttausende junger Birken abholzen und an die Straßen stellen zu lassen.

Freilich sind es nicht die Freunde alkoholisierten Pflanzenblutes oder des Fronleichnamsfestes allein, die als Ausbeuter fungieren. Wer hier auf die anderen zeigt, hat seine schäbigen Gründe. Denn wir alle sind es, die da tätig sind, wir Menschen eben.

Von den Oberhirten der christlichen Kirchen erwarte ich in

dieser Hinsicht nichts anderes als Verschweigen; sie haben im Überlebensinteresse ihrer Organisationen Besseres zu predigen. Ich lernte jedoch gern die Gottheit näher kennen, deren Schweigen sich über die greulichen Fakten legt. Oder sollten wir die Bekanntschaft bereits gemacht haben? Handelt es sich gar um denselben Gott, den die Seinen als Schöpfer und lieben Vater verkünden? Christen und die Natur: Macht euch die Erde untertan! Seht euch, die Menschen, einfach als Mittelpunkt der Schöpfung – und ihr kennt und erlebt bereits einige Folgen. Oder meint ihr noch immer, es gehe einfach so weiter, wie euch das bequem erscheint?

Kann die Natur es sich zum Beispiel erlauben, einfach zuzusehen, wie Menschen mit ihren, der Natur, Tieren umgehen? Soll ich historische Beispiele oder neueste aus Spanien nennen, dem katholisch-stolzen Land? Neueste Exempel der Tierfolter, die durch Bilder belegt sind, auf denen – der geschlechtsspezifische Hinweis ist nicht unwichtig – nur Männer agieren? Noch gegen Ende des neunzehnten Jahrhunderts wurde in einigen katholischen Regionen Deutschlands am Fest des Apostels Jakobus (25. Juli) ein Bock mit vergoldeten Hörnern und Bändern geschmückt und unter Musik vom Kirchturm geworfen. Im belgischen Ypern stürzte die Menge am Mittwoch in der zweiten Fastenwoche lebendige Katzen vom Turm zu Tode.

Und heute? In einem kleinen Ort am Mittelmeer wird, als Höhepunkt eines Festes, in aufgeräumter Stimmung ein Feuerwerk abgebrannt, am lebenden Objekt. Die Hörner eines Stieres, so schmerzempfindlich wie unsere Fingerkuppen, brennen lichterloh. Das Tier brüllt, die Peiniger lachen. Eine gelungene Fiesta: Sind die Hörner abgebrannt, wirft die Bande das Tier ins Meer. Es darf endlich sterben. In einem anderen Dorf klettern junge Männer auf den Kirchturm. An einem Seil zappelt eine

Ziege. Loslassen, köstliches Amüsement, das Tier landet zerschmettert auf dem Boden vor der Kirche; der Pfarrer hat nichts dagegen, er lädt anschließend zum Mahl. Im dritten Dorf baumeln lebende Gänse kopfüber von einem Seil. Um das Spiel zu gewinnen, müssen Berittene im Galopp den Hals der Tiere greifen und ihnen das Genick brechen. Im vierten schwirren Hunderte von nadeldünnen Pfeilen durch die Luft; die Dorfbewohner haben Blasrohre angesetzt und zielen auf einen Stier. Die Hinrichtung endet mit der Kastration des Tieres. Im fünften Dorf haben die Männer ihren Spaß, wenn sie Hühner, die bis zum Kopf eingegraben sind, mit Steinen traktieren und mit Knüppeln köpfen. Im sechsten hat ein Esel keine Chance, seinen Peinigern zu entgehen: Er wird bespuckt, beworfen, angesprungen, bis er zusammenbricht. Im siebten hält die Osterprozession vor einem großen Baum, an dessen Äste Tongefäße geknüpft sind. Bis vor kurzem waren hier Eichhörnchen und Katzen eingesperrt, inzwischen, Fortschritt der christlichen Zivilisation, sind es Tauben. Zu den Klängen der Nationalhymne schleudern fromme Bürger Steine nach den Gefäßen, bis die Tiere herausfallen. Zerschunden, entwürdigt, tot.

Wieder erhebt der Gemeindepfarrer keine Einwände, deutet das gräßliche Geschehen vielmehr als Sinnbild des menschlichen Kampfes gegen die Sünde. Wie lange mag es dauern, bis sich selbst in den Köpfen der katholischen Patriarchen jene Einsicht durchgesetzt hat, die sich unter anderen, freilich Unfrommen, schon verbreitete? Noch immer gelten die Tiere, deren Unschuld doch unvergleichlich ist, der Liebesreligion als Opfer- und Schlachtobjekte. Der Sprecher der Deutschen Bischofskonferenz nannte sie soeben, ohne Quellenangabe, seelenlos. Offenbar meinte er, seinesgleichen, mit Seele begabt, habe da drüben irgendeinen Vorteil gegenüber einem Meerschweinchen zu erwarten. Diesen Unterschied sollte er einmal einem Kind erklären, das sein Zwergkaninchen verlor.

Auch gegen diese Spielart der Himmelsselektion melde ich schwerste Bedenken an. Muß denn ein Mensch erst Tiere liebgewonnen und verloren haben, um menschlicher als ein Theologe zu urteilen? Lebte der Mensch überhaupt, dem kein Tier je seine Freundschaft schenkte? Sollen ausgerechnet Tiere für ihre unzähligen Leiden ohne Ersatz bleiben, während es die Täter, Tierquäler, schließlich doch noch in den Christenhimmel schaffen? Ist für Hunde, die aus Gram über den Tod ihres Herrchens oder Frauchens sterben oder in den Tod gehen, um ein Kind zu retten, im Jenseits, wie es die Deutsche Bischofskonferenz vorstellen läßt, kein Platz? Gibt es keine Tiere, die fühlen, leiden, lieben?

Gewiß finden sich Tierverächter auch außerhalb des Abendlandes, da patriarchales (nicht menschliches!) Denken und Fühlen spezifische Ausbeuterqualitäten und Selektionsmechanismen aufweist. Doch gelang es dem Christentum nicht, diese Ideologien zu überwinden. Im Gegenteil. Auch in Sachen Tier (und Pflanze) stützen Christenethiken die Vorgaben des Patriarchats, statt das Denken und Handeln der Menschen von ihnen zu befreien. Die ideologische und praktische Mitleidlosigkeit gegen Tiere und Pflanzen ist ein Kennzeichen gerade derjenigen, die ständig die Schöpfung im Munde führen. Andere Religionen und Weltanschauungen sind den Christen voraus. Das wundert mich nicht, zumal selbst der angebliche Stifter des Christentums sich Tieren gegenüber nicht gerade als Vorbild des Menschseins zeigte: Er schwieg, verharmloste, zog ärgerliche Vergleiche.

Wer über die grundsätzliche Möglichkeit der Folter (von Mensch, Tier und Pflanze) nachdenken will, sollte das wichtigste Bewertungskriterium und -prinzip unserer Welt beachten: Alles ist eine Frage der Definition. Gerade in der Rechtsgeschichte der Folter (die unumwunden als solche und nicht als Unrechtsgeschichte dargestellt wird) zeigt sich der patriarchale Grundsatz solcher Selektionen: Stets wird zunächst ein Mensch als »weniger ehrbar« definiert, damit er »mehr folterbar« wird. Der definitorische Verlust an kirchlicher, gesellschaftlicher, staatlicher Ehre geht Hand in Hand mit einem schrecklichen Zugewinn an Folter. Im Gegensatz zu tatsächlichen oder definitorischen Sklaven (Heiden, Ketzern, Hexen) sind sogenannte Ehrbare nicht folterbar.

Folter lebt von einem Feindbild. Wer dieses schaffen und in den potentiellen Folterern (und selbst in manchen Opfern) durchsetzen kann, ist ein mächtiger Täter, vom Schreibpult aus. Das Befehlsverbrechen Folter beginnt bei allen Tätern im Kopf. Erklären ein Staat oder eine Kirche oder beide zusammen eine bestimmte Handlung (oder, wie die Kirche, gar einen Gedanken) und damit den Menschen, der als schuldig gilt, für sündig, kriminell, folterbar, beschreiten sie den Weg zum Staatsverbrechen, Kirchenverbrechen, Glaubensverbrechen an den Menschen.

Religionsdelikt Folter

Heutzutage halten es viele für unfair, die Kirche als folternahes Unternehmen zu charakterisieren. Völlig unmöglich wäre es auch, den Vatikan als einen folternden Staat unter anderen zu bezeichnen. Da gegenwärtig nach herrschender Meinung auf der Erde überhaupt nicht mehr gefoltert wird, unterliegen gegenteilige Behauptungen einem Tabu. Im Falle der Christenheit ist es noch moralisch verschärft. Kirche und Folter? Unmöglich. Christen als Folterknechte? Undenkbar. Doch aufgepaßt! Zum einen gibt es noch immer auf der Welt Tausende von praktizierenden Christen, die sich als Folterer betätigen; ich werde Beispiele nennen. Andererseits kannten der ehemalige Kirchenstaat und seine Herren, die souveränen Päpste, durchaus Folter, Todesstrafe, Mord. Zum dritten sprechen handfeste Gründe für die Annahme, daß dies keine Ausnahmefälle, keine bedauerlichen Fehlleistungen einzelner Sadisten sind, sondern Ausflüsse einer bestimmten Theologie, einer sorgfältig zurechtgeschnittenen Gottestheorie.

Als ein religiös legitimiertes Verbrechen an Menschen gehörte die Folter, vorsichtig geschätzt, zumindest von der zweiten Hälfte des dreizehnten bis zum Ende des achtzehnten Jahrhunderts zum normalen Strafverfahren der Kirche. Das bedeutet: Jahrhundertelang hoben sich Päpste, Bischöfe, Kleriker, Christen nicht nur nicht im geringsten von der allgemeinen Praxis ab, sondern stützten und legitimierten diese theoretisch wie praktisch. Ihr Gott half dabei wacker mit. Noch mehr: Christen überboten die ansonsten übliche Praxis in etlichen Fällen, verschlimmerten statt verbesserten in ihrer eigenen Justiz die Lage der Opfer, führten zu deren Lasten Begriffe und Methoden in die europäische Rechtsprechung und Vollstreckung ein, die bis heute nachwirken. Kirchengerichte zum Beispiel gingen härter als weltliche vor, und das Verfahren der anonymen Anzeige (denunciatio) ist ebenso kirchenspezifisch wie die Lehre von der Infamie (Ehrlosigkeit) eines Menschen oder einer Gruppe, die Definition eines neuen, offenbar noch folterwürdigeren Tatbestandes (crimen exceptum) und die Ausweitung der Folter auf andersdenkende und andersgläubige Menschen. Die Inquisition schließlich ist als genuiner Beitrag der Kirche zum europäischen Rechtsempfinden und Strafvollzug schon sprichwörtlich.

Nachweislich setzte das Christentum sehr früh die von römischen Kaisern eingeschlagene Richtung fort – und gewann dabei neue, spezifische Ziele wie Methoden. Bald schon bezeichnen Christen nicht mehr nur Sklaven als ehrlos und folterwürdig, sondern erweitern den Kreis der »geringsten Menschen« (vilissimi homines) – gemäß den Interessen ihrer neuen Religion. Christliche Kaiser wie Konstantin beziehen im vierten Jahrhundert folgerichtig zunächst Hellseher, Zauberer, Magier, Wahrsager ein und kurz darauf auch jene Menschen, deren »unnatürliche Begierden« oder Ehebrüche als besonders unehrenhafte, weil sexuelle Delikte galten. Solch ehrlose Kriminelle wurden sowohl der Folter als auch den verschärften Varianten der Todesstrafe unterworfen.

Der berühmte Bologneser Kirchenrechtslehrer Gratian, dessen Sammelwerk sieben Jahrhunderte der Kirchengeschichte überdauern sollte, knüpfte im zwölften Jahrhundert an eine durchaus vorhandene folterunwillige Tradition der Kirche an. Doch nannte er Ausnahmen, die bei der praktischen Bedeutung seines Werkes ihre Konsequenzen haben würden: Gefoltert werden konnten die Ankläger eines Bischofs, Personen aus den niedrigsten Schichten und Sklaven. Alle Menschen gleich zu achten und aus dieser Achtung entsprechende Folgerungen für alle zu ziehen, dazu war die kirchliche Praxis nicht in der Lage.

Definition bleibt eine Frage der Definitionsmacht. Diese wird besonders aktiv, wenn schwere Krisen auftreten oder als Nutzkrisen herbeigeredet werden können. In solchen Fällen richtet sich die Wut der Masse auffällig gern und oft gegen jene, die ihr als Außenseiter definiert wurden. Welcher Mensch, welche Interessengruppe kann eine Definition, die immer eine zeitgeistige, nicht zeitlose Abgrenzung, Grenzziehung, Selektion darstellt, gegen andere Auffassungen durchsetzen? Wer findet eine Mehrheit für seine Interessen? Wer kann behaupten, diese seien gesellschaftlich, staatlich, kirchlich opportune Werte?

Die Rezeptur ist religiös vielfach erprobt. Vor allem in der abendländischen Geschichte schraubte sich die kleine Spezies Christenmensch zum Wertmaß der Dinge hoch: Zunächst wird der Mensch oder die Gruppe von Menschen, die sich und ihr Ideal durchsetzen wollen, die ihnen nicht ins Kalkül passenden älteren Ideale bei den Menschen verleumden. Dann müssen sie den eigenen Typus als Wertmaß überhaupt ansetzen, an dem alle Dinge, Entwicklungen, Geschicke gemessen werden. Gelingt es ihnen gar, die eigenen Vorgaben als Gottes Willen oder, zusammengenommen, als »Gott« selbst zu etablieren, haben sie gewonnen. Denn nun ist es möglich, sich das Recht anzumaßen, zu segnen und zu verfluchen, und die Macht auszuüben, alle Gegner des eigenen Ideals als Gegner Gottes auszugeben und entsprechend zu verfolgen. Schließlich können sie alles Leid, alles Unheimliche, Furchtbare, Verhängnisvolle des Daseins aus der Gegnerschaft gegen ihr eigenes Ideal ableiten und die einschlägigen Konsequenzen fordern. Und als letzte Infamie vermögen sie die ganze Entwicklung weiterzuloben in eine Zukunft hinein, da ihr Sieg als Sieg der Guten sich offenbaren wird: im Endgericht über alle Bösen dieser Welt, die allein deswegen böse waren und blieben, weil sie sich ihrer Macht nicht beugten.

Nicht nur nebenbei: Definitionen leben ebenso von den in ihnen bewußt versteckten Opferdeklarationen wie von jener Akzeptanz eines Opferstatus, die ein Oben und ein Unten erst ermöglicht. Solche Opfer sind die als abweichend definierten Mitmenschen – und die Tiere und Pflanzen sowieso. Denn diese können sich nicht gegen ihre Deklaration als Opfer des Menschseins wehren. Ihnen fehlt ja, so die Definition, jede vernünftige Fähigkeit. Daß den als seelenlos definierten Pflanzen und Tieren sogar die Schmerzempfindung abgehe, war christliche Doktrin. Andere Religionen sind wieder einmal stark abweichender Ansicht.

Spätestens an dieser Stelle muß gefragt werden, was der Mensch sei oder sein dürfe, solle, müsse. Es handelt sich hier, unschwer zu erkennen, um die in bestimmten Kreisen beliebte Sinnfrage, die jene gern stellen, die umgehend mit ihrer Antwort zur Hand sind. Nun, die Antworten auf diese an sich und seinesgleichen gestellte Frage kommen nicht ohne einen simplen Trick aus: Sie müssen differenzieren, sich unterscheidend abheben von allem, was das Prädikat Mensch nicht verdient. Was bleibt da noch viel anderes als das Tier – und, nicht weniger inhuman, jene Menschen, die schon im Neuen Testament mit Tieren verglichen werden? Gering Denkende und Fühlende packen ihre Unzulänglichkeiten ins Tier, und Bischöfe vergessen über ihrer Rede zur Menschenwürde das Mitgeschöpf auf vier Beinen. Doch: Menschen kann man, Tiere muß man lieben.

Gleichwohl: Der Mensch heißt das allein mit Vernunft begabte Lebewesen, aber auch, je nach Standort der Definierenden, das kochende, das lachende, das betende Tier. Schließlich wurde noch kein Tier entdeckt, das lachen oder kochen oder beten kann (und zudem dies alles zusammen) – und das sich auf derlei etwas einbildet. Ich schlage vor, mit nicht weniger Recht, den Menschen als das folternde Lebewesen zu definieren. Denn diese differenzierende Tätigkeit unterscheidet unsereins auch vom Rest der Natur. Da es unter Tieren keine folternden Exemplare gibt, sollten die Menschen, wollen sie konsequent und prägnant reden, endlich alle liebgewonnenen Vokabeln meiden und weder Folter noch Folterer tierisch, animalisch, bestialisch nennen. Von bestialischen Torturen oder Qualen zu sprechen oder handelnde Personen als entmenschlicht (im Sinne von tierisch) zu bezeichnen ist ebenso unrichtig, wie »beten« oder »kochen« tierisch zu heißen. Freilich geht die Vokabel im ersteren Fall leichter von der Zunge als im letzteren; so zugerichtet ist die Sprache von Menschen.

Als hätten die Folterwilligen bemerkt, wie isoliert sie in der Natur vorkommen, wie grundlegend sie – allesamt Menschen – sich von Pflanze und Tier unterscheiden: In ihren Rechtfertigungen sind sie nicht umsonst wahre Meister, jedenfalls nicht weniger als im Foltern selbst. Für viele Heutige mag es allerdings erstaunlich klingen, daß Legitimationen gerade auf dem Humus des Christentums gut gediehen. Diese Religion wirkt unwiderstehlich grausam.

»Es wird so viel Blut vergossen auf der Welt, und wir schauen seelenruhig zu. Erst wenn wir mit dem Blut in Berührung kommen, erst wenn es regelrecht an unseren Händen klebt, sind wir schockiert.« Die US-Amerikanerin Jenny Holzer, als das moralische Gewissen der Gegenwartskunst vorgestellt, druckt deshalb 1993 das Titelblatt im Magazin der *Süddeutschen Zeitung* mit echtem Frauenblut (acht Liter, Herkunftsland: Bosnien).

Die Künstlerin, deren Botschaften ansonsten über Anzeigetafeln am Times Square, dem Piccadilly Circus oder vor einem Casino in Las Vegas jagen, ist guter Dinge und hofft auf den Schock. Heilsam soll er sein, in ein Gesamtkunstwerk ist er verpackt. »Wenn Sie die Schrift berühren, dann berühren Sie Blut, das Blut von Frauen«, führt sich das Magazin ein. Die Zeitung versteht etwas von sensationsträchtiger Aufmachung, macht – marktgerecht, in ihrer Werbung! – den Termin aus, da der Schock eintreten soll: »Am nächsten Freitag.« Die Bundesrepublik erschauert vorübergehend. Der 17. November 1993 wird zum Tag der Wahrheit. Die Schlagzeile geht um die Welt. ARD und ZDF kündigen in ihrem Videotext die Chose früh an, und schon vor Erscheinen des Magazins diskutieren konkurrierende Blätter das Ereignis.

Doch wo Teilnahmslosigkeit zum Synonym für Menschsein wurde, bleibt Provokation ohne Sinn. So schnell steht niemand vom Sessel auf, schon gar nicht für Kunst. Das Blut auf der Titelseite stellt sich, genauer besehen, als ein säuberlich aus Blut extrahierter Farbstoff heraus. Folter und Tod bleiben demgegenüber unhygienisch. Echtes Blut aber auch: Es gerinnt, fängt an zu stinken, verliert seine wunderschöne hellrote Farbe, wird schwarz.

Im Inneren des Magazins der Lustmord: In die Haut gravierte fiktive Vergewaltigungssätze. Aus der Sicht der Täter, der Opfer, der Angehörigen (Blutsverwandten). Beispiele (fast wäre die geschmackvolle Vokabel »Kostprobe« gefallen): »Ich lege mein Kinn auf ihre Schulter. Sie regt sich nicht. Ich kann mich konzentrieren«, sagt der Täter. »Meine Brüste sind so angeschwollen, daß ich hineinbeiße«, die geopferte Frau. Und wieder der Mann: »Sie schmeckt nach nichts mehr. Das macht es mir leichter.« Und wieder die Frau: »Mit dir in mir beginne ich den Tod zu ahnen.«

Gegen sechzigtausend Frauen waren Opfer. Sie wurden im Krieg vor unserer Haustür systematisch vergewaltigt, zwangsgeschwängert, gefoltert, gequält, verstümmelt, an Seele und Körper verletzt, ermordet. Diese Nachrichten blieben nicht verborgen. Sie erreichten unsere Wohnzimmer per Videotext, Zeitung, TV-Nachricht – und sind wieder weg. Sie waren schockierend, aber doch nicht so, daß wir uns nicht abwendeten und vergäßen. Wer sich im November 1993 provoziert fühlte? Etliche Wettbewerber der *Süddeutschen Zeitung*, die sich nicht einigen konnten, ob »so etwas« überhaupt erlaubt sei, zumal das Blut wohl auch für die Auflage einer Zeitung fließe. Auch Abonnenten der feinsinnigeren Art wollten ihre Hände nicht schmutzig machen und bestellten ab. Das Eingesparte ging wahrscheinlich zu Weihnachten weg, auch Scheinheiligkeit hat ihre Feste.

Kommentatoren äußerten Irritation, sprachen davon, daß die nahen Hautaufnahmen noch grausiger wirkten als das Blut, erinnerten daran, daß die Leute im Theater gleich aufschreien, wenn sie mal nachdenken müssen. Wen aber widerte der Blut-Medienrummel überhaupt an? Eigener Sensibilität bedarf es nicht mehr, und auch der größte Aids-Skandal macht nicht richtig Furore, solange kein Bluter in der eigenen Familie oder Wohngemeinschaft betroffen ist. Auf Schlachtfeldern fließt nach wie vor Blut und in Schlachthäusern, wie gesagt, noch mehr; in alle Ewigkeit menschlichen Denkens, Fühlens, Handelns hinein.

Ich doch nicht! Unverantwortlich, mich verantwortlich zu machen! Ich habe nichts damit zu tun! Die Sätze sind hinlänglich bekannt; sie sind gern gebrauchte Ausreden. Das ist zunächst einmal verständlich: Schließlich muß sich der Mensch vor Mitschuld schützen, und so bleiben stets die anderen die Hölle.

Unsere Zugehörigkeit

Ist der Protest gerechtfertigt? Ich erlaube mir anstelle einer Antwort ein paar Perspektiven auf die Menschen von heute. Dieses Verfahren soll dem Versuch entgegenwirken, alles Grausame, Gefährdende, Bedrohliche in irgendeine Vergangenheit abzudrängen und damit historisch zu verkürzen, um die Gegenwart, das eigene Betroffensein rein zu halten. Wer Folter in eine Vergangenheitsform abschiebt, will nicht wissen, daß das Vergangene unsere Gegenwart bleibt. Er bleibt geschichtslos, nimmt nur selektiv wahr, was war und was ist. Sein Denken und sein Fühlen benötigen das Löschen der Erinnerung, das Schlußstrichziehen. Findet er Gleichgesinnte, ist der gesellschaftliche Pakt des Schweigens perfekt.

Menschen brauchen einen Hintergrund existentieller Sicherheit, um leben und überleben zu können. Die gesicherte Basis schirmt sie ab gegen jenes Unheimliche, das aus Erlebnissen entsteht, die keine Worte haben, aus dem versteckten, verborgen gehaltenen Grauen. Und: Das Entsetzliche schreckt gewiß ab, doch es fasziniert auch – wenn und solange es andere betrifft. Spreche ich Formen selektiver Wahrnehmung an, gehe ich davon aus, daß Teilnahmslosigkeit Mitverantwortung bedeutet. Denn die Massen der Gaffer, die als Mitläufer eingestuft werden, wenn wenigstens einmal pro Jahrhundert abgerechnet wird, erfüllen eine wichtige Funktion: Ohne sie ist keine Ausübung von Herrschaft und Gewalt möglich. Wie Täter Opfer brauchen, benötigen sie auch die Zustimmung der Zuschauenden, die sich als Wegschauende und Weghörende geben.

Über Folter zu schreiben heißt eine Chronik der vielen Gleichgültigkeiten verfassen. Und eine der Gleichzeitigkeit: Das Schreckliche hat neben dem Banalen seinen angestammten Platz, und Verbrechen nisten inmitten der Idyllen. Zuschauer können, so der Göttinger Soziologe Wolfgang Sofsky, verschiedene Haltungen einnehmen. Da sind zunächst die Unbeteiligten, die den Ort des Geschehens passieren, einen Blick zur Seite werfen. Sie schauen nicht zu, sondern sehen zu, daß sie weiterkommen. Klassisch beschrieben ist diese Passantengesellschaft bereits im Neuen Testament (Lk. 10, 30–32), wo berichtet wird, wie ein Priester und ein Kirchendiener an dem von Räubern Zusammengeschlagenen vorbeigehen.

Unbeteiligte mischen sich nicht ein. Sie ziehen einfach die Gardinen zu oder wechseln den Fernsehkanal, wenn ihnen das Geschehen ungemütlich zu werden droht. Sie wissen genug, denn sie wissen soviel, wie sie wissen wollen. Sie sind erfahren genug, um zu wissen, daß sie nicht mehr wissen wollen. Um diese Erfahrung zu erwerben und zu stabilisieren, treffen sie Maßnahmen des Reizschutzes und der Wahrnehmungsabwehr. Diese helfen ihnen, dem spontanen Impuls zu begegnen, auf das hinzusehen, was sich nicht übersehen läßt. Was bei solchen Unbeteiligten als verstockte Gefühllosigkeit erscheint, ist in Wirklichkeit Ergebnis einer aktiven Form von Passivität.

Auch der interessierte, neugierige Zuschauer mischt sich nicht ein. Doch er zieht die Gardinen nicht ganz zu, bleibt am Ort der Gewalt. Was ihn reizt, ist der Nervenkitzel des Ungewöhnlichen, jene Angstlust der Gewalt, die die Aussicht auf ein Spektakel der Barbarei verspricht. Zu allen Zeiten finden sich solche Zuschauer; sie waren immer bereit, ein Feuer brennen zu sehen, Gehängte zu begaffen, die Schreie der Gefolterten mit anzuhören. Nie galt ihre Sympathie den Opfern. Vielmehr neigen sie den Herren der Gewalt zu, die sie zuinnerst fürchten – und nicht zuletzt deshalb feiern. Geduckte Psychen, die Gewalt erlitten, sind gern bereit, sich auf die Seite der Täter zu schlagen, um selbst zu den Siegern, zu den Nichtgeschlagenen zu zählen. Diese Spezies Zuschauer verbirgt sich in der Masse, denn unter anderen bleibt der einzelne unbemerkt. Gewissen, Scham, Widerstand können unter solchen Umständen nicht eingefordert werden; die Frage stellt sich nicht.

Nur ein kleiner Schritt ist es von diesen Beobachtern hin zu den begeisterten Zuschauern. Diese applaudieren dem furchtbaren Geschehen, treiben an, stacheln auf, begrüßen ausdrücklich die Gewalt. Sie eilen nicht nur zum Tatort, sie verlangen die besten Plätze am Sockel des Schafotts. Viel gäben sie, auch bei den Folterungen dabeizusein. Auf den alten Tafelbildern, die die Passion Jesu oder die Folterung eines Heiligen wiedergeben, füllen sie den Hintergrund, bis zum letztmöglichen Zentimeter.

Zögern die Ausführenden, sind es solche Zuschauer, die sie anfeuern. Nicht selten helfen sie mit, völlig freiwillig, unberufen, unverpflichtet, den Scheiterhaufen aufzuschichten, Holz nachzulegen, das verglimmende Feuer wieder anzufachen. Sie stehen nicht mehr am Rand. Sie rücken so nah ans Geschehen heran wie möglich, bilden einen geschlossenen Kreis um das Opfer. Ihr Beifall entfesselt die Gewalt, stützt und legitimiert sie als des Volkes Stimme. Der wahre Täter ist nicht der Folterknecht, nicht der professionelle Henker, sondern die anonyme Menge der Zuschauer. Dieses »Medium, durch das sich die Gewalt verbreitet«, macht den Täter selbst zu ihrem Teil und nimmt ihn, nach vollbrachter Tat, wieder in ihre Mitte auf. Bis zum nächstenmal, da sie ihn nach vorne schickt.

Als 1993 in der osttürkischen Stadt Sivas islamische Fundamentalisten ein Hotel anzünden, in dem eine Versammlung von Rushdie-nahen Schriftstellern stattfindet, sterben sechsunddreißig Menschen, und sechzig werden zum Teil schwer verletzt. Eine wütende Zuschauermenge hindert die Feuerwehr daran zu löschen und treibt diejenigen, die aus dem Haus flüchten wollen, zurück in die Flammen.

Wir sollten uns nicht täuschen und nicht täuschen lassen: Zuschauen ist menschliche Befindlichkeit. Das Publikum der Gewalt bleibt nicht mittelalterlich. Es tritt aus den alten Holzschnitten heraus mitten in unsere Gegenwart. Die Empörung über Gewalt ist dagegen eine relativ junge Haltung unter Menschen. Sie wurde gewiß durch die Betroffenheitskultur der letzten Zeit gefördert und gehört mittlerweile zu den moralischen Haltungen, die die moderne Zivilisation von den Zeitgenossen fordert. Wer allerdings ihre Tiefenwirkung überschätzt, statt sich über die hauchdünne Schicht der Zivilisation im klaren zu sein, die das allgemeine Gewaltbedürfnis überdeckt, betrügt sich selbst. Zudem beurteilt er jene vielen unrichtig, die nach wie vor, unverdrossen wie eh und je durch den Bildschirm auf das Unfaßbare glotzen, ohne daß die leiseste Spur von Mitgefühl, Entrüstung, Verantwortung ihr Zuschauen störte. Die bloße Evokation des Entsetzens dringt nicht durch das dicke Fell. Ob dies einer Aufklärung über die Sachverhalte des Grauens gelingt, bleibt fraglich.

Geschminkte Schnittwunden, Hautabschürfungen und Blutergüsse gehören im Nachtleben Großbritanniens zu den gefragteren Outfit-Details: »Es ist toll, wenn Leute dich angucken, als ob sie sich gleich übergeben würden.« Pro Jahr werden auf der Erde dreiunddreißigtausend Studien über menschliches Verhalten erstellt; Folterberichte gehören sehr selten dazu.

Voyeure aller Arten schauen nicht nur durchs schlimme Schlüsselloch, sondern liegen unter dem Fenster, gucken vom Balkon: Was passiert? Wie passiert es? Wem passiert es? Ecouteure, das Ohr ans Geschehen gelegt, beanspruchen gleich daneben ihren Stammplatz. Passieren, alle Jahre wieder, schrecklichste Autobahnunfälle im Nebel, klagt die Polizei regelmäßig über Schaulustige, die die Arbeit der Lebensretter behindern. Was sind Schaulustige anderes als Voyeure, mögen sie sich auch noch so sehr gegen diese eine Art bürgerliche Perversion anzeigende Vokabel wehren? Voyeure lassen sich ebensowenig wie Exhibitionisten in isolierbar perverse Grüppchen abdrängen und vom Hochsitz der Normalität herab als Sonderlinge begaffen; sie stellen die überwiegende Mehrheit der Gesellschaft. Ohne ihre stillvergnügte Mitwirkung wäre gerade Folter nicht perfekt zu handhaben.

Voyeure sind Experten des schrägen, scheelen Blicks: Sie schauen nicht direkt, bewußt, gerade hin, sondern seitlich, versteckt, leicht verschämt. Immer aber gucken sie so hin, daß sie möglichst viel mitbekommen, ohne selbst irgend etwas abzubekommen. Diese verbreitete Tätigkeit nennen wir »zuschauen«. Sie wird meist zu Hause ausgeübt, vor dem Fernseher vervollkommnet. Doch hier und da ist die ihr zugrundeliegende Fähigkeit auch unterwegs nützlich: wenn man zusehen kann, wie Jugendliche grölend einen Afrikaner aus der U-Bahn stoßen, auf einen Türken einprügeln, einen Behinderten aus dem Rollstuhl kippen (weil »Krüppel« wieder als Parasiten einer pausbäckigen Gesellschaft gelten), jüdische Friedhöfe und KZ-Gedenkstätten schänden, Brandflaschen und Molotowcocktails in Asylbewerberunterkünfte schleudern. Am nächsten Morgen setzen, als sei nichts geschehen, Täter wie Zuschauer ihr Leben fort; die Opfer nicht. Auschwitz aber steht als Schlüsselwort für jene Hölle, die durch alle Menschen verkörpert wird, die sich von menschlichem Leiden nicht anrühren und durch nichts erschüttern lassen. Denn »im Inferno gibt es nie irgendeinen Zweifel« (Peter Weiss).

Zur gefälligen Bedienung aus einem »Handbuch mit 20000 sinnverwandten Wörtern und Ausdrücken für den täglichen Gebrauch in Büro, Schule und Haus«: Synonyme für Gleichgültigkeit sind Unempfindlichkeit, Gefühllosigkeit, Stumpfheit, Sturheit, Unempfänglichkeit, Unaufgeschlossenheit, Herzlosigkeit, Seelenlosigkeit, aber auch Interesselosigkeit, Ungerührtheit, Phlegma, Indolenz, Indifferenz, Dickfelligkeit, Kaltschnäuzigkeit, Leidenschaftslosigkeit, Lauheit, Laschheit, Apathie, Gefühlsmangel (-armut, -kälte), Unpersönlichkeit, Seelenblindheit, Primitivität. Für Forscher bieten sich noch Objektivität, Unparteilichkeit, Neutralität an.

Bitte, keine vorschnellen Ausschlüsse: Sage ich wir, meine ich uns. Wer sich nicht einbeziehen kann und will, wird die Schrecknisse in diesem Buch nicht anders verfolgen als ein Voyeur. Er mag, zumal als bekennender Christ, vielleicht etliches von der jenseitigen Hölle wissen (wollen), doch darüber die diesseitige vergessen. Auch kann er sich über die Vergangenheit informieren, ja in frömmstem Schauer die historischen Details goutieren – und dabei übersehen, wieviel vom Vergangenen Gegenwart ist.

In der Hölle der Gleichgültigkeit

Ich nenne so kreuz und quer, wie die Fakten Tag für Tag unsere Medien erreichen, ein paar Beispiele für Höllen im Diesseits. Damit kann der jeweils erreichte persönliche Status des Voyeurs überprüft werden, desgleichen das Niveau individueller wie gesellschaftlicher Passivität. Einen Beichtspiegel möchte ich dieses Verfahren, sich der eigenen Routine im Schaudern bewußt zu werden, nicht nennen. Seit Franz Kafka ist das Jenseits überholt; eine derart mitleidlose Führung durch die Hölle wie bei Dante braucht niemand mehr, der sich hierzulande umsieht.

Die patriarchale, also strikt kriegerische Zivilisation machte in den letzten Jahrzehnten Fortschritte auf Erden: Wurden in den fünfziger Jahren noch durchschnittlich zwölf Kriege pro Jahr gezählt, in den sechziger zweiundzwanzig, in den siebziger zweiunddreißig, in den achtziger vierzig, so scheint sich der Kriegspegel zur Zeit auf etwa fünfzig bis sechzig Konflikte pro Jahr einzustellen, mit steigender Tendenz. Die Zahl der Kriege hat sich immerhin in einer Zeitspanne von nur fünfzig Jahren vervierfacht, und das Friedensgerede von Politikern und Religionsführern entpuppt sich als Geschwätz.

Müssen wir, die Christen unter uns, auf Zuschauen oder karitative Zuwendung zu den Opfern beschränkt bleiben? Oder ließe sich daran denken, die Täter ebenso wie ihre stillen Finanziers, Zulieferer, Legitimatoren, Profiteure beim Namen zu nennen, um die Aggressoren weltweit zu ächten? Selbst wenn sie christlichen Glaubens sind und hin und wieder feierliche Gottesdienste besuchen?

Das Fernsehen sendet eine Reportage über eine Fahrt durch die unwirklich leere Landschaft um Tschernobyl und über Besuche bei den todkranken und sterbenden Opfern: Hunderte Dörfer sind mit sechzig und mehr Curie pro Quadratkilometer verseucht, in fünfhundertdreißig Orten ist die Milch verstrahlt, die Mißbildungen an Tieren zählen nach vielen Hunderten, mehr als zwei Millionen Menschen sind strahlenkrank, Tausende von Kindern haben schon Krebs, die Radioaktivität, die sich über Generationen hinweg nicht lösen wird, ist überschrieben mit: In der Hölle auf Erden. Und wir? Schon vergessen, seit Waldpilze wieder zu genießen sind?

Fast täglich kommen Zahlen auf den Tisch, die über die Mißhandlung und den sexuellen Mißbrauch von Kindern in Deutschland berichten; ein wichtiges Tabu der Väterwelt scheint gebrochen. Sind es aber nicht die sogenannten neuen Väter und Mütter, die Zwanzig- bis Fünfunddreißigjährigen, die ihre Kinder mißhandeln? Selten erlebe ich soviel bestwillige Heuchelei wie in diesem Fall, wenn ich an der Universität nachfrage: Ausnahmslos sind es die andern. Doch wer, wenn nicht wir, hält die gesunde Ohrfeige für ein passables Erziehungsmittel? Wurden wir nicht selbst so erzogen und schlagen weiter statt zurück? Gehören wir endlich einmal dazu? Wann schlugen wir zuletzt? Wen traf es?

In den vergangenen zehn Jahren wurden bei bewaffneten Konflikten mehr als eineinhalb Millionen Kinder getötet. Weltweit sind vier Millionen Kindersoldaten durch Verwundungen dauerhaft körperbehindert, fünf Millionen verloren in Kriegen ihr Obdach, die Hälfte der zweihundert Millionen Kinder in der Karibik und in Lateinamerika hat unter den Konsequenzen der zunehmenden Armut zu leiden, und auf dem lateinamerikanischen Subkontinent (der bekanntlich seit fünfhundert Jahren auf katholisch zivilisiert wird) blühen Kinderprostitution und der Handel mit transplantationsfähigen Organen, dessen Opfer Straßenkinder sind, aber auch Kinder, die als lebende Ressourcen entführt oder von ihren Eltern regelrecht an Händler verhökert werden. In Kolumbien operierten Ärzte nach Angaben der UNO Kindern aus Elendsvierteln die Augen heraus und verkauften sie an reiche Patienten aus der ganzen Welt. In Brasilien werden jährlich vier Millionen Kinder vergewaltigt; drei Millionen Mädchen sind pro Jahr zur Abtreibung gezwungen.

In Deutschland lebt etwa eine Million Kinder in Familien unterhalb der Sozialhilfegrenze, in Armut. Hundert Millionen Kinder auf unserer Welt werden in einem Zustand der Sklaverei gehalten; die Zwangsarbeit von Kindern in Bordellen, Privathaushalten, Fabriken ist in vielen Teilen der Erde Alltag. In Pakistan leisten sie gegenwärtig siebeneinhalb Millionen Kinder, in Indien zehn Millionen, und allein in Bangkok sind achtzigtausend Minderjährige zur Prostitution gezwungen. Und wir? Machten wir mit, anläßlich einer Reise nach Thailand? Beneideten wir den Nachbarn, der mit einem Ausflug nach Asien renommierte? Das nun doch nicht, nein: Doch zeigen wir, als feministisch informierte Frauen und Männer, noch immer kein Interesse auch am Infantismus? Oder schlossen wir als Christen die Augen vor der Kinderhölle, dachten ans eigene Seelenheil, stellten uns die jenseitige Hölle vor, beichteten und bereuten möglichst oft Kleinsünden der bourgeoisen Art, damit wir nur ja nicht dem ewigen Feuer verfallen?

Drei Tiergeschichten für viele: Friedrich Nietzsche greift, wahnsinnig vor Schmerz, in Turin ein, als er sieht, wie ein Pferd auf offener Straße gequält wird; Eugen Drewermann berichtet von einem ähnlichen Erlebnis als Kind, das seine Theologie prägte; und Rosa Luxemburg beschreibt in einem Brief aus dem Breslauer Gefängnis exemplarisch, was Tieren regelmäßig angetan wird: »Die Tiere standen beim Abladen ganz still, erschöpft, und eins, das blutete (weil es von einem Soldaten geschlagen worden war), schaute dabei vor sich hin mit einem Ausdruck in dem schwarzen Gesicht und den sanften Augen wie ein verweintes Kind. Es war direkt der Ausdruck eines Kindes, das hart bestraft worden ist und nicht weiß, wofür, weshalb, nicht weiß, wie es der Qual und der rohen Gewalt entgehen soll ... Ich stand davor, und das Tier blickte mich an, mir rannen die Tränen herunter – es waren seine Tränen, man kann um den liebsten Bruder nicht schmerzlicher zucken, als ich in meiner Ohnmacht um dieses stille Leid zuckte ... Oh, mein armer Büffel, mein armer geliebter Bruder, wir stehen hier beide so ohnmächtig und stumpf und sind nur eins in Schmerz, in Ohnmacht, in Sehnsucht.«

Bleiben Menschen wie Rosa Luxemburg, alles andere als anonyme Christen, vor den Pforten des Christenhimmels? Gelten sie den Gläubigen als verstümmelte Menschen? Ist dies so, dann bleibe auch ich ein solcher; diese Sätze kann ich nicht lesen, ohne daß mir Tränen in den Augen stehen. Doch wann guckten wir das letzte Mal weg, als ein Tier geschlagen wurde? In welcher Form lieben wir die Tiere? Als Zulieferer für Kosmetik? Als Schoßhunde und Schmusekätzchen? Auf den Tellern unserer Feinschmeckerei?

Kulturelle Sonderwelt: So umschreibt eine soziologische Studie, die Wissenschaftler der Universität Trier erstellten, die in deutschen Landen angetroffenen sadomasochistischen Szenen und Rituale: »Pünktlich erschienen die Wissenschaftler zum Gesprächstermin in einer noblen Villa. Sie wurden ins Dachgeschoß geführt, wo der Interviewpartner die Besucher schon erwartete. Das Gebaren des Gastgebers war freilich etwas eigenartig: Nackt und gefesselt baumelte er von der Decke.« Und weiter: »Manche der Folterfreunde waren erst zu Auskünften bereit, nachdem sich die Forscher derlei Mutproben und Ekeltests unterzogen hatten.« Nach schwieriger Vorarbeit gelang es schließlich, einhundertdreiundvierzig praktizierende Sadomasochisten zu Interviews zu bewegen. Was unter anderem herauskam: Frauen holen auch in dieser Szene auf, kontaktsuchende Damen kommen auf ihre Kosten und erhalten auf ihre Annoncen Hunderte von Zuschriften.

Sadomaso-Orgien unterscheiden sich von »echter«, also politisch, religiös, weltanschaulich motivierter Folter durch das Einverständnis der Opfer. Mit einem Stoppcode, einem vorher vereinbarten Wort, können diese bei allzu großem Schmerz oder Ekel die Veranstaltung abbrechen. Mißachtet die quälende Person diesen Code, droht ihr der Ausschluß aus der Szene.

Dennoch kommen Überschreitungen vor. Es gibt Selbsthilfegruppen, in denen Opfer versuchen, über ihre Foltertraumata hinwegzukommen.

SM und wirkliches Leben werden meist scharf getrennt. Vor den Folterstuben, bevor es zur Sache geht, sprechen Extremerotiker im gemütlichen Plausch über Kinder und Ehe, Sport und Auto, Urlaub und Arbeit. Doch gibt es Hinweise darauf, daß Berufs- und SM-Rolle oft entgegengesetzt sind: Führungskräfte lassen sich gern als Sklaven behandeln, berufliche Underdogs zahlen es den Bossen symbolisch heim. Läßt der Universitätsprofessor die Hosen herunter und will er richtig verdroschen werden, freut sich eine Sekretärin über ihre unübliche Dominanz. Übrigens: Den größten Prozentsatz der befragten Sadomasochisten stellt die Berufsgruppe der Angestellten (vierzig Prozent). Der Anteil der Beamten (sechs Prozent), Studierenden (neun Prozent) und Arbeiter (zwei Prozent) ist relativ gering.

»Wenn ich dann festgebunden bin, liegt die Befreiung eigentlich darin, daß ich nicht mehr verantwortlich bin für das, was ich mache ... Ich habe kein schlechtes Gewissen, im Gegenteil, ich bin befreit, losgelöst und ruhig«, beschreibt ein Mann das höchste seiner Gefühle. SM bedeutet Ausstieg aus dem rationalen Kalkül und der Selbstkontrolle im modernen Leben, Selbstverwirklichung unter der Folter, kurz: »etwas Höheres, etwas Besseres« und »eine schwer beschreibbare Steigerung des Lebensgefühls, die Befriedigung des Existenzhungers ... Über den Körper breitet sich erst Spannung und dann tiefe Wärme aus«.

Brutale Fesselung und Auspeitschen sind die gebräuchlichsten Quälereien, bisweilen kombiniert mit Leder- und Gummifetischismus. Ein Partner berichtet: »Dann spannte sie mich über den Bock und verabreichte mir tausend Hiebe, bis mein

Hintern wie Feuer brannte und blutige Knötchen sichtbar wurden ... Sie hängte mir Gewichte an die Hoden und setzte Klammern auf meinen gestriemten Hintern ... Sie hatte mir die Penis-Manschette übergezogen, und die Nägel stachen ins Fleisch.« Eine Woche darauf tauschte das Folterpärchen die Rollen, jetzt wurde die Frau ans Folterkreuz geschnallt und ähnlich gepeinigt. Was darüber hinausgeht, wird von vielen Szenegängern abgelehnt, zum Beispiel Kliniksex (Einführen von Klistieren und Kathetern, Zunähen von Körperöffnungen bei vollem Bewußtsein). Auch die Praxis Hartgesottener, Körperteile mit Nadeln oder Ringen zu durchstechen sowie mit Ausscheidungen (Urin, Kot) zu hantieren, ist nicht jedermanns und jederfrau Sache.

Eine große Rolle spielen dagegen Kollektivveranstaltungen, die vom beschaulichen Folterabend im kleinen Kreis bis zum SM-Ball mit hundert Teilnehmern reichen. Kommerzielle Agenturen vermieten die notwendigen Räume und sorgen auch für Übernachtung mit Frühstück. Beliebt sind ferner theatralische Rollenspiele: Schulstunden mit einem strengen Lehrer, Sklavenversteigerungen, die Passion Jesu. In aller Regel findet kein Koitus statt, doch werden öfters anale und orale Vergewaltigungen durchgeführt. Eine Sonderwelt? Rituale eines fremdartigen Volksstamms? Oder Praktiken, die die sorgsam verborgenen Wünsche einer Vielzahl von Menschen nach Folter und Gewalt stellvertretend vorausnehmen und erfüllen? Die Arbeitsgemeinschaft S/M & Öffentlichkeit läßt in einem Leserbrief an das Magazin bestellen, der Satz »S/M ist kein Spiel mit Gewalt – es ist Gewalt pur« sei hanebüchener Unfug. Denn S/M sei »die bewußte Inszenierung von vertrauensvoller Auslieferung, von Macht und Unterwerfung«. Der Vergleich mit realer Folter soll ebenso irreführend wie perfide sein: »Bei S/M geht es eben nicht darum, Menschen zu zerstören, sondern allen Beteiligten Lust zu verschaffen oder Liebe auszudrücken.« Im übrigen gehe es auch nicht um Vergewaltigung, sondern »höchstens um einvernehmliche Inszenierung von Vergewaltigungsphantasien, die (aktiv oder passiv) bekanntlich ziemlich viele Menschen haben«. Wenn's denn so ist: Welcher Mann möchte nicht wenigstens mal zuschauen? Oder Vergewaltigungsphantasien mitinszenieren? Diese Art von gleichzeitiger Gewalt und Liebe erproben?

Eine stärker denn je reizüberflutete Gesellschaft – unsere! – ist noch nicht satt. Sie verlangt nach immer neuen und stärkeren Reizen, und die Faszination der Gewalt beweist sich gerade dort, wo Menschen ihrer gesicherten und daher langweilig gewordenen Existenzweise überdrüssig werden. Vielleicht ist nichts entsetzlicher am heutigen Menschen, als daß er sich nicht mehr entsetzt. Und während mehr und mehr über die Gewalt im Fernsehen und deren Einfluß auf Kinder und Jugendliche geklagt wird, erhält der von Kritik und Publikum hochgelobte Film *Das Schweigen der Lämmer* in schöner Gleichzeitigkeit fünf Oscars für seine Blutorgien – und seine Botschaft »Sex bringt den Tod«. Hollywood klatscht beim Festakt. Und wir? Sahen wir nie solche Filme – und empfahlen ihre Spannungsfolter weiter?

Selbstschutz der Illusionen

Weshalb sind es stets die anderen? Illusionen sind notwendig für uns Menschen, und Passivität erfüllt eine Schutzfunktion. Menschen müssen oberflächlich sein; sie haben den Überlebensinstinkt, flüchtig, leicht und falsch zu sein. Doch ob uns derlei rettet? Die Heuchelei unterschiedlichsten Gepräges und Gewichts etwa, die sich auf alles und jedes erstreckt?

- Eine Unaufrichtigkeit beispielsweise, die sentimental Kälbchen streichelt und den Angler mutig beschimpft – und dann Kalbsfilet ißt und Forelle blau?
- Die stumme Infamie des Kinderfreundes, der die Liebe zu den eigenen Kindern beredet, doch beim Gespräch über den Zaun die Mißhandlungen im Haus nebenan noch nie ansprach?
- Die Heimtücke der Pädagogik, die sich ein Heer von Experten, Ratgebern und Therapeuten genehmigt und zugleich den »Mut zur Erziehung« propagiert? Wie dieser sich in konkreter Folter ausnimmt? Kinder werden – von ihren »Erziehungsberechtigten«! – an Ästen und Dachsparren aufgehängt, ins (eiskalte oder heiße) Wasser getaucht, in einen Sack geschnürt, in Keller und Klosett gesperrt, aus dem Haus gestoßen (mit einem Koffer in der Hand), aus dem Auto gesetzt, das weiterfährt. Drohungen sind an der Tagesordnung: Ihr werdet schwarz, Gott erschlägt euch, das Christkind bringt nichts, wir geben euch Gift, Wasser und Brot, böse Tiere holen euch!
- Die Unaufrichtigkeit der Eltern, die Gewalt strikt ablehnen, schon um ihre Kinder zu schützen, und gleichzeitig die in Videos gespeicherte Gewalt verschenken, die Kids gleichsam im Spiel lernen läßt, daß der eine den andern nur massakrieren muß, um zu überleben, und man bloß auf einen Knopf zu drücken braucht, um ein neues Leben zu erlangen?
- Der Hohn einer Gesetzgebung, die in Präambeln über das Kindeswohl schwelgt und sich wenig um das Wohnelend kümmert, um die kinderfeindliche Siedlung, die kindfern gestalte-

ten Familienwohnungen, die Situation des spielenden Kindes, das auf den Ball und das vorbeirasende Auto zu achten hat?

- Die schnöde Moral einer Gesellschaft, die Obst vernichtet, Gemüse, Getreide, die Land vergammeln läßt, um die Preise auf dem Weltmarkt zu halten, und Brot sammelt für die Welt?
- Die Doppelzüngigkeit eines Staates, der Riesensummen für die Verkehrssicherheit ausgibt, immer strengere Geschwindigkeitskontrollen androht, doch als einziger Industriestaat der Welt und als einziges Land in Europa auf seinen besten Straßen jeden so schnell rasen läßt, wie er will?
- Die Argumentationslist des ADAC, der eine Tausende von Toten kalt in Kauf nehmende »freie Fahrt für freie Bürger« einfordert und die erwähnte Nutzung Toter für Crashtests als ethisch nicht vertretbar klassifiziert?
- Die Hinterhältigkeit, die sich zwei Tage im November 1993 über Crashtests mit Kinderleichen erregte, doch die jahrelangen tausendfachen Crashtests mit lebenden Kindern auf den Straßen hinnimmt?
- Das doppelte Spiel mit der Totenruhe, die von Staatsanwälten eingefordert wird, wenn ein Fall von Leichenfledderei ansteht, die aber von Definition wegen außer Kraft gesetzt ist, falls es um Mumien in Museen – oder den »Ötzi« – geht?
- Die spitzfindige Definitionsmacht, die die folgende Praxis bei Fehlgeburten legitimiert: Kinder, die länger als fünfunddreißig Zentimeter sind, werden beerdigt; kleinere werden entsorgt oder in Forschung und Industrie verbraucht, weil sie es nicht schafften, eine Leiche im Sinne der Vorschrift abzugeben?

Und die überzeugten Christen? Ihre Hirten gar? Ob wenigstens sie eine Ausnahme machen? fragen viele, die es nicht glauben wollen. Der große schottische Philosoph David Hume gab vor Jahrhunderten eine Antwort: »Mögen auch alle Menschen dann und wann ein religiöses Bedürfnis verspüren, so gibt es doch nur wenige oder keinen, die es in jenem Grade und mit jener Beständigkeit besitzen, die für die Ausübung dieses Berufs notwendig wäre. Die Religiosität von Priestern ist also nur in den wenigsten Fällen ›natürlich‹, vielmehr sind sie gezwungen, mehr Hingabe vorzutäuschen, als sie tatsächlich besitzen, um den Anschein von Inbrunst und Ernsthaftigkeit zu behaupten, selbst wenn sie von den Übungen ihrer Religion übersättigt sind oder ihr Geist in den üblichen Tätigkeiten des Lebens beschäftigt ist. Eine solche Situation schafft den Geist des Aberglaubens, wegen seiner andauernden Grimasse und Heuchelei.«

Ich rede angesichts des real existierenden Phlegmatismus nicht einmal von der Neigung aller zum Verbrechen, obgleich wir wenig Grund haben, unsere Vorfahren anders denn als Angehörige von Mörderbanden zu betrachten. Stammen wir nicht, Väterreihe um Väterreihe, von Menschen ab, die sich mit Mord und Totschlag behaupteten, das Recht des Stärkeren bis ins räuberische Detail hinein nutzten, ihr nacktes Überlebensinteresse über das Recht des anderen stellten? Niemand kann sich außerhalb solcher Überlegungen stellen, ohne ein weiteres Mal zu heucheln. Vorausgesetzt, er lernte sich auch nur ein einziges Mal kennen, darf auch niemand von sich behaupten, er sei frei von der Lust am Bösen, Gewalttätigen, Mörderischen. Schreibe ich von den Grausamen der Geschichte, steige ich mit in ihre Folter-Höllen hinab, versetze mich, so gut es gelingen will, in die Seele der Täter und sage mir: Mit einer etwas anderen Gehirn- und Gefühlsstruktur, mit anderen Lebenserfahrungen, mit wirklicher Macht in Kopf und Hand könnte ich vermutlich ähnlich gehandelt haben.

Dabei habe ich nicht die Phantasie, mir die Hölle im Jenseits schlimmer vorzustellen als die vielen Höllen in uns und um uns. Peter Weiss, im *Gespräch über Dante* (1965): »Ich entnehme der Divina Commedia nur das, was sich in ein irdisches Dasein versetzen läßt. Es besteht bei mir auch nicht ahnungsweise eine Vorstellung von Hölle und Fegefeuer, von einem Paradies ganz zu schweigen. Ich bin auch nicht durch die berühmten Krisen gegangen, in denen die Frage gestellt wird, ob es nicht doch besser sei, an einen Gott und an ein Fortbestehen der Seele zu glauben. Ich rechne nicht damit, daß nach dem Tod noch irgendwelche Wanderungen bevorstehn. Es genügt, was hier auf der Erde von mir gefordert wird, und meine größte Anstrengung reicht kaum dazu aus, mir einige Bruchteile davon klarzumachen.«

Georg Christoph Lichtenberg sah tief in unsere Herzen hinein: »Wir fressen einander nicht, wir schlachten uns bloß.« Und eine Gesellschaft, die selbst heute Schlachthäuser und Schlachtfelder verkraftet, braucht sich nicht um ihre Zukunft zu sorgen: Sie ist selber schlachtreif. Doch, nochmals, immer wieder: Was unser Zusammenleben ermöglicht, ist weder der Glaube noch die Vernunft, weder Macht noch Geld, nicht einmal die Dummheit. Was alles Menschliche bemäntelt und einfach unantastbar macht, ist »die Verbindung von grenzenloser Gleichgültigkeit und nicht minder grenzenloser Heuchelei«. Sie ist spezifisch für die menschliche Art. Ich denunziere nicht, doch bitte ich, den Satz des Laotse (viertes oder drittes Jahrhundert v. Chr.) zu beachten: Wahre Worte sind nicht angenehm, und angenehme Worte sind nicht wahr.

Glänzende Oberfläche

Ich lasse einen jeden nach seiner Natur leben, und wer will, mag für sein Heil sterben, wenn nur ich für die Wahrheit leben darf.

Baruch Spinoza

Die christliche Kirche treibt nicht nur die Gläubigen in die Gräben und segnet die Maschinen, die zum Mord bestimmt sind – sie heilt auch die Wunden, die der Mord geschlagen hat, und ist allemal dabei.

Kurt Tucholsky

Die Kommentare, die Stellung nehmen zu den alltäglich ins Haus gelieferten Schreckensmeldungen und -bildern, haben nach wie vor allen Grund, sich zu überschlagen. Wie kann dies geschehen, in Afghanistan, im Irak? Die Antworten fallen unterschiedlich aus. Ich zitiere in diesem Zusammenhang das Wort eines französischen Moralisten aus dem achtzehnten Jahrhundert, Antoine de Rivarols: »Die zivilisierten Völker sind für das Gift der Barbarei so anfällig wie das blanke Eisen für den Rost. Völker und Stahl, beide glänzen nur an der Oberfläche.«

Es besteht kein Grund zur Annahme, der Satz sei nur für die Vergangenheit gültig. Das blanke Gegenteil ist wahr: Er gilt für die Gegenwart und, nach allem, was bereits erahnt werden kann, auch für die Zukunft. Ich wundere mich, wie viele ansonsten ernstzunehmende Zeitgenossen sich darüber wundern, daß weder Krieg noch Folter außer Übung kamen. Waren sie der Meinung, Folter und Kriege ließen sich einfach für überholt erklären oder durch Dekret abschaffen? An Ächtungen fehlt es gewiß nicht; keine Regierung dieser Welt läßt eine Gelegenheit aus zu betonen, wie fern ihr Kriege und Folterungen stehen. Die Zahlen und Fakten bezeugen unangefochten das Gegenteil. Gewiß ist die Folter überall beseitigt, zumindest als Teil des strafrechtlichen Verfahrens. Manche Länder können stolz auf hundert, hundertfünfzig, zweihundert Jahre zurückblicken, da sie auf ihrem Territorium offiziell »abgeschafft« wurde ...

Unsinn, von einem bloßen Wiederaufleben der Folter vor etwa hundert Jahren zu sprechen. Dummheit, die Fundamente der menschlichen und religiösen Gewaltbereitschaft nicht zu ergründen, sondern anzunehmen, Menschen, Staaten, Kirchen hätten hin und wieder für ein paar Jahrzehnte ihrer Historie andere Interessen als in den vielen tausend Jahren zuvor verfolgt. Heuchelei, das angebliche Wiederaufleben nur bei den jeweils anderen auszumachen. Es handelt sich nicht um eine Frage des Glaubens an den moralischen Fortschritt der Menschheit und um eine Art Enttäuschung über dessen Brüchigkeit. Wann je hätte moralischer Eifer Gesetze geschaffen und dauerhaft durchgesetzt?

Stahl bleibt rostig. Gerade Patriarchen, und nur Patriarchen, brauchen ihn. Auch die Folter wird notwendigerweise wie der Krieg legitimiert, weil ihr Wegfall – so eine Verteidigungsschrift von 1780 – eine große Gefahr »für Regierung, Moral und Religion« mit sich brächte. Der Autor des Traktats, Pierre François Muyart de Vouglans, Mitglied des Grand Conseil von Frankreich, versuchte zwar nur, die einflußreiche Schrift *Dei delitti e delle pene* (Über Verbrechen und Strafen) des Cesare Beccaria von 1764 zu widerlegen. Doch seine Argumentation fiel zeitlos aus. Wer, wenn nicht Regierung, Moral und Religion, sollte je von der Folter profitiert haben? Wer sonst könnte ein – theoretisch heftig bestrittenes – weiterbestehendes praktisches Interesse an einer Herrschaft von Menschen über Körper und Geist anderer Menschen haben?

Zeitgenössische Historiker fragen sich, mit dem sogenannten Wiederaufleben der Folter konfrontiert, ob dieses schreckliche Phänomen nicht als Ergebnis neuer Religionen gedeutet werden muß, als Spezialität jener autoritären und totalitären Staaten, die die uneingeschränkte Loyalität ihrer Bevölkerung fordern. Doch gerade die totale Unterwerfung weist erbärmliche Bezüge zu der geistigen Disziplin auf, die die Kirche – keineswegs nur in Mittelalter und früher Neuzeit, wie Apologeten beschwichtigen – von ihren Gläubigen verlangte. Parallelen finden sich nicht allein, was die wahren Gläubigen und deren Gehorsam betrifft. Auch die Behandlung der jeweils anderen, kurz, der ungehorsamen, reuelosen Oppositionellen unterscheidet sich in religiösen und quasireligiösen Systemen von damals und heute nicht wesentlich.

Ein Erlaß Heinrich Himmlers vom Juni 1942 ermächtigte zur Folter. Um dem Dekret einen Anschein gesetzlicher Form zu geben, wurde der Personenkreis umschrieben, gegen den »der dritte Grad« angewandt werden konnte und mußte. Wiederum findet sich die uralte Definition der anderen, der Ehrlosen, der als zweitrangig betrachteten und damit folterwürdigen Menschen. Wiederum werden die hergebrachten und in Theorie wie Praxis der christlichen Kirche jahrhundertelang erprobten Standards der Abwertung von Menschen verwandt: Bei Himmler sind es »Kommunisten, Marxisten, Zeugen Jehovas, Saboteure, Terroristen, Angehörige von Widerstandsbewegungen, asoziale Elemente, widersetzliche Elemente, polnische und russische Vagabunden«. Erlasse der Kirche hatten Ketzer, Heiden, Juden, Hexen, Abgefallene, Feinde der Kirche und des Papstes angesprochen und zur Folterung freigegeben. Es dürfte schwerfallen, grundsätzliche Unterschiede in Begründung und Durchführung solcher Dekrete auszumachen.

Offenbar bemerkten die Nationalsozialisten die auffälligen Parallelen. Anläßlich eines Empfangs im Jahre 1933 sagte Adolf Hitler zu Wilhelm Berning, dem Preußischen Staatsrat und

Bischof von Osnabrück: »Die katholische Kirche hat fünfzehnhundert Jahre lang die Juden als Schädlinge angesehen, sie ins Getto gewiesen usw., da hat man erkannt, was die Juden sind ...« Und: »Ich gehe zurück auf die Zeit, was man fünfzehnhundert Jahre lang getan hat.« Berning, der seine Briefe »Mit deutschem Gruß und Hitler Heil!« unterschrieb, widersprach nicht, nannte das Gespräch herzlich und sachlich.

Stahl? Ein maskulines (bearbeitetes) Metall, kein Neutrum wie Erz, Silber, Gold. Bestimmte Assoziationen drängen sich auf: Mord, Folter, Gewalt – und glatt-grausame Kühle. Das Verb stählen (sich wappnen, bewaffnen, steifen, härten, festigen) paßt; auch das Adjektiv stählern (eisern, ehern, ungebeugt, mannhaft, herzlos, eisig, nicht zu erweichen, scharf) liegt nicht fern.

Der US-Film *Alien 3* von David Fincher, Teil eines amerikanischen Triptychons, wies 1992 in die Science-fiction einer Hölle, in der lauter Gläubige wohnen. Sie ist ein düsterer, von Läusen verseuchter Planet, einst eine Strafkolonie für Schwerverbrecher. Als die Kolonie aufgelöst wurde, blieben zwei Dutzend Gefangene freiwillig zurück. Sie hatten zu einer obskuren Religion gefunden, und der Planet wurde zu ihrem Kloster; die Hölle blieb er. Hier ist die Welt zu Ende, alle Überreste technischer Zivilisation sind zerfallen, und auch die Menschen sind am Ende, kriminell, feindselig, böse. Jedes Individuum ist Teil und Träger der Zerstörung. Die Perspektive der Menschen bleibt hoffnungslos, die Selbstzerstörung ist unaufhaltsam, keine Religion bietet Erlösung. Der Film spielte in der Zukunft, doch glaubte er nicht an sie. Seine Zukunft sah aus, wie wir uns das Mittelalter vorstellen: Grüfte, Kerker, Verliese, hallende Gewölbe. Und sie wurde von Gesetzen beherrscht, die wir zum Teil als mittelalterlich eingestuft und abgelegt haben: vom Glauben an einen furchtbar richtenden Gott und seine Hölle, von Qual und Sehnsucht.

Vielleicht hilft die Vision ein wenig mit, jene Christen aus ihrer Kuscheleckenmentalität herauszulocken, die nach wie vor sich und ihren Glauben in eine heile Welt versetzt sehen, als seien weder zutiefst gewalttätige Jahrhunderte der abendländischen Hauptreligion nachgewiesen noch folternde Christen auch gegenwärtig am Werk. Der unhistorische Anspruch von Christen auf ein frommseliges Dasein auf der Insel im tobenden Weltmeer (und auf eine grundsätzlich gerettete Zukunft) wird zu einem Anspruch an Christen umgewandelt, sich der eigenen Position bewußt zu werden.

Bestimmt nicht – ein leider unumgänglicher Hinweis – plane ich einen Beitrag zur sogenannten Enthüllungsliteratur über dieses oder jenes Christentum, wie immer wieder von interessierter Seite argumentiert wird, um sich selbstgerecht, pflichtvergessen aus der Verantwortung zu stehlen. Blut wird nicht »enthüllt«, ihr Theologen! Es handelt sich, bei einem so entsetzlichen Thema wie dem der Folter, nicht darum, einen simplifiziert Schwarzen Peter an die Kirchen weiterzureichen. Schadenfreude wäre das schlimmste Empfinden, ein Vergehen auch an den Opfern. Über Folter zu schreiben ist nicht amüsant, von ihr zu erfahren kein Vergnügen. Oft fühlte ich Ohnmacht, blieb geängstigt. Dabei steckte ich selbst nicht in den Folterkammern, sondern las und schrieb nur nach, was andere erlitten. Ich nehme an, daß es Lesern ähnlich ergehen wird: Angst, Ohnmacht.

Doch was nicht länger unter den Teppich gekehrt werden darf, muß offengelegt sein. Da sich innerhalb der Kirchen so gut wie keine Stimmen zum Thema finden, ist dies doppelt nötig. Anders gelingt es den Christen kaum, endlich mit zu jener humanen Kultur zu finden, die sich als anamnetisch (erinnerungswillig) bezeugt und nicht zum allgemein anempfohlenen Vergessen, Verdrängen, Verzeihen bereit ist. Wer erinnert, wenn nicht der Schriftsteller? Dies ist sein Beruf, seine soziale Leistung. Erinnern ist aber nicht Enthüllen. Der Erinnernde erlaubt sich nicht den Gestus des Voyeurs. Mitten im Milieu der eingegrenzten Erinnerungen, da die Großtaten Gottes und der Kirche pflichtgemäß honoriert werden, arbeitet der Autor an einer Gegenkultur. Er weitet den Blick ins Abendland, bietet unpäßlich machende Perspektiven auf das christliche Europa, demaskiert die Lobhudeleien der Liebesreligion.

Keine geringe Frage an die deutsche Streitkultur: Stört einer den Religionsfrieden, der mörderisch effektive Obsession, kaschierten Heilsegoismus bloßlegt? Der den Verfolgten, Verscharrten, Vergessenen eine Stimme leiht, Solidarität herstellt zwischen den Opfern und denen, die durch ihn von jenen erfahren? Gegenüber denen, die zu viele Choräle im Mund haben und in Kopf wie Herz zuwenig Memento, ist dies Pflicht. Die hohe Zeit der Weißwäscher ist vorbei. Prediger und ihre Helfershelfer aus der Historikerzunft dürfen nicht länger auf ihre Rache-Gottheit Vergessen setzen. Millionen Menschen verlangen nach Gerechtigkeit. Die unzähligen Blut- und Denkopfer, deren sich Christen bedienten, um Gottes Großreich zu fördern, brauchen unser Zeugnis. Tod darf kein Endurteil sein, Namenlosigkeit nicht über Betrogene triumphieren. Geschädigte bitten um Auferstehung im Gedächtnis.

Es könnte weder den Betroffenen noch anderen Menschen schaden, wenn in diesem notwendigerweise bruchstückhaften Versuch die zutiefst beunruhigende Wirklichkeit einer Religion angesprochen wird: ihre Anfälligkeit für Barbarei, ihre Mitverantwortung für Folter und weitere Verbrechen und auch die strukturelle Hilflosigkeit des Christentums im Widerstand gegen die Ideologien und Handlungsmuster der Grausamkeit.

Die Anfälligkeit geweihten Stahls für den Rost

Artikel 1 der Erklärung der Generalversammlung der Vereinten Nationen über den Schutz vor Folter und anderer grausamer Behandlung vom 9. Dezember 1975 lautet: »Unter Folter im Sinne dieser Erklärung ist jede Handlung zu verstehen, durch die einer Person von einem Träger staatlicher Gewalt oder auf dessen Veranlassung hin vorsätzlich starke körperliche oder geistig-seelische Schmerzen oder Leiden zugefügt werden, um von ihr oder einem Dritten eine Aussage oder ein Geständnis zu erzwingen, sie für eine tatsächlich oder mutmaßlich von ihr begangene Tat zu bestrafen oder sie oder andere Personen einzuschüchtern.«

Dem verschachtelten Satz ist die Herkunft anzumerken. Da waren Juristen am Werk, die sich um jede Feinheit der Definition stritten, bevor alle Tatbestandsmerkmale eingefangen waren. Das mag im Sinne dieser Erklärung gelungen sein. Doch ist allein von staatlich angeordneter und/oder durchgeführter Folter die Rede. Von daher gesehen, paßt der Artikel weder auf unsere Vergangenheit noch völlig in unsere Gegenwart. War dies der Grund, weshalb die USA fast zwanzig Jahre warteten und die Konvention erst 1992 unterschrieben?

Auch bestimmte Religionen sind für das Gift der Barbarei so anfällig wie das blanke Eisen für den Rost. Religion und Stahl, beide glänzen nur an der Oberfläche. Gewiß, ich habe Rivarols Zitat abgewandelt, doch nicht ohne Grund. Das Befehlsverbrechen Folter weist unter seinen schlimmsten Merkmalen gerade solche auf, die religiösen Ursprung haben und von tiefer Religiosität geprägt sind. Es wird auch damit zum förmlichen Glaubensdelikt. An grausamen Beispielen aus Politik und Justiz fehlt es bestimmt nicht. Doch was so gut wie nicht bearbeitet und trotz einer Fülle von Material und Hunderter zeitgenössischer Bilder nicht belegt wurde, weil es offenbar nicht wirklich und wahr sein darf: Mehr noch als Politik und Gerichtsbarkeit ist der Bereich des Religiösen, des Christlichen, Kirchlichen ausgefüllt von Martern und Qualen. Schafe entpuppen sich als reißende Wölfe.

Die Grausamkeit gehört zur ältesten Festfreude unter Menschen. Wer Götter nach dem eigenen Bild gestaltet, nimmt an, diese fühlten sich erquickt und seien festlich zu stimmen, wenn sie grausame Opfer erblicken und annehmen. Schließlich schleicht sich die Vorstellung in die Welt, daß zum einen das freiwillige Leiden, die selbstgewählte Marter, sinn- und wertvoll sei und zum anderen die Folter an jenen, die der eigenen Gruppe als böse Gegner gelten. Die Lust an verfeinerter Grausamkeit und der Wille, sich vor seinem Gott auszuzeichnen, korrespondieren.

Nur die Kirchen, nur die Christen? Gewiß nicht. Ein malaysisches Regionalparlament beschloß 1993 die Einführung eines auf dem islamischen (Religions-)Recht basierenden Strafkodex. Das Bundesrecht gilt künftig nur für Nichtmohammedaner. Für Muslime ist fortan geltendes Recht: Steinigung von Ehebrechern, achtzig Peitschenhiebe für Trinker, Abhacken einer Hand bei wiederholtem Diebstahl. Und ein Räuber läuft Gefahr, zuerst gesteinigt und danach gekreuzigt zu werden.

Diese Bestimmungen stammen aus unserer jüngsten Vergangenheit. Sie sind zeitgleich mit dem aktuell erreichten offiziellen Folterfrieden. 1993 waren sie immerhin eine kleine Zeitungsmeldung wert. Im Iran freilich gilt solches Recht seit der religiösen Revolution des Ayatollah Khomeini als diskussions- und förderungswürdig. Als Zugeständnis an die heute geltenden internationalen Normen (auch der Iran unterzeichnete die

UN-Konvention gegen Folter von 1984; insgesamt unterschrieben bis jetzt erst neunundsiebzig Staaten), ist zwar die Folter als solche verboten, doch wird unter anderem das Foltern von Gefangenen durch die »Falaka« angewandt. Diese bewußt nicht als Folter definierte, sondern als islamische Strafe betrachtete, also religiös gerechtfertigte Züchtigung meint Schläge auf Fußsohlen und Beine. Sie stellt eine diabolische Quälerei dar: Die Opfer, Männer und Frauen, werden häufig aufgehängt, in verrenkter Haltung gefesselt, an ein Bettgestell gebunden. Dann werden sie von Wärtern, die sich ablösen, oft stundenlang mit Drahtseilen geschlagen. Ihre Füße und Beine schwellen an, die Kleidung ist blutdurchtränkt vom Hosenaufschlag bis zur Hüfte. Viele können nach den Schlägen nicht mehr gehen, die Narben sind noch nach Jahren vorhanden, die Gehbehinderung bleibt, häufig sind auch die Nieren verletzt.

»Zulässige« Formen der Folter (besonders das Auspeitschen) waren vom islamischen kanonischen Recht nie aufgegeben worden; ihre Wiedereinführung bedeutete den Sieg der Theokratie. Die völlige Wiederherstellung der Scharia, des islamischen Religionsrechts, mit seinen »Qissas«, den Amputationen wegen Diebstahls, dem Auspeitschen wegen sexueller Verfehlungen, der Steinigung wegen Ehebruchs und so fort, ist ein Ziel des religiösen Willens, der sich politisch mehr und mehr artikuliert.

Niemand werfe den ersten Stein. Denn kein Zeitgenosse kann sich damit zufriedengeben, daß es auch rabbinische, islamische, hinduistische, buddhistische Höllen gibt; unsere abendländischen sollten genügen. Verantwortung darf nicht an andere weitergereicht, auf andere abgeschoben werden. Folterungen entwickeln freilich ihre eigene scheußliche Dynamik. Sie werden gegenwärtig zu einem globalen Schauspiel, zu einer Art Trost für die zivilisierten Nationen und Religionen, denen sie die fortdauernde Barbarei der anderen Welt beweisen: die einer sogenannten Dritten Welt, die nicht allein zum Schauplatz der Folter wurde, sondern auch »das Spektakel bietet, daß der andere für uns gefoltert wird«.

Doch wir können uns nicht satt sehen, nicht ausnehmen. Ein erster Hinweis: Was in einzelnen islamischen Ländern passiert, verübten Christen überall, über Jahrhunderte hinweg, und nicht nur mit kirchenoffizieller Duldung, sondern in amtlichem Auftrag, mit höchster Protektion, in allerhöchster Gnade. Mittlerweile besserte sich die europäische Praxis; sie kommt gegenwärtig ohne religiös legitimierte Folter aus. Doch blieb die folternde Christenheit ganze Jahrhunderte lang ohne Beistand des Heiligen Geistes? Fand sich kein Gott, der die zu Folter und Mord anstachelnden, diese Verbrechen honorierenden Bischöfe und Päpste auch nur einmal die Grundzüge der Menschlichkeit gelehrt hätte?

Bevor sich Christen allzu intensiv um eine künftige Weltethik sorgen, an der sie wieder ihren Anteil beanspruchen, sollten sie sich um solche Probleme kümmern. Es ist zu simpel, sich über den Mordbefehl gegen Salman Rushdie und über das – an der Schwelle zum dritten Jahrtausend! – ausgesetzte Millionenkopfgeld zu erregen, die Lautsprecher des Abendlandes durchbrennen zu lassen, die Überlegenheit christlicher Theorie und Praxis über den Islam ein weiteres Mal zu bekunden – und darüber zu verdrängen, daß »das Blut, welches die Bekenner des Gottes der Barmherzigkeit und des Friedens seit der Einführung seiner Religion vergossen, genügen würde, um die Anhänger aller anderen Sekten, die jetzt auf der Erdkugel wohnen, zu ersäufen«.

Der als Religionskritiker viel zuwenig bekannte Mark Twain stellte trocken fest, daß »alle fähigen Kopfjäger Christen sind«.

Die christliche Welt schreit jedoch auf, wenn »der Islam« im Fall Rushdie und über diesen hinaus soviel Intoleranz, Terror, Glaubensfanatismus, Zwangsmissionierung beweist, während das Christentum Frieden verkündet, Freude, Frohbotschaft, zumal es auf den edelsten (wenn auch nicht von ihm selbst erdachten) Lehren der Menschheit beruht, auf Nächsten- und Feindesliebe. Doch trugen allein Christen weiße Westen? Oder versahen sie längst die Frohe Botschaft mit ihrer Kriegsbemalung? Stellt das Christentum theoretisch die friedlichste, praktisch die blutrünstigste Religion dar, während der Islam theoretisch die intoleranteste, praktisch aber die toleranteste Religion war? Erprobte die abendländische Religion das Motto: »... da das Christkind, dort Kanonen, da die Bibel, dort Pulver, da ›Liebet einander‹, dort ›Bringt sie um, Gott will es‹, stets mit gleicher Überzeugungskraft gepredigt und gleicher Perfektion, mit fast schon imponierender Schamlosigkeit«?

Sicher ist, daß der Fall Rushdie nicht der Präzedenzfall ist, der uns eingeredet werden soll. Er hat im Christentum ungezählte Vorläufer. Es gab unleugbar viele Vorstufen und Varianten, wie nicht nur die Geschichte der Zensur und der Bücherverbrennung beweist, sondern auch die der Gewissensfolter (»Sünde«), der Kopffolter (Denkverbot, Gehirnwäsche) und der Körperfolter.

An dieser Stelle ein Hinweis: Nicht zufällig, sondern konsequent verdammten noch Päpste des neunzehnten Jahrhunderts christlicher Zeitrechnung die Forderung nach dem Menschenrecht der Gewissensfreiheit als Irrsinn, verurteilte Papst Pius IX. die österreichische Verfassung von 1867 als unsagbar abscheuliches Gesetz, weil sie Ungeheuerlichkeiten wie Meinungs-, Glaubens-, Presse-, Gewissens- und Lehrfreiheit zuließ, dekretierte der 1903 verstorbene Leo XIII., die unumschränkte Freiheit des Denkens und die öffentliche Bekanntmachung der Gedanken eines Menschen gehörten nicht zu den Rechten der Bürger. Wo blieb der Heilige Geist? Verschlug ihm der kriminelle Unsinn die Sprache? Offensichtlich zog er es vor, sich ausgerechnet im Vatikan, beim unfehlbaren Papst, nicht zu erkennen zu geben. Offenbar war er anderweitig beschäftigt, vielleicht bei jenen, die gegen Rom für diese Rechte kämpften, die selbst von Johannes Paul II. gefeiert (und beansprucht) wurden. Folgt man den Papstreden der Gegenwart, könnte man, beeindruckt von vielen Vokabeln der Versöhnung, meinen, mittlerweile sei alles von Grund auf anders.

Gewiß, die Herde schluckt seit eh und je – die verheerendste Folge klerikaler Predigt, die die Gewalt über die Köpfe und die Herzen als Voraussetzung für politische Macht braucht. Daher galt die sogenannte Abweichung vom Glauben, wie ihn Kirchenfürsten von Fall zu Fall lehrten, von Anfang an als schlimmste Verfehlung. Abweichung (Apostasie, Ketzerei, Hexerei) brachte Spaltung, Mitgliederschwund, Machteinbuße. Ihr mußte über Jahrhunderte hinweg mit härtesten Strafen begegnet werden: mit Gewissensqual, Folter und Tod. Noch heute ist sie mit dem automatisch eintretenden Kirchenbann belegt. Damit wurde sie vom Kirchenrecht des Papstes Johannes Paul II. schärfer bestraft als Mord und Totschlag.

War es das schon? Kann das alles gewesen sein? Bewirkte das Christentum in den zweitausend Jahren seiner Machtausübung nicht mehr? Änderte es die Menschen, unsere Welt, oder machten seine Ideologie und Praxis immer nur alles viel schlimmer? Die Fragen treffen christliche Predigt und Praxis ins Mark. Kein Wunder, daß sie verhältnismäßig selten gestellt und so gut wie gar nicht beantwortet werden. Welche Aufgaben haben eigentlich die christlichen Kirchen? Die Diskussion über den Kindermord von Liverpool (Fall Bulger) führte in der britischen Öffentlichkeit zu einer Auseinandersetzung über die Moral der Jugend, und Politiker griffen die Kirchen an. Diese sollten, so ein Minister im November 1993, weniger die sozialen Fragen angehen oder sich um Wohnungsprobleme kümmern, sondern sich den fundamentalen Fragestellungen um Gut und Böse zuwenden. Dieses Ansinnen wurde von Kirchenführern als »bizarr unfundiert und unbillig« zurückgewiesen, und der katholische Bischof von Liverpool bescheinigte dem Minister Ihrer Majestät eine erstaunlich selektive Wahrnehmung.

Ich lasse es dabei bewenden. Ich wende mich nicht dem Einfluß der Kirche auf den Wohnungsbau zu, übergehe die soziale Frage und ihre Lösung auf katholisch und nenne statt dessen das eine oder das andere Beispiel für die angemahnte prinzipielle Auseinandersetzung um Gut und Böse, wie sie in der christlichen Religion geführt wurde und wird. Die Beispiele, deren Themen in den folgenden Kapiteln ausführlich aufgegriffen werden, beschäftigen sich, was sofort einsichtig werden wird, keineswegs mit Randfragen der Religion. Sie folgen keiner selektiven Wahrnehmung. Daß sie, vom Zentrum einer gesellschaftlich und politisch höchst effizienten Glaubensanschauung her, das Folterproblem betreffen, liegt im Wesen solcher Religion selbst begründet.

Der Teufel im frommen Detail

Auffällig zunächst, daß kaum eine der vollkommen guten und liebenswerten Gottheiten, die sich Menschen ausdachten, ohne Wohlgefallen an den Leiden und Opfern der Menschen auskam.

Wer sich gar dem Kirchen-Gott des Abendlandes verschrieb und glaubte, was die Theologie der Jahrhunderte lehrte, bekam es mit einer Art höchst anspruchsvoller Rache-Gottheit zu tun, die selbst heute nicht ausgedient hat: Für die Guten, die sich ein Leben lang – vor allem sexuell – kasteiten, stand der Himmel bereit. Von diesem aus konnten sich die Seligen, so der größte Theologe der Kirche, Thomas von Aquino, geradezu satt sehen an der Höllenqual der Menschen auf der anderen Seite, also der Bösen: Die bis ins Detail sadistisch geschilderte Marter, die Teufel im Auftrag des lieben Gottes vollführten, verdoppelte die Seligkeit der Geretteten. »Hölle«, das geht auf die gemeingermanische Wurzel »hel-« (verbergen, verhehlen) zurück: ein Ort, an dem die anderen versteckt werden können, ein heimlich-unheimlicher Folterkeller, den Gute sich halten.

Bargen die im Neuen Testament angelegten und seinem Heiland in den Mund gelegten Doktrinen vom Opfer-Gott, vom Straf-Gott, vom Belohnungs-Gott, kurz, vom Täter-, Richter- und Henker-Gott nicht erhebliche Gefahren für das Menschsein? Lockten sie die Grausamkeit unter Christenmenschen nicht förmlich hervor? Schließlich weist die Heilige Schrift, eine Basis des Christentums, ziemlich zweifelhafte Züge auf: die Aufforderung Gottes zum Beispiel, mitleidlose Eroberungs- und Ausrottungskriege zu führen und im Zuge der Landnahme auch vor Völkermord nicht zurückzuschrecken, die Intoleranz gegen Andersdenkende und -gläubige, die fast durchgängig zu beobachtende Attraktivität von Blut und Blutvergießen, die auch im Neuen Testament nicht abgeschwächte Androhung ewiger Höllenstrafen und -qualen, das Ausmalen extremer Quälereien an Ungläubigen oder an den nicht nach Christennorm Lebenden, die Rückführung von psychischen und physischen Krankheiten auf die Besessenheit durch Teufel und

Dämonen, die darauf aufbauende Teufelsaustreibung, die Diskriminierung von schwächeren Bevölkerungsteilen (Frauen) und Minderheiten (Juden), die weitgehende Zeichnung des Menschen als sündig, die absolute Rechtlosigkeit des Sünders vor dem lieben Gott, die Aufforderung zur Prügelpädagogik.

Nicht gerade wenig, nicht ungefährlich. Ist aber schon die Grundlage des christlichen Glaubens verderbt, kann die historische Konsequenz nicht anders aussehen. Kein Schicksal, daß die Kirchengeschichte gekennzeichnet bleibt durch ein unsägliches und unerträgliches Ausmaß an geistigen wie körperlichen Grausamkeiten. Verständlich, daß sich Christen – und noch mehr Christinnen! – angewidert von Glauben und Kirche zurückziehen, nachdem sie sich auf diesem Gebiet kundig gemacht haben. Und die sich nicht abwenden? Die flugs mit dem Argument bei der Hand sind, hier werde verzerrt? Solche sehen nicht ein, daß ihre eigenen Oberhirten und Theologen Zerrbilder zeichnen, wenn sie von einer heiligen Kirche schwärmen und alles Grausame als Randerscheinung abtun. Solchen Abwieglern sei geraten, sich mit der Meinung der Konferenz der deutschsprachigen Pastoraltheologen auseinanderzusetzen, die 1993 ihre Kirchenkritik äußerte: Wer sich in einer schwierigen Lebenssituation befindet oder am Rand der Gesellschaft lebt, wird oft auch in der Kirche selbst an den Rand gedrängt. Das gilt für jene Gruppen, denen, wie Obdachlosen, Drogensüchtigen, Aids-Kranken, allein die mildtätige Zuwendung der Christen zugesagt wird, die aber innerkirchlich Unpersonen bleiben. Und für jene Christen, die, als Geschiedene und Wiederverheiratete, Homosexuelle, im Kirchendienst Stehende, ihrer Menschenrechte verlustig gehen.

Wer sich nicht desorientieren lassen will, braucht sich nur in die Fakten zu vertiefen, und ihn wird grausen. Viele Gläubige haben allerdings kaum je die Chance, sich zu informieren. Das galt nicht nur in den Zeiten, da das Christentum das Informationsmonopol besaß und die Fakten, von Kindergarten und Konfessionsschule an, lenkte. Es gilt noch immer, zumal bestimmte Massenmedien, die ansonsten als Informanten der Nation gelten, in Sachen Aufklärung über Christentum und Kirche auffällig zurückhaltend agieren. Was eine unbestrittene Forderung intellektueller Redlichkeit ist – der freie Zugang zu allen Quellen und der selbstverantwortete Umgang mit diesen –, wurde Christgläubigen systematisch verwehrt. Ich wundere mich nicht, daß viele von diesen verwirrt reagieren, wenn sie auch nur von weitem an die Wirklichkeit herangeführt werden sollen. Kein Wunder auch, daß sie gewohnt sind, jedes unvertraute Bild der eigenen Religion von vornherein als Provokation abzulehnen. Klar, daß sie sich dagegen zu wehren lernten, zunächst einmal die Texte der Bibel oder die Tatsachen der Geschichte und Gegenwart ihrer Kirchen zur Kenntnis zu nehmen, bevor sie selbst urteilen. »Einem erst die Augen ausstechen und ihn dann führen: ob das wirklich eine Tugend ist?«

Sehen lernen? Das Richtige sehen lernen? Richtig sehen lernen? Aufklärung ist Ärgernis; wer die Welt erhellt, macht ihren Dreck deutlicher. Dies ist nicht jedermanns und jederfrau Sache. Ich verstehe, daß das Christentum eine Angelegenheit von Angstbeißern ist. Auch Schafe können schön zuschnappen, auch Angst reißt Wunden. Das Wort des Evangeliums von den Menschen im Schafspelz, die inwendig reißende Wölfe sind (Mt. 7,15), wird in der kirchlichen Verkündigung ausschließlich nach außen gewandt, auf falsche Propheten bezogen. Doch weder Geschichte noch Gegenwart der Christenheit decken dieses Verfahren. Innerhalb der Kirche sind genügend Belege für die These greifbar, es handle sich um eine Wolfsgesellschaft.

Christen sind dem Anspruch nach hoffende, in Wirklichkeit in Angst gehaltene Menschen. Sie konnten, um ihre Seele zu retten, meist nicht anders, als vom vermeintlich sicheren Pferch aus um sich zu schlagen. Sie mußten jene verfolgen, die ihnen als Feinde Gottes bezeichnet worden waren. Ihre Angst trieb sie dazu, allen frei Denkenden und Fühlenden sowie den alternativ Handelnden aggressiv zu begegnen.

Christliches Denken, Fühlen und Handeln sind offensichtlich durch Ängste vor einer diesseitigen oder jenseitigen Macht zu korrumpieren. Menschen werden nicht so sehr durch Opportunismus und Karrierestreben verdorben, als durch die seit früher Kindheit eingeimpfte Denkhemmung, offenliegende Sachverhalte anzuerkennen und die entsprechenden Folgerungen zu ziehen. »Metaphysische Zivilcourage« (Günther Anders) bleibt Ausnahme, Aggression gegen Aufklärung Regel.

Nun ist der Tatbestand Christentum nicht schwer zu erkennen: Mittlerweile liegen die Beweise aus Geschichte und Gegenwart hundertfach vor, und kein Hirte vermag sie schlüssig zu widerlegen. Jeder Mensch kann sich über Daten, Fakten, Hintergründe informieren, Quellen befragen, Zeitung lesen. Niemand darf sagen, er habe es nicht gewußt oder wissen können. Wer freilich, wie zum Beispiel viele sogenannte Linke, noch immer die Kirchen, diese Staatsaffären, mit Sonntagsaffären verwechselt, lernte die Gefährlichkeit religiöser Organisation nicht kennen.

Dem Licht standhalten oder sich ins Dunkel flüchten? Heim ins Reich des vermeintlich Wahren, Edlen, Guten, in den Pferch, wo alle Schafe sich um ihre Hirten scharen und eitel Liebe herrscht? Diese Flucht in das Gewohnte, Unangetastete, Abgesicherte hat ihre Reize: Viele Menschen wollen zurück zu einem verbindlichen Verständnis der Bibeltexte und zu einem vertrauensvollen Gehorsam gegen die Hirten. Sie versprechen sich davon einen sicheren Verhaltenskatalog für ihr Leben und Sterben. Ob aber alle, die flüchten, wissen, daß Sicherheit eine üble Kehrseite hat? Daß sie, geschichtlich bewiesen, eine Foltermentalität zur Folge hat? Daß sie dazu führt, den anderen in Wort und Tat zu zeigen, wer die Wahrheit besitzt und sie mit Zähnen und Klauen verteidigt? Denn jeder gläubige Fanatiker ist ein Schuft aus Gewissensgründen.

Die einen können es bedauern, andere schwer darunter leiden, die Wirklichkeit spricht: Offenbar ließ sich der christliche Glaube nur mit Gewalt durchsetzen und halten. Doch welcher Mensch griffe zur Gewalt, um naturwissenschaftliche Wahrheiten, mathematische Gesetze zu beweisen? Braucht nur religiöse Wahrheit Gewalt? Seit wann hat die Barmherzigkeit einen Stachel? Seit wann muß Nächstenliebe foltern und morden? Der Theologe Herbert Vorgrimler spricht im Zusammenhang mit infernalistischen (höllengläubigen und -bewehrten) Kreisen, die im Ausschluß der beharrlich Irrenden den Vollzug wahrer Christusliebe sehen und damit nur wiedergeben, was über Jahrhunderte hinweg offizielle Kirchenlehre war, von einem förmlichen Blutdenken, gerade in bezug auf die Eucharistie.

Zum Beispiel Marienmorde

Religiöses Aggressionspotential, das in sich die Bereitschaft zur Abrechnung mit Andersdenkenden birgt, ist zweifellos auch für den nächsten Glaubenskrieg zu mobilisieren. Welcher Krieg sollte gerecht sein, wenn nicht einer, der sich um Sein oder Nichtsein, um Sinn oder Widersinn kümmert und in Gottes eigenem Auftrag geführt wurde und wird? Ein Exempel: die Funktionalisierung der Madonna als der wahren Kriegsgöttin. Gewiß waren die meisten Verbrechen, die im Namen des Christentums begangen wurden, Männeruntaten, wie sie typisch für patriarchale Verhältnisse sind. Doch auch die sogenannte feminine Seite der Religion ist nicht einfach unpolitisch, schon gar nicht unblutig, unkriegerisch. Maria gilt zwar als die »reine Jungfrau«, »Unsere Liebe Frau«, zu der noch immer Scharen von Beterinnen und Betern wallfahren. Aber auch die Madonna war und ist keineswegs friedlich: Wie ihre Vorläuferinnen – die Liebes- und Kampf-Gottheit Ischtar etwa oder die jungfräuliche Kriegsgöttin Athene – wurde auch sie zur großen Rache-Göttin. Sie heißt jetzt »Unsere Liebe Frau vom Schlachtfeld«, »Siegerin in allen Schlachten Gottes«.

Mit Maria zu morden ist hergebrachter Brauch; nachweislich zogen Männer der Kirche mit Maria in jeden Religionskrieg. Der »Schlachtruf der Christen«: auf den Kreuzzügen der Ritterherren, auf den Ketzerjagden der Mönchsherren, in den Türkenkriegen der Herren des Abendlandes, im Kampf der Guten gegen die gottlosen, bolschewistischen Untermenschen der jüngsten Vergangenheit – immer erweist sich die Madonna den Ihren als siegreich, denn ein »Diener Mariens« geht nach Auffassung ebender Diener niemals verloren. Selbst wenn er auf dem Felde katholischer Ehre fällt, ist er nicht vergessen: Maria hat es drüben schon gerichtet.

In der Marienverehrung drangen sich Züge vor, die mit der bescheidenen Frau aus Nazareth nichts zu tun haben: Maria als Überwinderin aller Häresien, als Schlachtenlenkerin, als Siegerin. Zu diesem eminent politischen Phänomen gehört im zwanzigsten Jahrhundert die Zuwendung zu einer Maria, die immer wieder erscheint, Blicke in die Hölle tun läßt, Gebets- und Opferforderungen stellt, den Zorn Gottes aufzuhalten bereit ist – oder auch nicht. Der Phänotyp dieser Mariologie findet sich in der Marienapokalyptik, die sich mit dem Namen Fátima und den damit verknüpften Privatoffenbarungen an Hirtenkinder verbindet. Die Berichte über Fátima und insbesondere die immer wieder nachgebesserten Erinnerungen der überlebenden Visionärin machen das Klima deutlich: eine bis ins Hysterische überhitzte religiöse Stimmung, ununterbrochene Indoktrination, masochistische Selbstquälerei, psychotische Sündenängste, frömmelnde Bußleistung, Mangel an ausreichender Ernährung, stundenlanges Knien, gegenseitige Beeinflussung und Anstekkung.

Schon 1966 hatten die Mitglieder einer katholischen Gruppe mit dem bezeichnenden Namen »Bewunderer der Arche Noah« (das heißt: die aus der Sintflut Geretteten) die junge Bernadette Hasler einem so rigorosen Exorzismus unterzogen, daß sie ihren Verletzungen erlag. Kaum siebzehn Jahre alt, hatte die Unglückliche angeblich einen unsittlichen Lebenswandel geführt und den Befehlen der Jungfrau von Fátima kaum Gehorsam erwiesen. Diese Madonna taucht vielfach in solchen und ähnlichen katholischen Phantasien auf. Ihr Opfer wurde in eine enge, fensterlose Kammer gesperrt und mußte bei den Gottesdiensten der Gruppe dienen. Diese beschäftigte sich unter anderem mit der Vivisektion von Meerschweinchen; die Polizei fand gegen fünftausend Tiere vor, die in Käfigen darauf warteten, nächstens Gott und der Jungfrau geopfert zu werden. Bernadette aber wurde auf einen Stuhl gebunden, geschlagen, gewürgt, mit glühenden Eisen gebrannt. Andere Widerspenstige mußten sich den gleichen sadistischen Praktiken unterziehen.

Die Jünger wissen: Maria, ob die von Fatima oder eine andere, hat in jüngster Gegenwart einmal mehr gesiegt, und Rußland ist drauf und dran, sich zu bekehren. Theologisch rabiate Bewegungen haben daher allen Grund, Wohl und Wehe der

Menschheit in wüsten Höllenvisionen davon abhängig zu machen, ob die Welt und ihre einzelnen Regionen Maria geweiht werden. Diesbezügliche Anweisungen entlehnt man den offenbar fortlaufend ergehenden Blut- und Opfervisionen begnadeter Zeitgenossen, und der mörderische Krieg in Bosnien wird darauf zurückgeführt, daß die zuständigen Bischöfe der Region »ihr Land bisher nicht dem Unbefleckten Herzen Mariens geweiht« haben.

Ein verdammtes Stückchen Fleisch

»Feinde des Menschengeschlechts, Feinde untereinander und gegen sich selber, verhindert, die Annehmlichkeiten der Gesellschaft kennenzulernen, mußten sie diese wohl hassen«, so charakterisiert Voltaire eine gewisse Art Christen. »Beredt preisen sie einander eine Härte, unter der jeder von ihnen seufzt und die jeder von ihnen fürchtet: Jeder Mönch schwingt die Kette, zu der er sich verurteilt hat, und schlägt damit seinen Mitbruder, wie er seinerseits damit geschlagen wird. Unglücklich in ihren Schlupfwinkeln, wollen sie auch die anderen Menschen unglücklich machen. Ihre Klöster bergen Reue, Zwietracht und Haß.«

Vor allem eine bestimmte religiöse Überlieferung brauchte ihre Fortsetzung: Ließen sich mit den Morallehren der Kirche zum klerikalen Hauptthema »Sexualität« Ersatzphantasien verknüpfen und wurde das natürliche Verlangen nach Sexualität auf »legitime« Felder umgeleitet sowie die hausgemachte Verklemmung auf Folterphantasien abgeleitet, waren Tür und Tor für spezifisch christliche Sadisten wie Masochisten geöffnet.

»Sie begraben in den unterirdischen Gefängnissen«, fährt Voltaire fort, »lebenslänglich diejenigen ihrer Brüder, die sie anschuldigen können. Zuletzt haben sie auch noch die Inquisition erfunden.«

Entwicklung und Folgen der Verbindung von Sexualität und Haß sind nicht zu unterschätzen. Obwohl das Christentum als weltbewegend geistige Kraft heute am Rande des Bankrotts steht, prägen seine Normen und Zensurmechanismen noch immer die gängige Sexualmoral. Das bedeutet, daß unser Geschlechtsleben beinahe noch immer so kontrolliert wird und beschränkt bleibt, wie Augustinus und Luther das gern sahen, also wie im fünften oder fünfzehnten Jahrhundert. Noch mehr: Es ist abendländische Realität, wenn Strafkodizes und Gerichtsurteile von dem mitbestimmt sind, was altorientalische Ziegenhirten vor ein paar tausend Jahren über Sexuelles dachten oder fühlten und Jünger schließlich niederschrieben. Viel weiter, über die im Christentum übliche Triebunterdrückung hinaus, gelangten wir nicht. Die Sexualfeindlichkeit längst verblichener Kirchenlehrer steckt ziemlich tief im »sittlichen Empfinden« und in der »sittlichen Grundordnung«, wie sie höchste Gerichte verkünden. So bezog sich das Bundesverfassungsgericht im Urteil zur Verfassungsgemäßheit des § 175 StGB (homosexuelle Handlungen) nicht nur auf die Foltergerichtsbarkeit der Constitutio Criminalis Carolina von 1532, sondern auch auf Texte des Alten Testaments (3. Mose 18,22 und 20,13)! Und Sexualpädagogik an Schulen ist nicht nur in der Bundesrepublik aus christlich guten Gründen Mangelware.

Die Resultate der jahrhundertealten kirchlichen Sexualdebatte gelten dagegen gewiß als menschenwürdig. Sprachen die größten Heiligen der Kirche nicht deutlich? Sollen wir, wie Franz von Assisi, den Leib mit seinen Lastern und Sünden nicht hassen, weil er fleischlich leben will? Muß uns nicht, wie den Ignatius von Loyola, die Erde anekeln, weil wir den Himmel lieben? Müßten wir nicht quälen, geißeln, abtöten, wie dies Hunderttausende von Christen taten? Wäre es nicht christlich, wie ein Theologe modisch gekleidete Frauen als »eingewickelten Kot« zu bezeichnen? Wäre nicht »diesen Weibern auf die entblößten Brüste zu scheißen«, eine Methode, die ein empörter Prediger anregte? Oder wären die versucherischen Körperteile nicht gleich zu foltern, mit glühenden Zangen abzuzwicken, die Wunden auszubrennen? Wie lange von Christen geübt?

War nicht auch Papst Wojtyła bekannt für die unmißverständliche Sprache, in die er verfiel, sobald er sein Thema anschnitt? Verbot er nicht rings auf dem Erdkreis alles, was vielen seiner Vorgänger Spaß machte? Doch die Strafpredigt reichte den Erwähltesten noch immer nicht. 1993 rechnete ein aufgeregtes Blättchen diesem Papst schwere Schamverstöße vor: Immerhin verfolgte Johannes Paul II. 1980 in Rom die Gymnastikübung leichtgeschürzter Sportlerinnen, schaute 1984 dem Tanz von zwölfhundert knapp bekleideten Mädchen zu, ließ im gleichen Jahr in Neuguinea eine Studentin als Lektorin zur Papstmesse zu, die nur einen Lendenschurz trug, blickte am nächsten Tag auf den Salomoninseln lächelnd auf eine Gruppe von Bauchtanzerinnen und faßte schließlich im November 1986 in Sydney, angetan mit heiligen Gewändern, zwei junge Mädchen an den Händen, um sich mit diesen rhythmisch zur Popmusik zu wiegen.

Sexualneurose gewiß, offensichtlich. Doch ist diese nicht bloß individuell. Sie wirkt öffentlich, ist kirchenamtlich. Und sie verdrängt, politisch ausgesprochen effektiv, die eigentlichen Werte, um deren Wahrung unter Christen sich eine Kirche sorgen müßte. Sex ist spannend, sagen sich offenbar die Kleriker, mit den einschlägigen Verboten lassen sich noch immer Millionen gängeln. Was macht es da aus, wenn andere Gebote nachlässiger gehandhabt werden? Kurt Tucholsky: »Wenn eine Tänzerin gut gewachsen ist / Und einen Venus-Körper hat, der nicht aus Sachsen ist; / Und wenn sie tanzt, daß nur der Rhythmus so knackt, / Und wenn sie ein ganzes Theater bei allen Sinnen packt; / Und wenn das Leben bunt ist hierzulande –: / Das ist eine Schande. / Wenn aber Christus, der gesagt hat: ›Du sollst nicht töten!‹, / An seinem Kreuz sehen muß, wie sich die Felder blutig röten; / Wenn die Pfaffen Kanonen und Flugzeuge segnen / Und in den Feldgottesdiensten beten, daß es Blut möge regnen; / Und wenn die Vertreter Gottes auf Erden / Soldaten-Hämmel treiben, auf daß sie geschlachtet werden; / Und wenn die Glocken läuten: ›Mord!‹ und die Choräle hallen: / ›Mord! Ihr sollt eure Feinde niederknallen!‹ / Und wenn jemand so verrät den Gottessohn –: / Das ist keine Schande. / Das ist Religion.«

Überhaupt kein Christ ist er selbst, sofern er wirklich Christ ist. Keine Christin lebt, wie allein sie will. Auch keine Schande, sondern Religion. Was das Christentum Gutes auf Erden bewirkte, wird tausendfach durch das Schlimme überboten, das seine Prediger mit der Vergiftung des Sexus anrichteten. Denn Christen leben im Grunde immer gegen sich. Ihre Sinne sind nicht ungebrochen, elementar, originär, natürlich. Alles, was sie wollen, dürfen sie nicht, und alles, was sie sollen, widerspricht ihrer Natur. Sie müssen, Nuancen hin oder her, neurotisch sein, wenn sie (sexuell) leben wollen. Kein Ausflug in das Mittelalter, sondern katholische Wirklichkeit: Der vom Papst als Ereignis gepriesene Weltkatechismus ist in bezug auf die Sexualitäten der Menschen von seiner Wahrheit überzeugt. Er wurde von

Johannes Paul II. als sichere Norm der Glaubens- und Sittenlehre eingeführt. Auf die haarsträubend unhistorischen Behauptungen des Werks gehe ich nicht ein; die Kirchen- und Papstgeschichte selbst entlarvt alle Passagen als unwahr, in denen der Papst von »immer« und »niemals« sprechen ließ. Ich beschränke mich auf die Moral. Ihre zutiefst fundamentalistische Gesinnung, die autoritäre Wahrheiten aneinanderreiht, statt hilfreich vernünftige Argumentationen vorzutragen, soll allen Ernstes für Menschen unserer Zeit verbindlich sein.

Beispiel Masturbation: »Tatsache ist, daß sowohl das kirchliche Lehramt als auch das sittliche Empfinden der Gläubigen niemals gezögert haben, die Masturbation als eine in sich schwere ordnungswidrige Handlung zu brandmarken.« Die nach wie vor ungeniert aggressive Wortwahl der römischen Bürokratie in Sachen Sexualität fällt sofort auf, ebenso die der amtlichen Übersetzung ins Deutsche: schwere Ordnungswidrigkeit, Brandmarke.

Beachtenswert, keine Bagatelle: Gab es in der Geschichte des Christentums keinen Zusammenhang zwischen dem Brandmarken einer Tat durch die Kirche und der tödlichen Folge Folter und Scheiterhaufen? Im übrigen scheint es wieder einmal, als sei die Welt an allen vier Ecken in Brand gesteckt und die Kirche in ihren Grundfesten erschüttert, wenn ein Mensch (Azubi, Stadträtin, Bischof) masturbiert.

Beispiel Nichtehelicher Verkehr: »Unzucht ist die körperliche Vereinigung zwischen einem Mann und einer Frau, die nicht miteinander verheiratet sind. Sie ist ein schwerer Verstoß gegen die Würde dieser Menschen und der menschlichen Geschlechtlichkeit selbst. Zudem ist sie ein schweres Ärgernis, wenn dadurch junge Menschen sittlich verdorben werden.« Beachtlich, mit welcher Selbstgerechtigkeit die Kirche über die

Menschenwürde und über die Würde menschlicher Sexualität urteilt. Trat sie diese Würde nie mit Füßen? Verdarb ihre Kriegsmoral kein einziges Mal die Jugend? Sind nicht aus der Gegenwart genügend Beispiele von Klerikern bekannt, die junge Menschen benutzten und sittlich verdarben? Der Weltkatechismus schweigt nicht zufällig. Und 1993 erklärte der Fuldaer Erzbischof Dyba, viele zur Gewalt gegen Ausländer bereite rechtsradikale Jugendliche kämen aus zerstörten Familien und seien insofern »Opfer der Untreue ihrer Eltern«.

Beispiel Homosexuelle Beziehungen: »Gestützt auf die Heilige Schrift, die sie als schlimme Abirrung bezeichnet, hat die kirchliche Überlieferung stets erklärt, daß die homosexuellen Handlungen in sich nicht in Ordnung sind. Sie sind in keinem Fall zu billigen.« Wirklich in keinem Fall? Nahm Rom die neuesten wissenschaftlichen Diskussionen zur Homosexualität nicht zur Kenntnis? Sind sie der Kirche nicht seriös genug? Erreichen sie nicht den Kenntnisstand einer Bibel? Von der Vorliebe mancher Päpste für Lustknaben, von der Erhebung solcher Papstfreunde zu hohen Würden spreche ich ebensowenig wie der Katechismus. Über die christliche Verfolgung der Homosexuellen aber, über Folter und Mord schweige ich nicht.

Beispiel Partnerschaft ohne Trauschein: »Ein Verhältnis liegt vor, wenn ein Mann und eine Frau sich weigern, ihrer auch die sexuelle Intimität einbegreifenden Beziehung eine öffentliche Rechtsform zu geben. Der Ausdruck ›Verhältnis‹ bezeichnet unterschiedliche Situationen: Konkubinat, Ablehnung der Ehe als solcher und Unfähigkeit, sich durch langfristige Verpflichtungen zu binden. Alle diese Situationen verstoßen gegen das moralische Gesetz: Der Geschlechtsakt darf ausschließlich in der Ehe stattfinden; außerhalb der Ehe ist er stets eine schwere Sünde.« Stets? Gewissen also hin oder her? Das bedeutet im

Klartext: Millionen von Menschen leben im Zustand der Todsünde. Ändern sie diesen aus guten Gründen nicht, bleiben sie reuelos (dafür oft liebend) ihrem Verhältnis treu, verzichten sie ein Leben lang auf den Trauschein, wartet auf sie zwar nicht mehr die irdische Strafe der Kirche, doch jene ewige Hölle, jene irrationale Höchststrafe, die der Katechismus androht. »Die Seelen derer, die im Stand der Todsünde sterben, kommen sogleich nach dem Tod in die Unterwelt, wo sie die Qualen der Hölle erleiden.«

Die Qualen? Die Folter? Das ewige Leid? Wörtlich, bildlich, real? Inhumanität bleibt sich gleich, ob in biblischer Vorzeit, im mittelalterlichen Katalog oder in der Doktrin eines Papstes aus dem Jahr 1993. Und die Lust am Quälen und Strafen ist augenscheinlich nicht nur päpstlich, sondern göttlich. Hilfreich, sich dieser Erfahrungen mit dem Christentum zu erinnern.

Beispiel Empfängnisverhütung: »Die zeitweilige Enthaltsamkeit sowie die auf Selbstbeobachtung und der Wahl der unfruchtbaren Tage der Frau beruhenden Methoden der Empfängnisregelung entsprechen den objektiven Kriterien der Moral. Hingegen ist jede Handlung verwerflich, die entweder in Voraussicht oder während des Vollzugs des ehelichen Aktes oder im Anschluß an ihn darauf abstellt, dic Fortpflanzung zu verhindern.« Keine Katholikin und kein Katholik, die im Sinne Roms »gläubig« sind, werden sich darüber wundern, woher Bischöfe die intime Kenntnis der Möglichkeiten eines Geschlechtsaktes bezogen (»Laien« waren von der Arbeit am Katechismus ausgeschlossen, Frauen ohnehin). Doch könnten sie sich einmal fragen, auf welche objektiven Kriterien welcher Moral sich ihre Oberhirten gerade beziehen. Dann stießen sie auch auf die Tatsache, daß die vorgebliche Objektivität nicht nur in bezug auf Sexualität historisch nicht einwandfrei war. Änderte sich im Lauf der Jahrhunderte überhaupt etwas in der Kirche, dann waren es die objektiven Kriterien; sie blieben durchweg dem Zeitinteresse der Hirten unterworfen.

Was lebendige Menschen, Millionen Frauen unter ihnen, mit einem päpstlichen Sonderinteresse, Sittengesetz genannt, anfangen sollen, ist unbegreiflich. Eine »Proletarierfrau zur Brutmaschine zu machen, ist eine Roheit – da brauchen wir gar nicht erst den lieben Gott zu bemühen«, sagt Tucholsky. Das Christentum verändert das Fleisch nicht. Es kann dieses nur verformen, ihm möglichst viel Leid und möglichst wenig Vergnügen gönnen, es ertöten und ihm die Ketten der Sünden anhängen, damit die Menschen sich um Erlösung mühen. Die kommt stets von denen, die die Sünde ausmachten. Erlösung und Sünde sind Symptome ein und derselben Krankheit; beide foltern das lebendige Gewissen zu Tode.

Die nachkonziliaren Erneuerungen, auf die Katholiken so stolz sind, erscheinen als lächerliche Kosmetik. Nach wie vor beanspruchen Kirche und Papst das Monopol des rechten Glaubens und der guten Sitten; ihren sakramentalen Service bieten sie als optimale Bedingung für das Heil an. Doch die schauerlich besitzergreifende Egozentrizität der Mutter Kirche verdirbt fast unausweichlich den Charakter derer, die sich ihr als Kinder anvertrauen. Solche Menschen laufen Gefahr, nicht nur unmündig, süchtig bezogen auf die Gnadenmittel, abhängig von diesen zu bleiben, sondern auch in ihrer Beziehungs- und Genußfähigkeit verkrüppelt zu werden.

Der für einen schändlich fundamentalistischen Katechismus verantwortliche Papst verpflichtete die Seinen nicht nur dem Aberglauben, wie Eugen Drewermann anmerkt: Immerhin galt Wojtyła die leibliche Auferstehung Jesu als physikalisches, die Jungfrauengeburt als gynäkologisches Ereignis. Und nicht nur der Unglaube wurde kirchenoffiziell gefördert, indem behauptet wurde, Gott habe in den Wunderberichten »Jesu« in den Naturverlauf eingegriffen, während derselbe Gott, der alles kann, aber nichts tut, angesichts des unendlichen Leids der Menschen stumm bleibt. Er hätte genug zu tun: 1994 blieben nach Einschätzung der UNO-Welternährungsorganisation (FAO) weltweit etwa 790 Millionen Menschen unterernährt, darunter fast 200 Millionen Kinder.

Waren denn die mit fünftausend Broten gespeisten Menschen (Mt. 14,15 ff.), die nach einem mit Jesus verbrachten Tag Hunger bekommen hatten, soviel wichtiger als Millionen an Hunger sterbende Kinder in der Dritten Welt? Könnte ein wunderlieber Gott nicht auch mal außerhalb der Bibel brotschaffende Allmacht beweisen? Die Herzen der Satten bewegen? Mitsorgen, daß die für alle vorhandenen Lebensmittel endlich gerecht verteilt werden? Menschen werden ja noch fragen dürfen, bevor amtliche Theologie sich überschlägt – und keine Antwort beibringt.

Doch ein Aberglauben und Unglauben zugleich fördernder Papst verpflichtet wie selbstverständlich auch auf eine Aber- und Unmoral. Kein Mensch kann die päpstliche Norm erfüllen. Doch das ist gewollt: Nur Sünder bleiben gehorsam, warten auf jene, die ihnen Erlösung predigen. Was aber ist von starren Normen, Regeln, Verboten, Kriterien, Objektivitäten zu halten, die von vornherein inhuman sind, weil sie jeden Menschen überfordern, statt ihm zu helfen, ihn von seinen – auch sexuellen – Ängsten und Nöten zu befreien? Sind die biblischen oder kirchenväterlichen Lasterkataloge, die ein paar tausend Jahre auf dem Buckel haben, wirklich das letzte Wort an die Welt? Hülfe nicht die geringste Differenzierung im Sündenschema weiter, das diskussionswürdige Argument anstelle der autoritär vorgetragenen Norm? Beispielsweise in Fragen Schwangerschaftsabbruch, dessen absolutes Verbot im Gegensatz zu den Aussagen über den Mord keine Ausnahme kennt und »unabhängig von den weiteren Absichten der Handelnden und von den Umständen« gelten soll?

Grundsätzlich: Wir sehen, wie schon Schopenhauer, die Religion »in ihren Todesnöten sich an die Moral anklammern, für deren Mutter sie sich ausgeben möchte: – aber mitnichten! Echte Moral und Moralität ist von keiner Religion abhängig ...« Das Papstamt freilich dient bis zum Beweis des Gegenteils wie eh und je dazu, mit Hilfe von unnachvollziehbar jenseitigen Strafen und Folterqualen Angst zu erzeugen und zu befestigen. Der drohende Anspruch einer unfehlbaren Wahrheit weckt Schuldgefühle und hält sie wach. Eigenes, selbstverantwortetes Denken, Fühlen, Tun werden unterdrückt. Damit sind die Gläubigen in fast jeder Beziehung abhängig und gefügig gemacht?

Ein Mensch muß schon sehr geschwächt sein, wenn er diesen Status als Befreiung empfindet – und nicht als Opferleben, nicht als Folter. Zwar ist einem Oberhirten die körperliche Folter nicht mehr möglich, wie sie Vorgänger des jetzigen Papstes denen androhten, die ihre Gebote übertraten. Der wundersam interessengeleitete Trick, Opfer zu schaffen, besteht aber noch immer darin, Menschen sorgsam zu spalten: in Leib und in Seele, in Wollen und Müssen, in Mögen und Dürfen. Dieses christliche Schisma nötigt den einzelnen zu dauerndem Kampf, blockiert natürliche Möglichkeiten, schafft ein ständiges Mit-sich-selbst-Hadern, macht Zwist im Innern heimisch. Solche Religion verleugnet, verlästert das Ich, unterbindet Wißbegierde, Selbstliebe, ist inhuman. Und dies seit zweitausend Jahren, unter Millionen von Menschen.

Das asketische Versagen des Christenmenschen ist im System

selbst angelegt. Niemand kann die Gebote halten, die ihm auferlegt werden, ohne daß diejenigen, die sie aufbürden, auch nur einen Finger für die Last rührten (Lk. 11,46). Schuld, Scham, Schwermut sind unausbleiblich. Aber nicht weniger auch Reizbarkeit, Rachsucht, Bereitschaft für Pogrom, Folter und Krieg. Entweder sexuell unbefriedigt zu bleiben oder sexueller Schuld ausgeliefert zu sein macht nicht gerade friedfertig. Ein vorprogrammiertes Elend: Pedanterie, Sittenschnüffelei, Sexualschikane bilden den Anfang der Aggression, die aus der Frustration kommt. Bei vielen Christen schlug das Gefühl ständiger sexueller Frustration in Gewalttat um, in »das Surrogat der verbotenen Tätigkeit«.

Gefolterte Genitalien

An den Geschlechtsteilen, an den Zungen oder an den Augen oder aber kopfüber hängen die Sünder in der Hölle, glaubt ein im fünften Jahrhundert in Spanien anonym verbreiteter Text. Frauen werden an den Brüsten gebrannt, Jungfrauen auf dem Rost gebraten, weiß die in radikal-asketischen Kreisen zu suchende Schrift. Die Mannigfaltigkeit der Qual entspricht der Verschiedenheit der zugrundeliegenden Sünde: Ehebrecher und Verführer von Minderjährigen erleiden die Marter an ihren Genitalien, Gotteslästerer und Meineidige hängen an den Zungen von der Decke, und die Augen derer, die lüstern auf die Frauen anderer Männer schauten, werden ausgebrannt.

Sadistisch und sexualpathologisch zugleich ist nicht nur die Phantasie. Die Hölle wird nicht allein im Jenseits als eine riesige Strafanstalt Gottes imaginiert, nicht nur von den kirchlichen Autoritäten als Instrument zur Disziplinierung genutzt.

Jünger belassen es nicht bei der Drohung mit ihrem Straf- und Folter-Gott, sondern schreiten zur Tat, realisieren das Feuermeer mit seinen Qualen und Torturen auf der Erde, schaffen ihren Ängsten und Aggressionen ein Feld der Betätigung, foltern und verbrennen zuzeiten alle, die ihrer Wahrheit nicht folgen können oder wollen.

Fleisch ist ein beliebter Gegenstand der inquisitorischen Neugier: Seit im vierzehnten Jahrhundert unter angeblichen Ketzern systematisch nach den Spuren gleichgeschlechtlicher Unzucht gesucht wurde, brach die Verbindung zwischen der Anklage wegen Häresie und der wegen teuflischer Lüste nicht mehr ab. Jahrhunderte der abendländischen Geschichte hindurch gilt es nicht nur als furchtbar, in die Hände des lebendigen Gottes zu geraten, sondern ist es in der Tat schrecklich, in die Hände von Christen zu fallen. Keine Imagination, sondern schlimmste Realität. Christen weisen nicht nur Psychosen, Selbstzerstörungsängste, nicht ausgelebte Aggressionen, Rachephantasien vor. Sie projizieren nicht allein diesseitige Schuld auf ein abgelegenes Jenseits. Sie sehen, auch wenn das die heutige Theologie nicht mehr versteht, in der Hölle einen real existierenden Ort, im Teufel den Leibhaftigen, der hinter jeder Ecke hervorlugt und immer bereit ist, zuzupacken und zu verderben. Jünger führen diese Tatsache, die gegenwärtigen Christen zumeist unbekannt bleibt, auch nicht nur auf eine Möglichkeit des Neuen Testaments zurück: Teufel, Hölle, Sündenfolter, ewige Verdammnis sind göttliche Notwendigkeit. Sie gehören unverzichtbar in den »Heilsplan« Gottes hinein und lassen sich nicht von postmoderner Theologie wegdiskutieren.

Die Gegenwart, die angeblich aufgeklärte Theologie zuerst, macht es sich verdammt leicht mit Erklärungsversuchen. Was sie nicht sehen will: Wahre Christen hatten heilsnotwendigerweise Angst zu haben. Es stand ihnen nicht frei, ihre Psyche beim Psychotherapeuten um die Ecke befreien zu lassen. Ihr Gott wollte diese Angst. Das bezeugen die Jahrhunderte der Christengeschichte mit Unsummen von appellativen Schriften, mit apokryphen Evangelien, gelehrten Traktaten, visionären Dichtungen. Und erst die vielen Bilder, die dem Abendland die Architekturen der Hölle und die mannigfachen Möglichkeiten der Teufelhorden anschaulich machten! Die Künstler, Hieronymus Bosch voran, zeigen Realphantasien, wie sie in allen Köpfen und Herzen lebten, und keine unsinnlich bleibenden Bildchen, die sich dem heutigen Betrachter gleichsam gefahrlos darböten. Auch von daher gesehen ist die Theologie von heute allein zu schwach, jahrhundertealte und nicht selten noch immer lebendige Christenängste aufzuarbeiten. Wird von der Hölle gehandelt, bedarf es der Beiträge mehrerer moderner Wissenschaften, die ein Gesamtbild von der mit Grauen durchsetzten Existenz des normalen Christenmenschen erarbeiten.

Auch die schrecklichen Folgerungen darzustellen und zu bewerten, die so häufig aus dieser normalen Existenz gezogen wurden, sind Theologen allein nicht in der Lage. Die gegenwärtige Theologie ist, gerade wenn sie sich für progressiv hält, zu sehr dem Regelkreis des Christlichen verhaftet, als daß sie sich dazu verstünde, die tatsächliche Angst von Christen und die daraus folgende Aggression gegen andere Menschen zu erörtern. Sie hat sich keineswegs von ihren Rücksichten auf Glauben, Kirche, Christentum befreit. Sie lebt von Absichten, nicht von Einsichten.

Kein Zufall, daß christenmenschliche Grausamkeit sich so oft auf die Geschlechtsteile des meist nackten Opfers konzentrierte, Schamhaare inspizierte und ausriß, mit Vorliebe Genitalien folterte, Brüste zwickte und versengte, Scheiden weitete und zerriß. Im Alten Testament stoßen wir auf Anspielungen, die die Zerstörung der Genitalien betreffen, und fast immer weisen die zahlreichen Schindereien, mit denen Christen später aufwarteten, eine ausgeprägt sexuelle, sadistische Komponente auf. Sünder sollten vorzugsweise an den Körperstellen bestraft werden, an denen ihre Missetat festgemacht wurde. Da die meisten Vergehen mit dem Unterleib verbunden schienen, ließen sich allerlei Möglichkeiten zu einschneidendster, schmerzvollster, wirksamster Bestrafung finden. Im vierzehnten Jahrhundert wurden die Brüder d'Aunay, denen man vorwarf, die beiden hübschen Töchter Philipps IV. verführt und mit ihnen selbst an den höchsten Festen der Christenheit gesündigt zu haben, erst lebendig gehäutet, dann sorgfältig kastriert und schließlich geköpft. Als sündig definierte Menschen wurden auch der Länge nach zersägt; begann diese Tortur unten statt oben, fanden sich die Stellen um so schneller, auf die es ankam. Auch die langsame Zerstückelung eines Menschen konnte sexuellen Charakter annehmen; wurden Brüste amputiert oder Hoden zerquetscht, lag dies ohnehin nahe.

Ist eine Frau ohne Brüste noch eine Frau? Im patriarchalen Denken und Fühlen bestimmt ebensowenig, wie ein kastrierter Mann noch als richtiger Mann gilt. Nicht zufällig machen Patriarchen die wichtigen Stellen einer Frau noch immer dort aus, wo Ober- und Unterteil eines Bikinis sie verdecken. Brust und Schoß, der eigentliche Mehrbesitz der Frauen, sollen bewußt von den minderbesitzenden Männern beherrscht werden: Sie werden daher herabdefiniert und schließlich einer typisch patriarchalen Scham unterworfen. Der Begriff wird noch immer einschlägig verwendet. Auch die bewußte Verstümmelung der Brüste in der christlichen Folter war durch patriarchale Anschauung bedingt: Stellen, an denen die Versuchung ausgemacht werden konnte und von denen sie für viele ausging, mußten öffentlich, anschaulich, exemplarisch vernichtet werden. Die betroffenen Frauen waren nicht nur durch gräßlichste Wunden gezeichnet, sondern sahen sich »an dem Schönsten ihrer Erscheinung bestraft«. Sie hatten durch ihre Brüste entweder gesündigt oder doch die Eifersucht und Lüsternheit der Umwelt erregt. Das verlangte nach der Strafe der Patriarchen: Weg damit, und unsere Welt ist wieder besser, wieder rein!

Schon hier verweise ich auf Bilder, die nicht selten den Malern und Zeichnern ebensoviel Lust verschafft haben mochten wie den Betrachtern jener Zeit. Die Objekte des Gaffens waren nackte Menschen, vor allem Frauen, an deren Blöße man sich weidete und deren Schmerzen bewußt ins Kalkül der Darstellung einbezogen wurden. Wie viele Männer mögen sich an den verwundeten Brüsten und Scheiden der hilflos dargestellten Frauen satt gesehen und wieder aufgegeilt haben! Welche Leidenschaften waren am Werk, die »schönen Früchte« wenigstens bildlich zu brechen! Es machte offenbar viel Spaß, wenn man die »vollendeten Ornamente« einer geweihten und sündig gewordenen Jungfräulichkeit immer wieder mit Blicken zerstören konnte. Dasselbe mochte für die Darstellung ausgesucht schöner Hexen gelten, die man nicht nur im Bild mit ausziehen, sondern auch mit foltern und töten konnte, um sich ihre versucherische Gefahr vom Leib zu halten.

Folterer erheben Anspruch auf den Körper des anderen, vor allem auf den der Frau. Art und Weise, wie der Anspruch erhoben und durchgesetzt wird, sind männlich. Sie kennzeichnen nicht nur eine Beherrschung des einzelnen durch Staat und Kirche, sondern auch die sexuelle Gewalt des Mannes über die Frau. Der Besitzanspruch auf eine Gefangene wird in Form des sexuellen Angriffs geltend gemacht, eines Angriffs, der nicht nur Folter, sondern sexuelle Folter ist. Im siebzehnten Jahrhundert wurden junge Mädchen, die sich nicht zum Besuch der Messe oder zur Ohrenbeichte bekehren lassen wollten, so eine authentische Wiedergabe, auf die folgende Weise umgestimmt: Man füllte ihnen mit einem Trichter etwas Schießpulver in After und Vagina. Dann ließ man sie wie eine Bombe explodieren. Diese Methode war rasend effektiv: Sie schuf in einem einzigen Augenblick nicht nur Wunden und Schmerzen, sondern auch neue Gläubige. »Wie hätten sie«, schreibt der Berichterstatter, »einen Gott nicht lieben sollen, in dessen Namen so reizende Dinge geschahen!«

Das Wesen der Folter besteht in der Verletzung der Unversehrtheit des anderen, der Integrität des fremden Körpers und der fremden Psyche. Handelt es sich bei diesem anderen um eine Frau, erhält die Folter neue Qualitäten: Sie wird nach sexistischen Regeln durchgeführt oder weist eine zumindest latente sexuelle Komponente auf. Da auch das schöne Haar einer Frau manchen als reizvolle Gefahr erscheint, kennt die Geschichte der Folter eine spezielle Haarstrafe, die nur bei Frauen anzuwenden ist. Sie war bereits bei den Merowingern üblich, doch erst Papst Clemens VIII. griff sie 1598 wieder auf. Beatrice Cenci, des Vatermords angeklagt, wurde an ihrem langen Haar bestraft. Stendhal dazu: »Dieser Barbar hatte den Mut, einen so schönen Körper ohne alles Mitleid zu foltern ..., indem man sie an den Haaren aufhing.«

Frauen gelten den Patriarchen aller Zeiten als sexuell überaktiv. Der im Christentum und durch dieses verbreitete Hilfsmythos von der angeblichen Hyperaktivität der Frauen soll beweisen, daß die Frauen nicht so rein sind, wie sie sein sollten oder zu sein vorgeben. Vielmehr sind sie als solche schmutzig, geil und im Unrecht. Sie müssen bekommen, was sie »verdienen«. Sexualität nach Männerart kommt immer wieder über sie, zumal im Folterkeller. Durch diese Aggression werden Frauen als Lebewesen wahrgenommen, die wieder sündigten und weiterhin, immer wieder, durch Peitschen, Perversionen, Penetrationen bestraft werden müssen.

Grausiges Leiden wird mit sexueller Erregung in Verbindung gebracht. Folterer der Gegenwart schieben ihren Opfern Revolver in den Mund, um den pervers-sexuellen Charakter ihrer Macht zu demonstrieren. Bei allen Umerziehungsprogrammen der heutigen Folterschulen werden Gewalt und Sexualität vermischt. Die Spaltung in echte Frauen, Mütter der Nation, die zu schonen sind, und Frauen, die als Huren definiert sind, wird systematisch propagiert, und die Folterschüler sind folgerichtig darauf trainiert, die gegnerische Frau zu vergewaltigen.

Gequält wird heute mit heißen Bügeleisen und Bohrmaschinen, mit Elektroschocks an Brustwarzen und Scheide, und die sexuelle Gewalt ist ein fester Bestandteil der Folter. Die Opfer der Brutalität aber werden zu Personen mit psychischen Störungen, die Vergewaltigten zu Menschen herabgewürdigt, deren sexuelle Aktivitäten (Lockungen, Versuchungen) durch sexuelle Gewalt bezwungen wurden. Nicht ohne Grund. Frauen stellen nach patriarchaler Ideologie eine ständige Gefahr für Männer dar, machen den Urgrund von deren Lücken- und Vergeltungsängsten aus. Gegen sie ist selbst Ehelosigkeit kein Mittel, nur Notlösung. Die Folterung von Frauen ist deswegen so grausam alltäglich, weil sie das in patriarchalen Gesellschaften und Religionen übliche Gewaltmonopol des Mannes unter besonderen Bedingungen wiederholt und sichtbar verstärkt. Man braucht sich nicht bei anderen umzusehen, die – wie ein türkisches Gericht noch 1987 – Männergewalt gegen Frauen legitimierten: »Einer Frau lasse man es im Bauche nicht an Kindern und auf dem Rücken nicht an Schlägen mangeln …«

Frauen verrichten auf der Erde zwei Drittel aller Arbeiten, erhalten aber nur ein Zehntel des Welteinkommens und besitzen weniger als ein Prozent des Weltvermögens. In Peru geschahen siebzig Prozent aller gemeldeten Gewaltdelikte gegenüber Frauen. In Pakistan kann vorehelicher Geschlechtsverkehr durch Steinigung oder Auspeitschung der Frau bestraft werden. Achtzig Millionen afrikanischer Frauen sind sexuell verstümmelt, um ihr Lustempfinden zu unterdrücken. In Bangkok werden fünfzig Prozent der Frauen von ihren Männern regelmäßig mißhandelt.

Bei der Folterung werden jene Intimsphäre und Unverletzlichkeit des Körpers öffentlich und »legitimerweise« verletzt, die ansonsten als tabuiert gelten – und es doch, wie der Ehealltag verrät, zumindest bei Frauen nicht sind. Der Folterer verfügt dabei nicht nur über den Status seines Geschlechts, sondern auch über eine soziale Position, die diesen Status noch vielfach potenziert. Hat er eine Frau in seine Gewalt gebracht und befragt er sie auf peinliche Weise, wie das Mittelalter formuliert, übt er gottähnliche Macht aus. Er wird sie zu nutzen wissen.

In dem Film *Closet Land* von Radha Baradwaj wird die gefolterte Frau, die Widerstand wagte, dazu gezwungen, in der Stellung der Arabeske wach zu bleiben: in der Pose einer Balletttänzerin, eine Hand über ihrem Kopf an ein Seil an der Decke gebunden, ein Fuß nach hinten ausgestreckt und festgebunden, so daß der andere Fuß ihr ganzes Gewicht trägt. Schließlich wird ihr ein Fingernagel herausgerissen und das Geschehen dem Opfer sexistisch kommentiert: »Das Schwierigste ist, die Zange gut anzusetzen. Aber wenn man den Nagel einmal fest gepackt hat, braucht man nur zu ziehen. Man zieht so lange, bis man ein

Knacken hört, dann ist er draußen. Das Fleisch darunter ist rosa wie ein Babypopo. Wie Ihrer, bevor die Unschuld verschwunden war, bevor er die Welt oder die Berührung eines Mannes kannte.«

Der moralische Aspekt der Grausamkeit? Um einer Reinheit willen, die wie in der gegenwärtigen neuen Prüderie zumeist und fast ausschließlich auf sexuellem Gebiet angenommen und gesucht wird, läßt sich jede Folter, auch die todbringende, legitimieren. Nicht wenige der ehelos lebenden Kleriker zeigten sich anfällig für einen tiefwurzelnden Haß gegen jene, die sich nicht in gleicher Weise als Opfer einer bestimmten Gesetzgebung erwiesen. Und Brutalität jeden Schlages wurde zum Versuch der Sexualbefriedigung, wenn auch mit wenig dauerhaftem Erfolg.

Die gespaltenen Psychen verlangen von sich Glauben und Moral, die ihnen nicht gemäß sind. Nicht zufällig befinden sie sich in einem Dauerzustand des Kampfes gegen ihre Natur. Schließlich sagt man ihnen, sie hätten viel zu verteidigen: sich selbst und ihr ewiges Heil. Dieser Status nährt Ressentiments und führt dazu, in der Wahl der Angriffsmittel nicht allzu viele ethische Hemmungen zu haben. Die offensive Haltung ist besonders ausgeprägt, wenn es sich um den Bereich des Sexuellen handelt; der innere Zusammenhang zwischen Sexualneurose und aggressiver Frömmigkeit ist hier deutlich zu erkennen. Da es sich beim Christentum um eine durch und durch patriarchal verseuchte Religion handelt, ist es einsichtig, daß sich die Frömmsten Frauen als Opfer ihrer Sexualneurose und Aggression ausersahen. Das verdammte Stückchen Fleisch, das Kirchenmänner mit sich herumzuschleppen hatten, ließ ihnen keine andere Wahl. Sie gaben entweder den Forderungen ihres Geschlechts nach – wie der junge, unbekehrte Augustinus, der in vollen Zügen genoß –, oder sie suchten sich zu retten, indem sie die ständige Versuchung, die Frau, zur Madonna oder zur Hure stilisierten, wie es Augustinus etwas später tat.

Die Falle der Frau Venus

Beinahe hieße dieses Buch »Venusfliegenfalle«. Doch die Pflanze, die diesen Namen ertragen muß, war mir zu schade und zu wenig religiös. Was fleischfressenden Pflanzen gelingt, spricht für sich: eine richtig vaginale Anatomie, die mit süßen Säften lockt, die Getäuschten in die Falle plumpsen läßt, sie bei lebendigem Leib auffrißt, genüßlich verdaut und gestärkt auf das nächste Speiseopfer wartet. Ist das keine Frau, wie richtige Männer sie sich vorstellen? Ist sie friedfertig? Oder vielmehr heimtückisch – und doch immer wieder verlockend? Die Theorie besticht den Mann. Seine Angst vor den Frauen ist eine Urvorgabe des Patriarchats. Männer kommen mit Frauen nie ganz zurecht. Was ihrer Vernunft (Logos) bleibt, ist die Lückenlösung: Sie müssen sich Mysterien schaffen, die sich nicht erklären lassen. Sie sprechen folgerichtig vom Mysterium der Frau wie vom Mysterium des Bösen. Christen bewiesen wenig Schwierigkeiten, beide Mysterien in eins zu setzen. Beide Mysterien müssen in patriarchalem Denken wie Fühlen abgewehrt werden, und dies mit gleicher Gewalt: Sexualität gilt als weiblich, die Frau ist jedenfalls für sie hauptverantwortlich, und sexuelle Handlungen finden in der Hauptsache statt, um bestraft zu werden. In Gottes Endgericht wird der Sachverhalt endgültig sichtbar.

Im Patriarchat und vor allem in seiner westlichen Religion

werden Sexualitäten immer kontrolliert, begrenzt und verdrängt. Wie privat sie sich geben mögen, sie bleiben an Konventionen, Vorschriften, Strafen gebunden. Auch sind sie unschwer mit Gewalt zu assoziieren, zumal das Funktionieren der patriarchalen Gesellschaft, der Patronomie, letztlich von Gewalt abhängt: Ver-ge-walt-igung, Schändung, Defloration, Übermächtigung und Herrschaft sind fundamentale Merkmale solcher Sexualität. In US-amerikanischen Grundausbildungslagern ist die frauenverachtende Haltung stark ausgeprägt: Die Rekruten sollen in ihrer Überzeugung, sie seien den Frauen überlegen, systematisch bestärkt werden. Folterer tragen ihren Knüppel zuweilen wie einen übergroßen Penis vor sich her; Gewalt und Sexualität sind eins.

Ein Serbenchrist sagt 1993 vor Gericht aus, Mord und Vergewaltigung seien in seiner Militäreinheit Routine gewesen. In einem Motel nördlich von Sarajewo habe er allein zwölf dort gefangengehaltene Frauen vergewaltigt und elf getötet. Sie waren anderen Glaubens, Mohammedanerinnen.

Da Angst kreativ macht, müssen Geängstigte eine Abwehrkultur schaffen, Maschinen, Ideologien, Religionen, Gottheiten kreieren – Männer, Väter, Herrscher zuhauf. Das Patriarchat kann nur existieren, wenn es sich Maschinen für Sinn, Religion, Forschung, Justiz, Wirtschaft, Krieg leistet. Und die entsprechend angepaßten Bediener. Und die einschlägigen Opfer. Das Christentum hat seinen Stammplatz in diesem Gespinst; Theologie und Feminismus sind nicht zu vereinbaren. Thomas von Aquino, von vielen Päpsten ohne Abstriche als unvergleichlicher Theologe empfohlen, zum Thema: »Der Körper des Mannes hat Sinn durch sich selbst, auch wenn er von dem der Frau absieht, während dieser letztere keinen Sinn aufweist, sofern man nicht den Körper des Mannes dabei denkt …

Der Mann denkt sich ohne Frau. Sie denkt sich nicht ohne den Mann.«

Dieser Satz ist nicht zeitbedingt. Er gibt das Lebensgefühl der Kaste wieder, gilt bewußt oder unbewußt bis heute, ist in der Bibel angelegt. Lehren der Männer-Gott und seine Sprachrohre, weiß Eva, woran sie ist. Der *Hexenhammer* von 1487 sagt, was alle Patriarchen denken und fühlen, auf christlich verpackte und päpstlich abgesegnete Weise: »Also schlecht ist das Weib von Natur, da es schneller am Glauben zweifelt, auch schneller dem Glauben ableugnet. Was die Grundlage für Hexerei ist.« Und, männlich, logisch, konsequent, zum Foltern und Verbrennen berechtigt ...

Männer machen sich, von ihrem Gott ausdrücklich dazu legitimiert, die Erde untertan, unterwerfen in der Natur die Frau, knechten die ihnen zur Verfügung gestellten Frauen, die ihr Schöpfer zu ihrem Belieben in der Urgestalt Eva nachschuf: als Geliebte, als Mütter. Es leuchtet ein, daß immer nur Männer die gräßlichen Urteile der christlichen Vergangenheit sprachen und vollstreckten, also Folter- und Henkerdienste versahen. Nicht nur die patriarchale Theorie forderte dies, sondern auch eine praktische Erwägung. Wir können uns trotz neuerer Erfahrungen noch immer nur wenig Frauen vorstellen, die einen Mörder kaltblütig aufs Rad flechten, ihn stunden- und tagelang foltern oder ihm bei einer Vierteilung ohne jedes Mitleid die Glieder einzeln ausrenken. Es ist daher korrekt, von Tätern und nicht von Täterinnen zu sprechen. Für Frauen ist im patriarchalen Konzept die Rolle der Opfer von Männersex und Männergewalt oder die der tröstenden, beklagenden, beweinenden Dienerinnen vorgesehen.

Auch die sogenannte sexuelle Lust, die auf den Gesichtern der Männer liegt, ist nicht selten mit einem ungeheuren Potential an Frauenverachtung verbunden. Dieses hat zur Zeit ein gewisses Endziel erreicht: Jetzt gibt es Plastikfrauen, die alles mitmachen, nur das eine nicht. Sie geben keine Liebe, treten ihren Besitzern und Benutzern nie zu nahe. Es sind Wunschfrauen, ganz lebensecht und doch nicht lebendig, Frauen, die alles zulassen, die die Öffnungen an der richtigen Stelle haben, sich benutzen, auch quälen lassen, Frauen, mit denen ein Mann nicht mehr allein ist, Frauen, die nie eigennützig, unkontrollierbar, selbständig sind. Wo anders findet sich die Frau, die, ohne selbst zu lieben, der Mann-Liebe dient, still und unter-legen?

Wie schön, wären alle Frauen so! Wollen die nach unten definierten andersartigen, doch gleichwertigen Frauen nicht, wie Männer es wünschen, bewahren Frauen sich ihren unvermittelten, nicht schon wieder von Päpsten und anderen Oberpatriarchen definierten Selbststand, lehnen sie Unterordnung ab, ist Vernichtung die Folge. Frauen bleiben, sofern und solange sie Frauen und nicht definierte Weibchen und Gebärerinnen sind, versucherische Gefahren, hurerische »Hexen«. Mit ihren Geheimnissen wußten Männer immer umzugehen. Das Christentum, weit entfernt, sich vom allgemeinen Männerwahn zu distanzieren, entwarf beizeiten die Theorien, legte für Körper und Seelen die passendsten Folterwerkzeuge bereit. Wehe der Frau, die wie Eva ungehorsam ist! Schmerzen, Schwangerschaft, Brunst sind ihr Los. So rächt sich ein beleidigter Vater-Gott, wie Johannes Paul II. 1988 sagte, bereits auf Erden, und drüben mag es noch schlimmer enden. Der Tod, auch dieser eine Folge des biblisch behaupteten weiblichen Ungehorsams, öffnet alle Türen zum Letzten Gericht des lieben Vaters.

Da ist es schon besser für die Frau (meinte nicht irgendein mittelalterlicher Papst, sondern Karol Wojtiła), sich mit den gewohnten Ausdrucksformen zufriedenzugeben, die ihr den

Mutterdienst schmackhaft machen. Immerhin »ist der Ausruf des ersten Menschen beim Anblick der soeben geschaffenen Frau ein Ausdruck der Bewunderung und der Verzauberung, wie er die ganze Geschichte des Menschen auf Erden durchzieht«. Auch der Papst heuchelte »Mensch«, als er »Mann« sagen mußte. Und noch mehr: Eine Frau als Objekt männlicher Bewunderung, eine Frau als Ursache männlicher Verzauberung wirkte ungleich anziehender auf den Papst-Mann als der Wunsch der Frauen, ihrerseits zu herrschen, wie dies Männer seit eh und je tun, gerade in der Catholica.

In patriarchalen Gesellschaften und in ihren Religionen sind Sex und Gewalt eins. Und gelingt es neuerdings nicht mehr so glatt wie noch vor wenigen Jahrhunderten, alle Frauen dieses Axiom zu lehren, wird »Liebe« in die herrschende Gewaltpraxis eingeführt. Nun gilt mehr denn je nicht das dumm und weit verbreitete »Sie bekam Hiebe statt Liebe«, sondern die Devise »Hiebe sind Liebe«. Männer wissen, was das beste für die zu erziehende Frau ist. Das Motto bleibt gegen Frauen und Kinder gesellschaftlich akzeptiert, und dies nicht nur bei der praktizierenden sadomasochistischen Minderheit.

Ich hoffe, daß sich eines Tages Freiheit durchsetzt und der Begriff »Verbrechen« anders erlebt wird, als er gegenwärtig definiert ist. Das wird geschehen, wenn es gelingt, den exklusiven Begriff von denen wegzunehmen, die heute in den Gefängnissen gefoltert werden, und ihn auf diejenigen zu übertragen, die noch immer völlig unangefochten tausendfache Schuld auf sich laden, indem sie Menschen pädagogisch, psychologisch, soziologisch nach unten zensieren, religiös disziplinieren oder prinzipiell kriegstauglich machen. Dann sind religiöse Leitsätze wie der folgende als kriminelle Definition entlarvt: »Im Bereich väterlicher Ordnung entstehen die sonnenhaft zum Himmel ragenden Heiligtümer, Pyramiden, Obelisken und gotischen Dome, das Zweckhaft-Nützliche muß sich dem Überzweckhaft-Heiligen unterordnen; das Große bestimmt das Kleine, das Himmlische das Irdische. Zugleich mit diesem Überzweckhaften wird die geistige Helle, die Rationalität ... des Menschen voll entfaltet.«

Proben aufs Exempel geistiger Helle geben nicht allein die Diskussionen mit Männern über so simple Angelegenheiten wie ihr Verhältnis zu Frauen ab, sondern auch die Verlautbarungen, die von Kanzeln ergehen. Ließen sich aus der Kultur- und Religionsgeschichte der Mannheit alle Anteile abziehen, die mit Sexualität und deren Normierung, Vergesetzlichung, Idealisierung, Ersatzleistung zu tun haben, bliebe nur ein kümmerlicher Rest übrig.

Georges Bataille spricht von einer »Verbindung der religiösen Ekstase mit der Erotik, und im besonderen mit dem Sadismus«. Er befaßt sich in seinen *Tränen des Eros* mit solchen Zusammenhängen zwischen dem Eros und einem durch die Religion vermittelten Sadismus. Es spricht viel dafür, daß die ritualisierte Grausamkeit des religiösen Opfers und Opfermahles wesentlicher Bestandteil der christlichen Religion ist. Die Tradition ebendieses Opfers weist jedenfalls auf die Identität vollkommener Gegensätze hin: auf die »der göttlichen Ekstase und des äußersten Grauens«. Das Grauenerregende und das Religiöse werden eins.

Das vertraute Muster der abendländisch-christlichen Erotik: die übertriebene Vorstellung des weiblichen Körpers als des Sexualobjektes schlechthin, eine Sexualität, die ausschließlich als eine vom Weib ausgehende Gefahr gilt, die Deutung der fraulichen Formen als in sich gefährlich, anstößig, herausfordernd, lockend, verwerflich, die grundsätzliche Gewaltbereitschaft auf sexuellem Gebiet. Und so sind »99,6 Prozent der Frauen, die schwarze Unterwäsche tragen, heimliche Huren«.

Staatsreligionen bleiben bewußt puritanisch. Sie setzen auf das Schamgefühl, das sie sich erfinden ließen, verschleiern für gewöhnlich die sexuelle Erregung, mißachten geschlechtliche Lust, handeln auffällig oft von Sublimierung um irgendwelcher höheren Ziele willen. Welche dies sind, läßt sich generell beantworten: die der einschlägigen Religion. Die Sündenprediger sind berechenbar: Sie sehen immer auf das eigene Interesse.

Sich befreiende Sexualität wird, um Hörende hörig zu machen, mit Sünde gleichgesetzt, und diese soll Leiden und Strafe nach sich ziehen. Die meisten Menschen – und alle Christinnen und Christen! – wurden ein Leben lang bestraft. Sie mußten Sünde, Strafe, Repression akzeptieren, wurden dazu genötigt, Sinnlichkeit durch Sittlichkeit, Sexualität durch Opfer-Gewalt zu ersetzen. Die alten Herrschaftsregeln gelten noch so lange, wie die alten Rollen funktionieren. Bei der Inspektion einer Hirten- und Herrenkultur, die Millionen Opfer auf sich lud, ist daher die Geschichte des Wegblickens abzubrechen, das genaue Hinschauen zu lehren, die Verpflichtung des Christentums auf Humanität anzumahnen. Sollen wir unsere Erkenntnisse irgendeiner Mönchsdemut opfern, über Fakten feilschen, über die Wertung von Kapitalverbrechen mit uns reden lassen? Ich warne freilich diejenigen, die sich als zart besaitet verstehen, vor den Fakten dieses Buches. Sie sind voller Grauen.

Gerade zur Liebesreligion gehört Gewalt. Grausamkeit zieht unwiderstehlich jene vielen an, die aus Angst vor eigener und fremder Sexualität Askese, Selbstverfolgung, Folter legitimiert sehen wollen. Bis heute widerfuhr Millionen Opfern keine Gerechtigkeit von den Erben der Täter. Es finden sich weder ernstzunehmende Schuldbekenntnisse, noch zeigen sich die christlichen Kirchen an irgendeiner Entschädigungsleistung interessiert. Das bischöfliche Hilfswerk Adveniat, das Spenden für bischöfliche Interessen in Lateinamerika sammelt, stellte seine Kampagne für 1993 unter das Motto »Hört den Schrei der Armen!«. Kein Sammler, kein Spender dürfte sich bei dem Spruch an die Schreie der Opfer erinnert haben, für die seine eigene Kirche verantwortlich zeichnet.

Kardinal Ratzinger, seit kurzem Papst Benedikt XVI., hielt im Februar 1994 »die Zeit für gekommen«, daß seine Kirche sich für ihre historischen Untaten bei den Juden entschuldigt. Richtig gehört? Jetzt erst soll die Zeit gekommen sein, also Reue erst Jahrzehnte, Jahrhunderte nach den Verbrechen? Erst jetzt, nachdem andere sich entschuldigten, viele die öffentliche Reue der Kirche anmahnten? Und wann wird die Zeit gekommen sein, die Opfer zu entschädigen? Diese Kirche hat keinerlei Schrittmacherfunktion. Offenbar gleicht allein Gott der Gerechte eines Jüngsten Tages zwischen Tätern und Opfern aus, entschädigt die einen für das, was die andern ihnen antaten. Gottes Stellvertreter und Prediger auf Erden haben dies ebensowenig nötig wie die Millionen Christen, die sich um die blutige Vergangenheit ihrer Kirche und ihre entsetzlichen Folgen einen Dreck scheren. Versagt sich aber schon die Kirche unter uns der Entschädigungsarbeit, so kann es niemanden wundern, wenn auch andere – zum Beispiel staatliche Stellen und Industrieunternehmen in der Bundesrepublik – in Sachen Entschädigung von KZ-Opfern und Zwangsarbeitern auffallend zurückhaltend bleiben.

Gewalt braucht Glauben, Hoffnung, Liebe

Folter gedeiht nicht in der Enklave, lebt nie auf einer einsamen Insel. Sie benötigt ihr Milieu. Jede Gewalt hat ihren Glauben, als Voraussetzung zumindest den, durch Gewalt werde, wenn schon nicht alles, so doch manches entscheidend besser, das heißt (wieder) so, wie es »richtig« ist. Dieser Traum von der Richtigkeit setzt die Annahme einer irgendeinmal realisierten oder endgültig zu realisierenden heilen Welt voraus. Christliche Doktrin nennt diesen Zustand das Paradies, wie es die Schöpfungsgeschichte schildert, und den Himmel, der auf diejenigen wartet, die in Gottes Gnade stehen. Doch offenbar benötigt der Himmel sein Pendant, die Hölle. Eine schreckliche Konsequenz: Gutsein auf christlich lohnt sich nur, wenn es auch eine dunkle Alternative gibt, von der man sich absetzen und vor der man sich retten lassen kann. Die christliche Welt erträgt nicht nur Gute; wären alle gut, erschiene dies den meisten zumindest langweilig.

Wer in den weitverbreiteten christlichen Kategorien denkt und fühlt, ist davon überzeugt, daß die Wirklichkeit in abstrakten, fixen und unabänderlichen Begriffen ausgeschöpft werden kann, so daß es genügt, im Blick auf ebendiese Begriffe des Richtigen zu handeln, um die Welt auch recht zu bewegen. Das Bewußtsein lebt, es gebe ewige, durch kein geschichtliches Denken zu verändernde Wahrheiten, zu denen der wahre Gläubige Zugang hat und in denen sein Anspruch auf Absolutheit begründet ist. Da solche Begriffe den Menschen selbst nicht zur Verfügung stehen und nirgendwo auf der Welt sich vorfinden lassen, müssen sie nach dieser Auffassung der Menschheit geschenkt werden: Damit tritt die »Offenbarung« in ihr Recht, und diejenigen, die diese, nach katholischer Meinung, unfehlbar auslegen, werden für hörende Menschen unverzichtbar wichtig. Daher muß für diese »Offenbarung« und ihre offiziellen Verkündiger Raum auf Erden sein. Findet sich dieser nicht (das ist die Regel), muß er geschaffen werden. Das freilich geht, bei der bekannten Verstockung der Bösen, nicht ohne zumindest argumentative, psychische Gewalt ab.

Professionelle Angst- und Hoffnungsmacher lassen es nie bei bloßen Diagnosen bewenden: Sie kennen auch die unfehlbar gesund machende Therapie und fordern gebieterisch im Namen Gottes zu deren Annahme auf. Das hat seinen Grund: Suchende gefährden die Sicherheit der Besitzenden, zerstören gar, läßt man sie gewähren, die Basis des wahren Glaubens. Kein Christentum ohne grundlegende Denkverbote, ohne radikales Mißtrauen der Erwählten gegen andere Denkmodelle und Weltbilder, ohne Abgrenzung gegen alternative Lebensentwürfe! Kein recht organisierter Glaube ohne Überfluß der Predigt, ohne provokative Rhetorik, ohne fundamentalistische Hypnose, ohne Massensehnsucht nach einem »Herrn«, »unserem Herrn«, ohne die Perspektive auf einen möglichst apokalyptischen Endkampf!

Solcher Fundamentalismus ist umfassendster und konsequentester Betrug unter Menschen. Er gaukelt vor, das Absolute, Unendliche, auf das wir aus sind, das wir aber nie erreichen und besitzen können, unfehlbar zu haben, hier und jetzt anbieten zu können. Wehe denen, die diese Täuschung beim Namen nennen oder nachweisen, daß sie dem System christliche Religion als Lebenslüge zugehört! Überzeugte Jünger befinden sich in einem Zustand ständiger Aggression; sie müssen zwanghaft gegen Ungläubige, Andersgläubige angehen, um die eigene Haut für den Himmel zu retten. Die psychische Situation des Gegen-anderegerichtet-Seins, die sich gegenwärtig keinen physischen Ausdruck schaffen darf (weil es keine kirchliche Folter mehr gibt), vermittelt zum einen ein Klein-Herden-Bewußtsein von der eigenen Auserwählung. Zum zweiten führt sie zur Verdammung der anderen schon hier auf Erden – und erst recht da drüben, wo ein Richter- und Henker-Gott die Böcke von den Schafen scheiden wird.

Das ist kein Sondergut einer fanatischen Minderheit. Denn kein Christ, der seine Glaubensbasis wörtlich nimmt, kann sich wegstehlen: Bereits das Neue Testament, ein von kleingeistig-patriarchaler Mentalität erfülltes Gotteswort, scheidet zwischen geretteten und verdammten Menschen. Und der Heiland, Retter, Erlöser selbst, als Menschenfreund und Verkünder einer unüberbietbar guten Lehre gepredigt, weist den ersteren die Aufgabe zu, beim Endgericht mit über die letzteren zu Gericht zu sitzen! Was sonst, wenn nicht diese Aussicht auf Rache, sollte Kleinchristen anspornen?

Unfair, sich demgegenüber als liberaler, moderner, verstehender, permissiver Christ zu geben und auf Wesensinhalte der eigenen Religion zu verzichten, um sich als der bessere Mensch zu beweisen! Wer dem im Evangelium gezeichneten »Jesus Christus«, wie unter Christen von rechts bis links üblich, nur die besten Seiten des Menschseins anrechnet, beweist entweder seine Unkenntnis oder: seine Unredlichkeit. Dieser »Jesus« ist nicht jener Softie, der gerade ins gegenwärtige Bild der theologischen und journalistischen Weichzeichner paßt. Populisten und ihre Medien können es drehen und wenden, wie sie wollen: Der vollkommene Mensch »Jesus« predigte nach Auskunft seiner Jünger nicht nur Hölle, Tod und Teufel, sondern auch die fundamentale Heilsnotwendigkeit des Glaubens.

Zwar ist die Heuchelei um die Anfänge des Christentums und der Kirche in Deutschland sogar staatlich garantiert, patentiert, gesichert, doch der Menschensohn, wie ihn Jünger wollten, ist gerade in seinen wichtigen Aussagen fundamentalistisch. Er allein weiß genau, was Gottes Wille ist. Er fordert den Gehorsam gegen diesen. An keiner Stelle läßt er mit sich handeln. Was er definiert, verkündet er imperativistisch, kategorisch, autoritär. Gegen diese Rede, die kein Wenn und Aber kennt und keine Einschränkung erwägt, hilft keine Exegese mehr, keine Käuflichkeit der Schriftauslegung, kein ständiges Neu- und Uminterpretieren, Zurechtbiegen, Verschweigen. Der neutestamentliche »Jesus« verlangt Gehorsam, und das Gefälle »Hier hörender, inspirierter, gesandter Gottessohn – Glaubende da« ist von Anfang an gegeben.

Kein Fundamentalismus kann als Degeneration des angeblich reinen Ursprungs gewertet werden, wo der Anfang selbst verderbt ist. Wer einen idealen Anfang, einen reinen Ursprung seiner Religion (und ihrer Institutionen, Wertsetzungen, Normen) postuliert, setzt sich über die Geschichtlichkeit des Menschen und seiner Erfahrungen hinweg. Kein Anfang einer geschichtlichen Bewegung war so rein, wunderbar, originär, wie das Spätere legitimierten. Keine Religion kam aus dem Nichts. Auch das Christentum macht keine Ausnahme; seine Geschichte ist von Beginn an fragwürdig. Deutet ein vermeintlich moderner Theologe die jeweils unliebsamen Stellen der Bibel weg oder verteidigt er ein wahres Christentum oder den echten Gott behend gegen die abgefallene Kirche, will er betrügen. Im Gespräch mit Nichtchristen stellt niemand einen Partner dar, der an einer so fundamentalistischen Grundvoraussetzung wie der vom reinen und vollkommenen Anfang festhält.

Gegen die Verkündigung »Jesu«, des wahren Wortes Gottes, gibt es keine Berufung. Es sei denn, wir erführen endgültig, was alles nicht mehr ins Konzept des heutigen Jesus-Bildes paßt und daher von Amts wegen gestrichen werden muß. Aufrichtig wäre, jeder Theologe und Jesus-Biograph artikulierte das, was er für sein Idealbild hält, und gäbe zu, daß er dieses Bild dann mit dem Jesus-Etikett versah. Der fundamentalste Fundamentalismus des Christentums muß von allen Gläubigen, nicht nur von den sogenannten Fundamentalisten akzeptiert werden: Es gibt einen persönlichen Gott, »unseren Gott«, der das Letzte, nicht mehr zu Hinterfragende und nicht Anzuzweifelnde ist, und »Jesus« ist sein Sohn, »unser Herr«. Gegenüber diesen »Offenbarungswahrheiten« der frühen Jüngerschaft kommt auch jeder progressive Christ in den Zustand des Bekenntnisses. Ihnen kann er sich nicht verschließen. Sie verlangen sein Ja. Denn »wer nicht glaubt, wird verdammt werden« (Mk. 16,16).

Doch hier wird befohlen, dekretiert, als absoluter Maßstab gesetzt, was weder eine absolut einleuchtende noch eine bewiesene oder unbezweifelbare Aussage ist. Gerade das Gottesproblem scheint aber kaum zu beschäftigen; die Jesus-Frage ist seit Jahrzehnten wichtiger. Selbst die kühnsten Befreiungstheologien stellen das statische Bild eines absolut fertigen, unveränderbaren christlichen Gottes nie in Frage. Doch die Sünderliebe »unseres Gottes« hat ebenso wie die behauptete Sympathie für die Leidenden ihre Tücken: Zum einen bewies sich weder in der Geschichte noch in der Gegenwart irgendein Mitgefühl Gottes mit den von seiner Kirche Gefolterten und Ermordeten. Zum anderen enthalten seine Gerichtsworte von Anbeginn nie etwas anderes als ein Unheil, das sich diejenigen selbst einbrocken, die reuelos leben und sterben wollen – und die er gnadenlos sich selber überläßt.

Die Geschichte vom verlorenen Sohn im Lukasevangelium eignet sich auffallend gut für den Religionsunterricht von Kleinkindern. Doch findet sich kaum ein Religionslehrer oder Pfarrer, der zum Zentrum dieser Erzählung vorzudringen wagt: Der barmherzige Vater freut sich erst, als der verloren geglaubte Sohn zu ihm zurückkriecht. Was dem Sohn geschehen wäre, hätte er nicht zurückgefunden, ist in der Drohbotschaft desselben Gottes nachzulesen: Verstoßung und Verdammung. Wir werden noch sehen.

Die These vom Mitleiden Gottes mit den Geschöpfen, wie sie von Theologen der aufgeschlosseneren Art vertreten wird, gehört so ziemlich zum »Makabersten, was man sich denken kann«. Denn dieser »unser Gott«, nichts anderes als ein universaler Sadomasochist, entwirft den Plan einer Welt, in der Leid, Schmerz, Gewalt eine fatal dominierende Rolle spielen. Genau diese Welt gefällt ihm, also schafft er sie. Das bedeutet: Sadistisch erschafft er sie, masochistisch will er sie miterleiden. Seine Geschöpfe bleiben in jedem Fall die Opfer!

Fast bin ich versucht, die Tatsache zu begrüßen, daß die meisten Gläubigen sowieso nichts von solch theologischem Greuel wissen. Doch sind diese Christen nicht entschuldigt. Sie fühlen sich zumindest, ohne dies artikulieren zu können, im Besitz der besseren Argumente in Dogma und Moral, der tatkräftigeren Diakonie, der berückenderen Aussicht auf ewigen Lohn. Andersdenkenden wird bis in die jüngste Zeit hinein die Redlichkeit abgesprochen. Deren Suche nach der Wahrheit gilt den Jüngern, die ihre Wahrheiten bereits besitzen, als unernst. Hört endlich auf mit dem ewigen Suchen, Zweifeln, Irren! Leuten wie euch muß die Wahrheit, unsere Wahrheit gepredigt werden, immer wieder, immer intensiver, immer lockender, immer drohender! In diesen Zusammenhang gehören die Teufelskatechesen der Päpste Paul VI. und Johannes Paul II. Kein Wunder, daß nicht nur psychisch deformierte Christen die Höllen-Rede gezielt als Drohinstrument gegen Andersdenkende und die Denk- und Gewissensfolter als Anspruch an sich selbst wie an andere einzusetzen bereit sind. Die Hölle lebt in den Seelen und Leibern vieler Menschen fort.

Bei Kindern und Jugendlichen sind bis heute die Resultate des entsprechenden Religionsunterrichts abzufragen. Es ist erschreckende Gegenwart, was sich da in Köpfen und Herzen ansammelte. Niemand sollte sich darüber wundern, welch gewalttätige Geistigkeit vermittelt wird. Und kein Steuerzahler darf sich beiseite stellen: Der Religionsunterricht wird aus allgemeinen Steuermitteln in Höhe von fast zwei Milliarden Euro pro Jahr finanziert, und nicht etwa aus den Kirchensteuereinnahmen! Konfessionslose bezahlen ihn ebenso selbstverständlich mit wie jene Kirchenmitglieder, die – in Sachen Straf- und Folter-Hölle – anders denken. Offensichtlich erregt der skandalöse Zustand noch immer weder das Wahlvolk noch die Politiker; schließlich ist der großkirchlich betriebene Religionsunterricht vom Grundgesetz als ordentliches Lehrfach abgesegnet.

Der Vorsitzende der Deutschen Bischofskonferenz, Kardinal Karl Lehmann (Mainz), sagte noch 1992 in einem *SPIEGEL*-Interview, man könne kein katholischer Christ sein, ohne an die Hölle zu glauben. Offenbar findet er Gehör: Noch immer sind vierunddreißig Prozent Katholiken der 1992 vom *SPIEGEL* befragten Bundesdeutschen der Meinung, es gebe eine Hölle, in der Menschen nach ihrem Tod bestraft werden. Dieser Prozentsatz stellt allein schon ein Armutszeugnis dar, doch es kommt noch schlimmer: Nicht weniger als achtundfünfzig Prozent der allsonntäglichen katholischen Kirchgänger glauben an eine solche Straf-Hölle. Niemand wird annehmen, es handle sich bei diesen Jenseitssadisten nur um das Grüppchen fundamentalistischer Fanatiker. Der hilfsbereite Herr, die gemütliche Dame von nebenan gehören zu den Folterfreunden.

Nun braucht sich Gewalt nicht mehr ganz so schlagfertig und

nackt wie in früheren Jahrhunderten zu zeigen. Sie kann sich tarnen, gerade mit den Zeichen der Hoffnung. Dann deklariert sie sich als Mittel zum Zweck, als Durchgangsstadium, als Vorhölle, der der Himmel zugesagt ist. Da heißt es: »Der Schmerz adelt sowohl den Gebenden als auch den Empfangenden, wir müssen Ihren Körper brechen, um Ihren Geist zu retten.« Askese, Disziplin, Gehorsam wenden sich nicht nur gegen die Täter, sondern auch gegen deren Opfer: Brachen die ersteren bereits ihren eigenen Körper, um ihren Geist zu retten, wenden sie das gleiche Verfahren auf ihre Opfer an: Wir tun in jedem Fall unser Bestes, weil wir Ihr Bestes, liebes Opfer, bezwecken. Denn besser auf Erden leiden als da drüben auf ewig verlorengehen.

Hoffnung wird in solchem Denken geschenkt – von denen, die angeblich über sie verfügen und sie zu vergeben haben. Und sie wird von den Opfern solcher Gewalt füglich entgegengenommen. Die Erziehung zum Masochismus, zur Entgegennahme des Guten, Gewaltigen, gehört traditionell zur Konditionierung jedes Menschen und jeder Gruppe, die verachtet wird. Akzeptiert das Opfer sein Bestes, zeigt es Stärke und Mut im Ertragen seiner Pein, kann ihm nicht selten die Bewunderung seiner Peiniger zuteil werden. Doch eine solche Bewunderung ist gefährlich; Komplimente an das Opfer sind stets schwer erkauft.

Liebe nahm längst ihren Platz im Sinnentwurf der Gewalt ein: Verbote und Strafen gelten nur als sinnvoll, wenn ihre Opfer erlernten, sie als Ausfluß von Liebe zu sehen. Solche Zurichtung ist mittlerweile als normal definiert. Wird über Liebe gesprochen, müssen aber stets ihre Beschädigungen mitbedacht werden. Auch wenn es hart zu hören und nachzuvollziehen ist: Liebe hat mehr mit Gewalt zu tun als mit Lust. Vor allem erfahrene Christen wissen, was ich meine. Der Verrat an der Liebe schädigt nicht nur die Verratene, sondern auch die professionellen Verräter: Wer nichts zu lieben hat, hält sich an die kalte Liebe zur Gewalt, in deren Sicherheit er/sie leben zu können glaubt. Religiöse Gewalt wird vornehmlich von jenen verherrlicht, die zu wissen vorgeben, was ihnen, anderen und der Menschheit guttut. Christenmenschliche Sicherheit forderte stets ihre Opfer.

Je mehr sich das religiöse System ausweitet, desto intensivere Angst schafft es. Angst, in Druckwellen und Spannungsstößen der Psyche konkretisiert, erreicht hier eine enorme Bandbreite, weist viele Variationen auf, tritt da konzentriert, dort eher vage auf. Überall lauern Gefahren, im Dschungel der Glaubenssätze, Moralen, Riten, auf dem Papier der Gnadenerweise, der Dispensen, der Erlaubnisse. Überall auch wartet Strafe, unvorhergesehen, unerklärt. Der rechte Christ will es recht machen; ob dies gelingt, beurteilen andere. Er fühlt sich demnach überwacht, bedrängt, hat liebevolle Gegner, die allmächtig, allgegenwärtig sind, deren Agenten überall agieren, deren Augen alles sehen. Die Macht des personifizierten Über-Ich, alles zu erzwingen, erscheint so groß, die dem System gebührende Treue so umfassend, daß der einzelne in der Defensive bleibt, immer weitere Schuldgefühle ausbildet, immer intensiver Erlösung erbittet. Etwas verbrochen zu haben wird unter Christenmenschen zu einem fast allgemeinen Zustand. Sünderin und Sünder zu sein, also zu Recht beschuldigt zu werden und auf Absolution verwiesen zu bleiben, ist Status.

Oberste Sicherheitsinstanz bleibt im Jenseits der entsprechende Gott. Doch dieser gewaltig Schweigende braucht viele Väter auf Erden, der Klerus bis hinauf zum Papst bietet die entsprechenden Anlaufstellen und Garantien solcher Sicherheit. Immer wieder werden Überväter geschaffen und legitimiert, die patriarchatstypische Klassifikationen sichern sollen: Hoffnung auf individuelle Belohnung und Auszeichnung (auf der Erde wie im Himmel) und schließlich, national und gesellschaftlich gewendet, auf die Weltmacht des Guten, sprich, des Christlichen. In einem solchen System, also unter dem Gesetz der Furcht und des Zwanges, darf es keine Lücken geben, die Restschuld zurückließen und Gehorsam wie Opfer unnötig machten. Die Väter müssen, als Garanten der Sicherheit wie der Macht, präsent bleiben. Zu allen Zeiten und in allen Fragen haben sie eine erlösende Lösung anzubieten. Dann erleben Christen Heimat, sprechen von der Lust, katholisch zu sein. Ihr Auserwähltendünkel spielt hier die Bescheidenheit und die Demut. Jünger stellten sich, von Gott erwählt, ein für allemal auf die rechte Seite, auf die der Wahrheit; der Rest, die Welt, auf die andere.

Solche Ab- und Ausgrenzungszwänge sind charakteristisch für die Liebe zur Gewalt. Sie bleiben nicht folgenlos. Selbst der zugerichtete allmächtige Gott, gerade er, der Liebende, sieht sich gezwungen, Kriege anzuzetteln, weil seine Vaterliebe beleidigt wurde und er seine Ehre unter den Menschen wiederherzustellen genötigt ist. Dafür kann er, im wörtlichen Sinne, über Leichen gehen. Die bei Jüngern anzutreffende hemmungslose Aggressivität, gepaart mit penetranter Frömmelei, Opferseligkeit und Sendungsbewußtsein, kommt in dem erklärten Willen zum Ausdruck, ständig selbstgerechte Definitionen zu ziehen, Welten und Menschen in Gut und Böse einzuteilen, böse Existenzen durch Berufsverbote zu vernichten, Abweichungen vom guten Glauben scharf zu ahnden und die dauerhaft Irrenden schließlich unbarmherzig dem (jenseitigen) Verderben zu überantworten. Wäre solchen Urteilsfreudigen zur Zeit nicht die Möglichkeit der Folter verwehrt, wüßten wir genau, was wir von ihnen zu erwarten hätten. Diese Vorzeigechristen gelangten in ihrem Denken und Fühlen nie über solche Praxen hinaus. Sie quälen und foltern aus jener Liebe zum Guten, deren kriminelle Konsequenz bekannt ist.

Oder waren es etwa Aufklärer, Querdenker, Ketzer, die Millionen ideologisch, psychisch, physisch vernichteten? Steckte je ein Denkender Scheiterhaufen an, diese »ultima ratio der Theologen«? Wann nahm er seine Zuflucht zu Folter und Tortur, um Wahrheit durchzusetzen? Führte etwa Vernunft einen der vielen Glaubenskriege, die die Religion anzettelte, legitimierte und durchstand? War Toleranz gegen Andersdenkende nicht stets nur bei Denkenden zu Hause, Intoleranz hingegen – bis heute, in Europa und anderswo – bei den vermeintlich reinst Religiösen, fundamental Frömmsten?

Ein Blick in die Gegenwart lehrt zu unterscheiden: Wer verurteilte einen Schriftsteller wegen Gotteslästerung zum Tod? Wer fordert für andere Autoren Schreibverbot, Hausarrest, Gefängnis? Wer zündete das Hotel an, in dem sich Rushdie-Anhänger aufhielten? Wer schoß auf Ärzte, die Schwangerschaftsabbrüche durchführten? Und welcher Oberhirte, welcher Journalist, welcher Kommentator zeigte für all dies Verständnis? Gewalt deckt sich unter den Mantel der Liebe. Der Zweck heiligt – wenn überhaupt, dann in dieser Sinnfrage – die Mittel. Obgleich die Frage nach dem Zusammenhang von Liebe und Gewalt nicht nur das Thema »Folter«, sondern ein Alltagsproblem von höchstem Rang betrifft, wurde sie so gut wie nie systematisch aufgegriffen.

Gewalt stellt keine Ausnahmeerscheinung dar, deren Esoterik sich unschwer enthüllen ließe. Es handelt sich vielmehr um die ganz gewöhnliche Gewalt gegen alle realen oder potentiellen Opfer, die durchweg als die normale vermittelt und verinnerlicht wird. Sie wird von gesellschaftlich legitimierten Trägern der patriarchalen Rolle ausgeübt, die als gängig gilt: von Richtern, Lehrern, Politikern, Militärs, Pfarrern, Polizisten. Auch die Folterknechte dieser Erde zählen sich zu den legitimierten Rollenträgern. Auch sie üben ihre Tätigkeit im Interesse einer Macht aus, die nicht schon ihre ist, sondern die sie beauftragt, heimlich oder von Amts wegen.

Je absoluter sich solche Gewalten setzen, desto stärker von Erosion gefährdet sind sie durch ihre Subjekte (»schwache« Täter) und Objekte (Opfer). Um die Gefahr einer Durchbrechung oder gar Abschaffung des Gewaltsystems möglichst herabzusetzen, bedürfen traditionelle Gewalten des Korrelats »Liebe«. Gewalt und Liebe stehen in einem – bislang so gut wie unerkannten – Wesens- und Funktionszusammenhang: Liebe geht notwendig in Gewalt über, die unter dem Vorwand, stets das Beste zu wollen, ihre erzieherische Macht ausübt, und Gewalt bleibt ohne Liebe (die auch unter dem Phänomen des Hasses erscheinen kann) auf Dauer ineffizient. Gewalt bedarf einer spezifisch zugerichteten Liebe, um sich zu decken und zu schützen.

Diese doppelte Togafunktion der Liebe ist charakteristisch für patriarchale und damit auch christlich legitimierte Gesellschaften. Liebe existiert nicht frei. Sie bleibt sozial wie individuell gewaltdefiniert, gewaltgeordnet, gewaltgerichtet. Was Liebe ist und wie sie handelt, bestimmt nicht sie selbst, sondern die Definitionsmacht, die auf ihre Interessen sieht und, beispielsweise, Mutterliebe so zurichtet, daß aus dieser keine Affenliebe wird, die allein »Muttersöhnchen« produzierte, jene Spezies von Auch-Männern, die in patriarchalen, das heißt kampf- und leistungsbestimmten Gesellschaften schlechthin als Versager, Nicht-Vatersöhne, gelten. Alles ist heute definiert, gerade auch die Liebe, die zur Ideologie ihrer eigenen Abwesenheit gemacht wurde. Hinter der vermeintlichen Durchsichtigkeit der menschlichen Beziehungen, die nichts Undefiniertes mehr zuläßt, meldet sich die nackte Gewalt. Hier hat Folter ihren Ort.

Trügerische Selbsttäuschung, diese Doktrin, die unzählige Varianten eines einzigen Themas aufweist, allein den Reaktionären in Staat, Kirche, Christentum in die Schuhe zu schieben. Sie ist, progressiv oder modern verschleiert, auch bei jenen anzutreffen, die in Theorie und Praxis weite Bögen um ihre fundamentalistischen Mitmenschen und Mitchristen machen und ihre Berührungsängste entsprechend artikulieren.

Folterschule

Niemand kann sich auf Dauer den Einflüssen der Gewaltgesellschaft entziehen. Gerade die christlichen Kirchen und ihre wesentlichen Lehren sind aufs engste mit diesen Vorgaben verbunden. Kein Christentum befreit vom Patriarchat, wie kurzschlüssige feministische Theologie suggeriert. Christliche Religion ist, nicht zuletzt in ihrer Bestätigung einer fraulichen Opferrolle, nichts anderes als der Phänotyp des Patriarchats, eine lupenreine Ausprägung patriarchaler Normen und Handlungsmuster, die es exemplarisch in sich hatte und hat.

Herrschaft und Macht werden grundsätzlich nach althergebrachten, in patriarchalen Gesellschaften und Zwangsverhältnissen erprobten und ideologiebewehrten Kriterien ausgeübt, die sich ihrerseits in religions- und kirchentypische Verstärkungen ausformen: Religiöse Herrschaft und Gewalt wurden lange

Zeit ausschließlich theologisch gerechtfertigt und fixiert. Noch heute muß eine solche Argumentation dazu herhalten, die Herrschaft von Männern über Menschen in der Kirche zu legitimieren. So hält sich, obgleich neuerdings die Geschwisterlichkeit betont wird, die angeblich gottgewollte Schichtung in Klassen (Kleriker – Laien). Besonders im katholischen Raum bildete sich ja schon früh eine geschlossene patriarchale Herrschaftselite. Diese Machtgruppe Klerus gleicht mittlerweile einer Summe der lebenslangen Inhaber von Herrschaftspositionen.

Diese schließen sich bewußt von den allgemeinen Lebensvollzügen aus (»Opferleben« Zölibat), beanspruchen jedoch ein reserviertes Herrschaftswissen über ebendiese (zum Beispiel Ehe). Kirchenvertreter lieben moralisierende, allaussagende, also nach eigenem Anspruch nicht zu falsifizierende Wertungen und Selektionen in gut und schlecht, sündig und rein, profan und religiös. Historisch blieb dies nicht ohne Folgen für die Folter …

Unter Jugendlichen setzen sich gegenteilige Meinungen und Haltungen durch: Ihre Werteprioritäten sind kaum mehr durch die klerikalen Vorgaben beeinflußt oder zu beeinflussen. Der Religionsunterricht rutschte in der Beliebtheit der Fächer auf den vorletzten Platz ab, Bibellesen ist megaout, theologische Begriffe wie »Erlösung« und »Offenbarung« sind in ihrer Bedeutung weitgehend unbekannt. Das Christentum verdunstet. Ein diesseitsorientiertes Weltbild und eine Selbständigkeit des einzelnen, der nur noch glaubt, was zu verifizieren ist, beginnen mächtig zu werden, und die Angebote der Christenoffiziellen begegnen zunehmend dem Desinteresse, Spott, Mitleid.

Die Reaktion der Kirchen? Klappt es von Fall zu Fall nicht mehr so recht mit dem Gehorsam, werden neue Herrschafts-Reize ausgesandt. Sie haben den Zweck, Befolgungs-Reaktionen bei den Beherrschten auszulösen. Unter anderem reichen Kleriker Rechtfertigungen nach, erstellen weitere Feindbilder, schwören die verbliebenen (älteren) Gläubigen erneut auf die Hirten ein und wecken vielfältige Formen der (Schuld-)Angst vor der Unordnung – und allen unordentlichen Personen, Mitchristen, »Heiden«. Herrschaftsfreiheit wird von den kirchlichen Machttechnikern und ihren Medien, aber auch von den (über-)angepaßten Gläubigen als Sinnverlust gedeutet. Die dafür verantwortlich gemachten alternativen Verhältnisse und Personen gelten als prinzipiell eliminierbare Störfaktoren, gegen die Aggressionen mobilisiert werden können – und dürfen. Im religiös abgegrenzten Pferch, in dem Hirten eine Herde betreuen, ist eine Ordnung höchster Wert, die auf Über- und Unterordnung basiert. Von daher gesehen, finden Ansprüche auf Herrschaft und Durchsetzung von Herrschaft noch immer willig konformen Glauben bei jenen machtorientierten und zum »Blick nach oben« bereiten Menschen, die von ihrer Religion und Kirche permanent wirksame Anleitungen zur Weltbewältigung, psychische Verhaltenssicherheit und soziale Stabilität verlangen.

Um solche Vorzüge religiöser Herrschaft zu genießen und Monopolgewinne zu machen, die sie von allen Nichtgläubigen abheben, sind Jünger zu vielen Opfern bereit: Sie lassen Lebensvollzüge von »ihrer« Kirche absorbieren und sich selbst detailliert disziplinieren. Sie akzeptieren die Außenleitung, lassen eigene Bedürfnisse durch die Erwartungen anderer (angeblich berufener) Menschen lenken. Auch verfügen sie über verschiedene Arten der Wahrnehmungsabwehr und geben diese als Glauben aus, verzichten zugunsten einer Fremdbestimmung durch Religionsexperten auf den Selbstand im Denken, Fühlen und Handeln.

Hilfreich, sich im Zusammenhang mit der christlichen Folterbereitschaft an diese Merkmale der Zurichtung zu erinnern. Folterer werden nicht geboren, sondern gemacht. Dazu bedurfte es lange Zeit nicht einmal eigener Folterschulen – wie beispielsweise in Guatemala, wo der Katholizismus Staatsreligion ist. Um potentielle wie aktive Folterer heranzubilden, reichte die gewöhnliche Sozialisation zum gehorsamen Christen aus. Die Folterfähigkeit, die Bereitwilligkeit, Gewalt gegen andere auszuüben, bleibt eine Frage des Gehorsams, der Angst vor irgendwelchen Vorgesetzten und des Glaubens an legitimierte Autoritäten.

Diese Werteväter brauchen nur absolut gehorsame Söhne auszubilden und diesen die entsprechenden Feindbilder vorzuhalten, und schon bekommen die Schreibtischtäter, was sie wollen. Ein Ausbilder der Gegenwart schildert die Gehorsamserziehung der Folterrekruten an konkreten Beispielen: »Am liebsten mochte ich es, sie stundenlang barfüßig auf dem Bettgestänge herumspringen zu lassen. Außerdem hatte ich da so eine große Puppe, wie sie in den Schaufenstern stehen, und ich befahl ihnen, mit ihr zu schlafen. Einmal befahl ich einem Dienstjüngeren, so lange an einem Kugelschreiber zu reiben, bis der seine Tinte ›ejakulierte‹. Er war derart verängstigt, daß er am nächsten Morgen mit einem geschwollenen Finger zum Appell antrat. Er hatte die ganze Nacht an dem Kugelschreiber gerieben. Er dachte, er würde umgebracht, wenn er es nicht schaffte …«

Nicht zufällig wurden auch Diktatoren der jüngsten Vergangenheit den künftigen Folterern als Götter dargestellt, denen ein gleichsam religiöser Gehorsam geschuldet war; nicht ohne Grund beschrieb man ihnen den obersten Chef der Militärpolizei als gütigen Vater. Wer leugnet, ähnliche Kriterien und Vorbilder in christlichen Kirchen anzutreffen, sieht nicht klar. Es gibt einen Zusammenhang zwischen Gehorsam und Grausamkeit, und wer Gehorsam einübt, schließt Gewaltbereitschaft auf: Der Satz »Besonders gehorsam, besonders grausam« ist ein Schlüssel zu den Psychen aller Folterer.

Niemand kommt gehorsam auf die Erde; ein Mensch muß erst zum gläubig Gehorsamen gemacht werden. Dann aber geht alles seinen normalen Weg. Man kann sich geradezu an seine eigene Grausamkeit gewöhnen. Sie erscheint furchtbar alltäglich. Voltaire schildert den Prozeß einer ganz und gar normal wirkenden Gewöhnung: »Der würdige Beamte, der für irgendeinen Betrag das Recht erworben hat, an seinem Nächsten solche (Folter-)Experimente durchzuführen, kann beim Abendessen seiner Frau erzählen, was am Morgen passiert ist. Beim ersten Mal wird Madame entsetzt sein, aber beim zweiten Mal findet sie, weil alle Frauen neugierig sind, schon daran Geschmack, und schließlich wird sie ihn, wenn er in seiner Robe nach Hause kommt, mit den Worten begrüßen: ›Mein kleines Herz, hast du heute niemanden gefoltert?‹«

Offenbar geht die Domestizierung nicht ohne Verluste ab. Je gehorsamsgläubiger ein Mensch ist, je infantiler er sich seinen Glauben einrichtete, je abhängiger er von einem Oben wurde, desto mehr seelische Strukturen gab er auf, ließ er sich brechen. Völlig Abhängige, die wieder zu Kindern (zu Gotteskindern) wurden, verloren sich selbst. Spüren sie dies, verlangen sie nach Erlösung von dem riesigen Druck. Dieses Wiederheil-Werden wird für sie nur möglich, wenn sie bedingungslos erfüllen, was jene befehlen oder predigen, die ihnen als Väter (in der Kirche) gelten.

Freilich kennt die Kirche Methoden, die Gewaltgesellschaft, der sie angehört, zu verschleiern und damit für viele erträglicher zu machen. Heute schlägt sie inmitten der allgemeinen Ratgebergesellschaft den Weg des Zuredens ein. Doch übergreift ihre Predigt die Verhältnisse nicht. Ihre Tröstungen bleiben immanent, zumal jener Gott, der für Trost (Glaube) steht, ziemlich detailgetreu bestimmten patriarchalen Vorgaben nachgebildet wurde. Nicht von ungefähr konnte er jahrhundertelang dazu dienen, Gewalt zu stützen, Folter und Tod nicht ausgenommen, sondern bewußt inbegriffen. Sollen wir ausgerechnet diesen Baum nicht an seinen Früchten erkennen?

Es gibt enge Zusammenhänge zwischen dem Haß auf andere und dem Phantasma der Religion. Diese erhielt – ähnlich wie die Nation, ein weiterer patriarchaler Zentralbegriff – die Funktion einer idealisierten Elternbeziehung. Sie schafft Heimat im Glauben, bietet einen guten, liebenden Vater (oder deren viele: fathers, padres) und sogar eine großherzige, gemütvolle Mutter Kirche. Ein vielhundertjähriger Spruch legt Interessen dar: »Niemand kann Gott zum Vater haben, der die Kirche nicht zur Mutter hat.« Mit Hilfe seiner Magie soll die ständig lauernde Gefahr gebannt sein, Gott gegen Kirche auszuspielen. Was bleibt den Kindern Gottes, als sich in den Schoß der Vaterheimat und Mutterkirche zu flüchten und sich in Glauben, Moral, Ritus aufgehoben, verhaltenssicher zu fühlen? Solche vermeintlich lebensnotwendigen Sicherheitsinstanzen bekommen einen gewaltigen Vertrauensvorrat eingeräumt; da darf ihnen ebenso wie den leiblichen Eltern ruhig mal die Hand ausrutschen. Die erzieherische Gewalt, die sich – in bezug auf Gott und Kirchen – auch Strafen leisten kann, wird von den bravsten Kindern in jedem Fall akzeptiert; man/frau/es fühlen sich zu Hause.

Alles Fremde, oder genauer, als fremd Definierte wirkt auf diesem Hintergrund wie eine stark destabilisierende Kraft. Es hat in den Augen der Gläubigen, Gruppen-Gehorsamen, Geretteten die Tendenz, homogene Glaubensstrukturen zu durchmischen und die erlangte Heimat zu labilisieren. Das Feindbild ist geschaffen. Verständlich, daß Jünger sich gegen diese Macht des anderen zur Wehr setzen. Es gibt in religiösen Systemen durchgestylte Kategorien des Eigenen wie des Fremden, Dominanz und Unterordnung, Höher- und Minderwertiges. Die Ideologie macht auch Menschen der eigenen Religion, also Mitchristen, zu Fremden, Andersartigen, Verseuchten, die den Guten ferner stehen als Eskimos.

Wer, wenn nicht ein Christ, lästerte einen anderen »Verseuchter«, »Verstümmelter«, »Vorläufer des Antichristen«, »Sohn des Teufels«? Waren es nicht Christen, die sich gegenseitig »nur äußerlich Menschen, im Innern aber voll von der Tollwut der Tiere«, »Tiere in Menschengestalt«, »tolle Hunde«, »schlimme Bestien«, »schmutzige Schweine«, »Schlachtvieh für die Hölle« schmähten? Ein erhebendes Schauspiel für die Welt, wenn der eine Kirchenführer den anderen »wildes Tier«, »Drachen und Höllendrachen«, »Bestie der Erde« hieß, auch »Rattenkönig«, »Monstrum«, »stinkender Madensack«, »Papstesel« und »Papstsau«!

Besserte sich etwas? Ist der Grobianismus nur verbal überwunden, die Aggression selbst nicht? Wer sich über das Feindbild heutiger Friedensfürsten informieren lassen will, schaue in die Zeitung: In letzter Zeit setzten Bischöfe mehrfach Nichtglaubende mit Nationalsozialisten gleich. Der Oberhirte J. Meisner beschuldigte am 31. Januar 1991 pauschal alle Nichtgottgläubigen der Friedensunfähigkeit und Kriegshetze. Er kümmerte sich nicht im geringsten um die historische Wahrheit oder um die Achtung vor Andersdenkenden, als er predigte, denen, die die »brüderliche Kommunion« und den Bezug zu Gott vermissen ließen, bleibe allein »menschenverachtender Kannibalismus«. Schließlich wagte er den Satz, nur ein gläubiger Mensch werde auf Dauer »ein friedfertiger Zeitgenosse bleiben«, und fragte: »Wem Gott nicht mehr heilig ist, was soll dem noch heilig sein?« Damit waren Andersdenkende als moralisch minderwertig klassifiziert.

Bischof J. Stimpfle (Augsburg) behauptete, »ohne Hoffnung auf das ewige Leben« sei ein Mensch »schwer verstümmelt«. Der Münchner Kardinal F. Wetter offenbarte, der Ausländerhaß entstamme dem »fehlenden Bezug zu Gott«. Der frühere Kölner Kardinal Höffner hatte Kritiker mit Ratten verglichen, und der bekennende Katholik F. J. Strauß seine Gegner Schmeißfliegen geheißen. Assoziationen drängen sich auf: Kein ordentlicher Christ mag solche Tiere; Schmeißfliegen gehören zertreten, Ratten vergiftet. Ein katholischer Priester aus Alabama rief 1993 in Zeitungsannoncen zur Ermordung von Ärzten auf, die Abtreibungen vornehmen.

Offensichtlich finden sich mitten im Christentum ein Idealbild vom Menschen, dem Ebenbild Gottes, und ebenso zentral ein Antibild vom Menschen, ein Zerrbild der Geschöpflichkeit, das in düstersten Farben gemalt wird und notwendigerweise gelöscht werden muß, psychisch, gesellschaftlich, physisch. Ob sich schon genügend Christen der Tatsache bewußt wurden, daß ihre Religion zur tausendfachen Degradierung menschlicher Würde, zur systematischen Vernichtung anderer Geschöpfe beitrug? Daß Nietzsche auf Gleichlaut und Zusammenhang von Nihilist und Christ verwies?

Das Prinzip ist so christenmenschlich, daß wir ihm immer wieder begegnen: Fremde, andere, Ausgesonderte, einzelne Menschen oder Gruppen von Menschen werden zunächst bewußt herunterdefiniert, als Tiere bezeichnet, als Halb- und Untermenschen klassifiziert, beschimpft, begeifert, bespuckt, bevor sie auch physisch vernichtet werden. Die Opfer sind längst von Predigern des guten Gewissens definitorisch erledigt, bevor Täter Hand an sie legen. Nie fehlt die Erklärung zur Unperson, kein Mensch wird im Vollbesitz seiner Ehre gefoltert oder hingerichtet.

Folter braucht eine Gruppe von Überzeugten, die einen als fremd isolierten Menschen bearbeitet. Freilich bleiben die schuldigen Herren seelenruhig am Schreibtisch sitzen. Sie sind, wenn es zur Sache geht, weit vom Schuß. Schließlich vereinnahmten sie den heuchlerischen Satz »Ecclesia non sitit sanguinem« für ihresgleichen: Die Kirche dürstet nicht nach Blut. Nein, wirklich, blutige Hände weisen sie selten vor. Denn sie tun die Drecksarbeit – Pontius Pilatus machte es vor! – nicht selbst, fassen persönlich nur in Ausnahmefällen zu. Unter solchen Wertevätern ist man vornehm zurückhaltend, hält sich andere, staatliche Vollstrecker. Auf der Vorstandsetage der Kirche läßt man erpressen, quälen, töten. Die erprobte Methode erlaubt es, anschließend für die Seelen der armen Opfer zu beten und sie der Gnade »unseres Gottes« zu empfehlen.

Folter lebt davon, daß »Rollen zugewiesen, Definitionen des Vertrauten und Fremden geliefert werden«. Die Konfrontation findet dort statt, wo es »uns« und »sie« gibt. Die Passion der Grausamkeit findet hier ihre Zielgruppen. Die von ihrer eigenen Erwählung überzeugte römische Kirche bildete nicht von ungefähr niemals eine Widerstandskultur aus, sprach alternativ Lebenden nie Ehre zu. Sollte sie heute ein Mittel kennen, die an

Bürgertischen üblichen Sprüche gegen Fremde zu stoppen und die latenten Emotionen gegen alle aufzufangen, die nicht so sein wollen wie die Anständigen, Normalen? Die Kirche beanspruchte Zeit, um Hoffnung zu zerstören: Vergoß sie seit dem Antritt ihrer Herrschaft nicht mehr unschuldiges Blut als alle politischen Kriege zusammen?

Folter fängt im Kopf an, bei der Definition eines anderen Lebens nach unten. Die christliche Religion war nicht zimperlich, dieses Prinzip umzusetzen und zu konkretisieren. Um eines angeblich höheren Zieles (Interesses) willen zeigten sich Christen bereit, nicht allein Köpfe zu waschen, sondern auch über Leichen zu gehen. Sie brachten es fertig, nicht nur alles fremdartige Denken und Fühlen zu verbieten, sondern auch diejenigen, die sich nicht biegen ließen, zu foltern und zu morden. Zwanzig Jahrhunderte vergeudeten Christen damit, schmachvolle Theorien in die Praxis zu übersetzen. Von oben herab verkündeten ihre Führer: Jetzt sind wir auserwähltes Volk; allen anderen bleiben vorletzte Werte, unfertige Moralen, halbgebildete Gewissen. Doch das einzige, was niemandem zusteht, ist, ein Sieger zu sein. Beweis ist die Nachfolge Christi, ihre Verfressenheit, ihr Verdauungsvermögen. Kirchen werden sich nie mehr zurücknehmen können. Zuzeiten reichte ein Missionsbefehl hin, um Völker von der Erde zu entfernen. War Gott je wert, Kinder zu haben?

Wir könnten die Christgläubigen vernachlässigen. Doch christelndes Denken bedroht nicht allein die Jünger, sondern uns alle. Es wird seine Metastasen nicht los: Antikategorien, die uns gefährden. Oder kennt das Neue Testament den Dialog mit den Gegnern? Sind Christenköpfe und -herzen nicht noch voll von der peinlich inspirierten Häme wider Pharisäer, Juden, Schlangenbrut?

Wer, wenn nicht Christen, führte die Selektion der Menschen in Gute und Böse ein, bereitete »unseres Gottes« Endlösung vor, schied Erlöste von Verdammten? Ich stehe nicht an, Theorie und Praxis der römischen Kirche die eines grundsätzlich totalitären Systems zu nennen. Der Totalitarismusbegriff ist zwar zum einen nicht mehr sonderlich beliebt – er gilt als Relikt des Kalten Krieges –, zum anderen sträuben sich viele noch immer, ihn auf die Kirche zu übertragen; das mittlerweile intensivierte Gerede von Versöhnung und Dialog streut eben Sand. Doch nach allem, was wir wissen, war und ist gerade das katholische Individuum einer omnipotenten Organisation ausgeliefert, mit der es sich, unter der Strafandrohung von Sünde und Heilsverlust, möglichst total identifizieren soll. Angeblich will »Christus selbst« es so und nicht anders. Wer nicht für mich ist, ist gegen mich, und wer nicht mit mir sammelt, der zerstreut (Mt. 12,30).

Auch wenn Christen auffahren: Totalitäre Systeme verlangen die Auslieferung aller. In den absoluten Ansprüchen der einen verstecken sich Wille und Legitimation zum Zugriff auf andere, ja zur Vernichtung anderer. Wer, wenn nicht das System Religion und Kirche, bezeugte dies? Legte christlicher Biedersinn nie Feuer? Zündeten Christen keinen Scheiterhaufen an? Waren in den Folterkellern seit eh und je nur Nichtchristen tätig? Ist das Foltern und Mordbrennen nur ein Popanz einer antiklerikalen Enthüllungsliteratur? Nein, im Christentum geschah alles, was es an Möglichkeiten im Christenmenschen gibt. Eugen Drewermann nennt die Schuld der Theologie unübersehbar groß. Die professionelle Rede von Gott beutete die Angst der Gläubigen vor der Strafe, dem Evangelium ganz treu, zum Erhalt kirchlicher Macht und Verfügungsgewalt bis zur Schamlosigkeit aus. Was wir heute wissen: Das Reden von Gott und Mensch, von Himmel und Hölle, von Lohn und Strafe verändert sich im Kern, sobald die Betrachtungen der Tiefenpsychologie an diese uralten Projektionsformen menschlicher Hoffnungen und Ängste herangeführt werden.

Stellt aber die Hölle dar, »was uns selber verkürzt, verstümmelt, verengt, verformt«, sind bestimmte Menschen unter solch höllischen Bedingungen förmlich dazu gezwungen, sich gegen andere Menschen zu stellen: Die Andersartigkeit, die Weite anderer ist unerträglich. Sie muß diesen Fremden bestritten, aus ihnen herausgefoltert werden. Die Ketzergeschichte ist randvoll mit solchen Untaten der einen Menschen gegen die anderen. »Und willst du nicht mein Bruder sein ...«: Dieser Fremdenhaß blieb erhalten, auch nachdem die christlichen Scheiterhaufen ausgelöscht worden sind – weil sie nicht von allein erloschen!

Ist auch Gleichgültigkeit in einer solchen Religion angelegt? Ohne abschließend urteilen zu können, verweise ich auf die mannigfachen Formen des Heilsegoismus der Gläubigen sowie auf die verschiedenen Jenseitstheorien des Christentums, die auch das karitative Denken in der Kategorie »Rette deine Seele« fördern oder ausschließlich einem gnädigen Gott das aktive Tun in seiner Welt zuschreiben. Doch bleiben diesem Gott gegenüber schwerwiegende Fragen offen: Er soll allmächtig sein. Hilft er deswegen einem kleinen, unschuldigen Wesen, was jeder irdische Vater täte, obgleich er vergleichsweise ohnmächtig ist? »Tiefer als von jeder anderen Regung, tiefer selbst als von meiner Angst«, sagt die Kassandra bei Christa Wolf, »bin ich durchtränkt, geätzt, vergiftet von der Gleichgültigkeit der Außerirdischen gegenüber uns Irdischen. Gescheitert das Wagnis, ihrer Eiseskälte unsere kleine Wärme entgegenzusetzen.« Über ein paar Folgerungen für heutige Christen kann im letzten Kapitel dieses Buches berichtet werden.

Göttern schmeckt Blut

Der christliche Gottesbegriff ist einer der korruptesten Gottesbegriffe, die auf Erden erreicht worden sind.

Friedrich Nietzsche

Das Christentum unterscheidet sich von anderen Religionen durch seine größere Bereitschaft zu Verfolgungen … Die Behauptung, das Christentum habe einen erhebenden Einfluß auf die Moral, kann nur aufrechterhalten werden, wenn man sämtliche historischen Beweise ignoriert oder fälscht.

Bertrand Russell

Eine Liebesgeschichte zuvor.

Ein Mann hatte zwei Söhne. Der jüngere verlangte vom Vater sein Erbteil. Dann packte er, zog los und verpraßte in der Fremde, was er bekommen hatte. Als er alles durchgebracht hatte, kam eine Hungersnot über das Land. Da er nichts mehr zu essen hatte, suchte und fand er Arbeit. Beim Schweinehüten. Gern hätte er sich den Magen mit den Schoten gefüllt, die die Tiere fraßen, doch er bekam sie nicht. Da kam er ins Grübeln: Mein Vater hat zu Hause viele Tagelöhner; die haben satt zu essen. Ich sterbe hier vor Hunger. Da ist es doch besser, ich gehe zurück und sage meinem Vater, ich habe vor Gott und vor ihm gesündigt. Auch bin ich wohl nicht mehr wert, sein Sohn zu heißen. Doch als Tagelöhner wird er mich noch beschäftigen.

So machte er sich auf. Sein Vater sah ihn von weitem kommen, lief auf ihn zu, fiel ihm um den Hals und küßte ihn. Und der Sohn sagte, was er sich vorgenommen hatte. Da ließ sein Vater ihn festlich kleiden, und ein fröhliches Mahl wurde vorbereitet. Mittendrin kam der ältere Sohn von der Arbeit, hörte und sah, daß gefeiert werden sollte, fragte, was los sei. Als er erfuhr, für wen das Fest bestimmt war, wurde er sauer. Doch der Vater redete ihm gut zu. Das half nicht viel. Der ältere Sohn schimpfte: »Ich habe dir viele Jahre gedient, war dir gehorsam, doch nicht ein einziges Mal durfte ich mit meinen Freunden feiern. Jetzt aber, nachdem mein Bruder sein Hurerleben aufgegeben hat, feierst du ihn!« Der Vater antwortete: »Schau, du bist immer bei mir. Alles, was mein ist, ist dein. Jetzt aber müssen wir einfach feiern. Dein Bruder war tot und ist wieder lebendig. Er war verloren – und ist wieder da.«

Die Predigt nennt diese Erzählung vom verlorenen Sohn (Lk. 15,11–32) seit einiger Zeit gern das Gleichnis vom barmherzigen Vater. Dementsprechend wird es gefeiert. Ich halte es für eine zentrale Stelle der Christenbibel wie der patriarchalen Literatur; aus ihm lassen sich höchst interessante Grundzüge des Christentums ableiten. Die evangelische Theologin Jutta Voss weist auf bestimmte Sachverhalte hin. Was die mittlerweile von ihrer Kirche gemaßregelte Frau unter der Decke dieser Rede hervorzog? Im Gleichnis werden Schweine genannt. Der Verlorene hat sie, da draußen, weit weg vom Vaterhaus, zu betreuen. Sie sind, zumindest in der damaligen Empfindung, Inbegriff des Verachtenswerten.

Sich mit Schweinen, den Tiersymbolen für das von den angeblichen Hochreligionen verachtete Heidentum, befassen zu müssen, gar ihr Essen teilen zu wollen, das ist in den patriarchalen Religionen Judentum, Christentum und Islam ein menschenunwürdiger Status. Er muß, um des wahren Menschseins willen, überwunden werden, der Sohn muß zurück. »Jesus«, dem diese Erzählung von seinen Jüngern in den Mund gelegt wird, weiß, worauf es ankommt. Und das Christentum ist charakterisiert durch solchermaßen beschriebene und in Millionen Menschen wiederholte Vater-Sohn-Prozesse.

Die Hauptaussage der Erzählung wird zumeist auf der Ebene moralischer Schuld und Reue interpretiert. Doch in diesem Gleichnis verbirgt sich ein entscheidenderer Sachverhalt: Es zeigt, wie der Gott beschaffen ist, dessen beste Söhne zu Folterern werden mußten. Dieser Gott übt selbst Gewalt.

Der ältere Sohn im Gleichnis argumentiert genau so, wie es die meisten Menschen täten. Er fordert schlicht die Rechte der Guten ein, zumal er ebenso wie sein Vater über das Treiben des Jüngsten in der Fremde informiert ist. Dann verstummt er. »Jesus« läßt den sonst Gehorsamen, der sich vom Vater auch diesmal überreden ließ, einfach stehen, bricht die Erzählung ab. Nach Meinung des Evangeliums ist alles Wichtige gesagt. Ob der Ältere aber von der Beweisführung seines Vaters überzeugt ist? Ob er die angesagte Festfreude gar nicht teilen kann? Den so aufdringlich gefeierten Bruder erst recht haßt? Rache gegen den reuigen Rückkehrer plant?

Das Evangelium klinkt sich da aus, wo die Geschichte des Übergangenen spannend werden könnte. War die Zukunft dieser Vater-Sohn-Sohn-Beziehung derart vernachlässigenswert? Oder birgt sie größte Gefahren, die nicht mit Vaterliebe allein beseitigt werden können? Braucht auch sie Gewalt? Mir erscheint sie typisch patriarchal, von Vaterwerten bestimmt. Ich wundere mich nicht, daß diese Musterbeziehung ohne Mutter auskommt.

Der »Jesus« der Jünger zieht keine Konsequenzen. Er interessiert sich nicht für den guten ersten Sohn, zumal auch der zweite wieder zu den Guten zählt. Das Resultat: ein guter Vater, zwei liebe Söhne. Was will der Heiland mehr? Er läßt Hörerinnen und Hörer bei der Festlichkeit verharren: Der Jubel über die barmherzige Zuwendung des Vaters, die Freude über die Reue des Verlorenen, die Genugtuung über dessen Rettung im Vaterhaus, die Vernachlässigung des älteren Sohnes überwuchern das Weiterdenken. Und das Nachforschen, In-den-Text-Hineinkriechen.

Für Predigt und Religionsunterricht mag das genügen. Gewiß sind Vater und Sohn wieder vereint. Darauf kommt es dem patriarchalen Erzähler an. Schon zu Beginn waren Sohn und Vater miteinander verschmolzen, eins im väterlichen Geistbereich, im Dunstkreis des Vaterhauses, das der Vaterhimmel ist. Da herrschen Wohlstand, Ordnung, Friede. Da könnte die Geschichte bereits zu Ende sein. Nun muckt aber ein Sohn auf. Vielleicht war ihm sein Vaterhaus einfach zu gut und zu langweilig. Jedenfalls macht er sich davon, um zu sich selbst zu finden und selbständig zu werden Er will sich aus der gewohnten Vaterherrlichkeit befreien. Dafür muß er die Trennung vollziehen. Und das Erbe nimmt er gleich mit. Das bedeutet, daß er nicht mehr zur Vaterfamilie gehören will. Er zieht einen Schlußstrich. Das können wir nachvollziehen. Sich vom Vater zu lösen ist durchaus keine moralische Schuld. Lösung bedeutet die Entwicklungsschuld derer, die eigenständig werden wollen und müssen. Von daher gesehen, wäre es ein existentielles Versagen, nicht zu gehen, alles beim alten zu belassen.

Überzeugt kindliche Gläubige sehen dies notwendigerweise anders. Für sie ist Aufgabe des Vaterhauses gleichbedeutend mit Lösung von einer übermächtigen Orientierungshilfe, vom Über-Ich. Abschied vom Vater zu nehmen beinhaltet den Verzicht auf Verhaltenssicherheit, ohne die sie nicht leben und überleben zu können glauben. Trennung vom Vater heißt Enterbung, Verlust der Kindschaft, Abbruch der Vater-Sohn-Reihe, schlimmste Enttäuschung für den zurückbleibenden Vaterherrn.

Die immer eindringlicher moralisierende Geschichte paßt Jüngern nicht zufällig so gut ins Konzept: Der verlorene Sohn wendet sich voller Lust der Welt zu, fühlt sich in der Fremde, weitab vom sicheren Vaterhaus und -willen, pudelwohl. Und fällt, in moralinsaurer Konsequenz, voll in den Schmutz. Sich mit Dirnen einzulassen, unsittlich zu leben, väterliches Vermögen zu verprassen, einen »Lebenswandel« zu führen, das kann nur ein schlimmes Ende nehmen: das Dasein unter Schweinen. Sexuelle Unmoral und ein Leben mit Fremden werden für solche Christen eins. Gut, mögen sie denken, daß unser »Jesus« gerade solche Vergleiche anbietet, obgleich seinem Gleichnis gewiß auch andere Beispiele zur Verfügung gestanden hätten. Gut, daß der verlorene Sohn sein Geld mit schlimmen Frauen vertat; man weiß ja …

Tiefer gedeutet stellt das Leben des jüngeren Sohnes kein bloß moralisch anzugehendes, als sexuell verwertlich zu beurteilendes Versagen dar. Der junge Mann lernt nur, was alle erfuhren, die sich mit der Welt einlassen. Eigenständigkeit und Selbstand werden nicht im Schoß des Vaterhauses erlernt, sondern draußen, wo einem der Wind um die Ohren bläst, wo Fehler zu machen Bereicherung des Menschseins bringt, wo Lust erleben auch Last erfahren heißt. Doch der Sohn im Gleichnis erträgt das Menschen-Leben nicht. Er will auf Dauer nichts mit seiner Eigenständigkeit anfangen. Er wendet sich von Frauen und Schweinen zugleich ab. Er erinnert sich an die frühere Symbiose und drängt zurück zum Vater. Anstatt die Lösung durchzuhalten und ein Mensch zu werden, geht er zurück zum Anfang, ist entschlossen, wieder Kind zu werden. Die Tatsache, daß der Menschenfreund »Jesus« eigens eine Hungerkatastrophe einführen muß, um diese Wandlung herbeizuführen, kennzeichnet das Gleichnis nochmals zur Genüge; der Rückgriff auf patriarchal besetzte Begriffe wie »Fremde« und »Schweine« ebenso.

Zunächst beherrscht den Verlorenen und aus Hunger Reumütigen sogar die Phantasie, daß es mit dem Sohn-Sein nicht so einfach klappen könnte, sondern daß er sich als künftiger Tagelöhner des Vaters wieder ins Paradies der Kindheit einarbeiten müßte. Daher zeigt er sich bereit, sich als Sünder zu präsentieren. Er tut alles, um akzeptiert zu werden. Einen autonomen Weg zu gehen riskiert er nicht mehr. Dieser Sohn bleibt Sohn; das reicht ihm (und den Jüngern) offensichtlich. Er macht sich dafür zum Knecht des Vaterwillens. Kein Zufall, daß gerade »Jesus« dieses Sohnesgleichnis erzählt. Er selbst fließt ja in den Evangelien über von seitenlangen gehorsamen Bekundungen des eigenen Sohn-Seins. Er will nichts anderes, als den Willen des Vaters tun (Mt. 6,10; 7,21; 26,42; Lk. 22,42; Jo. 4,34; 5,30). Er sieht peinlich genau auf die Ehre seines Gottes, und die ihm nachfolgen wollen, übernehmen bereitwillig diese Vorgaben. Diese bringen ihnen auf Erden Sicherheit und da drüben, wo der Vater alles zu bestimmen hat, den Lohn, den sie für gerecht halten. Ihr »Jesus« selbst versprach ihnen dies (Mt. 7,21).

Im Gleichnis setzt bald das sogenannte christliche Wunder ein. Der Vater läuft dem verloren Geglaubten entgegen, fließt von Barmherzigkeit über, vergibt scheinbar bedingungslos, freut sich wie noch nie. Christen jubeln gewohnheitsmäßig mit. Sie wissen, warum. Sie denken, so werde es bestimmt auch ihnen ergehen, wenn sie sich reuig zeigen. Sie fühlen sogar, daß es ihnen schon so oder ähnlich erging. Kein Grund zur Freude? Auf diesen Gott ist Verlaß. Der Allmächtige hat offenbar ein Faible für verlorene Söhne und Töchter; er reagiert immer und prompt auf die winzigsten Anzeichen kindlichen Gehorsams. Das macht ihn Jüngern sympathisch.

Das Wunder ist gar keines. Dieser Vater, Gleichnis für Gott, handelt bis ins Detail so, wie ihn seine Schöpfer in ihren Regelkreisen reagieren lassen wollen. Patriarchen handeln immer so; ihr Gott macht keine Ausnahme. Sie verlangen von ihren Söhnen Reue und Rückkehr. Ohne Vorleistungen des Sohnesgehorsams kennen sie kein Erbarmen. Daher ist noch immer keine einzige Stelle im Evangelium amtsbekannt geworden, an der das Gegenteil festzumachen wäre: Gottes sogenannte Sünderliebe verschenkt sich niemals an Menschen, die bis zuletzt reuelos blieben. Wie barmherzig der Vater im Gleichnis wirklich ist? Wie human er sich verhält? Wie vorbildlich für Christen und andere Menschen? Er ist zwar gut informiert über das Los seines Jüngsten, doch kommt er nicht auf die Idee, dem Sohn nachzugehen. Er versucht nicht einmal, die Motive des in die Fremde Gegangenen zu verstehen, geschweige denn anzuerkennen. Er nimmt das fremde Leben des Sohnes überhaupt nicht ernst. Die Not des Jüngsten zu teilen fällt ihm nicht im Schlaf ein. Er sitzt einfach da, lebt sein Vaterleben, wartet ab. Er hat nämlich einen Trumpf im Ärmel und wird ihn ausspielen, wenn die Zeit gekommen ist. Der Sohn, der auszog, ein Mann zu werden, wird es zu spüren bekommen.

Kaum kriecht der Sohn zurück, macht der Gleichnis-Vater es sich ein weiteres Mal auffällig einfach. Er strengt sich noch immer nicht an. Er beutet die auch diesem Sohn anerzogenen Schuldgefühle förmlich aus, setzt sich – völlig unerwachsen, ganz und gar nicht souverän – damit auseinander und vereinnahmt den Jüngsten aufs neue. Nun hat er ihn wieder, seinen legitimen Sohn. Der Erbe bleibt künftig gewiß zu Hause. Es ist zu befürchten, daß es weitergehen wird, wie der Vater von

Anfang an plante. Denn der einzige Ausreißversuch, den ein Kind riskierte, ist in den Augen der Guten, der Daheimgebliebenen gescheitert. Wer im Vaterhaus sitzen blieb, kann das Leben dieses Sohnes in der Fremde fortan als bloße Episode deuten. Christen machen regen Gebrauch von dieser Möglichkeit.

Dahinter versteckt sich eine besondere Häme. Das Fest im Vaterhaus ist nur Verbrämung der schäbigen Tatsachen. Es bleibt an der polierten Oberfläche der Vatergewalt. Anstatt den erfahrener gewordenen Sohn weiter zur Freiheit zu befähigen und ihn entsprechend zu fördern, deckt ein Vater dessen erfolgreiche wie erfolglose Entwicklung mit bedingungsloser »Liebe« zu. Er verfolgt dabei höchsteigene Interessen: Er macht den anderen zum ewigen Kind, weil er nur sein Bestes will. Diese Adoption gelingt ihm auch, gegenüber einem – durch Hunger! – widerstandslos Gewordenen. Not lehrt bekanntlich am besten zurückkriechen, sich aufgeben und beten.

Wir können zwischen den Zeilen lesen, was »Jesus« nicht erwähnt. Die Moral von der patriarchalen Geschicht' wird überdeutlich. Der Vater mag dem Zurückgekehrten – wohl schon beim Fest – einreden: Siehst du, so geht es allen, die nicht brav sind, nicht beim Vater bleiben wollen. Die wollen sich mit schlechten Frauen einlassen, dafür müssen sie eben hungern, sich mit Schweinen abgeben, ihre Sohn-Identität aufgeben, schließlich heimlaufen. Ein zweites Mal wagst du, mein lieber Sohn, diesen Schritt nicht, du bist endgültig bekehrt, du bleibst für immer zu Hause. Du wirst sogar allen, die weglaufen wollen, deine Urerfahrung predigen: Fremde ist Elend. Sie bringt nur Unglück, und die Fremden sind nie deine wahren Väter.

Die Bestimmung des Fremdseins und der anderen steht einmal mehr fest: Draußen im Elend, wie altes Deutsch konsequent die Fremde umschreibt, finden sich eigentlich nur die (gerade auch sexuell) Gefährlichen, die Katastrophalen. Zu Hause aber, wo die Gehorsamen sitzen, feiert es sich leicht. Da wird das Mastkalb geschlachtet, da herrschen eitel Wonne und Sonnenschein. Alles in allem ein schreckliches Gleichnis. Gäbe es nicht noch unmenschlichere Erzählungen im Evangelium, hieße ich es den Tiefpunkt der Gottesreden »Jesu«.

Wie lange wird es dauern, bis die Hörer solcher Vaterworte ihre Folgerungen ziehen? Sich gegen Fremde nicht nur abschotten, sondern aggressiv zur Wehr setzen? Die lockende Gefahr des Draußen beseitigen? Feste nur noch für Eigene versprechen? Schließlich, ganz folgerichtig, Feste aus Anlaß der Vernichtung anderer feiern? Lustvoll Scheiterhaufen anzünden? Mit Freuden foltern? Blut fließen sehen wollen? Die Geschichte des Christentums kennt für jede Frage die grausame Antwort.

Erprobteste Stütze des Despotismus

Wir werden sehen, wie unmenschlich sich das im Gleichnis vom verlorenen Sohn angelegte christlich patriarchale Gottesprinzip konkretisieren läßt, wie nahe es der Folter steht. Auf manche mag diese Rede von Gott anstößig wirken. Dieser Effekt ist beabsichtigt. Bücher, die ihren Namen verdienen, machen die Leser ehrlich. Sie bleiben nicht an der Oberfläche, erschöpfen sich nicht in salbungsvoll nichtssagenden Worten, locken die versteckte Liebe und den subtilen Haß der Leser hervor. Wer sich ärgert, sollte die Schultheologie und deren in der Tat skandalöse Inhalte näher betrachten. Es genügt nicht, sich mit dem Status quo einer Religion zufriedenzugeben und Theologen einfach weiterpredigen zu lassen, die ihren Brotberuf in der Kirche haben. Christen müssen sich schon die Mühe machen, ihren Vor-Denkern auf den Schreibtisch zu sehen. Vielleicht entdecken sie, wieviel Aggression sich da unter frommen Sprüchen verbirgt.

Die hohe Theologie? Ich bin weit davon entfernt, gegen den Glauben als solchen, gegen die subjektiven menschlichen Elemente und Gründe einer Religion zu kämpfen, sagt Ludwig Feuerbach. Denn die Philosophie hat dies gar nicht zum Gegenstand; es liegt außerhalb ihres Gebietes. Das Denken ringt mit den Glaubenstheorien, mit dem Glauben, der bereits durch die Köpfe und Hände der Gottesgelehrten ging. Immerhin hebt die Gotteswissenschaft, so man sie gewähren läßt, die folgenden Tatsachen über ihren Gegenstand, wenn auch in den gesetztesten Worten, in den Rang einer Offenbarung. Diese trieft vom Salböl der Friedlichkeit und ist im innersten aggressiv. Es handelt sich um »fließende Freundlichkeiten, die mit permanenten Bösartigkeiten gespickt sind«. Basis für Folter ...

Einmal mehr sind nicht Randgebiete der Religion betroffen. Wer der Kirchenkritik vorwirft, sie beschäftige sich mit medienwirksamen Nebenthemen, kann sich mühelos eines Besseren belehren lassen. Zwar sind Hinweise auf die Verbrechensgeschichte der Kirchen oder auf deren Umgang mit unser aller Geld nicht zweitrangig; nicht zufällig lösen sie heftige Reaktionen bei den Betroffenen aus. Doch treffen Aussagen über Gott bei vielen Menschen auf noch tiefere Schichten. Das kann auf einem simplen Denkfehler beruhen. Denn es ist falsch, Gottes-Reden nur individualistisch verstehen zu wollen. Sie bleiben nicht im stillen Kämmerlein des Zwiegesprächs der Seele mit ihrem Schöpfer. Welches Bild von Gott auch immer ein Land, ein Volk, einen Staat mitbestimmt, es hat gesellschaftliche, politische, finanzielle Konsequenzen. Gott ist eine eminent öffentliche Erscheinung. Nicht nur die Heilsbedürfnisse einzelner, auch Kirchengeschichte und Kirchengeld bleiben auf die jeweilige Figuration Gottes ausgerichtet: Je nachdem, wie ein Gott geschaffen ist und gepredigt wird, bestimmt er Geschichte und Finanzgebaren der Seinen und vieler anderer Menschen. Kein Zufall, daß das Problem sorgsam umgangen wird. Die Immunisierungsstrategien sind erprobt.

Hier besteht Nachholbedarf. Heraus also, heraus mit den Resultaten der Bibel-, Dogmen- und Religionskritik, ans Tageslicht mit den Ergebnissen der Jesus-Forschung! Sollen denn noch immer jene, die glauben oder wenigstens zu glauben versuchen, von denen gegängelt werden, die es nicht mehr tun? Muß tiefe Nacht über den Köpfen und Herzen der Menschen liegen, damit jemand auf die Idee kommt, in einer solchen Religion, bei einem solchen Gott, bei diesem »Jesus« den Weg, die Wahrheit und das Leben zu erkennen?

Kirchenjurist Steffen Heitmann sagte 1993 während seiner Kampagne als Kandidat für das Amt des Bundespräsidenten: »Wir müssen uns bewußt werden, daß alles, was auf dieser Welt geschieht, seinen Sinn nur erlangt aus der Transzendierung der Wirklichkeit.«

Fragen wir nach. Welche Transzendenz, wenn nicht Gott selbst, sollte heute in Frage stehen? Warum scheuen sich Christen, die ihren Gott relativ unbefragt in der Verfassung der EU verankern möchten, das heiße Eisen anzufassen? Auch andere zeigen starke Berührungsängste: Es gibt eine ziemlich zahlreiche Schar ehrlicher Menschen, die zu vernünftig sind, einzelne Dogmen ernst zu nehmen, und sie praktisch verwerfen. Doch sind sie nicht entschlossen genug, die Christenlehre ganz abzutun. Zwar geben sie viele spezielle Unstimmigkeiten preis und halten Unsinn, den ihnen Theologen als Tiefsinn verkaufen, schon längst nicht mehr für den Sinn ihres Lebens. Sie weisen bestimmte Aussagen der Bibel wie die Wundererzählungen zurück, doch klammern sie sich bewußt oder unbewußt an das Hauptwunder, das Quelle, Erklärung, Legitimation alles anderen sein soll, an die Existenz Gottes? Ich meine, hier müßte weiter ausgeholt werden. Wer über die Folterpraxis von Christen spricht, kommt an deren Gott nicht vorbei.

Zunächst einmal: Alle Gottesbeweise der Geistesgeschichte sind gescheitert. Es ist allerdings auch nicht zu beweisen, daß es keinen Gott gibt. Doch die Theologie hatte zweitausend Jahre Zeit, Belege für ihre Auffassung vorzulegen. Sie schaffte es nicht. Kann der belegbare Mißerfolg nicht auch damit erklärt werden, daß es keinen Gott gibt? Doch wir leben in einem Land, in dem einer scheel angeschaut, wenn auch nicht mehr strafrechtlich verfolgt oder gefoltert wird, der einen Gott nicht akzeptiert, den ihm niemand bewies.

Die Eigenschaften Gottes, so es ihn gibt, sind durchweg unbekannt. Auch die christliche Offenbarung hat keine Lösung. Ein Hauptproblem »Gottes« und seiner Stellvertreter auf Erden bleibt die Frage nach dem Bösen in der Welt. Es ist eine Frage nach den »göttlichen Eigenschaften« Liebe und Gewalt. Noch ist es keiner Theologie gelungen, zum einen Gottes Güte und zum anderen die Übel der Welt hinreichend zu erklären. Das Problem selbst erkannte bereits der griechische Philosoph Epikur, lange bevor es Christen gab: Will Gott das Böse nicht beseitigen, ist er nicht gut. Kann er es nicht, ist er nicht allmächtig. Und Friedrich Hebbel zieht die persönliche Konsequenz: »Ich glaube nicht an einen guten Hausvater über den Sternen, der, zu ohnmächtig, die Wunden seiner lieben Kinder zu verhüten, doch allmächtig genug ist, sie alle zu heilen ...«

Ein ohnmächtiger Gott? Schauen wir in die Geschichte der

Kirchen, fällt diese Schwäche stark ins Gewicht. Wir Christen ziehen in den Krieg, hauen, stechen, würgen, kennen und üben alle Finessen der Folter – und unser Gott schweigt zu diesen Gewissenstaten, während Prediger sie reuelos rechtfertigen. Christinnen aber verbinden die Wunden, pflegen die Verletzten. Diese Tätigkeit wird schließlich von denselben Predigern, die ihre gerechten Kriege ausriefen, als Muster christlicher Nächstenliebe gerühmt: ein doppelmoralisches Rollenspiel. Die beste aller Welten? Straßenkinder werden von bezahlten Killerbanden abgeknallt, um das Image eines katholischen Landes in Südamerika zu heben, bettelnde Jugendliche suchen Zuflucht bei Schnüffelstoffen, um diese gottgeschaffene Welt möglichst schnell und anhaltend zu vergessen. Gewalt, Krankheit und Tod sind die Attribute des dreifaltigen Gottes auf den Straßen des Subkontinents.

Das Schreien und Weinen der Unschuldigen, ein zentrales Thema jeder Beschäftigung mit Leid und Folter: »Mein Gott, mein Gott, warum hast du uns verlassen?« Die Beschwichtigung der Theologen: »Ich bin gekommen, daß sie das Leben haben und es in Fülle haben.« Kamen Kirchen und Theologen nicht eher, daß sie selbst Frieden und gutes Leben, und beides in Fülle, haben? Heilsgeschichte unentwegt mit heiler Geschichte verwechseln, in gewalttätiger Schamlosigkeit jedes Konfliktgespräch mit Gott abwiegeln? Wer keine Hand gegen Gott erhebt, wird auch für ihn keine heben. Wo finden sich Kirchenleute, denen im Angesicht des ungerechten und unschuldigen Leidens auf der Welt erst einmal die Luft wegbleibt, bevor sie schon wieder zu predigen beginnen, Formeln herbeten, Worthülsen gebrauchen, Kreuz und Auferstehung als Patentlösung für jedwedes Leiden mißbrauchen, verkünden, die Wege Gottes blieben eben oft im verborgenen?

Der Kläger Hiob tut im Alten Testament, wovor heutige Theologen und Exegeten stets zurückschrecken: Er beschuldigt Gott selbst, Ursache des ungerechten und unschuldigen Leidens zu sein und darüber ebenso zu schweigen wie über die Folgen. Das Wort über die Zustände Gottes und der Menschen bleibt unversöhnt; gerade der liebe Gott macht diese Welt nicht mehr heil. »Nackt übernachten sie, der Kleidung bar; selbst in der Kälte fehlt ihnen die Decke. Vom Regenguß der Berge triefen sie und schmiegen ohne Schutz sich an die Felsen. Man raubt das Feld der Waisen und nimmt als Pfand vom Armen selbst den Mantel. Halbtote rufen aus der Stadt empor, die Seele der Mißhandelten schreit auf. Doch Gott bleibt stumm auf ihre Klage« (Hiob 24,7–12).

Alles Leid der Menschen, der Tiere und Pflanzen, das wirklich zu beseitigen ist (weil es von Menschen, Christen, Kirchen verantwortet wird), muß von den Menschen selbst angegangen werden. Unsereins sollte das Bessere nicht vom Tod und dem angeblichen Leben nach diesem erwarten, sondern von sich selbst. Dies war der Antike noch bewußt: Ihre Menschen fürchteten den Tod weit weniger als die Menschen des christlichen Abendlandes – weil sie lebten, während den Christen das Leben mit seinen Sinnen aberzogen wurde. Da der Wandel des Christenmenschen im Himmel sein sollte (Phi. 3,20), blieb für die Erde wenig übrig. Irdisches Leid ist für viele Christen weithin unerheblich; sie sehen nicht recht ein, weshalb sie sich im Jammertal engagieren sollen. »Daran erkennen wir geschwind, / wie jämmerlich sie selber sind.«

Lebendige Menschen sollten nicht den Tod aus der Welt schaffen wollen, sondern die Übel, die aufzuheben sind, die Leiden, die in der Faulheit, Gleichgültigkeit, Unwissenheit der Menschen ihren Grund haben. Sie sind die schrecklichsten.

Auch in Sachen Folter allein auf Gottes Hilfe zu warten macht Menschen individuell wie sozial ebenso gleichgültig wie die Doktrin, Gottes Wille sei hier am Werk. Allaussagen sind heute ideologieverdächtig; niemand kann sie ernsthaft prüfen. Es ist auch nicht gerade logisch, von einem irdischen Jammertal auf ein himmlisches Wohlergehen zu schließen. Wird da nicht Gerechtigkeit manipuliert, in ein jenseitiges Nichts abgeschoben statt hier und heute eingefordert?

Das Gottesproblem bleibt. Was wir zur Genüge kennenlernen durften, ist der uns von Christen vorgesetzte einschlägige »Gott«. Dessen Verteidiger schwatzen sich immer tiefer ins Verderben hinein, je mehr sie predigen und irgendeine Auch-Philosophie treiben lassen. Denn die Wesensart dieses »Gottes« ist äußerst schwer zu verstehen. Sie ist ein Labyrinth von Widersprüchen. Damit steht sie der Deutung einer interessengelenkten Theologie offen; das bekommt ihr nicht. Theologen schieben immer wieder beiseite, was ihnen gerade nicht ins Kalkül paßt, lassen sich nicht festlegen. Wer überprüfbar wissenschaftliche Auskünfte von ihnen verlangt, greift ins Schwammige, Sumpfige, Unverbindliche. Wirkliche, das heißt positiven wie negativen Urteilen unterworfene Aussagen sind bei Verbalakrobaten Mangelware; feige Ausweichungen nicht.

Da wir den eigenen Tod noch nicht sahen, sind wir dem Geschwätz von Besserwissern, Propheten, Kanzelrednern ausgesetzt. Falls wir uns nicht wehren. Was sollen wir von Leerworten wie »Unsterblichkeit«, »Jenseits«, »Seele« halten, wenn sie nur dem Glauben aufgebürdet werden? Sollen wir an das glauben, was Theologen in diese Begriffe legen? Sind nicht die den an sich hohlen Worten amtlich zugelegten Inhalte wenig anderes als Folterinstrumente, Systeme von Grausamkeiten, mit deren Hilfe Priester Herren wurden, Herren blieben? Männer

Herrschaft über Menschen erlangten, rechtfertigten, behielten? Und den jämmerlichen Zustand Kirche noch, wie Münchens Kardinal Wetter, eine Christokratie nannten?

Wer außer einem purpurnen Kirchenfürsten vermag sich eigentlich den historischen Jesus als einen Herrscher vorzustellen, in dessen Reich Gewissen gefoltert, Menschen geängstigt werden, Menschenrechte so wenig gelten wie Menschenwürde, dagegen Gelder, Immobilien, Privilegien obenan stehen? Gottesherrschaft? Reich Christi? Erniedrigte eine Kaste, unfähig, die Materie zu vernichten, nicht die edelsten Genüsse, würdigte Menschen und deren Gefühl, Empfindung, Denkanstrengung herab, machte Sinne heucheln, erfand Sünden- und Schuldgefühle? Festigte sie nicht eine Religion, »in deren ersten Dogmen eine Verdammnis allen Fleisches enthalten ist und die dem Geiste nicht bloß eine Obermacht über das Fleisch zugesteht, sondern auch dieses abtöten will«? Schuf sie nicht einen Gott, der selbst die unschuldigste Sinnenfreude, unser unveräußerliches Erbteil, in die Nähe einer Sünden- und Straftat rückte? Einen Gott, der strikt auf Ehre und Gehorsam sah und damit »die erprobteste Stütze des Despotismus« (H. Heine) wurde?

Starker Tobak? Ich spreche in bezug auf die Jünger zurückhaltend, nicht nach Art des Thomas von Aquino, der seine Gegner »verpestete Menschen« nannte und ihre Ausmerzung aus der menschlichen Gesellschaft forderte. Ich behandle auch den christlichen Gott mit Distanz, nicht wie der Kirchenlehrer Augustinus, der »unseren Gott« voller Haß gegen die »Ungeheuer aller Arten von Göttern«, die »gotteslästerlichen Kulte«, »das Göttergesindel« der sogenannten Heiden abhob. Dieser Bischof eiferte, höhnte, heizte die Zerstörungswut der Seinen an, sah in allem Nichtchristlichen nur Greuel, schreckte vor bewußten Verzerrungen nicht zurück, erlaubte sich gegenüber den Gegnern buchstäblich alles, die Verfälschung von Zitaten nicht ausgenommen. Wie sagte der antike Philosoph Plutarch? Ihm wäre es lieber, wenn man annähme, es habe ihn nie gegeben, als wenn man glaubte, er sei ungerecht, jähzornig, wankelmütig, mißgünstig, rachsüchtig gewesen. Auf den Christengott übertragen: Was Jünger aus ihm machten, beleidigt ihn mehr als jeder Atheismus. Besser für ihn, alle glaubten, es habe ihn nie gegeben, als daß sie annehmen müssen, er sei so, wie Apostel, Theologen, Päpste ihn sich schufen. Der Gott der Denk- und Gewissensfolterer kennt von Fall zu Fall »abstrakte gutherzige Moralregeln, die mit Worten, und konkrete höllische, die mit Taten bezeugt werden«. Das ist praktisch: Die Seinen richten sich's nach Belieben, sagen nicht, worum es im konkreten Fall geht, drehen und winden sich exegetisch, dogmatisch, moralisch, wo es sich lohnt. Ihre Rede, gerade die vermeintlich progressive, ist alles andere als ja, ja und nein, nein. Wie mag ein Glaube beschaffen sein, der aus schiefen Mäulern fällt?

Wer außer den Verbohrtesten kann sich unter diesen Umständen am grundehrlichen Nietzsche stoßen? »Was ehemals bloß krank war, heute ward es unanständig – es ist unanständig, heute Christ zu sein. Und hier beginnt mein Ekel. – Ich sehe mich um: es ist kein Wort von dem mehr übriggeblieben, was ehemals ›Wahrheit‹ hieß, wir halten es nicht mehr aus, wenn ein Priester das Wort ›Wahrheit‹ auch nur in den Mund nimmt. Selbst bei dem bescheidensten Anspruch auf Rechtschaffenheit muß man heute wissen, daß ein Theologe, ein Priester, ein Papst mit jedem Satz, den er spricht, nicht nur irrt, sondern lügt – daß es ihm nicht mehr freisteht, aus ›Unschuld‹, aus ›Unwissenheit‹ zu lügen.«

Theologen müssen klare Evidenz für rabenschwarze Nacht, Beweise für unbegründete oder fehlerhaft begründete Voraussetzungen, die einfache Wahrheit für dialektische Spiegelfechterei, die unvermeidliche Notwendigkeit für ein Hirngespinst ansehen und erklären. Machten sie es anders, gäben sie sich auf. Woher aber, fragt sich Friedrich Hebbel, mag es kommen, daß alles, was auf Erden je bedeutend war, über das Christentum (gleich abschätzig) dachte wie ich? In jeder Religion ist der religiöse Mensch die Ausnahme.

Waren es die geringsten Geister, die das Christentum »eine Lüge«, »die Religion der unanständigen Leute« nannten, den Papst »den besten Schauspieler«? Oder waren es die Großen der Weltliteratur, die schrieben, »der Katholizismus verteidigte stets den Diebstahl, den Raub, die Gewalttat und den Mord« und in der Regel müsse »jeder katholische Priester zu einem Scheusal« werden, zumal seinesgleichen »von Natur aus schwächlich, heuchlerisch und feige« sei? Wer nannte die Klöster »Behältnisse des Wahns«, voll von Aberglauben und Unduldsamkeit? Wer attestierte dem Christentum Jahrhunderte voller »Schurkereien und Schwachsinnigkeiten«, hieß es einen »Wahn«, »der die ganze Welt bestach«, den »einen unsterblichen Schandfleck«, das »Blatterngift der Menschheit«? Wer schalt das heiligste Blutsymbol der Christenheit, das Kreuz, widerlich »wie Gift und Schlange«, das »Widerwärtigste unter der Sonne«? Wer erklärte Begriffe wie »Gott«, »Heiland«, »Erlöser«, »Heiliger« zu »Schimpfworten«, zu »Verbrecher-Abzeichen«, die Religion zur »universellen Zwangsneurose«? Wer schrieb: »Tief im Herzen veracht ich die Rotte der Herren und Pfaffen«?

Waren es unvernünftige Literaten, zu Recht Vergessene? Nein. So urteilten Bayle, Voltaire, Friedrich der Große, Helvétius, Goethe, Schiller, Heine, Hebbel, Hölderlin, Nietzsche, Freud. Ich nehme mir die Freiheit, sie zu zitieren; das wird im Land der Dichter und Denker erlaubt sein. Den Jüngern mögen die großen Autoren als vernachlässigenswerte Kleingeister erscheinen, und Studienräte können solche Worte ihrer Klassiker vor den Schülern verstecken. Doch viele andere lasen und zogen Konsequenzen: Nicht zufällig kümmert sich, was Rang und Namen in Literatur und Kunst hat, heute nicht mehr um die Sinnfragen der Christen. Sie sind schlicht, mit möglichst großer Schonung, beiseite geschoben.

Um so verbissener predigen Priester ihr Gottesreich: Das christliche Mäxchen behält nicht umsonst seine anerzogene, tiefsitzende Angst vor der Freiheit; es glaubt, seine Denk- und Gehhilfen nicht wegwerfen zu können. Wenn ihm auch Papst und Kirche mehr und mehr zur Last fallen, seinen lieben Gott läßt es sich nicht nehmen. Schon das geringste Anzeichen von Gottlosigkeit, was immer das sei, löst bei ihm Abwehrreaktionen aus. Seine letzte Devise ist noch auf allen Märkten feil: »Gott, ja – Kirche, nein.« Gott? Antike Gottesvorstellungen waren so frei, sich keinen eigentlichen Schöpfer-Gott auszudenken. So tief sanken sie nie; ihr Instinkt bewahrte sie vor einer so krassen Vermenschlichung – genauer: vor einer Einbindung in patriarchale Technikmodelle. Angesichts einer Schöpfung, in der alle Starken fressen und alle Schwacheren gefressen werden (ich meine nicht die Tiere!), »liegt die Vermutung nahe, daß auch der Urheber frißt«.

Allein Annahme und Begriff der Schöpfung bedeuten Denkverbote. Sie desavouieren menschliche Wissenschaft; deshalb werden sie von Theologen geschätzt. Sie ersetzen den Begriffs-Albinos den Mangel neuzeitlicher Theorie. Dasselbe gilt vom Schöpfer, von Gott, einem Begriff, der unterschiedslos alles und damit nichts erklärt. Gott ist »eine faustgrobe Antwort, eine Undelikatesse gegen uns Denker – und im Grunde sogar bloß ein faustgrobes Verbot an uns: ihr sollt nicht denken!«

Christokraten sagen, wenn sie nicht mehr weiterwissen, es gebe Dinge, die über unsere Vernunft hinausgehen. Diese Auskunft kann uns allerdings nicht veranlassen, ihren jeweiligen Unsinn zu glauben. Sie gleichen einem Mann, der dem im dunklen Wald Verirrten rät, auch noch seine kleine Kerze auszublasen, damit er sich besser zurechtfinde. Und einmal angenommen, ein Schöpfer schenke seinen Menschen Vernunft, verlange aber schleunigst wieder deren Opferung, so ist er nur ein Taschenspieler, der das, was er vorzeigte, wieder verschwinden läßt.

Wer wüßte besser als diejenigen, die zu denken gewohnt sind, daß es vieles gibt, was wir nicht verstehen? Doch alles, was der Vernunft widerstreitet, alles, was offensichtlich gegen sie verstößt, sollten wir mutig verwerfen. Angst vor konsequentem Denken? Viele Menschen wären in der Welt ziemlich ruhig, wenn sie einigermaßen sicher davon ausgehen könnten, daß sie von keinem Jenseits etwas zu befürchten haben. Der Gedanke, daß es keinen Gott gibt, erschreckt nur jene, die daran glauben müssen, daß jener Gott existiert, den ihnen eine Kirche gab.

Je unerklärlicher, unzugänglicher der christliche Gott bleibt, je weniger seine Existenz bewiesen ist, desto besser läßt er sich im Alltagsgeschäft der Seinen nutzen. An dieser Christokratie änderte sich buchstäblich nichts. Die Religionskritik hat daher noch nicht ausgedient. Ihre Motive, Gegenstände und Inhalte sind keine alten Hüte, wie ihnen die Diener einer Religion vorwerfen, die ihrerseits nicht modernsten Chic verkauft. Kein denkender Mensch wird von sich sagen, er allein besitze die ausschlaggebenden Argumente. Im Gegenteil: Unsere Kritik freute sich, auf aufrichtige Gegnerschaft und klare Widerlegung zu treffen. Den Vorwurf, wir haßten, aus welchen Gründen auch immer, Kirche und Christentum, nehmen wir freundlich entgegen: Menschen, die von ihrer Religion zum Haß auf das jeweils andere und die fremden Andersdenkenden erzogen wurden, können keine Kategorien als die ihren kennen. Sie schließen von sich auf andere – und treffen überall auf Haß, nur nicht bei sich selbst. Ich kann sie beruhigen: Wer denken lernte, haßt nicht mehr. Vernunft bedurfte noch nie des Erleuchtungsmittels Scheiterhaufen.

Wiederholt unsereins nur abgelegte, widerlegte Themen des letzten Jahrhunderts? Oder richtet sich der Vorwurf gegen die, welche ihn erheben? Ich ziehe jedenfalls in bezug auf das neunzehnte Jahrhundert die noch immer lebendigen Argumente der Schopenhauer, Heine, Nietzsche der todbringenden Praxis der Päpste vor. Immerhin hinterließ Gregor XVI. († 1846) viele Todesurteile und zweitausend politische Gefangene, und der dogmenstarre Pius IX. (seine Seligsprechung ist geplant) zeichnet verantwortlich für die Toten, die 1870 der Verteidigung seines Kirchenstaates zum Opfer fielen. Schon vergessen? Nie gehört?

Vor vierhundert Jahren schrieb ein bald darauf erlegter, gefolterter, hingerichteter Ketzer: »Was nützt euch Forschern alles Studium, / … Nicht kümmert heilges Eseltum sich drum; / Es beugt die Knie, es faltet fromm die Hände, / Erwartet, daß der Herr ihm Segen spende; / Denn höher als Vernunft ist jener Frieden, / Der frommen Seelen nach dem Tod beschieden! / Vergänglich ist, was man auch treibt hienieden!« Inzwischen änderte sich einiges, auf seiten der Forschung zumindest, wenn auch nicht am heiligen Eseltum. Und die Argumente abendländischer Religionskritik sind so jung wie eh und je und noch keineswegs widerlegt. Diese Kritik muß nach wie vor die Menschen informieren, ihnen aber auch »den Mut des Geistes einflößen«, damit Schmerz und Todesfurcht nicht doch noch über die stärksten und stichhaltigsten Gründe siegen. Kritik sollte »das dunkle Wesen der Religion mit der Fackel der Vernunft beleuchten, damit der Mensch endlich aufhöre, eine Beute, ein Spielball aller jener menschenfeindlichen Mächte zu sein, die sich von jeher, die sich noch heute des Dunkels der Religion zur Unterdrückung des Menschen bedienen«.

Und Gewissen, Köpfe, Körper foltern.

Etymologisch ist die Erklärung des Begriffs »Folter«, die Isidor von Sevilla († 636) vorlegte, zwar nicht zu halten, doch trifft der Kirchenmann einen wesentlichen Inhalt: »Folter«, lateinisch »tormentum«, soll von »torquens mentem« kommen, von der Wendung und Drehung des Geistes, denn »durch das Leiden des Leibes wird der Geist … herumgedreht«. Was anderes, was mehr soll bezweckt werden? Auch Bezüge der französischen Sprache sprechen für sich: Neben dem Wort »la question« (Frage, peinliche Befragung) stehen da frühe Begriffe wie »gehine« oder »gene«. Sie verweisen auf »Gehenna« (Unterwelt, Hölle). Sollten da tiefere Schichten freigelegt werden?

Das religiöse Urbedürfnis »unser Gott«

»Ich glaube an Gott, den allmächtigen Vater, Schöpfer des Himmels und der Erde.« So gewaltig hebt das Apostolische Glaubensbekenntnis an, ein uralter Jünger-Text, der noch immer Tag um Tag gesprochen wird. Auch beginnt jede Meßfeier in der größten organisierten Religionsgemeinschaft der Welt, der römisch-katholischen Kirche, damit, daß zu einem Gott gebetet wird, der Herr und allmächtig ist. Die erste Bitte an ihn ist die um Erbarmen. Er soll »unsere Sünden nachlassen« und »uns zum ewigen Leben führen«

Die Vokabeln »Allmacht«, »Schöpfertum«, »Herrschaft« und

»Vaterschaft« sind entlehnt; sie nehmen patriarchale Vorgaben auf. Um so eher sind sie verdächtig, einem Urbedürfnis aller Patriarchen nach Verankerung, Stabilisierung und Rechtfertigung eines gewaltigen Gottherrn zu entstammen, der kein anderer sein darf als der »unsere«. Das Wir-Gefühl solcher Jünger wurde zum heiligen Text. Ohne ihn können sie nicht beten, glauben, leben. Sie sagen: Er erwählte uns, er braucht unseren Gehorsam, er will unser Opfer. Er gehört zu uns, er gehört uns. Du mein lieber Gott! Kein Wunder, daß »unser Gott« ein einziger Gott ist, ein Gott, der sich ziemlich gewalttätig gegen alle Mitbewerber durchsetzte. Er muß von Definition wegen ein Alleinherrscher sein, seiner Natur nach ein eifersüchtiger Gott, der keinem zweiten das Leben gönnt. Eine monotheistische Religion ist unduldsam und aggressiv. Nicht aus Zufall bietet nur sie in ihren verschiedenen Erscheinungsformen das schreckliche Schauspiel der Bilderstürmer, Religionskrieger, Kreuzzügler, Ketzerverfolger, Hexenverbrenner. Dies ist in ihr angelegt. Es ist nur eine Frage der Zeit, wann die Anlage durchbricht, nur eine Frage der Macht, welche Mittel sie für ihre Zwecke heiligt. Auch von daher gesehen, ist es grob fahrlässig, pauschal eine religiöse Anlage der Menschen zu behaupten. Wenn überhaupt, dann ist diese nicht auf irgendeinen Gott gerichtet, sondern auf einen bestimmten, auf »unseren«. Folgerichtig wendet sie sich immer gegen einen fremden Gott – eben auf den oder die, die nicht »unser« sind.

Zwei Wahrheiten wollen Menschen, obgleich sie sie erahnen, im allgemeinen gar nicht annehmen: die, daß sie nichts wissen, und die, daß sie nichts bedeuten. Um beiden Wahrheiten zu entgehen, schufen die Gerissensten unter ihnen sich einen Gott. Dieser vermittelt ihnen ein Wissen, das sich in verläßlich geglaubten Sätzen, Gebeten, Riten niederschlägt. Und er läßt sie das Gefühl genießen, das ihresgleichen so nötig braucht: Sie sind, zumindest vor seinem Gericht, doch noch bedeutend. Falls sie sich ihm gegenüber gehorsam verhalten, steigert sich ihre Bedeutung gar noch ins Ewige. Nicht Gott ist gefragt, nicht er ist wichtig. Erwünscht ist »unser Gott«, ausschlaggebend mein Bedürfnis als Jünger. Christen nehmen auf religiösem Terrain ihr verheißenes Land in Besitz: Ein genehmer Gott ist definiert, ein Gott erfunden, der Ansprüche erfüllt. Dieser Gott muß allmächtig sein, um jede Angst zu besiegen. Er muß klassifiziert mächtig sein, um bestimmte Menschen mehr als andere an sich zu binden. Der kleine Unterschied, den Jünger lieben, auch hier.

Und die Liebe sowieso. Denn »wie ein Vater seine Kinder liebt, so liebt der Herr, die ihn fürchten« (Ps. 103,13). Es sieht – im Gegensatz zu vielen Predigtversuchen – nicht so aus, als handle es sich hier auf beiden Seiten um die lautere Liebe. Dafür verknüpfen die biblischen Texte viel zu oft Elemente von Herrschaft und von Furcht vor Herrschaft mit Vaterliebe. Gottes Gewalt bleibt beherrschend: »Weh dem, der mit seinem Schöpfer rechtet, er, eine Scherbe unter irdenen Scherben. Sagt denn der Ton zum Töpfer: Was machst du? Weh dem, der zum Vater sagt: Weshalb hast du mich gezeugt?« (Jes. 45 f.). Zeugung ist doch Erwählung, sagen die echten Söhne. Von Töchtern ist im patriarchalen Zusammenhang kaum die Rede.

Wagt die auserwählte Gruppe den Ungehorsam, klagt der enttäuschte Vater. Und er muß strafen. Denn wen der Herr liebt, den haut er, wie ein Vater seinen Sohn, wenn er diesen gern hat (Spr. 3,12). Strafe ist Ausdruck wahrer Liebe. Das patriarchale Axiom wird sich – da kennen Christen kein Pardon – in der Geschichte dieser Religion bewähren. Gott will es so. »Unser Gott«. Sein Wille geschehe, sein Reich komme ... Eine Erinnerung an einen Zentraltext der christlichen Überlieferung, Jesus aus Galiläa selbst soll die Seinen ein Gebet gelehrt haben. Es war den damaligen Formen der Volksfrömmigkeit angeglichen, doch gilt es noch immer als das Gebet der Jünger schlechthin: das Vaterunser (Mt. 6,9–13). Heute wollen es manche in ein »Mutterunser« umformulieren. Der Vorschlag geht am Wesen des Textes vorbei. Vater muß Vater bleiben, weil das ganze Gebet einer der reinsten Ausflüsse patriarchalen Denkens ist. Eingehende Untersuchungen zum Verhältnis von patriarchaler Gewalt und Liebe im Vaterunser liegen allerdings noch nicht vor. Doch ist schon jetzt zu erkennen, wie häufig sich der Text mit den tradierten Herrschaftsfloskeln aufputzt, während Worte der Liebe relativ selten gebraucht werden.

Zumindest fällt auf, daß davon die Rede ist, »unser Vater« (Gruppenbindung von Vater und echten Söhnen, Jüngern) sei im Himmel (also oben), sein Name werde geheiligt (aufs höchste erhoben), sein Reich (Territorium, Landnahme) komme, sein Wille geschehe (Jünger-Gehorsam). Selbst die Bitten um das tägliche Brot, um die Vergebung von Schuld, um die Bewahrung vor Versuchung und um die Erlösung vom Bösen weisen nicht unbedingt auf Liebesbezeigungen hin. In erster Linie beweisen sie die Ausübung von Herrschaftsgewalt, die folgerichtig aus Liebe geschehen kann – oder auch nicht. Geschähe sie von vornherein, unbedingt, bedingungslos, bedürfte sie keiner einzigen Bitte, keines Gebetes, keines Vaterunsers.

Sage mir, zu wem und wie du betest, und ich sage dir, wer du bist. Glaubensbekenntnisse verlangen nach Interpretation: Wer so allwissend, allmächtig, alliebend wie der biblische Gott und gute Hausvater festlegt, was in jedem Fall das Beste für die Seinen ist oder sein wird, hält alle Gewalt in Händen. Er ist auch unter dieser Perspektive der einzig allmächtige Herr und

Gott. Vater, dein Wille geschehe! Wer nur den lieben Gott läßt walten ....

Solche Feigheit gegen die Liebe zu sich selbst hält das Gewissen als Strafwerkzeug intakt. Der Sicherheitsbedürftige wird mit seiner Biographie nur fertig, wenn er diese einem Vater und Richter aufbürdet und sein Ich dessen Liebe anvertraut – und wenn er schließlich, wie historisch nachzuweisen, Andersdenkende und Andersgläubige verfolgt, foltert, tötet. Der Vater-Gott, den Jünger Ehrgeiz seinen Bedürfnissen anpaßte, stellt in der ihm zugeschriebenen Perfektion eine unvollkommene Kreatur dar. Ihrer Moral fehlt jeder Abstand zu der ihrer Väter. Auch Gott wird von den Seinen gefoltert; diese machen gerade bei ihm keine Ausnahme.

Der Vater-Gott, »unser Gott«, belohnt, wie am eigenen Sohn und am verlorenen des Gleichnisses exemplarisch vorgeführt, stets die Leistung, die ihn schuf: die siegreiche Tüchtigkeit, die Reueleistung der als gut Definierten. Wer aber durch Nichtleistung auffiel, wer diesen Gott wieder abschaffen will, gehört bestraft. Er bleibt in den Kreisen der patriarchalen Gottesdenker ein Fremder. Von oben herab dekretieren die Jünger: Das nichtchristliche Wertebewußtsein ist gestört; selbst die humanistischen Grundwerte, die rein innerweltlich und vernunftbegründet sind, gelten allenfalls als schlechte Kopien christlicher Werte.

Dem Fremden und den von ihm vertretenen Werten sind seit jeher das durch nichts begründete Überlegenheitsgefühl und der gut begründete Haß der Christen sicher. Christliche Nächstenliebe dagegen hat Schonzeit. Es ist ein Kreuz mit ihr: Wenn sie wirklich gebraucht wird, wenn sie sich tatkräftig beweisen sollte, versagt sie. Der Satz »Liebet eure Feinde« (Mt. 5,44) bezieht sich in der Praxis noch nicht einmal auf persönliche Gegner. Die öffentlichen Feinde, die Feinde Gottes, die Feinde des Glaubens und der Religion, die Gegner des Christentums hatten noch nie die Ehre, das Wort auf sich bezogen zu sehen. Es ist nur eingeschränkt oder gar nicht praktisch gültig.

Auch andere Werte gelten nichts, über die sich Kleriker in Fensterpredigten auslassen. Niemand mehr wird zum Beispiel nach den miesen Erfahrungen mit der Christenheit annehmen, beleidigte Christen segneten ihre Beleidiger, beteten für ihre Verfolger (Mt. 5,44), hielten wenigstens die zweite Wange hin (Mt. 5,39). Nein, Christen sind verläßlich bibeluntreu: Sie schlagen zurück. Wo nur bleibt die angeblich übernatürliche Ausrichtung, wenn schlagende und verfolgende Christen zur Unterstützung ihres Hasses sogar Polizeigewalt und Henkersknechte benötigen? Wenn sie Bücher beschlagnahmen und verbrennen, die Autoren verfolgen und vernichten lassen? Die Liste derer, die mörderischen Haß für ihre Schriften ernteten und zum Teil auch von den Bütteln eines christlichen Staats verfolgt wurden, ist ja ellenlang. Schriftsteller der Weltliteratur wie Balzac, Descartes, Diderot, Dumas, Flaubert, Helvétius, Hobbes, Hugo, Kant, Lessing, Montaigne, Montesquieu, Pascal, Proudhon, Rousseau, Saint Simon, Spinoza, Stendhal, Voltaire, Zola fanden sich auf dem *Index der verbotenen Bücher* wieder; Katholiken durften nicht einmal lesen, was Europas beste Köpfe gedacht hatten.

Findet sich ein einziges ähnlich schändliches Verbot, das Denkende im umgekehrten Fall gegen christliche Schriften gefordert oder erlassen hätten? Verbrannten Montaigne, Voltaire, Rousseau je einen Christen? Folterten Kant, Lessing, Heine ihre Kritiker? Hetzten Bayle, Hobbes, Darwin zum Pogrom? Gingen Schopenhauer, Feuerbach, Nietzsche mit der Polizei gegen Bischöfe vor?

Gewiß darf jeder Mensch glauben, was ihm guttut. Menschen können unverdrossen ihre Illusionen pflegen, auch an ihre Unsterblichkeit glauben, an ihren Himmel, ihre Hölle. Nur dürfen sie diesen Glauben nicht von anderen fordern, geschweige denn diese wegen ihres vermeintlichen Unglaubens diffamieren und verfolgen. Wo aber ist die Gewalt zu Hause? Köpfen das Denken zu verbieten, Gehirne zu waschen, Psychen zu verstören, Körper zu belasten bleibt eine Spezialität der gottgläubigsten, kleingläubigsten, gewalttätigsten Jüngerschaft. Diffamierung wie Verfolgung der Andersdenkenden sind überall Monopole der Geistlichkeit. Andere Menschen sind frei von der einschlägigen Angst um »unseren Gott«. Auch von daher gesehen, ist diese Religion grundsätzlich geschlagen, in der Idee getötet. Sie lebt nur noch »ein mechanisches Leben, wie eine Fliege, der man den Kopf abgeschnitten und die es gar nicht zu merken scheint und noch immer wohlgemut umherfliegt. Wieviel Jahrhunderte die große Fliege, der Katholizismus, noch im Bauche hat, weiß ich nicht«, sagt Heine, »aber es ist von ihm gar nicht mehr die Rede.«

Der Jünger-Gott macht die Gewalt der Welt keineswegs überflüssig; er bedient sich ihrer. So wenig erhebt sich seine Allmacht über ihre Schöpfer. Wer das Neue Testament als geschichtlichen Fortschritt ansieht, wer sich von ihm gar die Erlösung aus den Gewalten der Welt erhofft, täuscht sich. Die Bösen, die Christen anderswo ausmachen und nicht bei sich selbst, mochten diesen Guten hin und wieder Schätze, Ehre, Freiheit rauben. Doch gingen den Christen damit Werte verloren? Oder bloß irdische Güter, die den Christen, nach der Bergpredigt (Mt. 6,19 ff.), eigentlich nichts wert sein sollen, im Vergleich mit dem himmlischen Lohn? Weshalb wehren sie sich so verbissen gegen jedes tatsächliche oder vermeintliche Un-

Anheftung an das Kreuz

Das Neue Testament spricht nicht nur vom »Tod Jesu«, sondern erzählt, durch verstärkte Details legendarisch ausgeschmückt, von seiner Hinrichtung. Das muß seinen Sinn haben.

Albrecht Dürer »Die Anheftung Christi ans Kreuz«, 1495 (Ausschnitt)

Das Kreuz und seine Staffage

Augenzeugen fehlten, und Wunschglaube setzte sich durch. Auch das berühmteste Bild gibt nicht die Kreuzigung Jesu wieder. Ein Mensch, hinfällig, gescheitert, wird durch den Sohn »unseres Gottes« ersetzt. Von ihm erhoffen Jünger Heil und Sieg.
Mathis Gothart Grünewald »Isenheimer Altar«, 1513/15 (Mitteltafel)

Dornenkrönung Christi

Die – historisch umstrittene – Folter Jesu wurde in der christlichen Kunst grausam gezeichnet, erreichte jedoch kaum die realen Martern, die die Opfer der Christen erdulden mußten.
Tizian »Dornenkrönung«, um 1543 (Ausschnitt)

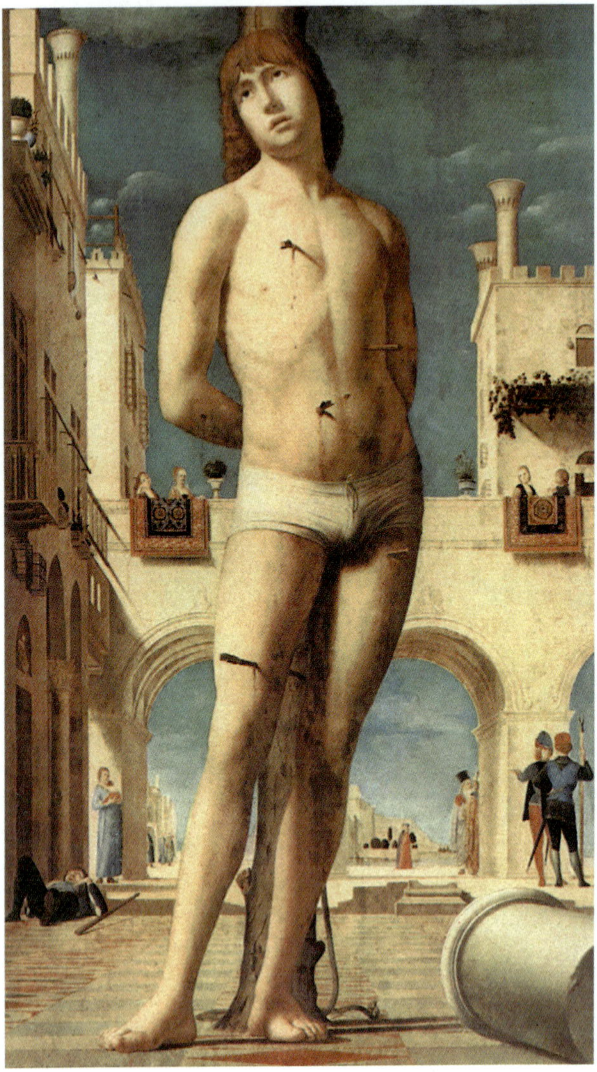

Der schöne Jüngling

Auch bei den häufigen Darstellungen des heiligen Sebastian ist kaum zwischen der Wirklichkeit und der Lust zu unterscheiden, Voyeure zu bedienen.

Antonello da Messina »Hl. Sebastian«, 1476

Jüngstes Gericht

Die Phantasie der Frommen ersann schaurigste Bilder von den Martern, die nach Gottes Verheißung auf alle Unbußfertigen warteten – und die die Freude der Seligen steigern sollten.
Hieronymus Bosch »Das Jüngste Gericht« (Ausschnitt aus der Mitteltafel)

Christenmission
Unvorstellbare Grausamkeiten kennzeichnen die Eroberung Lateinamerikas für den »wahren Glauben«. Die Tradition der Gewalt ist gerade hier noch immer nicht gebrochen.
Abbildung aus »Historia de los Indios« des spanischen Chronisten Diego de Durán, um 1580

Darstellung der Strafen
Selbst das Denken auf Abweichungen hin zu kontrollieren und Geständnisse hervorzulocken, ist Ziel derer, die sich für gut halten. Dabei ist den staats- und kirchentragenden Autoritäten kein Mittel zu unmenschlich. Abbildung aus Johann Schöffer »Laienspiegel«, um 1508

recht, das ihren Kirchen geschieht? Warum rufen sie nach Bütteln, wenn ihresgleichen ein Haar gekrümmt wird? Weshalb sieht eine beleidigte Kirche auf die Wahrung des Religionsfriedens und verlangt das Eingreifen des Staatsanwalts? Warum fordern Christen für sich so gern die nicht von ihnen erkämpften Menschenrechte ein? Weshalb verlangen sie gar jene Toleranz, die sie selbst, als sie noch gesellschaftsmächtig waren, kaum je zu üben bereit waren? Weswegen vertrauen sie nicht einfach der Gerechtigkeit ihres Gottes? Soll diese auf jene Fälle beschränkt sein, in denen Nichtchristen betroffen sind und hauptamtliche Christen – wie der Stellvertreterpapst Pius XII. in Sachen Endlösung – beredt schweigen?

Heine: »Am widerwärtigsten aber ist der Hochmut der Priester, wenn sie für die Dienste, die sie dem Staate zu leisten glauben, auch auf dessen Unterstützung rechnen dürfen, wenn sie für die geistige Fessel, die sie ihm, um die Völker zu binden, geliehen haben, auch über seine Bajonette verfügen können. Die Religion kann nie schlimmer sinken, als wenn sie solchermaßen zur Staatsreligion erhoben wird; es geht ihr dann gleichsam ihre innere Unschuld verloren, und sie wird so öffentlich stolz wie eine deklarierte Mätresse.« Dieser Stolz hatte bekanntlich seine Folterfolgen.

In diesen Zusammenhang hinein gehört auch die Bemühung, den Hinweis auf Gott, den das Grundgesetz enthält, zu erhalten und jene, die aus theologischen oder nichttheologischen Gründen die Präambel gottfrei gestalten möchten, auffällig militant anzugehen. Warum können die Befürworter des Gottbezugs nicht argumentieren wie andere auch? Weshalb fallen ihnen im Dialog mit anderen Vokabeln wie »Angriff« ein? Sind Denken, Fühlen und Handeln von Christen doch noch prinzipiell aggressiv? Ist Helmut Kohl, der glaubt, ein Land ohne Gott habe prinzipiell keine Zukunft, allein wegen dieser Intoleranz gegen fremdes Denken und Handeln und seiner hanebüchenen Unkenntnis christlicher Gottesstaats-Geschichte ein guter Christ?

Christen verschieben die Heilung vom Bösen, von Folter und Mord, die doch in der Geschichte erlitten werden und auf Erden bekämpft werden müssen, in ein vom Glauben eingerichtetes Jenseits. Das entlastet sie ungemein – und macht die Hände frei, doch nicht zum Beten allein. Der Hohenstauferkaiser Friedrich II. erließ 1232 ein wahrscheinlich von der päpstlichen Kurie vorformuliertes Reichsgesetz gegen die Ketzer, die »Schlangensöhne des Unglaubens«. Darin beruft er sich auf das unter Christen sichere Wissen, daß »Gott ein eifriger Gott ist, der die Sünden der Väter gewaltig heimsucht«. Aus dieser Jünger-Wahrheit leitet er die Rechtfertigung grausamer Verfolgung und Sippenhaft ab: Die Strafe des Vermögenseinzuges und des Ausschlusses von allen weltlichen Ämtern und Ehren trifft, im Namen »unseres Gottes«, nicht nur die Ketzer und deren Schützer, Begünstiger und Schirmherren selbst, sondern auch deren Nachkommen, »auf daß sie in Erinnerung an das Verbrechen des Vaters in dauernder Trauer dahinschwinden«.

Christenwelten sind hier wie drüben säuberlich aufgeteilt und besenrein gefegt. Nur so scheint sich das Christsein inmitten der »gewissen Aristokratie der Frommen« zu lohnen, die der dezidierte Nichtchrist Goethe verspottete. So spricht christlicher Heilsegoismus mit seinem Gott: »Daß die Welt einmal aufhört und Gott wieder Alles in Allem ist, dagegen haben die Theologen gar nichts; nur eine Bedingung stellen sie: sie müssen dann auch noch dabei sein, um die ungetrübte Herrlichkeit Gottes mit zu genießen.«

Der christliche Jünger-Glaube und sein Genuß sind ihrem

Wesen nach intolerant. Stets ist mit ihnen der Wahn verbunden, ihre Sache sei die Sache Gottes, »unseres starken Gottes«. Viele Christen wissen nur zu gut, was sie wollen. Die anderen wissen vergleichsweise nichts. Sie müssen sich wundern und fragen: »Wie? Nur Nächstenmoral soll ich üben? Nur meinesgleichen soll ich lieben? Nicht die Sonne? nicht die Tiere? nicht Blumen und Kräuter? nicht Bewohner unbekannter Welten und bessere Gestirne? Es scheint mir, daß bei euch im Abendlande der Mensch aus dem Leben heraus- und der Natur gegenübergetreten ist. Denn immer handelt es sich um eure Not, eure Sehnsucht, eure Erlösung.«

Der christliche Gott ist arm dran. »Unser Gott« hat so viel Pech mit den Seinen und deren Heilsmassenanstalt (Max Weber), daß ich schon Mitleid mit dem Sterbenden verspüre. Verdiente er, was Christen ihm antaten? Nicht nur, daß seine angeblich eigenen Worte nur von Fall zu Fall theologische und amtskirchliche Geltung erlangten: Das eindeutige Verbot des Schwörens und des Drumherumredens (Mt. 5,34–37) ist bei den späteren Jüngern ebenso außer Kraft gesetzt wie das Gebot, niemanden auf Erden Vater (Heiliger Vater?) zu nennen (Mt. 23,9). Der Allmächtige vermag sich nicht einmal im eigenen Haus Achtung zu verschaffen. Selbst sein Versuch, Liebe einzuführen, sich als allgemeiner Weltbeglücker, als Philanthrop zu geben, ist gescheitert.

Nicht nur, daß andere Gottesworte zwar theoretisch anerkannt, doch praktisch – von seinen Stellvertretern zuerst! – mißachtet wurden: Die hochgelobte Bergpredigt zum Beispiel teilt dieses Schicksal. Nicht nur, daß andere seiner Worte so gewaltigen Gehorsam fanden, daß Millionen Menschen darüber starben: Beispielsweise ist das Wort »Sein Blut komme über uns und unsere Kinder!« aus der vermutlichen Passion Jesu

(Mt. 27,25) mitverantwortlich für den schlimmsten Christenmord an Juden. Dieser mitleiderregende Gott ist selbst geschaffen als ein Wesen, das die Seinen liebt, vorausgesetzt, sie gehorchen ihm. Ein Gott, der mit der Hölle droht und den Himmel zusagt, je nachdem, ob seiner Liebe geglaubt wird oder nicht. Was nur kann einem Gott daran liegen, seine Geschöpfe (Söhne, Kinder, Jünger) ausgestreckt vor sich liegen zu sehen? Sich ausgerechnet von Untertanen geliebt zu wissen? Seine Freude am Unterwerfen als Entsprechung zum Despotentum der Epoche gedeutet zu sehen, die ihn schuf?

Ein Vater-Gott, der verlorene Söhne liebt, wenn sie zu ihm zurückgekrochen kommen, kennt die große Geste gegen Reuelose ebensowenig, wie dies kleinbürgerliche Väter gegenüber ihren Kindern schaffen. Ein Gott ohne Stolz und Würde? Nehmt ihm Himmel und Hölle, und er steht nackt, ohne Menschen: So habt ihr Jünger ihn zugerichtet, genauso schuf ihn eure verdammte Sehnsucht nach Erlösung. Wer hat den Mut, von seinem Gott Liebesgesten zu fordern, die einmal von der bourgeois-patriarchalen Regel abweichen? Die Tugenden dieses Christengottes blieben, wie sie Patriarchen wollten. Als solche bewährten sie sich auch und gerade in Folter und Tod. Sie erwiesen sich auch ohne besondere Liebesgesten als verwendungsfähig. Noch immer bestimmen sie das Leben von Millionen, die sich »unserem Gott«, der nicht schon ihrer ist, nicht entzogen.

Das Christentum beruht auf dem schönen Schein der Gebote. Es lehrt, wenn auch von Früheren übernommen und nicht gerade originell, Nächstenliebe und Feindesliebe, verbietet unter anderem Lüge, Diebstahl, Ehebruch, Mord. Nicht wenige seiner Gläubigen, Priester, Oberhirten sind allerdings seit jeher so klug, sich praktisch an keine dieser Lehren zu halten. Wir werden uns noch wundern, wie mörderisch das Doppelprinzip wirkt. Die wohlfeile Berufung auf eine Kirche der Sünder aber ist gegen ihre Opfer zynisch; sie nimmt die Täter theologisch in Schutz.

Ich wäre blind, nähme ich die Christen in Vergangenheit und Gegenwart nicht wahr, die gut sind und Gutes tun. Gewiß gibt es in der christlichen wie in jeder Religion Menschen, die Achtung verdienen. Solche mit dem Christentum oder gar mit einer Kirche zu verwechseln, ist gefährlich, die eine Seite gegen die andere aufzurechnen, unzulässig. »Es ist«, so Goethe, »die ganze Kirchengeschichte Mischmasch von Irrtum und von Gewalt.« Gewiß kommen aber nicht alle Übel der Welt aus der Christenheit. Wer das behauptet, ist schlecht informiert, böswillig oder dumm. Ob daher die Menschheit nach dem Untergang dieser Religion besser sein wird, kann nicht gesagt werden. Doch darf festgehalten sein, daß die Welt in den vergangenen zweitausend Jahren Christentum nicht besser werden konnte.

Und die berühmte »Reform«? Die Lebenshoffnung der vielen, die nicht konsequent denken wollen? Besserte sich etwas, wenn Oberhirten sich daranmachten, das Papsttum zu demokratisieren, Frauen in ihre Beamtenschaft aufzunehmen, Priesterinnen und Bischöfinnen zu etablieren, Priester heiraten zu lassen, ein paar Sündchen weniger als bisher zu verfolgen, die Gottesdienste volksnaher zu gestalten? Selbst wenn die Kirche sich reformierte – ein utopischer Gedanke! –, bliebe ihre Glaubensgrundlage mißlich, ihr Gottesbild höchst gefährlich. Eine auf solchen Fundamenten fußende Religion kann keine ethisch denkende und handelnde Gemeinschaft bilden. Sie muß aggressiv, dialogunfähig, inhuman bleiben. Vielleicht gibt es auf der Erde auch deshalb so viel Böses, weil Religionen und deren Regierungen, Moral- und Erziehungssysteme, aber auch ihre

Beispiele, die täglich vor Augen geführt werden, Menschen unwiderstehlich zum Bösen treiben, Nachahmungstäter schaffen, viele schlechthin verbrecherisch machen. Die Hauptvertreter des Christentums wollen zugleich wichtig und gefährlich wirken; ihre Forderungen schmecken immer ein wenig nach Blut.

Und sein Alltag

»Unser Gott« deckt vieles in seinem Reich auf Erden. Kleriker sind voller Demut; das können wir den Prälaten, Exzellenzen, Eminenzen aufs Wort glauben. Sie streben nur die unteren, verachteten Plätze an der Tafel an (Lk. 14,7 ff.); seit sie sich zu Wahrern der letzten Werte auf der Welt deklarierten, sollten wir ihnen auch das abnehmen. Ihre Kirche ist arm und glaubwürdig in einem; es handelt sich um eine Organisation, die professionell lamentiert – und die größte Grundbesitzerin in Deutschland ist. Und die unteren Chargen, das Bodenpersonal? Nach welchen objektiven Kriterien der Vernunft oder der Moral darf die Haltung von Kleinklerikern beurteilt werden? Wissen sie wirklich nichts, sind sie nicht informiert, ziehen sie Unwissenheit den mittlerweile überall erhältlichen Informationen vor, dann sind sie dumm. Ahnen sie manches, wissen sie vieles oder alles, handeln aber nicht, so sind sie nicht redlich.

Und noch weiter unten? Hoffentlich fällt immer mehr sogenannten einfachen Christenmenschen auf, wie gelenkt ihr ganzes »Laien«-Leben ist und wie armselig zugleich: Gehorsam ist immer nur Gehorsam, wenn er sich auf oberhirtliche Vorgaben, nicht auf sie selbst, ihre Bedürfnisse, ihre Vernunft bezieht. Das Gewissen gilt nur dann nicht als irrig, wenn es den sogenannten objektiven Kriterien einer Oberinstanz (Bibel, Kirche) angepaßt ist, und Glaube ist nur dann als echt anerkannt, wenn er die Inhalte dieses Über-Ich getreulich annimmt. Ein gehorsames Volk, das die Artikel des Glaubens und der Moral gewissenhaft wie Pillen schluckt – das ist die »Freiheit der Kinder Gottes«!

Möglichst ein Gott, ein Glaube, eine Moral, eine Religion? Einem Menschen abverlangen, daß er so denke, so fühle, so handle wie wir selbst oder zumindest unser eigenes Denken und Tun als das allein richtige billige, heißt ihn uns angleichen. Fordern wir von ihm oder erziehen wir ihn dazu, daß er in allem uns gleich sei, könnten wir mit gleichem Recht von ihm erwarten, daß er auch unsere Gesichtszüge annehme. Könnten Menschen sich nicht ein wenig mehr Freiheit leisten als diese? Müssen sie gleichgeschaltet bleiben? Um eines Höheren willen, das ihnen ein weiteres Mal vorabdefiniert wird? Jünger achteten Gleichdenkende stets höher als Andersdenkende. Aus ihrer Liebe zum Gleichen, also ihrer Meinung nach zum Höherwertigen, folgte notwendig die Verfolgung aller nicht Gleichdenkenden. Und die fanatisch geschürte öffentliche Entrüstung. Das soziale Denkverbot. Der Haß gegen die Sünder. Der Wille, zu vernichten. Indem Glaube den Unglauben auslöscht, entgeht er seinem eigenen Zweifel und der aus diesem resultierenden Strafe. Immer wieder sind es die rechthaberisch Bösartigen, die Gott als rachsüchtigen Tyrannen malen, der kleinste Vergehen mit harten Strafen ahndet. Ihre Frömmigkeit ist der Schleier, womit sie Verbrechen verhüllen. Fromm sehen sie einfach besser aus; das Kostüm steht ihnen.

Religion und Heuchelei sehen sich ähnlich wie eineiige Zwillinge; oft sind sie gar nicht voneinander zu unterscheiden. Dieselbe Gestalt, Kleidung, Sprache, dieselben Gesten und Vorlieben. Vielleicht dehnt die Heuchelei etwas weicher die Worte, wiederholt noch öfter das Wörtchen »Liebe«. Sie ist etwas im Nachteil: Religion hat die Liebe ihrer Gewalt bereits eingemeindet und muß diese nicht mehr gar so oft im Munde führen. Echte Söhne, Jünger, sind für die Verfolgermentalität dieses Christentums nur jene Menschen, die sich dem Vaterhaus ausliefern. Nur Gehorsam schafft Sohnes- und Vaterliebe.

Dabei müßten wir all die Freiheiten der Neuzeit nutzen, in Meinung, Gewissen, Religion. Sie wurden gegen den anhaltenden Widerstand von Päpsten und anderen Verleumdern der Vernunft durchgesetzt. Ja, wir sind befreit, weil andere unter dem Einsatz ihres Lebens Folter und Scheiterhaufen beseitigten! Denen, die für uns gegen die geweihten Unterdrücker der Wahrheit kämpften, vergesse ich ihr Opfer nie. Nicht ohne Grund schreibe ich oft über die von Christen gefolterten und ermordeten Ketzer.

Viele beklagen sich über den sogenannten Mißbrauch der Religion. Doch nur wenige haben bereits bemerkt, daß diese Übel und das mit ihnen verbundene Leid der Menschen notwendige Folgen ebendieser Religion darstellen. Daß sie auf den Begriff gegründet sind, den die Wortführer der Religion sich von ihrer Gottheit machten. Jede Reform beginnt folglich bei Gott selbst. Wie es aber unter den Menschen aussieht, wird dieser Gottesglaube noch Jahrhunderte überleben, wenn nicht über die Vernunft siegen. Ich hoffe dennoch, daß die grausame Weltansicht des schönen Scheins einmal keine Anhänger mehr findet. Ich hoffe, daß es eines Tages keinem Schwindelidealisten mehr möglich sein wird, über Freiheit, Menschenrecht, Menschenwürde zu reden, ohne daß die Menschen lachen. Ich hoffe, daß kein Theologe es mehr wagen kann, seine Religion als Hort der Freiheit und des Lebens auszupredigen, ohne daß ihm die

Millionen Toter begegnen, die diese um ihrer Machterhaltung willen opferte.

Hoffentlich kann auch der willfährig gottlose Gott, den sich Jünger halten, eines Tages nicht mehr als Möglichkeit zur Befreiung der Menschheit ausgegeben werden. Von einem solchen Gott kommt keine Freiheit. Niemand kann, ohne unredlich zu sein, den schlechten Menschen, die böse Kirche, die gewalttätige Religion gegen einen lauteren Gott ausspielen. Ebendieser Gott ist, selbst Schöpfung aus Angst und Grausamkeit, Mitschöpfer erniedrigender Angst und Legitimationsinstanz für Grausamkeit unter den Menschen. Er braucht Opfer. Seine Gewalt verlangt nach Tätern auf Erden. Nicht zufällig weisen christfromme Folterknechte jahrhundertelang der Welt das beste, ruhigste, reueloseste Gewissen vor. Mit dem Blut der Ketzer besudelt, müssen sie sich für die Rächer der Gottheit halten. Ihre Kirche hetzte sie zur Tat und schützte sie nach dieser, versprach ihnen gar vorab Ablaß ihrer Sünden für künftige Schreckenstaten. Doch sind ihre Hände rein von Blut, weil ein Papst sie für unschuldig oder für weniger schuldig erklärte? Pierre Bayle: »Die Zweifel an der Existenz Gottes fallen wohl kaum in solche Seelen ... Die nur nach Blut und Gemetzel dürsten, ... sind für den Religionseifer sehr stark empfänglich. Denn wenn man sie auf ein Volk anderen Glaubens losläßt und wenn man sie mittels dieses großen Motivs aufstachelt, sieht man, daß sich ihr Mut oft bis zur Raserei steigert und daß sie die Gewalttaten, die sie begehen, als bloße Akte der Frömmigkeit ansehen.«

Der Eindruck vieler hält sich, als schalteten Menschen, die sonst stets vernünftigen Argumenten zugänglich sind und diese selbst vorlegen, ihren Verstand aus, wenn es um Religion geht. Näherhin: um die Religion und den Gott, den ihnen jene gaben, die ihren Beruf darin haben. Nicht aber um jene, die sie in sich selbst verspüren mögen, um ihre Anlage für Gott. Ludwig Feuerbach, Sohn des Kriminalisten Anselm von Feuerbach († 1833), der die Abschaffung der Folter in Bayern wesentlich betrieben hatte, in einem von der Kirche wie selbstverständlich verbotenen Buch: »Die Religion ist daher so wenig ein Besserungsmittel des Menschen, daß sie vielmehr ihn zur Verstellung vor sich selbst, zum Selbstbetrug verführt, indem sie seinem Glauben und Handeln andere Motive unterlegt, als in Wahrheit zu Grunde liegen.«

Langjährige Erfahrung mit Christen lehrte mich, von den meisten auch nicht das geringste Verständnis für die Opfer zu erwarten. Ich hörte nicht nur kein öffentliches Wort der Reue von denen, die sonst ständig von Schuld und Zerknirschung reden. Ich traf auch in keiner einzigen Diskussion auf einen Christen, der nicht die Täter zu verteidigen gesucht statt an die Opfer erinnert hätte. Benutzen Historiker, wie die Amtskirche sie sich hält, in bezug auf Opfer des Systems wie Savonarola, Hus oder Galilei neuerdings die Vokabeln »tragisch«, »unglücklich«, »mißverständlich«, so verfolgen sie die Interessen ihrer Brotgeber. Fair ist diese gelenkte Wissenschaft nie, und ihre Wortwahl bleibt verräterisch. Sollen Täterschaft und Opferstatus gewichtet werden, stellen Theologen sich auf die Seite der Täter. Dies gilt nicht allein in bezug auf die Millionen Menschen, die Christen in der Vergangenheit folterten und ermordeten. Es gilt auch für die Gegenwart, zum Beispiel in Sachen sexuellen Mißbrauchs von Kindern durch Priester.

Muß das so bleiben? Gibt es kein fühlendes Herz? Ich weigere mich noch immer, dies bei allen Christen anzunehmen. Doch nicht ohne Grund sind die Erben der Täter nicht bereit, die schwere Blutschuld der Väter anzuerkennen. Sie vertuschen nicht nur, sie wiegeln nicht nur ab, sie bleiben reuelos. Sie wissen genau, worauf sie sich berufen: Ihr gesamtes Denken, Fühlen und Tun ist durchdrungen von den unheimlichen Zügen einer Gottheit, deren Phänomene sich schon in der Bibel abzeichnen – und die ich grausam gottlos nenne. »Unser Gott« führte die Hand beim Foltern, er akzeptiert auch die Reuelosigkeit und Gleichgültigkeit unserer Kirchen. Wir waren und sind im Auftrag seiner Offenbarung am Werk. Er deckt unsere niedersten Motive, unsere Ausflüchte. Er ist ganz unser.

Väterliche Opferfreuden

Eine zweite Liebesgeschichte.

Auch sie, die von Abraham, seinem Sohn und seinem Gott handelt, entstammt der patriarchalen Geisteswelt. Frauen kommen erst gar nicht vor. Sie gilt als eine zentrale Erzählung der Bibel und gibt Stoff für tausend Predigten ab. Ist es zynisch, wenn sie durchleuchtet und anders als gewöhnlich gedeutet wird? Treiben wir Spott mit den Gefühlen anderer, wenn wir einer biblischen Geschichte auf den Grund gehen? Wer oder was verpflichtet uns eigentlich, der hergebrachten Exegese zu folgen? Müssen wir uns gewisse Legitimationskünste und Auslegungstricks zu eigen machen?

Es darf ruhig gefragt werden, wer zynisch ist, wer seine Religion mit den Gefühlen vieler Menschen spielen läßt. Verletzen nicht jene Exegeten unsere Empfindungen, die nach zweitausend Jahren noch immer veritable Mordtaten legitimieren? Müßten sich nicht zuerst die Christen rechtfertigen, weil sie seelenruhig bei diesen Taten und bei diesen Predigten verharren? Welche Werte, welche Moral bezeugen sie, wenn sie der Welt, als sei nichts seither geschehen, Erzählungen wie die folgende zumuten? Können wir dafür, daß ein Gott solche Geschichten liebt und die Seinen sie stolz wiedergeben? Offenbar gehören sie mitten hinein in die christliche Verkündigung. Änderte sich mittlerweile die kirchenamtliche Meinung, erwarten wir dringend eine Mitteilung; das Um- und Wegdeuten des Grauens ist – professionelles Abwiegeln – viel zu dürftig.

Ich lasse die angeblich chronologische Folge außer acht. Ich übergehe die Erzählung von der Liebe eines Vater-Gottes, die sich in die Arche Noahs rettete und die übrige Welt, Mensch und Tier, ersaufen ließ (1. Mose 7,17 ff.). Die Story von der göttlichen Sintflut, von diesem globalen Ersäufnis ist nun doch zu ekelerregend, als daß ich sie nacherzählte. Kriminell, daß auch die Tiere dran glauben mußten: Waren sie denn böse, hatte etwa auch ein Tier, ein Weibchen natürlich, in den Apfel gebissen? Zynisch, den Massenmord Gottes an seinen Tieren festzuhalten?

Die Sintflut gilt mittlerweile auch den meisten Christen nicht mehr als salonfähig. Schon die Bibel rückt behutsam vom gnadenlosen Inhalt ab (1. Mose 9,15). Sie läßt ihren Gott versprechen, diese Art Endlösung – die radikalste seit Menschengedenken und bis heute die schäbigste – nicht mehr wiederholen zu wollen. Er soll künftig andere Mittel erfinden, um seine Ebenbilder zu retten. Es ist ja kein Ruhmesblatt für einen Gott, das Böse auf seiner Erde beseitigen zu wollen, indem er kurzerhand die Bösen ausrottet – und die unschuldigen Tiere gleich mit. Noch schlimmer, daß damit die gesamte Menschheit mit Ausnahme einiger weniger vernichtet wurde. Doch offensichtlich nicht ganz so schlimm, als daß nicht immer wieder ein paar von denen, die sich zu den wenigen Guten in der

Arche rechnen, diese Radikallösung bedächten. Wie schön, mögen sie sich sagen, wenn es nur noch unsereins gäbe! Wie gut für uns, wenn unser Gott mal wieder alle Bösen ersäufte!

Keine Chance. Offensichtlich lernt auch ein Gott hinzu, wenn auch, nach heutigem Erkenntnisstand der Menschen, relativ wenig. Er kann immerhin nach der Sintflut zu Noah und dessen Söhnen sagen lassen: »Wer Menschenblut vergießt, durch Menschen soll sein Blut vergossen werden. Denn nach dem Bilde Gottes hat er den Menschen gemacht.« Diese Rechtfertigung der Todesstrafe (1. Mose 9,6) erreicht zwar nicht ganz die Höhe der neuzeitlichen Theorie, doch steht sie sittlich weit über der Lösung mit dem Hochwasser. Freilich verantwortet sie nicht wenig von dem Leid mit, das Menschen über Menschen brachten. Immerhin beriefen sich Christen just auf dieses Gotteswort, bevor sie andere vom Leben zum Tod beförderten.

Wie es weiterging? Um dies herauszubekommen, erzähle ich die Geschichte eines hochgelobten Urvaters der Religion: Gott hatte vor ein paar tausend Jahren wieder einmal einen einzigen Liebling unter allen Menschen gefunden (1. Mose 22,1–19). Er hatte auch schon viel für diesen Abraham getan, Wunder auf Wunder gehäuft, ihm reiches Land, reichliches Auskommen beschafft, dem alten Mann sogar einen unerwarteten Sohn besorgt. Doch auf die Dauer erschien die Zuneigung etwas einseitig. Das gefiel diesem Gott nicht, und er dachte sich eine besondere Prüfung aus, um den Favoriten zu testen. War Abraham die überbordende Vaterliebe wert? War Gott wirklich das einzige, was dem aufgestiegenen Hirten am Herz lag? Oder gab es einen Konkurrenten im Kampf um Abrahams Herz? Gott fackelt nicht lange, prüft den Liebling auf Herz und Nieren, will ihn gleich am wundesten Punkt treffen: Der glückliche

Vater soll seinen einzigen Sohn, den er liebhatte wie sonst niemanden, einfach schlachten und ihm, Gott, zum Brandopfer darbringen.

Wie hätte ein Vater von heute reagiert? Sich die greuliche Zumutung verbeten? Bloß an die Stirn getippt? Sein Gewissen ins Spiel gebracht? An die Menschenwürde erinnert? Das Recht des Kindes auf Leben verteidigt? Den Mordbefehl als solchen erkannt? Es abgelehnt, zum Täter und Komplizen zu werden? Sich schleunigst einen menschlicheren Gott gesucht? Jener Abraham zögert nicht eine Sekunde, zieht los, bereitet das Schlachtopfer vor. Isaak, der Stammhalter, liegt bereits gebunden auf dem Opfertisch. Sein Vater zückt bereitwillig das Messer, um ihn – wörtlich! – zu schlachten. Da erst greift der Himmel ein, nimmt Abraham fürs erste das Messer aus der Hand, befreit den Sohn in letzter Minute und stellt Ersatz. Diesen Widder – es handelt sich wieder nur um ein Tier – schlachtet Abraham anstelle seines Sohnes. Gott aber freut sich königlich. Jetzt erst ist der schlüssigste Beweis erbracht: Dieser Mensch würde alles tun, nicht einmal vor dem Mord am geborenen Leben zurückschrecken, um seinen Gott zufriedenzustellen.

Wie der Lohn für die schreckliche Gehorsamstat ausfällt? Abraham wird überreich gesegnet. Er selbst soll der Stammvater eines Geschlechts werden, das zahlreich ist wie die Sterne des Himmels und der Sand am Meer, und seine Nachkommen werden Sieger in den Schlachten ihres Gottes sein. Blinder Gehorsam, das lernen alle Jünger, die die einschlägigen Predigten hören, rentiert sich bei »unserem Gott« ungemein. Sie werden sich danach zu richten wissen.

Eine blutrünstige Geschichte. Aufs neue eine Erzählung, die mit Liebe und Gewalt in einem hantiert und die üblichen Schemata verwendet: Gott scheut sich nicht, unter dem euphemistisch religiösen Namen »Schlachtopfer« den Mord an einem Kind zu befehlen. Ebensowenig schreckt er davor zurück, den Mordbereiten gehorsam zu nennen und ihn für diese angebliche Tugend zu belohnen. Prediger versäumten es gern, diesen Inhalt der Blutgeschichte zu erwähnen, und Bibeldeuter weigerten sich, ihn als befohlene Untat zu würdigen. Sie hielten sich, um ihres Lohnes willen, bei den Lieblingsbegriffen »Gehorsam«, »Opferwille«, »Belohnung« auf. Der blutgierige Teil der Erzählung, der Licht auf Gottes Gewalt und eines Menschen Kadavergehorsam wirft, durfte nur den Hintergrund für Lob und Preis einer Generationengeschichte abgeben.

Damit erscheint der vollendete Tatbestand des Befehlsverbrechens zweitrangig. Was ein Staatsanwalt von Amts wegen als Anstiftung zum Mord beziehungsweise Mordversuch zu verfolgen hätte, ist auf eine vermeintlich höhere Ebene gehoben und damit entschuldigt. Mag auch die Untat heute nicht mehr allen, die von ihr erfahren, als Gottesbefehl erscheinen und ihre Legitimation immer mehr Menschen unglaubwürdig geworden sein: Solche religiösen Sublimierungen hatten Konsequenzen. Verlangt Gott schon in der Bibel den Mord, gehorcht der Gottesliebling aufs Wort. Wird dieser dafür noch überreich belohnt, ist die Entwicklung einer Religion vorgezeichnet: Gott braucht nur noch – durch seine jeweiligen Stellvertreter, Medien, Lautsprecher – zu befehlen, und schon sind Jünger buchstäblich zu allem fähig und bereit.

Es wird nicht lange dauern, bis der Himmel nicht einmal mehr einen Ersatz bereitstellt. Die Messer der Christen treffen fortan keine Widder mehr, sondern Mitmenschen. Patriarchale Religion benötigt Opfer. Sie fordert sie selbst: Die Abrahamerzählung steht für viele. Und sie geht auch den umgekehrten Weg: Ein Opfer, das Menschen ihrem jeweiligen Gott anbieten, wird von diesem wohlgefällig aufgenommen. Gottheiten sind bereit, ihren opferwilligen Anbetern die Freuden des Himmels für die Krankheiten und Leiden zu versprechen, mit denen sie sie auf Erden überhäuften.

Der Mensch, gar der Mann das Ebenbild Gottes? Grausamkeit hier wie dort. Die Götter der Männer konnten nicht anders: Patriarchal Denkende und Fühlende betrachteten die Anzeichen ihrer Grausamkeit als Gunsterweise. Die Gottheit prüfte die Standhaftigkeit der angeblich Besten, der Vorväter, der christlichen Heiligen, Glaubenszeugen, Jungfrauen, indem sie ihnen Versuchungen schickte: Sehr häufig bezogen sich diese auf die Sexualität. Mit Gehorsam hatten sie immer zu tun. Die Besten taten bereitwillig, was ihnen geheißen. Gerade diese Bereitschaft machte sie in den Augen des Herrn und Vaters zu den besten Söhnen: Indem sie ihr elendes Fleisch folterten und sich selbst – zumindest psychisch – kreuzigten, glaubten die Opfer sich ihrem Gott nahe. Er würde sie belohnen, hüben wie drüben. Das schaffte Befriedigung; sie war nicht von Dauer. Die Lust, die Gewalt hienieden schafft, ist offenbar dauerhafter als die Hoffnung mancher auf ein Jenseits.

Lust an der Gewalt

Gewalt mag befriedigender wirken als sexuelle Lust. Auf letztere kann nachweislich verzichtet werden. Im Falle der Gewalt ist ein Verzicht schwerer. Beispielsweise wird »unser Gott« in peinlich auffälliger Weise der Welt als ein asexuelles Wesen präsentiert. Gerade als solches soll er sich von allen Niedergöttern abheben, keinen Anteil an Baal oder Zeus haben. Er kennt nicht einmal die Andeutung von Sexualität. Von der Gewalt kann er das nicht behaupten. Da hält er mit, und niemanden unter seinen Predigern scheint dies zu stören.

Auch viele Heilige der Kirche waren und blieben nicht zufällig grausame Menschen, hart gegen ihr Fleisch und besonders hart gegen Denken, Tun und Leben anderer. Ihr Gehorsam irgendwelchen gräßlichen Befehlen Gottes gegenüber trieb sie zu dieser Härte. Gottes Sprachrohre auf Erden brauchten nur von Fall zu Fall das Objekt solchen Gehorsams zu definieren, und schon trat die Gewalt in ihr Recht. Nachdenken war demgegenüber wenig opportun; die Passion genügte. »Zu jeder Zeit«, schreibt der Marquis de Sade, »hat der Mensch sein Vergnügen darin gefunden, das Blut von seinesgleichen zu vergießen, sosehr er auch diese Passion unter dem Schleier der Gerechtigkeit und manchmal auch unter jenem der Religion zu verbergen sucht. Aber der eigentliche Grund ist unzweifelhaft das Vergnügen, das er daraus bezieht.« Setzen wir für »Mensch« in diesem Zitat »Mann«, trifft die Bemerkung die Wirklichkeit.

Es gibt eine Leidenschaft für Blut und Tränen. Der christliche Gott, Ebenbild seiner Jünger, kennt dieses Vergnügen nur zu gut. Nichts Besonderes, dieser Gott des Abendlandes. Der Gott der Bibel macht kaum eine Ausnahme. Vielleicht prahlt er nur ein wenig mehr als seine Kollegen in den übrigen Religionen. Und vielleicht fühlen sich seine gehorsamsten Gläubigen noch etwas erwählter als die übrigen Religionsdiener der Menschheitsgeschichte. Das blieb nicht verborgen. Der Ehrgeiz eines Gottes und das Erwählungsbewußtsein derer, die ihn vereinnahmten, stießen bald auf die Kritik derer, die sich aus der Gruppe der Gläubigen dieses Gottes ausgeschlossen fühlten oder ihr, aus guten Gründen, nicht (mehr) angehören wollten. Schon der erste ernstzunehmende Gegner des Christentums, Celsus, argwöhnte im zweiten Jahrhundert, der neue Gott sei nach den Bedürfnissen einiger Konvertiten geschaffen: »... wie die vor kurzem reich gewordenen Menschen, die mit ihrem Reichtum zu prahlen pflegen, legen die Christen Gott einen recht großen und ganz irdischen Ehrgeiz bei.« Und: »Wir sind es, denen Gott alles zuerst offenbart und verkündigt; die ganze Welt läßt er im Stich und kümmert sich auch nicht um die weite Erde, sondern regiert uns allein und begrüßt uns allein durch seine Boten und hört nicht auf, zu senden und zu forschen, damit wir immer mit ihm verbunden bleiben.«

Wer wissen will, was ehrgeiziges Bewußtsein ist, wie es sich in einer Kleingruppe von Jüngern radikalisiert, wie es einen spezifischen Haß auf alle anderen ausbildet, wird fündig. Und wieder ist es Celsus, der vor fast zweitausend Jahren trocken anmerkte, daß die Aussagen der christlichen Schriften nicht auskommen »ohne hochfahrendes Wesen und Ankündigungen, wie wenn sie von Gott oder dem Sohne Gottes kämen«. Nichts Besonderes in der Sache, reines Patriarchat, zur Offenbarung hochgelobt.

Bis heute sehen sich Christen so gut wie nicht in der Lage, die Mitmenschen anzuerkennen, die sie als »Heiden« abwerten. Nicht ohne Grund: Schon die Evangelien nehmen die Nichtjünger nur als Gegner wahr, denen allein die Bekehrung zu »unserem Gott« zuzumuten ist. Auch »Jesus« macht keine Ausnahme; kein einziges seiner Worte bringt die Größe auf, die Leistungen anderer Menschen für die Welt oder ihre Würde auch nur zu erwähnen. Man bleibt in Jünger-Kreisen unter seinesgleichen, genügt sich selbst, hält für andere nur Floskeln wie Feindschaft und für die Mehrheit der Menschen allein (mitunter recht mörderische) Missionsversuche bereit. Kaiser Julian, der der Diffamierung unter Christen sicher sein konnte (ein Merkmal für Qualität), wirft nicht zufällig dem Gott der Bibel vor, er habe sich nur um ein jeweils auserwähltes Volk, nicht aber um seine übrigen Geschöpfe gekümmert und damit den Anspruch verwirkt, Gott aller Menschen zu sein.

Christen, deren Vorvätern Julian vorwarf, sie hätten von Juden wie Heiden nur das jeweils Schlechtere an sich gezogen, sagen: »Unser Gott« ist eben eifersüchtig. Er liebt trotz gegenteiliger Beteuerungen allein uns. Weil nur wir wissen, was ihm gefällt: unser Opfer, unser Gehorsam. Weil nur wir Leistung erbringen. Weil wir auf seine Belohnung hoffen. Den übrigen seine Hölle. Wer zu diesen anderen gehört? Zum Beispiel und geschichtlich an erster Stelle die Juden, die dem Christengott Gehorsam und Glauben verweigern, die seinen Sohn, »unseren Herrn«, verfolgten, folterten, kreuzigten. Sie sind schlicht perfide. So sang, wie erinnerlich, die offizielle Karfreitagsliturgie der katholischen Kirche noch bis vor einigen Jahren; auf diesem Hintergrund muß die Verfolgung der Juden gesehen und eingeordnet werden. Warum auch nicht? Die Auserwählung ging, folgt man der über Jahrhunderte hinweg beständigen christlichen Doktrin, von den treulosen Söhnen Abrahams über auf die Christenheit, auf »uns«. Und heute will es wieder einmal keiner von uns gewesen sein …

Perfide, unter diesen Umständen jenen Forschern Antijudaismus vorzuhalten, die heutzutage genauere Kenntnisse über den alttestamentlichen Gott und die Praktiken seiner Krieger vorlegen. Abgesehen von der Tatsache, daß solche Wahrheiten auch von vielen Menschen jüdischen Glaubens anerkannt werden: Sind diese Forscher die Erben eines zweitausendjährigen mörderischen Christenhasses auf das auserwählte Volk der Juden? Finden sich unter ihnen oder unter ihren Vorfahren die

Täter? Brauchen sie sich für die im Namen einer christlichen Kirche geschehenen Morde zu entschuldigen? Gehörte auch nur einer von ihnen – wie ab 1933 die deutschen Bischöfe – zu den Förderern des Katholiken Adolf Hitler?

Die Haltet-den-Dieb-Rufer sind längst desavouiert. Doch scheinen sie sich nicht um derlei zu scheren. Sie haben mittlerweile Gott fest im Griff. Das bedeutet zwar eine angeblich neue Erwählung durch einen vermeintlich neuen Gott, den »unseren«. Doch der Rest war althergebracht. Jede Religion setzt, so Diderot, einen Gott voraus, »der sich erregt und besänftigt; denn wenn er sich nicht erregt oder wenn er sich nicht besänftigt, wenn er erregt ist, dann gibt es keinen Kult mehr, keine Altäre, keine Opfer, keine Priester.« Da aber Priester und Täter ein genuines Überlebensinteresse haben und nicht wenige Opferseelen auch, muß es einen Gott geben, der für dieses Interesse steht. »Unser Gott« muß sich erregen, ärgern. Er muß notwendigerweise zürnen, poltern, Strafe androhen. Erst dann ist es uns möglich, auf seine Besänftigung zu hoffen und die Opfer richtig zu plazieren. Alle Götter, also auch der »unsere«, fordern Opfer, Beweise und Zeichen der Liebe. Ihre Eifersucht, ihr Zorn sind stets gegenwärtig; immer sinnt der »unsere« auf eine möglichst ehrenvolle Besänftigung.

Götter werfen mit Naturgewalten um sich, mit Katastrophen. Sie wollen den Menschen ihre Macht beweisen, sind grausam und habgierig zugleich. Daher praktizieren sie unter ihren Anhängern eine Politik des Gebens und des Nehmens. Opfer sollen entweder ihren Zorn stillen oder ihre Hilfe für den glücklichen Ausgang eines Kriegszuges sichern. Man rechnet dabei ziemlich menschlich und ist nicht zimperlich: Je wertvoller das Opfer, desto gewisser der Erfolg. Gerade religiöse Menschen maßen sich an, an ihrer Stelle andere Menschen zum Opfer zu bringen, um ihrer eigenen Erwählung und ihres Heils sicher zu sein! Da für Gott nichts zu schade ist und manche Götter nur das Beste, Schönste, Edelste akzeptieren, empfingen nicht nur Nil und Tiber einst ihren jährlichen Anteil an frischem Menschenfleisch, sondern auch die mexikanischen Seen. Hier handelte es sich um blutjunge Mädchen, die für das Bett der aztekischen Gottheiten vorbereitet waren. Man zog ihnen die Haut ab, welche die Priester dann selbst anlegten. Ein Feuer-Gott forderte geröstete Menschen, die mit langen Haken gewendet wurden, andere Götter zogen Herzen vor, wieder andere liebten den Rauch zuckender Eingeweide, die zu ihren Ehren verbrannt wurden.

Noch zu Beginn des neunzehnten Jahrhunderts erzählt ein Sklavenhändler aus Ghana, wie fünfhundert Jugendliche in einer religiösen Zeremonie geopfert wurden. Einem dieser Opfer war ein Messer durch die Wangen gestochen worden; auch hatte man ihm beide Ohren abgeschnitten, ein Messer durch seine Arme gestoßen und eine lange Lanze unter den Schulterblättern quer durch seine Sehnen gesteckt. Einem Mädchen waren beide Brüste abgeschnitten worden; ihre Lenden und ihr Bauch waren voller Peitschenstriemen. Man führte es an einem Strick, der durch die Nasenlöcher gezogen war. Zur gleichen Zeit wird ein indisches Mädchen, das als Repräsentantin der Sonnen-Göttin gilt, auf das Foltergerüst geführt. Die rasende Menge wirft sich auf das Opfer, bricht ihm die Glieder, zwängt es zwischen zwei Planken. Dann wird die Beute zerstückelt. Mit Zähnen und Nägeln faßt jeder nach den Eingeweiden, reißt Stücke aus dem warmen Fleisch, taucht seine Finger in das Blut, besprengt sich. Wer kann die Greuel zählen, die überall auf der Welt zu Ehren einer Gottheit verübt wurden? Zum Ruhm oder zur Besänftigung von Vater-Göttern, deren Wille und Kraft imstande schienen, das

Schicksal der Opfernden (nicht der Geopferten) in deren Sinne zu beeinflussen? In den Beispielen ging es darum, eine gute Ernte zu sichern.

Heldenblut und Frauenblut

Gerade Götter brauchen Menschen, die opfern und sich, mehr oder weniger freiwillig, opfern lassen. Bringen die Ihren ihnen Opfer dar, fühlen sie sich augenscheinlich durch die magische Substanz Leben befriedigt, die sich im Blut und in den Herzen der Opfer findet. Ich kann beim heutigen Erkenntnisstand nicht endgültig beurteilen, ob diese Blutgier auch weibliche Gottheiten und matriarchale Religionen lebendig erhielt. Doch spricht vieles dafür, daß es vor allem, wenn nicht ausschließlich, Männer, Väter, Patriarchen sind, die nach Blut verlangen und ihre Götter denselben Blutdurst verspüren lassen.

Die Patriarchen und das Blut: Kaum je einmal wird Blut als das betrachtet und bewertet, was es ist, eine geschlechtsneutrale Flüssigkeit, die beiden Geschlechtern, Männern wie Frauen, Leben spendet und erhält. Zum einen erscheint Blut in patriarchalen Gesellschaften als das der Helden, das in Kriegen, Duellen und anderen Mutproben vergossen wird, um patriarchale Werte wie Ehre, Nation, Religion zu sichern. Eisen und Blut gehören gerade hier zusammen. Auch kennen wir immer noch einschlägige Begriffe wie »Blutrache«, »Blutgeld«, »Blutschande«, »Blutzeuge«, »Blutlinie«, »Blutsbrüderschaft«. Noch in unserem Jahrhundert, mitten in unserem Land, ließen sich Blut-und-Boden-Dichtungen feiern, »Blutfahnen« weihen, »Blutorden« akzeptieren. Und nicht zufällig wurde dem männlichen Blut, auch dem männlicher Opfertiere, schon früh eine reinigende, sühnende, heilsame Kraft zugeschrieben. Sie hatte ihre religiöse Wurzel.

Zum anderen wurde in einem jahrhundertelangen Umwertungsprozeß das Blut der Frauen, ein ursprünglich heiliges Energiefeld des matriarchalen Kultes, zum unreinen Saft herabdefiniert. Auch diese Definition ist religiös legitimiert; ihre Folgen wurden in sogenannten Reinheitsgeboten legalisiert. Nun ist die Frau als solche durch ihr Blut (Menstruation, Geburt) unrein, und spezifisch frauliche Lebensumstände und Erfahrungen sind an den Rand der Sünde gerückt. Männer halten sich am besten fern und gehen ihrer eigenen blutigen Tätigkeit nach …

Es scheint bis heute, als hätten Frauen grundsätzlich ein anderes Verhältnis zum eigenen wie zum fremden Blut, während »die einzig wahren Söhne des Vaters geistiger Art« sind und nicht einfach aus dem Blut stammen. Solche Söhne werden nicht durch Zeugung, sondern durch Überzeugung und Adoption gewonnen. Sie zählen dann zur Familie, Gruppe, Kaste. Diese Zugehörigkeit – und nur sie – verschafft ihnen auch die Legitimation zum Kriegführen, aber auch zum religiösen Opfern, Foltern, Töten – im Auftrag ihres Sippenoberhauptes, ihres Gottes.

»Unser Gott« ist einmalig. Denn am höchsten wird, wie bei Abraham und Isaak, das Opfer bewertet, das dem Opfernden am nächsten steht. Einen Mord am lebendigen Menschen, gar dem Sohn, fordern zu können und ihn wirklich zu erhalten erhebt einen Gott offenbar über alle anderen. Nur eine einzige Steigerung ist noch denkbar: Ein Gott muß sich selbst opfern, was ihm am meisten bedeutet: seinen einzigen Sohn. Der Gott der Christen schaffte bekanntlich auch dies; keinem anderen wäre eine derartige Prüfung der Vaterliebe eingefallen.

Auf dem Hintergrund der Verteufelung des Frauenblutes und

der Heiligung des männlichen Blutes konzentriert sich das Christentum auf den Mann am Kreuz. Sein kostbares Blut, von dessen Verehrung noch zu sprechen sein wird, soll ewiges Leben garantieren. Das »Blut des Neuen Testaments« (Mt. 26,28) macht »uns rein von aller Sünde« (1. Jo. 1,7). Durch sein Blut sind wir erlöst (Eph. 1,7), und sein Blut ist für uns »der rechte Trank« (Jo. 6,55). Zumindest der christliche Männerbund hat künftig sein heiliges Symbol. Frauen sind zu dessen innerstem Kern erst gar nicht zugelassen; nach wie vor verweigert sich die katholische Hierarchie. Frauen dürfen Christi Blut verehren und, in katholischen Sonderfällen, auch trinken. Ihr eigenes Blut bleibt vergleichsweise uninteressant; es kann, wie die Geschichte des Christenbundes bezeugt, jederzeit vergossen werden.

Große Hure, trunkenes Weib

Noch eine Liebesgeschichte; das Neue Testament liebt solche.

Patriarchen finden die Schuld an ihrem Zustand so gut wie nie bei sich selbst. Sie schauen in eine andere Richtung. Auf diejenigen, die ihnen – Versuchung seit Anbeginn – angst machen. Die eine Dauergefahr für Leib und Geist des Mannes darstellen. Die als ewig Schuldige ewig bestraft werden müssen. Und wieder bietet das Neue Testament eine Wegweisung. »Komm, ich will dir das Gericht über die Große Hure zeigen!«, so lockt einer von den sieben Strafengeln den Seher der sogenannten Apokalypse (Ap. 17,1 ff.), jener Geheimen Offenbarung, die alle Blutgier und alle Straflust »unseres Gottes« in dem grauenhaftesten Endzeitgemälde zusammenfaßt, zu dem Menschen fähig waren.

»Komm!«, so versucht der Engel den Voyeur, »ich zeige dir die Große Hure und das Gericht über sie, komm!« Ein normaler Patriarchenmann muß von dieser doppelten Aussicht unwiderstehlich angezogen sein; der Seher im Neuen Testament macht keine Ausnahme, und die seine blutgetränkten Visionen als Frohbotschaft Gottes akzeptierten, ohnedies nicht. »Komm!« Du bekommst sowohl unsere Große Hure als auch das Gericht »unseres Herrn« über dieses verbrecherisch blutdürstige und unzüchtige Weib zu sehen! Eine richtige Hure ist sie, eine große zumal, eine geradezu allumfassend Geliebte: Denn »die Könige der Erde trieben Unzucht mit ihr, und die Bewohner der Erde sind besoffen geworden vom Wein ihrer Unzucht«.

Wein, Unzucht, Macht, Trunkenheit, Hure. Wenn diese Vokabeln und Bilder nicht ziehen! Nichts Besseres konnte dem patriarchalen Schuldbewußtsein passieren als die Verschiebung von Sex and Crime auf ein einziges, großes, hurerisches Weib. Jetzt ist die Gefahr personalisiert, der offenbar alle Herren der Welt und alle Menschen erlagen. Die Große Hure nimmt alle Sünden und Verbrechen auf sich. Was bleibt ihr anderes, wenn eine solche Männer-Religion ihre Visionen pflegt? »Ich sah ein Weib auf einem scharlachroten Tier sitzen, das Tier war ganz voll von lästerlichen Namen und hatte sieben Köpfe und zehn Hörner« (Ap. 17,3). Das Bild spricht: Tier, gotteslästerliche (sexuell bestimmte?) Namen, Four-letter-words, scharlachrote Blutfarbe, Sessel und Lotterbett einer Hure. »Das Weib war in Purpur und Scharlach gekleidet, überladen von Schmuck, Gold, Edelsteinen, Perlen. Es hielt einen goldenen Becher in der Hand; der war ganz gefüllt mit Abscheulichkeiten und dem Unrat seiner Unzucht« (Ap. 17,4).

Nicht zufällig kennen, zitieren und lieben christliche Sektierer nicht nur das Buch der Apokalypse, sondern auch eine solche Bibelstelle. An kaum einer anderen Stelle der neutestamentlichen Botschaft ist der tiefe patriarchale Haß auf Frauen und Sexualität ähnlich plastisch geschildert: Das WEIB, im goldenen Schmuck seines Geschlechts, trägt im übervollen Becher seine Unzucht und Mordtat zur Schau. In ihm, dem Weib, der Hure Babylon, findet sich zum einen »das Blut von Propheten und Heiligen und von allen, die auf Erden hingeschlachtet wurden« (Ap. 18,24), zum anderen die Unzucht einer Männerwelt. Was für ein Weib! Männer kommen ins Schwärmen ...

Weg damit! Hirne, Herzen, Hoden geheilt! Ein Seher spricht für alle Geschlechtsgenossen, wenn er das Mysterium der Frau und des Bösen schlechthin offenbart, das ohnehin alle richtigen Männer kennen: »Auf der Stirn des Weibes stand ein Name geschrieben: Babylon, die Große, die Mutter der Huren und der Greuel der Erde!« (Ap. 17,5). »Und ich sah das Weib trunken vom Blut der Heiligen und vom Blut der Zeugen Jesu. Und mein Erstaunen war groß bei seinem Anblick.« Jetzt endlich ist es heraus; das Staunen des Mannes aber bleibt nur geheuchelt, weil auch er alles schon wußte, projizierte, abschob: Die Große Hure säuft das Blut der Jesus-Jünger und der (künftigen) Christen literweise; sie ist längst besoffen.

Wir Jünger aber – Täter einer Kriminalgeschichte! – sind und bleiben unschuldig. Wir sind nüchtern, nicht betrunken. Wir haben uns ja weder mit Unzucht und Gewalttat noch mit Folterblut und Mord befleckt, sind gerettet vor dem Gericht unserer eigenen Herzen und vor dem Endgericht »unseres Gottes«. Nichts, was der Verfasser des ersten Briefes an Timotheus in seinem Lasterkatalog aufzählt, trifft auf uns siegreich Gerettete zu. Alles hat das Weib zu verantworten, alle Bösen dieser Welt macht es mit sich gemein: »Gesetzlose und widersetzliche Menschen, gottlose und sündhafte, ruchlose und gemeine Menschen, Vater- und Muttermörder, Mordbuben, Unzüchtige, Knabenschänder, Menschenräuber, Lügner, Meineidige und was sonst noch der gesunden Lehre widerstreitet« (1. Tim 1,9f.).

Wir haben nichts mit derlei zu tun; wir sind Anhänger der gesunden Lehre. Diese Sicherheit gibt uns Kraft: Unser Gotteslamm führt Krieg gegen das scharlachrote Tier und bleibt selbstverständlich auch in diesem Endkampf siegreich. Denn es handelt sich um den »Herrn der Herren und den König der Könige«, der schließlich mit allem Lockenden, Hurerischen, Weiblichen fertig wird – und dessen Gefolge die »Berufenen, Auserwählten, Getreuen« (Ap. 17,14) sind, also wir. Jetzt läuft die projizierte Vision aller Mannheit zu orgastischer Endform auf: »... sie werden die Hure hassen und bis zur Nacktheit ausplündern und ihr Fleisch verzehren und im Feuer verbrennen« (Ap. 17,16). Weg mit dem Weib! Weg mit seiner, unser aller Unzucht! Weg mit dem Reichtum und Luxus, den Unzucht und Verbrechen mit sich bringen (Ap. 18,3)! Denn die Große Hure wird einfach verbrannt: Stark ist nämlich der Herr, »unser Gott«, der ihr das Urteil sprach (Ap. 18,8)! Schluß mit den Geschäften der Hure, kein Mann kauft mehr bei ihr ein, geht auf ihren süßen Leim, läßt sich durch ihre Zauberkunst (Ap. 18,23) verführen! Ihre Korruption ist zu Ende, ihre Lockung sowieso, und »Männerkörper wie Männerseelen« (Ap. 18,13) gehören ihr nicht mehr! Freuet euch also, ihr Erwählten, Heiligen, Apostel und Propheten, freuet euch! Denn Gott hat für euch das Gericht an dem Weib vollstreckt! Für euch, wörtlich, für euch (Ap. 18,20)!

Man stelle sich vor: eine blutrünstige Frau, Inbegriff all unserer Leiden, ein nacktes, tierisches Weib, ein Becher voll süßen Weines, voller Unzucht und Gewalt, trunken von Blut, von unserem Blut, von dem nämlich der Erwählten – und dann das Gericht, der Endkampf, die Vernichtung. »Unser Gott« ist für uns am Werk. Er sagte es uns ausdrücklich. Jubel der Sieger (Ap. 19,1 ff.): Heil, Herrschaft, Macht für »unseren Gott«! Hat er doch »die Große Hure gerichtet, die mit ihrer (nicht unserer!) Unzucht die ganze Erde verdarb, und das Blut seiner Knechte gerächt, das an ihrer Hand klebte«! Jubel, Heil, Sieg, Amen, Halleluja. Das Patriarchenlob überschlägt sich in solchen Worten. Jetzt erst, nachdem das Weib unterworfen und erniedrigt ist, hat der Allherrscher die Königsherrschaft angetreten. Jetzt kann die Hochzeit des Lammes gefeiert werden.

Ich breche den Heilsjubel hier ab, obgleich es verlockt, auch die anschließenden apokalyptischen Aussagen anzuführen. Denn mit der Hochzeit des Lammes will es nicht so recht vorangehen. Die deren Verheißung folgenden Visionen sind in meiner – damals als bestkommentierte Edition bezeichneten – Bibelausgabe (Herder 1968) auf wenigen Seiten ganz trefflich überschrieben: »Die Vernichtung der Heidenvölker«, »Die erste eschatologische Schlacht«, »Das tausendjährige Reich«, »Die zweite eschatologische Schlacht«, »Das Weltgericht«. Als wüßte niemand Bescheid über die Geschichtsschreibung der Patriarchen: Was für entsetzlich selbstgerechte Aussagen über Gott und die Welt! Welche Kampfeslust der Täter, welches Streben nach Endsieg und Gericht über die Unterlegenen! Was für eine Verfälschung der geschichtlichen Tatsachen, welch heimtückische Drehung der Fakten! Welche Projektionen von Männergier und Blutdurst auf eine große Frau – und Hure! Was für eine Gerechtigkeit, die nicht nur nach Tier-, sondern auch nach Menschenblut lechzt, Folter und Tod unschuldiger Menschen in Kauf nimmt, unmenschliche Grausamkeit als gottgefälliges Opfer betrachtet! Woher, wenn nicht aus den Abgründen patriarchalen Fühlens, kam die Vorstellung, Gott könne an Menschenleibern und -seelen Gefallen finden (Rö. 12,1), sich über Blut und Marter freuen, Interesse zeigen an der langsamen Zerstörung seiner Geschöpfe, an ihrer endgültigen Vernichtung?

Wer da bloß auf andere verweist und derlei Ideologien auf nichtchristliche Kulte beschränkt, sollte sich der Geschichte seiner eigenen Religion und der eines Patriarchen-Gottes erinnern. Falls ihm dies nicht auf Anhieb gelingt, wird er in den nächsten Kapiteln dieses Buches Gelegenheit bekommen. Zwar machte die Zivilisation Gottes und seiner Männer gewisse Fortschritte: Im Lauf der Zeit kamen wenigstens im Abendland Menschen- und Kindesopfer aus der Mode, und nur noch Körperteile konnten geopfert werden. Am tunlichsten solche, die irgendwie mit Sexualität zu tun hatten: die Vorhaut der Jungen, das Hymen der Mädchen. Noch ein wenig später blieben Blumen, Erntegaben, Kerzen, Weihrauch.

Doch Gottheiten verlangen immer auch nach Märtyrern, Fakiren, Geißlern, Stigmatisierten. Sie finden Gehör: Um ihre angeblich beleidigten Götter zu rächen, töteten die Besten nicht nur sich selbst und ihre Begierden ab, sprangen bei Versuchungen des Fleisches in eiskalte Bäder, verstümmelten den Penis um des Himmelreiches willen, vergossen asketisch ihr Heldenblut. Die besten Söhne schlachteten auch jene Menschen ab, die sich den Forderungen des Jünger-Gottes widersetzten, spießten sie auf, pfählten sie. Zur höheren Ehre des Himmels, zum Erstaunen der Philosophen.

Montaigne, fassungslos: »Wir haben nicht etwa aus Büchern, sondern vielmehr aus eigener Anschauung noch ganz frisch in Erinnerung, wie Leute einen Körper, der noch voll von Leben und Gefühlen ist, auf die Folter spannen, wie sie ihn rösten, verstümmeln und umbringen und ihn schließlich den Hunden und

Schweinen vorwerfen. Und all dies geschieht nicht etwa unter Feinden, nein, unter Nachbarn und Mitbürgern, und, was am ärgsten ist, noch dazu unter dem Vorwand von Frömmigkeit und Religion.«

Götter sind so grausam, Unsterblichkeit sich selbst vorzubehalten und denen, die sie lieben. Sie sind nicht weniger grausam, anderen die Hölle zu versprechen. Was muß mit der postulierten religiösen Ur-Anlage passiert sein, wenn die Endlösung für viele Menschen darin besteht, in Strömen von Blut zu ertrinken und in höllische Tiefen abzustürzen? Doch eine patriarchale Religion, die so entwickelt ist wie das Christentum, konnte und wollte sich dem Ruf nach Blut, Erotik und tödlichen Leidenschaften nicht entziehen. Schließlich steht, nach den Evangelien, schon an ihrem Beginn das Opfer aller Opfer, der nach einer grausamen Geißelung ans römische Kreuz geschlagene Galiläer. Ein furchtbarer Gott – Abraham läßt grüßen – verlangte das schlimmste Opfer: den asexuell gehaltenen, von seiner Mutter getrennten, völlig auf den Vater fixierten Sohn. Er mußte hingeschlachtet werden; offenbar war Gott keine menschlichere Lösung gut genug. Daher führte kein Weg an der blutgetränkten Erlösungstat vorbei. Der Kelch ging nicht vorüber, und der Ruf eines Menschen, der sich am Kreuz in höchster Todesnot verlassen fühlte, gellt durch die Jahrhunderte.

Foltertod des Sohnes

»Der Gott, der Gott sterben läßt, um Gott zu besänftigen« … Hundert Folianten, die für oder wider das Christentum geschrieben worden sind, ergeben eine geringere Evidenz als der Spott dieser zwei Zeilen.

Denis Diderot

Seit er meinen Bruder kreuzigen ließ, um sich mit mir zu versöhnen, weiß ich, was ich von meinem Vater zu halten habe.

Theodor Weissenborn

Kinder heißen, auf arabisch oder hebräisch, auch heute Jesus. In den Souvenirläden Bethlehems werden Jesus-Puppen in allen Größen angeboten. Auf dem Krippenplatz trägt eine Straßenlampe den berühmten Stern obenauf. Vor der Polizeistation wachen Soldaten mit Maschinenpistolen. In einem Gebäude, das die Reiseagentur Nativity Travel (Geburtsreisen) beherbergt, holt man sich Stempel ab; jeder der Beamten trägt eine Pistole im Hosenbund. Der Friseur nebenan nennt seinen Salon Holy Land.

Christen kommen mit dem Bus, lassen Kettchen und Rosenkränze segnen, sind wieder weg. In der Geburtskirche küssen Nonnen den Silberstern in einer Nische. Der Altar in diesem Gotteshaus gehört den Orthodoxen, der silberne Stern den römisch-katholischen Franziskanern, das Madonnenbild den syrischen Christen. Alle wachen, so eitel und ehrsüchtig wie in der Jerusalemer Grabeskirche, über ihre Besitztümer.

Nazareth, hundertvierzig Kilometer entfernt, liegt an einer Straße im Westjordanland, die so gefährlich ist wie vor zweitausend Jahren. Immer wieder ein Checkpoint, wie in Belfast oder Sarajewo; oft befindet er sich an einer Stelle, an der »Jesus«, nach der Überlieferung der Evangelien, ein weiteres Wunder wirkte. Einkaufen ist Glückssache: Freitags machen die Moslems zu, am Samstag die Israelis und sonntags die Christen.

Souvenirhändler verkaufen Madonnen und Kruzifixe; beim Gebet wenden sie sich gen Mekka. Ein Reporter der Süddeutschen Zeitung: »Ich suchte die Stelle, an der der Engel des Herrn die Menschwerdung Gottes verkündete, und fand nur den deutschen Soldatenfriedhof (1914–1918). Suchte den ›Berg des Absturzes‹ und verlief mich im Basar unter Schneidern, Turnschuhverkäufern und Hühnerbratern, die dem Gefieder an Ort und Stelle den Hals umdrehen.«

Dem Sohn Mariens und Josephs erging es bekanntlich nicht gut in seiner Vaterstadt; einmal wollten die Einwohner Nazareths den stark Verhaltensauffälligen sogar umbringen, vom Berg zu Tode stürzen. In einer Räuberhöhle an einer Straße, die heute Casa Nova heißt, soll er seine Kindheit verbracht haben. Schon mit zwölf wollte er weg von zu Hause. Ob aus Nazareth überhaupt etwas Gutes kommen könne, fragten seine Zeitgenossen. Der Zeitungsmann schrieb: »Es gibt keinen Ort, an dem sie dir nicht von einem oder mehreren Toten aus einem Kampf oder Unglück erzählen.« Beispiel Bet-El, Pforte des Himmels: Hier hatte der Patriarch Jakob einen Traum; der Gott Abrahams und Isaaks versprach seinen Nachkommen wieder das Land. Orthodoxe Israelis nehmen das wortwörtlich. Daher steht in Bet-El eine Kaserne. Sie ist immer wieder Ziel von Autobomben.

Das Leben einer Kunstfigur

Gewalt der Gegenwart? Gewalt am denkbar falschen Platz? Oder bloß ein weiteres Exempel für die durchgängige Gewalt unter Menschen und ihren Religionen? Jerusalem, Nazareth, Bethlehem noch immer Beispiele für den Normalzustand geheiligter Orte? Viele Menschen sind, wenigstens emotional, der Meinung, es gebe einen idealen Zustand und die von anderen herbeigeführte, grundsätzlich vorübergehende Störung. Sie bevorzugen daher das noch immer und immer wieder beliebte Verfahren, ein engelhaftes Evangelium der erwiesenermaßen verdorbenen Kirchengeschichte gegenüberzustellen. Doch die Abwägung von Ideal und Abfall vom Ideal enttäuscht die, die sich an ihr versuchen: Auch der Urzustand ist weit weniger rein als erhofft. »Jesu« Geschichte ist voller Gewalt. Wer sie erfand, erzählte, weitergab, verfolgte seine Interessen. Das ist schwer zu hören und einzusehen.

Wie gesagt: Die Existenz eines Gottes ist mit Vernunftgründen nicht zu widerlegen. Vernunft kann nur das Schadenstiftende jenes Gottesbildes aufzeigen, dem Jünger sinnstiftende Kraft zuschreiben. Im Fall »Jesus« ist das ähnlich. Ihn in einem Atemzug mit einer Kirche zu nennen, die sich auf diesen Stifter beruft, fällt heute vielen schwer. Sie empfinden meist, daß ein Graben zwischen »Jesus« und der Kirche liegt. Etliche versuchen, den Graben einfach zuzuschütten. Andere behaupten, es habe eine solche Kluft nie gegeben. Sie sei eine Imagination der Zweifelnden, ein Trauma der Kirchengegner. Wieder andere leben von der sanftäugigen Devise »Kirche, nein – Jesus, ja!«. Irgend etwas soll doch gerettet werden, sagen Harmoniebedürfnis und Heilsegoismus, zumindest der wahre Jesus muß uns bleiben. Nicht zufällig ergießt sich eine Flut von Büchern auf jene, die noch Interesse zeigen. Schätzungsweise hunderttausend Veröffentlichungen pro Jahr befassen sich mit dem Heiland. Neue Begriffe tauchen in der breitenwirksamen Diskussion auf, von Essenern und von Qumran ist schon an Stammtischen die Rede, und die Zunft lacht sich eins. Es bleibt leichter zu sagen, wer »Jesus« nicht war, als zu sagen, wer oder was er gewesen ist. Denn es läßt sich festhalten, was von den Schilderungen seiner Person und von den Wiedergaben seines Handelns mit Sicherheit nichts anderes als fromme (und auch fromm betrügerische) Legende ist.

Wie sich einem Menschen nähern, der vor zwei Jahrtausenden lebte – und dessen Leben im nachhinein von »Evangelisten« eingerichtet und beschrieben wurde? Ob er überhaupt lebte, ist weder zu beweisen noch zu bestreiten; für beides sprechen Gründe. Neuerdings neigt sich die Waage auf die Seite der Annahme einer Existenz. Diese vorausgesetzt, war der Mann aus Galiläa nicht Christ, sondern Jude. Als solcher propagiert er eine Mission nur unter Juden (Mt. 7,6), ist von der jüdischen Apokalyptik beeinflußt, glaubt daran, daß das Reich Gottes unmittelbar bevorstehe, ist keineswegs von Todessehnsucht erfüllt, muß das Essen und Trinken seines Fleisches und Blutes ebenso wie die Einwilligung in den Kreuzestod als Absurdität empfinden.

Christen kennen »Jesus« anders; paulinische Tünche überdeckt mittlerweile den Urbestand. »Jesus« wird ihnen als überbraver Gottessohn gepredigt, der alles mitmachte, was verlangt wurde. Wer hörte je, daß »Jesus« als Vorbild des Ungehorsams, als Rebell gegen patriarchale Zumutungen verkündigt würde? Eine solche Predigt wäre zutiefst unstimmig; sie paßte nicht in das Schema christlicher Zurichtung. Denn Gehorsam ist des Christen Schmuck, und deshalb können die Jünger am allerwenigsten einen Widerständler brauchen. »Jesu« Rebellion wird daher auf bestimmte Gegner (Pharisäer, Schriftgelehrte, Ungläubige) abgelenkt. So bleibt sie fromm, unpolitisch, gesellschaftsunkritisch.

Die Predigt ist interessengelenkt. Das ist ihr Recht. Nichts ist gefährlicher für eine Kirche, als wenn ihr Stifter sich als Rebell gegen patriarchale Zustände entpuppte. Daher muß sie so reden und nicht anders. Daher macht sie die Gegner »Jesu« auch draußen, unter den Fremden aus, sucht sie kaum bei sich selbst. Spricht aber alles gegen die Widerstandstheorie? »Jesus« beschimpft einmal die Pharisäer, weil sie den Himmel vor den Menschen verschließen, selbst nicht in den Himmel kommen und andere nicht hineinlassen (Mt. 23,13). Diese und die anschließenden Reden heißen in christlicher Diktion »Wehrufe über die Schriftgelehrten«. Das stellt die Vorwürfe bleibend beiseite und macht sie ungefährlich. Wieder einmal sind die anderen die Hölle. Doch der radikale Kritiker räumte nicht nur mit ein paar zeitgenössischen Pharisäern auf, wie ihm die Jünger unterstellen. Er bekämpfte Vorstellungen, wie sie für patriarchale Religionen charakteristisch sind. Doch passen sie noch heute gut auf die Christenheit, obgleich kaum ein Kleriker sie auf seinesgleichen beziehen wird. Das christliche Feindbild ist ja bereits ausgemacht. Nähmen Christen allerdings »Jesus« einmal anders als gewohnt wahr, suchten sie unter dem Schutt der Verkündigung nach seinen Wurzeln, ginge ihnen »Jesus« wohl nicht so glatt von den Lippen.

Ob der geschichtliche Jesus der Sohn war, der nach Meinung der Evangelien von Gehorsam gegen seinen himmlischen Vater überfließt? Oder war er ein göttlicher Schelm, ein sehr weit blickender und daher trotziger Mensch, der so wenig von Gott, Vater, Vaterliebe, Sohnesgehorsam, Abrahamsopfer hielt, daß sich Patriarchen seiner Zeit zusammentun und ihn so schnell wie möglich umbringen mußten? Hunderte von rivalisierenden Lehrern behaupteten bald darauf, die allein wahre Lehre »Jesu« zu verkündigen. Jeder beschuldigte die Wettbewerber des Betruges; offenbar lohnte es sich früh, das Geschäft mitzumachen. Nützlich für uns, sich der Streitigkeiten zu erinnern, die an der Wiege der neuen Religion standen und die im Vergleich mit den »heidnischen« Konflikten jener Zeit als gewalttätig zu bezeichnen sind. Ähnlich hilfreich, eine Tatsache nicht zu vergessen: Es waren die

Siegertypen, die sich durchsetzten. Nach menschlicher Erfahrung sind das Gewaltbereite, Zensurwillige, Mundtotschläger.

Konnten sich die heutigen vier Evangelien nur deswegen (auch gegen frühkirchliche Zensur) behaupten, weil sie nicht die historische Wahrheit wiedergaben, sondern aus dem Rebellen einen kreuzbraven Bestätiger der patriarchalen Zustände im Himmel wie auf Erden machten? Ich zweifle je länger, je lieber daran, daß Jesus aus Galiläa, ein Mensch mit proletarischen Kraftausdrücken, der notorische Jasager und zweite Abraham war, der zu allem, was ihm zugemutet wurde, »Amen, lieber Vater« sagte. Ich wäre froh, ließe sich im Laufe der Zeit beweisen, daß frühe Gemeindechristen eine interessengeleitete Perspektive hatten und die Chose einfach andersherum erzählten: Die Trotzworte eines Rebellen erscheinen dann im Text des Evangeliums verfremdet als Fragen, die den Gegnern, Juden, Pharisäern, Schriftgelehrten, in den Mund gelegt werden. Sie sind allerdings so ungeschickt gestellt, daß sie sich von den salbungsvollen Antworten »Jesu« widerlegen lassen, diesen erst recht interessengeleiteten Erfindungen.

Mit irgendeinem Menschen namens Jesus, der vor zweitausend Jahren lebte, und seinen Worten, Interessen, Zielen haben die aus etwa achtzig konkurrierenden Versionen ausgesonderten Evangelien nach Matthäus, Markus, Lukas, Johannes so gut wie nichts zu tun. Nicht eines seiner Worte wurde direkt aufgezeichnet. Was Jesus gesagt hatte, kursierte mündlich. Nach seinem Tod waren nur Einzelstücke im Umlauf, Gleichnisse, Sprüche, Spruchgruppen. Wann Jesus was gesagt, wie er es genau gemeint hatte, war zum Zeitpunkt, da die Jünger schrieben, nicht mehr bekannt. Kein Evangelium ist von einem Augenzeugen verfaßt, die Verfasser dieser Texte sind Zeitgenossen einer späteren Generation, historisch unbekannte Personen. Bei keinem von ihnen handelt es sich um einen der gleichnamigen Apostel. Und Paulus hat Jesus gar nicht gekannt; er interessiert sich auch nicht für ihn.

Da weder das Wann noch das Wo, noch das Wie festgehalten werden konnte, durften die Späteren Stück um Stück, Wort um Wort glätten, umgruppieren, ergänzen. Wunder wurden hinzugedichtet, passende Sinnstücke und »Herrenworte« desgleichen, Aussagen wurden in ihrer Zielrichtung gegen die momentanen Gegner gewendet, Orts- und Zeitangaben stimmen nicht. Was heute als Heilige Schrift des Zweiten, des Neuen Testamentes betrachtet wird, ist ein bereits beträchtlich über Zeit und Person Jesu hinausentwickeltes, aus gläubigem Überschwang und gemeindlicher Interessenlage entstandenes Produkt, eine Sammlung von Erbauungs- und Missionsschriften, wie sie etlichen nützlich erschien, vor allem dem Paulus und seinem Kreis. Nicht ohne Grund warnt der Begründer des Paulismus (wie das Christentum genauer hieße) in frühester Zeit davor, einen anderen »Jesus« als den seinen zu predigen (2 Ko. 11,4). Und noch ein wenig später gibt es in solchen Fragen auf den ersten Konzilien der Christenheit regelrechte Schlägereien mit Toten und Verletzten; das Konzil zu Ephesus im Jahre 449 heißt sogar Räubersynode. In der Frühzeit des Christentums fanden sich eben Dutzende von Evangelien, die fast alle gleich unverdaulich waren. Die Mehrzahl verwarfen die Jünger, angeblich unter dem Einfluß des Heiligen Geistes, wegen ihrer Albernheit. Vier behielten sie, nach grausamen Konflikten unter Brüdern. Gäbe es keine Anhaltspunkte, fragt Diderot, Albernheit auch bei diesen vieren anzunehmen?

Mein Jesus, dein Jesus, »unser Christus«? Der Mann aus Galiläa scheint seinen Jüngern nicht weniger unheimlich gewesen zu sein als seinen Gegnern. Wie wäre es mit einer Kleiderständerthese? Sie ist nicht schlechter als die im zweitausendjährigen

Interpretationswettbewerb angefallenen Theorien zum »Leben Jesu«: Entweder lebte kein Jesus, oder es war von ihm so gut wie nichts bekannt, er selbst am Kreuz vernichtet. In jedem Fall konnte er blendend als Kleiderständer oder Gefühlsschablone fungieren. Auf diesen Wunsch- und Wundermann »Jesus« (ich nenne ihn deshalb in Anführungsstrichen) durfte bereits in den Evangelien alles projiziert werden, was individuell und gemeindlich erfordert war: Heroenkult, Wunderberichte, Heldenblutsagen, Legenden. Und später, beginnend mit den Zeiten eines Kirchenstifters namens Paulus, konnten die untereinander wie selbstverständlich zerstrittenen Interessierten alle Glaubenssätze und Moralen wiederum auf diesen einen abladen. Der Kleiderständer »Jesus« (bald auch »Christus«) hielt still, ließ sich beladen, brach nicht unter der fremden Last zusammen.

Ein solcher Gehorsam wider des »Jesus« paßt vielleicht nicht zu einem lebendigen Menschen, schon gar nicht zu jenem einzelnen, der die Chance gehabt haben könnte, sich im Milieu des Patriarchats von ebendiesem abzusetzen und ein Zeichen für alle Zukunft zu geben. Doch fügt sich der umgedrehte Gehorsam dieses Menschen auffallend gut in die Interessenlage der Bibel und in die Jünger-Predigt ein. Schon zu Beginn erhebt sich die neue Religion nicht einen Deut über grundsätzlich patriarchale Vorgaben. Ihr »Jesus« kennt keinen Widerstand, keine Rebellion gegen Autorität, es sei denn gegen »falsche« (jüdische, pharisäische). Dafür fließt er über von Gehorsam gegen die richtige, letzte Autorität, lebt aus dem Einverständnis mit dem fremden Vaterwillen. Angeblich bis zuletzt, bis zur Folter der Geißelung. Erst recht gehorsam geht er in den vom Vater gewollten Mord und damit in den schließlich akzeptierten Freitod hinein.

Ob der historische Jesus ein gewaltbereiter Aufrührer war, kann bis heute nicht entschieden werden. Auch die neueren

Forschungen, die auf dem Hintergrund Qumrans das in den Kirchen gezeichnete Bild eines friedlichen Seelenhirten und sanften Opferlammes kompromittieren, führen hier nicht weiter. Was festgehalten werden kann: Die Interessen eines Menschen namens Jesus wurden ebenso wie seine eventuelle Unschuld von den Interessen gewalttätiger Jünger zerstört und als zerstörte, verfremdete niedergeschrieben. Hier, wo es sich nicht um Jesus, sondern um »unseren Jesus« handelt, hat Gewalt ihren Platz.

Kein Mann des Friedens erwünscht?

Die Kunstfigur »Jesus«, die das Neue Testament schuf, führt kein gewaltfreies Leben. Sie ist von Gewalttat umgeben und predigt selbst Gewalt. Die »ewige Resignation, eine ewige Milde, die ewige Lammesdemut, das ewige ›Brüderlein‹ und ›Kinderlein‹ und ›Liebet Euch unter einander‹, und nichts wie Mitleid und Kopfhängen und Wunden und Schmerzen« sind Zutaten späteren Kitsches, wie er bis heute kirchliche Religionspädagogik verunziert. Rings um das Leben »Jesu« ist Gewalt aufgehäuft, subtil um den einzigen Sohn geschichtet. Denn nicht alles ist so notwendig wie die Unfallstories, die von Gewalt sprechen, für die niemand kann, zum Beispiel der Einsturz eines Turmes, der achtzehn Menschenleben fordert (Lk. 13,4). Mancher Schrecken ist komponiert; Grausamkeiten passen offenbar ins Jünger-Bild.

Ein paar wörtlich genommene Beispiele aus einem Evangelium, das für seine Wundergeschichten und die bewußt literarische Anlage bekannt ist. Sein angeblicher Verfasser Lukas wird als der vornehmste Autor des Neuen Testaments, als anziehende Persönlichkeit, als Mensch mit ausgeprägtem Feingefühl beschrieben. Er liebt es, Wörter nach ihrem Sozialprestige zu wählen, meidet Ausdrücke, die auch schon von weitem nach Unterschicht schmecken. Bei ihm ist von Vornehmen, führenden Männern, von Würde die Rede; im Gleichnis vom verlorenen Sohn kann der Vater es sich leisten, ein fettes Kalb zu schlachten. Was dieser Lukas zu berichten hat?

Schon vor der Geburt »Jesu« bestraft Gott Zacharias, den Vater des Täufers Johannes, wegen seines Unglaubens mit Stummheit (Lk. 1,20). Die mit Sinn für wirkungsvolle Sentimentalität erfundene Krippengeschichte »Jesu« baut auf der Tatsache menschlicher Gewalt auf: Verstockte sagen, es gebe keinen Platz in der Herberge (Lk. 2,7). Die Herrlichkeit des Herrn macht den Hirten auf dem Feld zunächst einmal angst; der Engel muß ihnen sagen, sie sollten sich nicht fürchten (Lk. 2,10). Bei der Beschneidung im Tempel, da »Jesus« als Zeichen zum Widerspruch und zum Fall vieler vorgestellt wird, erfährt Maria, daß ein Schwert ihre Seele durchdringen wird (Lk. 2,35). Der zwölfjährige »Jesus« bereitet den Eltern Schmerzen (Lk. 2,48), weil er im Tempel zurückbleibt. Herodes legt Johannes den Täufer in Ketten (Lk. 3,20) und läßt ihn köpfen (Lk, 9,9); sein Vater hatte nach Meinung eines Evangeliums schon die angebliche Flucht nach Ägypten auf dem Gewissen und zudem unschuldige Kinder grausam einfangen und umbringen lassen, weil er des Jesuskindes nicht habhaft werden konnte (Mt. 2,16 ff.). Die Einwohner von Nazareth führen »Jesus« auf einen Berg, um ihn in den Tod zu stürzen (Lk. 4,29). Jünger legen »Jesus« nahe, ein unbußfertiges Dorf kurzerhand mit Feuer vom Himmel zu vernichten (Lk. 9,54). Praktizierende Juden sind schlicht ein Greuel vor Gott (Lk. 16,15). »Jesus« ist, aus Anlaß der Tempelreinigung, unter den Händlern aktiv gewalttätig (Lk. 19,45).

Und es gibt Beispiele für die spezifische Gewalt »Jesu«, die sich nicht nur darin bezeugt, daß er seine Gebote mit Höllendrohungen absichert: »Als er allein war, befragten ihn Jünger über die Gleichnisse. Da sprach er zu ihnen: Euch ist das Geheimnis vom Reich Gottes gegeben. Jenen da draußen wird es in Gleichnissen zuteil, damit sie sehend sehen und doch nicht schauen, und hörend hören und doch nicht verstehen, damit sie nicht etwa umkehren und Vergebung finden« (Mk. 4,10–12). Nichts anderes als ein Jünger-Bericht, der selbst die ansonsten überall beworbene Erlösung einschränkt, auf seinesgleichen beschränkt, für Verstehende reserviert und die da draußen ihrem Schicksal überläßt! Nicht zufällig ist gesagt worden, daß es »Jesus« ganz offensichtlich »an Mitgefühl und Wissen um die tragische Situation, in der Menschen leben«, fehlt.

»Während er noch zu den Volksscharen redete, siehe, da standen seine Mutter und seine Brüder draußen und wollten ihn sprechen ... Er sagte: Wer ist meine Mutter, wer sind meine Brüder? Und streckte seine Hand aus und zeigte auf seine Jünger: Siehe, meine Mutter und meine Brüder. Denn jeder, der den Willen meines Vaters im Himmel tut, ist mir Bruder, Schwester, Mutter« (Mt. 12,46–50). Bei Lukas liest es sich ähnlich: »Es rief eine Frau aus der Menge ihm zu: ›Selig die Frau, deren Leib dich getragen und deren Brust dich genährt hat!‹ Er aber erwiderte: Selig sind vielmehr die, die das Wort Gottes gehorsam hören« (Lk. 11,27f.). Diese Reden schlagen menschlichem Empfinden ins Gesicht; sie sind nur mit Hilfe einer inhumanen Deutung zu retten. Der mühselig anerzogene und mühevoll erworbene Gehorsam dem Vater-Gott gegenüber soll immer besser als die natürliche Liebe selbst zur eigenen Mutter sein. Die Frau, deren Mehrbesitz (Brust und Schoß) jene Ruferin von Frau zu Frau preist, wird in patriarchalen Verhältnissen und Religionen grundsätzlich abgewertet: Solche Vorzüge gegenüber den Männern dürfen in der Männergesellschaft nur als Minderbesitz gelten.

Das Evangelium macht keine Ausnahme. Die neue Religion hebt sich nicht von ihren Vorgaben ab. Kein Zufall, daß der Jünger-Jesus keine anerkennenden oder gar liebevollen Worte für seine Mutter findet. Sie ist für ihn die Gebärende, das Weib – eine Anrede, die für die Ohren seiner Zeitgenossen noch skandalöser klingen mochte als für uns. Und der ehrgeizigste Jünger Paulus hält diese Maria offenbar für so belanglos, daß er nicht einmal ihren Namen nennt.

Der historische Jesus war nicht das Kind einer Jungfrau. Die Diskussionen um eine Jungfrauengeburt sind typisch provinziell; sie führen nirgendwohin, haben keinen oder nur einen beigelegten praktischen Sinn für den Glauben. Der Boden der Realität: Dieser Mann, ein jüdischer Prediger (wie ihn das *New Shorter Oxford English Dictionary* bestimmt), stammt aus einer Verbindung zwischen einer Frau namens Maria und einem Mann mit Namen Joseph. Er selbst sagte nicht ein einziges Mal etwas anderes. Doch der aufkommende und lyrisch ausbaufähige »Jesus«- und Marienkult mußten Legenden präsentieren. Schließlich konnte der Heiland der Welt nirgend anders als an wunderbarem Ort geboren sein, zu dem Hirten, Weise und Engel wallfahrteten. Und noch etwas später: Die Trägerin des neuen Frauenideals der Christenheit sollte nicht als Witwe eines jüdischen Zimmermanns identifiziert werden können.

Ein Blick auf die spätere Jüngerschaft: Die Inquisition nannte einen ihrer gräßlichsten Folterapparate »Eiserne Jungfrau« oder »Schmerzensreiche Gottesmutter«. Es handelte sich um eine in Frauenform gegossene hohe Gestalt aus Eisen, in die der Ketzerei Verdächtigte hineinsteigen mußten, um langsam von spitzen Dornen gefoltert oder zu Tode gepreßt zu werden.

Auch daß »Jesus« unverheiratet gewesen sein soll, ist kaum historisch. Es hatte aber seine Jünger-Methode, daß er zu einer Art männlichen Jungfrau stilisiert wurde. Sexualität mit ihm oder mit einem seiner Gefolgsleute zu verbinden erschien einer Kirche unpassend, die von Eunuchen um des Himmelreiches willen gegründet (Paulus!) und gelenkt wurde. Wieviel Unheil dieses Vorgehen über konkrete Menschen brachte, bezeugen Geschichte und Gegenwart des Zölibats. Das aber schert richtige Jünger kein bißchen. Was sie wollen: Alles muß interessenbestimmt, geplant und entsprechend verortet sein. Natürliche Familienbande waren daher, kostete es, was es wollte, aus Sicht der Jünger-Söhne zu zerstören, auf daß sich neue Vaterschaft und Sohnschaft durchsetzten. Nun spricht bloß noch »Jesus«, also nicht der Sohn einer lebendigen Frau, nicht der Vater eigener Kinder, sondern ein asexuell zugerichteter, zu einem Lebewesen ohne Frau und Kinder umgedrehter Sohn des patriarchalen Gottes. Diese Rede liegt im Interesse jener Jünger, die wichtiger sein wollen als alle anderen und die deswegen nicht nur auf ihren Gehorsam pochen, sondern auch auf den zu erwartenden Lohn.

Kein Wunder, daß die Feindesliebe »Jesu«, nicht gerade eine neutestamentliche Spezialität, von ihrem vermeintlichen Erfinder mehr gefordert als verwirklicht wird. Die Worte gegen seine Gegner, die dieser Heiland finden darf, wirken nachdrücklich schroff, und der größte Morallehrer aller Zeiten ist häufig bar jeden Erbarmens. »Ihr habt den Teufel zum Vater«, lassen ihn die Jünger zu den jüdischen Gegnern sagen, »und ihr wollt genau das tun, was jener will, dieser Mörder von Anbeginn« (Jo. 8,44). Diese Stelle richtet sich nicht gegen Massenmörder, wie vermutet werden könnte, sondern an Menschen, deren Nachkommen – nicht zuletzt unter Berufung auf diesen kriminellen

Text – von späteren Jüngern, Christen, erbarmungslos verfolgt und vernichtet wurden!

Den »Heiden« ergeht es wenig besser. Ihr Gebet heißt der Erlöser der Welt abschätzig Geplapper (Mt. 6,7), bevor er zum patriarchalen Hochgebet »Unser Vater« ansetzt. Derselbe Meister dürfte die »Heiden« der Welt meinen, wenn er davon spricht, die Jünger sollten das Heiligtum nicht den Hunden geben und die Perlen nicht vor die Säue werfen (Mt. 7,6). Er geht sogar so weit, eine griechische Frau anzuherrschen, die ihn um die Heilung ihres Kindes bittet: »Füttern wir erst die eigenen Kinder; es gehört sich nicht, denen das Brot zu nehmen und es Hunden vorzuwerfen!« (Mk. 7,27). Erst als die Mutter sich erniedrigt und mit den Hunden vergleicht, erbarmt sich der Wundertäter. Wahrscheinlich findet sich kein anderer religiöser Führer als »Jesus«, dessen Botschaft so voller Drohungen gegenüber Andersdenkenden und so voller Verheißungen für Anhänger ist. Auf diesem Humus mußte die Folterbereitschaft vieler überzeugter Christen aufschießen und gedeihen.

In dem fundamentalistisch angelegten Evangelium nach Matthäus, das als Lieblingsevangelium der katholischen Kirche bezeichnet wurde, werden Andersdenkende niedergemacht: Das Judentum ist, falls es außerhalb der bekehrten Gemeinde »Jesu« bleibt, verstockt und sündig; seine Sprecher sind Heuchler, blinde Narren, Schlangen, Natterngezücht, Kinder des Teufels, der Hölle. Bei Matthäus stehen die beiden Stellen, die in der Geschichte des Christentums als Rechtsgrundlage für die Verfolgung und Ermordung der Juden herhalten mußten: der Satz von der Verstoßung zugunsten der wahren Jünger (Mt. 21,43) und die sogenannte Selbstverfluchung der Juden (Mt. 27,25). Das dort genannte Blut »Jesu« kam in der Tat »über uns und unsere Kinder«! Doch wer vergoß es, wenn nicht die Christen?

Auf wen, wenn nicht auf diese, wollte und konnte sich Hitler berufen?

Keine Ausnahme. Auch das späte Evangelium nach Johannes, das wegen seines intellektuellen Niveaus als Meisterleistung gepriesen und von Luther als das »einzig zarte, recht Häuptevangelion« den drei anderen vorgezogen wird, ist von einem generellen, grundsätzlichen Antijudaismus gekennzeichnet. Die Kunstfigur, wie Johannes sie benutzt, ist verbal äußerst gewalttätig: »Jesus« beschimpft und verdammt seine Landsleute, wo immer er mit ihnen zusammentrifft. Er spricht ihnen jedes Gottesverständnis ab (Jo. 5,37f.). Hin und wieder tut er, der geborene Jude, sogar so, als seien sie für ihn Fremde und Ausländer. Es ist auszuschließen, daß dieses wohl erst zu Beginn des zweiten Jahrhunderts entstandene Evangelium ein authentisches Jesus-Wort oder eine Botschaft des historischen Jesus enthält. Die Distanz »Jesu« zum auserwählten Volk ist streng, weil die neue Gemeinde, die sich mittlerweile noch höher erwählt sehende Jüngerschaft, es so will. Jetzt ist der Graben zwischen Christen und Juden aufgerissen, und Christen, nicht Juden, waren es, die ihn gruben. Jetzt wird nur noch auf die Gegner eingeschlagen.

Paulus, eine zunächst für ihr »schnaubendes Drohen und Morden« (!) gegen die Jünger berüchtigte Persönlichkeit, wird nach seiner Bekehrung den krassen Antijudaismus fortsetzen und steigern. Sein Haß ist allerdings, ebenso wie sein Denken in Kategorien der Endlösung (1. Thess. 2,15f.), nur ein Beispiel für die Gewaltbereitschaft von Christen gegenüber Andersdenkenden. Die Kirchengeschichte wird es beweisen.

Wer gewohnt ist, das Evangelium als Gotteswort zu betrachten, und wer mit ansieht, wie kostbare Evangeliare in Domen beweihräuchert und einer feierlichen Prozession vorangetragen werden, darf sich ruhig auch einmal solcher Inhalte erinnern. Immer wieder finden sich Stellen im Neuen Testament, die einen »Jesus« zeigen, dem die Gewalt seiner Schöpfer zugelegt wird. Diese wiederum wird legitimiert durch das bereits erwähnte Bild von »unserem Gott«, aber auch durch eine besondere Anlage, die ich den Jünger-Trieb heiße. Er findet sich bei Menschen mit »kleinen Geistern und umfänglichen Seelen«, lebt auf, wo »schwüles Herz und kalter Kopf zusammentreffen«, hat stets schlimme Konsequenzen für Nichtjünger und ist nicht selten lebensgefährlich. In Form von Glaubensbefehl, Missionsbefehl und Taufbefehl brachte er Millionen Menschen Folter und Tod.

Ein Beispiel, das Feuer: »Jesus«, der allem Anschein nach seine Existenz nicht weniger als seine Worte einem bestimmten Trieb verdankt, scheint die Flammen zu lieben. Seine Botschaft ist voll von feurigen und feuerähnlichen Stellen. Schließlich sagt er von sich selbst: »Ich bin gekommen, um Feuer auf die Erde zu werfen. Und was will ich anderes, als daß es brenne!« (Lk. 12,49). Welches Feuer mochte er meinen? Ein reales? Ein geistiges? Wer auf die Kirche schaut, kann mit Fug und Recht sagen: Das eine ja, das andere nein! Von realem Feuer war in der Kirchengeschichte nicht nur die Rede; Hunderttausende mußten es am eigenen Leib verspüren. Um so seltener war geistiges Feuer zu spüren, das Jünger angezündet und am Brennen gehalten hätten.

Ein durchweg fundamentalistisch agierender »Jesus« spricht, wenn er in Sachen Gewalt tätig ist, auch von seinem Krieg, von seiner Gewalt auf der Welt und mitten durch die Familien hindurch: »Glaubt nicht, ich sei gekommen, um Frieden auf die Erde zu bringen. Ich kam nicht, Frieden zu bringen, sondern das Schwert. Ich kam, den Sohn mit seinem Vater zu entzweien, die Tochter mit der Mutter, die Schwiegertochter mit der Schwiegermutter. Und die Feinde des Menschen werden seine eigenen Hausgenossen sein« (Mt. 10,34–36). Nicht gerade buchstäblich zu glauben? Einer ständigen Deutung bedürftig? Schon die Antwort auf diese Fragen läßt einen ins Grübeln kommen. Und darüber hinaus: Reicht die Jünger-Legitimation aus? Heiligt der höhere Zweck alle Mittel? Darf der Wille »unseres Gottes« den übrigen Menschen alles antun, Feuer werfen, Familien zerstören, Opfer fordern? Wird verlangt, wir sollten diese Worte, die das Neue Testament seinem Heiland in den Mund legt, nicht gar so grausam wörtlich nehmen, dürfen wir zurückfragen, weshalb dann seine Menschenliebe und Erlösung (die Auferstehung eingeschlossen) wörtlich genommen werden sollen.

Erklärt die biblische Vorstellung vom nahenden Ende viel von der Härte und Grausamkeit des Evangeliums? Wer so zeitbezogen argumentiert, vergißt nicht nur die Geschichte der Jüngerschaft, sondern auch manche Predigt. Diese macht sich die einschlägigen Stellen wohlfeil zu eigen; sie ist sogar imstande, die nach innen und außen Gewaltbereiten erneut zu mobilisieren. Es ist charakteristisch für Jünger eines jeden Herrn, gehorsam und grausam in einem zu sein und genau dafür noch belohnt werden zu wollen.

Niemand wird die angeführten Stellen für eine erschöpfende Darstellung »jesuanischer« Gewalt halten; niemand wird leugnen können, daß »Jesus« fundamentalistische Züge aufweist und die entsprechenden Haltungen bei den Jüngern vorzufinden liebt, die ihn nach ihrem eigenen Bild schufen und mit Gewalt gegen bessere Modelle des Menschseins durchsetzten.

Was kommen wird, führt sich schief ein: »Da entgegneten ihm einige der Schriftgelehrten und Pharisäer: Meister, wir wollen ein Zeichen sehen von dir. Er aber antwortete: Ein böses und ehebrecherisches Geschlecht fordert ein Zeichen, aber es wird ihm kein anderes gegeben werden als das des Propheten Jona …« (Mt. 12,38 f.). Gemeint sind zum einen die drei Tage, die der Prophet – biblisches Seemannsgarn! – im Bauch eines Fisches verbracht haben soll. Zum anderen wird, aufgrund später erworbenen Glaubens, auf die drei Tage verwiesen, die vorgeblich zwischen Kreuzestod und Auferstehung »Jesu« liegen. Die Komposition erscheint ziemlich gewagt. Sie hantiert, wenn sie von »drei Tagen« spricht, mit unhistorischen Daten. Und zumindest der konstruierte Zusammenhang zwischen dem Fischwunder und den Passionslegenden erweckt Verdacht: Ist schon die Jonageschichte frei erfunden, könnte dies auch im Fall von Tod und Auferstehung so sein.

Folgeträchtiger noch ist die andere Aussage: Angesprochen werden nicht die realen, sondern die von einer Interessenlage her definierten Gegner. Anstelle der Römer sind Juden gemeint – eine böswillige Beschuldigung. Noch schlimmer: Nicht nur einzelne sind angeklagt. Die geschichtlich folgenreiche Verdammungsrede betrifft ein ganzes »Geschlecht«. Hier ist von Sippenhaft die Rede, denn Juden sind, nach »Jesu« Wort, als Geschlecht (Volk) böse und ehebrecherisch, das heißt ihrem Bundes-Gott untreu. Wer das Evangelium der Christenheit aufmerksam las, wußte über viele Jahrhunderte hinweg, was er von diesem Geschlecht zu halten hatte und wie gewalttätig es anzugehen war. So aggressiv wird die Passion »Jesu« vorbereitet, und es geht ähnlich weiter: Die Leidensgeschichte, wie sie vier Evangelien darstellen, hat es in mehrfacher Hinsicht in sich. Da stimmen die Fakten weit weniger als die genau zu den Jünger-Interessen passende Ausschmückung und Deutung. Kein Wunder, daß Christen, kaum waren sie Angehörige einer Staatskirche, zu weiteren Fälschungen griffen. Da sich in den kaiserlichen Archiven des vierten Jahrhunderts kein Hinweis auf die Passion eines Jesus fand, wurde einer unterschoben.

Der Bericht der Evangelien, der sich Passionsgeschichte heißt, ist eine legendarisch ausgeschmückte und in vielen Details übertriebene Erzählung. Im strengen Wortsinn stellt die Geschichte keine Geschichte dar, keine Historie, sondern ein Geschichtchen, eine historisierende Erzählkomposition. Die Passion hat sich nicht so ereignet, wie die Bibel sie schildert. Die Passion »Jesu« ist nach ähnlichen Kriterien zurechtgemacht wie das Leben der Kunstfigur. Sie mußte unter anderem bestimmte Weissagungen des Alten Testaments erfüllen, um der jüdischen Welt zu beweisen, daß deren Heil mittlerweile im Evangelium des endgültigen Glaubens angebrochen sei.

Den Jüngern stand so gut wie kein historisches Material zur Verfügung; die Vorstellung, Jünger hätten einen biographischen Stoff zur Hand gehabt, als sie »die Passion« zu beschreiben begannen, ist falsch. Augen- und Ohrenzeugen fehlen auch hier, und Paulus muß sich ausschweigen. Ich nenne Beispiele: Einen aufsehenerregenden Prozeß »Jesu«, wie im Neuen Testament breit beschrieben, gab es ebensowenig wie bei den tausenden anderen Verurteilten, die unter Pontius Pilatus hingerichtet wurden. Der römische Oberbeamte war entgegen der Schilderung in der Bibel keineswegs mild gestimmt, sondern ein ausgesprochen harter Richter mit Vorliebe für standrechtliche Verfahren. Da aber die Evangelisten daran interessiert waren, die Juden und nicht die Römer als Gegner »Jesu« aufzubauen, mußte der oberste Römer im Land als ein relativ guter, ja alles in allem unschuldiger, jedenfalls gerechter Richter gezeichnet werden.

Auch fand eine eigene Verhandlung vor dem Hohen Rat der Juden mit großer Wahrscheinlichkeit nicht statt. Pontius Pilatus war es, der das Todesurteil fällte und es von seinen Legionären vollstrecken ließ. Die Römer aber durften es nicht gewesen sein und mußten entlastet werden. Das blieb so: Als Paulus wenig später die Seinen an einer der berüchtigsten Stellen seiner Briefe zum Gehorsam gegen die weltliche Obrigkeit auffordert (Rö. 13,1), meint er den Staat des Kaisers Nero, gegen dessen Unrechtssystem römische Intellektuelle zur gleichen Zeit aufbegehren. Ein Vorsprung der Christenheit? Oder Anpassung von Machthungrigen an die tatsächlichen Machtverhältnisse?

Die vom Evangelium eingeführten »falschen Zeugen« sind allesamt falsch. Sie sollen die These von der Schuld der Juden stützen. Dasselbe gilt für den Vorwurf der Rechtsbeugung durch die jüdischen Richter. Im übrigen kamen spätere christliche Inquisitionsgerichte durchweg mit weniger Schuldfeststellungen (dafür mehr Folter!) als das Gericht über Jesus aus, um im Namen »Jesu« den Scheiterhaufen zu verordnen!

Ungewiß bleiben die Stunde der Hinrichtung und das Todesdatum; auch der genaue Ort der Kreuzigung ist nicht zu ermitteln. Wo heute die Grabeskirche in Jerusalem steht, dürfte er nicht gelegen haben. Daß jemals das Kreuz Jesu aufgefunden worden sei (nach dreihundert Jahren durch die Mutter des Kaisers Konstantin!), ist eine Lüge. Die auf der Welt verteilten Splitter vom wahren Kreuz sind allesamt Fälschungen. Doch der Glaube der Christenheit sieht alles etwas anders; er muß dies auch, will er sich nicht aufgeben. »Christus ist für unsere Sünden gestorben«, sagt der Verfasser des sogenannten ersten Briefes an die Korinther, »er ist begraben und am dritten Tage auferweckt worden nach der Schrift ... Ist aber Christus nicht auferweckt, ist unsere Predigt nichtig und euer Glaube auch« (1. Ko. 15,4 f. und 14). Damit sind Tod und Auferstehung »Jesu« als für die Gläubigen wesentlich definiert.

Die Evangelien sind, ähnlich wie andere Geschichtsschreibungen jener Zeit, nicht an der historischen Wahrheit interessiert. Hier schrieben keine neutralen Zeugen, sondern Bekenner, die auf eine eigene Wahrheit ausgerichtet waren. Diese soll für das Wohl wie für das Wehe aller Menschen relevant sein. An ihr entscheiden sich Heil und Unheil (Mt. 12,30). Sagt ein Mensch ja zur Wahrheit der Jünger über »Jesus«, wird er von diesem gerettet. Sagt er nein, bleiben ihm Verdammnis und ewiges Feuer (Mk. 16,16). So fundamentalistisch simpel ist das selbstgestrickte Motto der Interessierten, die ihrerseits wie selbstverständlich zu den Geretteten zu gehören glauben. Eine angeblich auserwählte Gruppe setzt die Figur Gottessohn bewußt für ihre Ziele ein. Am Glauben oder Nichtglauben gegenüber dem gruppenorientierten »Jesus« soll sich das ewige Leben aller Menschen entscheiden. Diese an sich ausweglose Alternative, seit zweitausend Jahren abermillionenfach vorgelegt, kommt einer Methode stärkster Gewissensfolter gleich. Sie erniedrigte Millionen Menschen im wörtlichen Sinn zu Opfern eines Jünger-Traums.

Nach dem Willen ihrer Verfasser sind die Lehre vom Leiden »Jesu« und ihre masochistische Tendenz nicht nur nach innen bedeutsam. Sie betreffen nicht allein den Glauben der Christen an den am Kreuz hingerichteten Herrn, von dessen Auferstehung ihr Heil abhängt. Bliebe die Zielrichtung der nur zu einem verschwindend geringen Teil auf Fakten gegründeten Passionsgeschichte auf den Innenraum der Gläubigen beschränkt, könnten sich alle abwenden, die diesen Glauben nicht teilen wollen oder können; sie brauchten sich nicht weiter dafür zu interessieren. Wer nicht glaubt, könnte Kreuz und Auferstehung getrost vernachlässigen. Sie beträfen ihn nicht. Doch Jünger geben sich mit einer solchen Haltung nicht zufrieden. Sie erzählen (genauer: erfinden) nicht nur eine Geschichte, die den inneren Glauben einer Gruppe von Menschen beträfe. Ihre Erzählung ist nach außen gerichtet, gegen die anderen. Damit ist sie, unter dem Vorwand einer friedlich heilschaffenden Absicht, aggressiv gehalten. Sie trägt Möglichkeit und Realität eines Gerichts in sich. Was die sogenannte Leidensgeschichte erzählt und wie sie es erzählt, soll die da draußen treffen, die Gegner schlechthin, die auf Kreuz und Auferstehung mit Nein antworteten und damit ihr Heil verwirkten. Zum Teil büßten sie, in späterer Zeit, auch ihr Leben ein: wegen Unglaubens gegenüber den »Wahrheiten Jesu«.

Von daher gesehen, ist auch die Wiedergabe der Passion »Jesu« ein Beweis für die Aggression der Evangelien gegen Fremde. Diese werden in der Passionsgeschichte aufgezählt und geradezu gewalttätig markiert. Zu ihnen zählen an erster Stelle die Juden, die – wiederum nicht als einzelne, sondern als Volk! – in einem Ausbruch von Haß und Leidenschaft die Verurteilung und den grausamen Tod ihres Erlösers verlangt haben sollen. Dabei steht, wenn überhaupt, die Tatsache fest, daß Jesus nicht von Juden, sondern von Römern umgebracht wurde. Die Militärmacht war alles andere als die Vollstreckerin eines vorher gefaßten Urteils der Juden. Doch die tendenziöse Berichterstattung in wichtigen (nicht allen) Passagen des Neuen Testaments stellt die Fakten auf den Kopf; offenbar sind ihre Verfasser an der These von der jüdischen Kollektivschuld interessiert. Lukas läßt Hinweise anderer Evangelien auf eine Schuld der Römer aus; dieses Evangelium will in besonders konsequenter Weise aufzeigen, daß Rom nie christenfeindlich war. Und der Autor des ersten Briefes an die Thessalonicher hält sich gar nicht mehr mit

Differenzierungen auf. Seine Meinung ist ein dezidiertes Wort »unseres Gottes« und eine deutliche Verheißung: »Die haben auch den Herrn Jesus getötet und ihre eigenen Propheten und haben uns verfolgt und gefallen Gott nicht und sind allen Menschen einfach zuwider« (1. Thess. 2,15).

Neutestamentlichen Autoren, typischen Jüngern, ist jedes Mittel recht, um die verhaßten anderen zu beschmutzen. So wird behauptet, nicht nur die Gerichtsdiener, sondern auch die jüdischen Richter hätten nach Art römischer Legionäre »Jesus« ins Gesicht gespuckt, ihn mit Fausthieben traktiert und üblen Schabernack mit ihm getrieben (Mt. 26,67 f.). Solche Lügen sollen den Zorn der Leser auf den Hohenpriester und sein Kollegium lenken. Den Repräsentanten der Juden wird vom Evangelium auch die Schmähung zugeschrieben, die sie, am Kreuz vorbeiflanierend, ausstießen: »Steig doch herab, hilf dir selbst!« (Mk. 15,29 f.). Diese Legende ist mit Perfidie gewählt und in die Erzählung vom Leiden und Sterben »Jesu« einkomponiert: Einen grausam Sterbenden, um Atem Ringenden, schlimm Gefolterten noch derart zu verhöhnen muß alle erregen, die davon erfahren, und deren Haßgefühle gegen die Spötter rechtfertigen.

Besonders bösartigen und ungerechten Angriffen ist der Verräter Judas ausgesetzt. Auf ihn sammelt sich der kollektiv wirksame Schrecken, ihm gilt besonderer Haß; noch in einer Umfrage des *SPIEGEL* von 1967 waren einundneunzig Prozent der Befragten, die sonst wenig glaubten, der Meinung, Judas habe Jesus verraten. Dieser Glaube beruht auf einem der vielen Passionsmärchen, denn Judas verriet weder seinen Herrn durch einen Kuß, noch nahm er irgendein Blutgeld (Mt. 27,6), mit dem er einen Blutacker gekauft hätte, noch erhängte er sich.

Die mythische Reise, die der heilige Brendan, Patron der christlichen Seefahrt, im sechsten Jahrhundert unternommen haben will, weiß von dem Schicksal des Judas zu berichten, um die Jüngerschaft vor den Folgen des Glaubensverrats zu warnen: »Am Montag werde ich auf ein Rad gekettet und von einem Sturm herumgewirbelt. Am Dienstag werde ich an eine Egge gebunden und mit Steinen beschwert. Sieh nur, wie mein ganzer Körper zerstochen ist! Am Mittwoch taucht man mich in Pech, wovon ich ganz schwarz geworden bin, wie ihr seht, denn man hat mich aufgespießt und herumgedreht wie ein Stück Braten. Am Donnerstag werde ich in einen Abgrund gestürzt, in dem ich erfriere ... Am Freitag werde ich geschunden und gesalzen, und die Dämonen quälen mich mit flüssigem Kupfer und Blei. Am Samstag wirft man mich in ein stinkendes Gefängnis, dessen Gestank so entsetzlich ist, daß mein Herz von meinen Lippen fliehen möchte, auch ohne das flüssige Kupfer, das ich zu trinken bekomme. Am Sonntag, dem Tag des Herrn, bin ich dort, wo ich mich abkühle, aber die Teufel werden mich gleich wieder holen.«

Auch dieser Folterbericht gründet auf dem Haß der Judaslegende. Wie kriminell muß das Denken und Fühlen einer Gruppe von Erwählten sein, das sich nicht scheut, einen Menschen gegen besseres Wissen als Verräter und Selbstmörder zu brandmarken? Eigener Vorteile wegen handfest zu lügen? Den Namen eines anderen um eines angeblich höheren Zweckes willen bis heute zu beschmutzen? Gilt das Wort »Jesu«, der Mensch müsse für jedes seiner Worte Rechenschaft ablegen (Mt. 12,36), nur für alle anderen, nicht aber für die unverantwortlich Redenden des Neuen Testaments?

Aus deren Drohbotschaft zitiere ich eine winzige Judasgeschichte: »Von seinem Sündenlohn erwarb sich dieser ein Grundstück, stürzte kopfüber, sein Leib barst mitten auseinander, und alle Eingeweide fielen heraus ...« (Apg. 1,18). Und den vom Verfasser selbst hergestellten Zusammenhang mit dem Alten Testament: »Aus dem Gericht gehe er verurteilt hervor, selbst sein Gebet werde zur Sünde … Seine Kinder sollen zu Waisen werden und seine Frau zur Witwe. Unstet sollen seine Kinder umherziehen und betteln, aus den Trümmern ihres Hauses vertrieben. Sein Gläubiger reiße all seinen Besitz an sich, Fremde sollen plündern, was er erwarb. Niemand sei da, der ihm die Gunst bewahrt, keiner, der sich der Waisenkinder erbarmt!«

Wem dieser fromme Wunsch nicht genügt, der höre auf Luther: »… ich muß denken, da Judas Ischariot sich erhenckt hatte, da ihm die Darme zerrissen, und wie den Erhenckten geschieht, die Blase zerborsten, da haben die Juden ihre Diener mit güldenen Kannen und silbernen Schüsseln dabeigehabt, die Judas' Pisse sampt dem anderen Heiligthumb aufgefangen, darnach untereinander die Scheiße gefressen und gesoffen …« Es wird damit noch peinlicher: Mit dem Namen Judas lassen sich schlimme Assoziationen verknüpfen, und es wäre offenbar zuviel verlangt von Christen, nutzten sie die Chance nicht. Aus dem einen werden daher die vielen, die Judasse, die Juden. Judas, der Ewige Jude, der Prototyp der Treulosigkeit. Elf Apostel gehören zur neuen Gemeinde, einer zieht die Finsternis des (jüdischen) Unglaubens vor. Dieser wird von den übrigen so stark gehaßt, daß das Johannesevangelium die Aussage wagt, der Teufel sei in ihn gefahren. Damit ist die Verteufelung eines einzelnen – und aller, die ihm in der Judastypologie der Kirchengeschichte zugeordnet werden! – mitten in der Frohbotschaft der Christenheit abgeschlossen. Und »Jesus« hätte dies nicht verhindern können? Damals nicht, bei Judas, und auch später nicht?

Zur Erinnerung: Begann zu mittelalterlichen Zeiten, die noch immer keine vergangenen Zeiten sind, die Osterfeier der Christen, wurden die Häuser der Juden verrammelt. Denn die Freude am auferstandenen Jesus konnte immer wieder in Haß umschlagen. Der ein Kirchenjahr hindurch aufgestaute Zorn entlud sich nicht selten; es war ein buchstäblich mörderischer Zorn. Der Vorgang hat Methode. Noch immer gilt der vorgebliche Verrat an »Jesus« als schimpflichstes Vergehen. Längst weiteten sich seine Inhalte aus: Was immer Kirchenleute mit »unserem Herrn« in Zusammenhang bringen, kann von ehemaligen Jüngern verraten werden: Evangelium, Dogmenglaube, Kirchenzugehörigkeit, Priestertum. Der Haß der Jünger trifft nicht zufällig gerade jene besonders stark, die einmal zum Vaterhaus gehörten und nicht mehr zurückkehren wollen. Sie sind, in der Diktion der vermeintlich Treuen, nach neutestamentlich gehässigem Vorbild Judasse, Negativfiguren, Unpersonen.

Nichts änderte sich an der Mentalität der Christenheit, seit die Evangelien den Haß auf einen Verräter ihrer Sache niederschrieben. Wer die Gruppe der Gläubigen verläßt, ist zur Gewalttat freigegeben. Nun kann die eigene Aggression auf jene anderen projiziert werden, denen Böswilligkeit, Unglaube, Verrat unterschoben sind. Folter wie Mord an solchen sind gerechtfertigt. Das böswillig erzählte Gleichnis von den »bösen Winzern« (Lk. 20,9–19) spricht aus, was Jünger denken und fühlen: Der Besitzer eines Weinbergs (Gott) vergibt diesen an Pächter (Juden). Von Zeit zu Zeit schickt er seine Gesandten (Propheten), um die Pacht einzuziehen. Doch die Pächter mißhandeln regelmäßig die Boten. Schließlich sendet der Herr seinen einzigen Sohn. Aber der Erbe wird umgebracht. Da greift der Besitzer zu, tötet die Pächter und vergibt den Weinberg neu (an die »Jesus«-Getreuen).

Das Gleichnis deutet nicht nur einen Bezug auf die Hohenpriester und Schriftgelehrten an, sondern es ist sehr raffiniert auf die Passion »Jesu« zugeschnitten. Daher kommt es unverblümt zu seinem Ziel, das für das Selbstverständnis von Jüngern konstitutiv ist. »Unser Gott« selbst wird sich für den Mord an »unserem Herrn« rächen und die Frevler umbringen. Für sie treten zudem die aus der Geschichte bekannten Straffolgen ein: die Zerstörung des Tempels und der heiligen Stadt Jerusalem. Wir aber werden alles erben ...

Jerusalem muß fallen, wenn Rom der Nabel der Welt sein soll. Der Jerusalem-Komplex Roms ist uralt. Und nun ausgerechnet Jesus ein Jude? Und noch immer kein Glaube bei den Juden an diesen Messias? Christen reagieren mit ungläubigem Staunen und oft auch gereizt auf eine einfache historische Tatsache: Ihr neuer Glaube bleibt ohne seine jüdischen Wurzeln unvollständig. Das Judentum ist demgegenüber sehr wohl auch ohne »Jesus« mit sich selbst identisch. Es bedarf noch immer keiner Bekehrung. Dieser Sachverhalt macht Christen ärgerlich und wütend.

Ich fasse zusammen: Schon ein bißchen viel Haß an heiligster Stelle, mitten im Neuen Testament, mitten in der Erzählung vom Leiden und Sterben »Jesu«. Ziemlich viel Haß bei denen, die sich auf die Liebe berufen und ihren Kritikern bis heute Haß bescheinigen. Sehr viel historisch faßbarer Haß gegen Gegner, Anlaß genug, vor der eigenen Türe zu kehren.

Das Entsetzen von Golgotha

Bedingungslose Flucht der Getreuen, ein Mensch allein gelassen, verraten und verleugnet, Todesangst, Angstschweiß, Blutstropfen, die zur Erde fallen, langwierige Verhöre, ein Räuber vorgezogen, Schuldspruch, Spott, Geißeln, Dornenkrone,

Kreuzigung, qualvoll langsamer Tod, Ruf nach Gott, Finsternis, Katastrophe auf Erden. Auch heute noch, nach fast zweitausend Jahren, kennen die meisten, auch viele Nichtchristen, die Erzählung über das Leiden und Sterben eines einzelnen von uns. Was sich auf dem Höhe- und Schlußpunkt der Passion »Jesu« abspielt, ist eine Abfolge nackter Grausamkeiten. Diese verteilen sich auf Menschen und auf Gott, wobei letzterem eine Hauptschuld, wenn nicht die Alleinschuld am Foltertod zugewiesen werden muß.

Warum hatte es ausgerechnet das Kreuz zu sein, das den Sohn Gottes ereilte? Das jüdische Recht kannte vier Arten der Todesstrafe: Steinigung, Verbrennung (Erstickung mit einer brennenden Fackel, die dem Delinquenten in den Mund gesteckt wurde), Enthauptung und Erdrosselung. Die Kreuzigung war zu Zeiten Jesu durchweg eine römische Hinrichtungsart, die Geißelung gehörte, als Selbstverständlichkeit, in deren Vollzug hinein. Noch heute ist bekannt, welche Arten von Geißeln und Peitschen verwendet wurden und wie viele Schläge erforderlich waren, um einen Menschen zu foltern oder totzuschlagen. Hören wir von Geißeln, fallen uns Bilder von der Geißelung »Jesu« ein, von einem blutüberströmten Mann im Spottmantel, die Dornenkrone auf dem Kopf, die wehrlose Haut zerrissen. Diese Erinnerung ist einseitig: Peitschenschläge sind Erziehungsmittel in patriarchalen Gesellschaften; hier ist Gewalt gegen Frauen und Kinder eine alltägliche Erscheinung. Entsprechend verbreitet ist die Kultur der Geißel: Wie viele Tempel und andere öffentliche Bauwerke zum Beispiel mögen sich dem Gebrauch der Peitsche verdanken? Ein König des Alten Testaments droht dem Volk an (1. Kö. 12,2), er werde, nachdem seine Väter mit Ruten gezüchtigt hatten, künftig mit Skorpionen schlagen, das heißt mit geflochtenen Peitschen, die Eisenköpfe und Stacheln trugen, welche sich wie Angelhaken ins Fleisch bohrten.

Beispiele aus dem Einflußbereich des Christentums? Unter allen Martern fand die Geißelung von Erwachsenen die schnellste Verbreitung in Europa; in Rußland, wo als legale Strafe bis zu fünfhundert Schläge hintereinander verabreicht wurden, hielt sie sich bis ins neunzehnte Jahrhundert. Erst 1820 wurde in England die öffentliche Auspeitschung von Frauen verboten; die Züchtigung von Meuterern, Trunkenbolden und Vagabunden war damit keineswegs zu Ende. Einmal mehr waren es vorgeblich sexuelle Verfehlungen, die patriarchale Täter mit Vorliebe Peitsche und Geißel schwingen ließen; noch 1871 wurden Prostituierte in Paris öffentlich ausgepeitscht. Ein »Werkzeug der göttlichen Vorsehung« war den Herren in die Hand gegeben; es richtete sich gegen alle da unten, gegen untreue Ehefrauen, Sklaven, Unzüchtige. Eine Verordnung von 1679 schrieb beispielsweise vor, daß alle, die mit einer Geschlechtskrankheit in ein englisches Hospital eingeliefert wurden, zunächst einmal gründlich ausgepeitscht werden mußten. Religiös begründete Anweisungen für die Pflanzer in Kuba erläutern im achtzehnten Jahrhundert jedes Detail der Auspeitschung von Sklavinnen, deren Unterleiber zunächst einmal mit Roßhaarhandschuhen vorbehandelt werden sollten. Ein Buch von 1698 empfiehlt die Geißel aber auch für den Hausgebrauch: als Arznei gegen Melancholie, Wutanfälle, schlechte Augen, Ohren und Zähne, Kropf und Fehlgeburten. Die Geschichte dieser Leibesstrafe, aber auch des freiwilligen Gebrauchs der Peitsche ist noch nicht geschrieben.

Ebensowenig wie die Geißelung als ehrenvolle Folter galt, ist der Tod am Kreuz kein Märtyrertod, der Ehre eingetragen hätte. Die Kreuzigung, von Persern, Puniern, Griechen und Römern praktiziert, eine für die Antike anstößige Angelegenheit, war auch für die Römer trotz ihrer eigenen Praxis ein Ärgernis ersten Ranges, eine Barbarei. Den Messias der Juden an ein Kreuz zu hängen bedeutete den äußersten Schimpf, der ihm angetan werden konnte. Wäre Jesus gesteinigt worden wie andere oder enthauptet wie der Täufer Johannes, dann hätten die Jünger alles besser ertragen. Doch die Kreuzigung, nach Cicero die grausamste, fürchterlichste Strafe, ist höchst ehrenrührig: Verflucht, wer am Holze hängt (5. Mose 21,23). Eine Kreuzigung war, modern gesprochen, die Angelegenheit der Unterschicht; Täter und Opfer bedingten sich. Zum einen wurden fast ausschließlich Sklaven und Angehörige der unteren Stände eines unterworfenen Volkes gekreuzigt, zum anderen verrichteten Sklaven und schlechtbezahlte Söldner die Henkersarbeit. Aus der Übung kam die Kreuzigung in Form der Todesstrafe mit dem Zusammenbruch des Römischen Reiches; an einem gewöhnlichen Verbrecher die Todesart »Jesu« nachzuvollziehen wäre im christlichen Einflußbereich einer Lästerung gleichgekommen. Doch finden sich Kreuzigungen wieder während der Napoleonischen Kriege in Spanien; auch in den Religionskriegen Frankreichs geschah es nicht selten, daß Räuber ihre Opfer an Türen oder Bäume nagelten.

Die Kreuze der Antike bestanden zumeist aus zwei Balken, die in der Form eines griechischen T zusammengefügt wurden; der Verurteilte hatte den kürzeren Querbalken zum Platz der Hinrichtung zu tragen, während der andere Balken an Ort und Stelle blieb. Die christliche Ikonographie irrt, wenn sie »Jesus« ein ganzes Kreuz schleppen läßt. Kreuze waren wahrscheinlich auch nicht so hoch, wie sie von den meisten Golgotha-Szenen der Kunst her bekannt sind. Man kann sie sich etwa mannshoch vorstellen, so daß die Füße der Gekreuzigten nur wenige Zentimeter vom Erdboden entfernt waren. Das war praktisch: Die Folterinstrumente verbrauchten weniger Holz, waren leichter zu tragen und aufzustellen. Auch die Entsorgung fiel leichter. Kreuzigungen wurden nämlich oft mit einer weiteren Schändung der Delinquenten verbunden: Man verweigerte ihnen das Begräbnis, so daß ihre Leichen streunenden Hunden, Hyänen, Bären und den Raubvögeln zum Fraß dienten.

In der Regel wurde der Verurteilte, nachdem er in der Geißelung geschunden worden war, mit Stricken ans Kreuz gehängt. Es sind Fälle bekannt, in denen Gekreuzigte bis zu fünf Tagen hängend dahinstarben. Bei der Methode der Annagelung trat der Tod früher ein; ob Jesus angenagelt oder angebunden war, ist umstritten. Die Wunden an Händen und Füßen, die von den Nägeln verursacht worden waren, schlossen sich vergleichsweise früh; dieser Blutverlust führte nicht zum Tod. Die Todesursache lag in der unnatürlichen Stellung des Körpers, die einen schrecklichen Schmerz an Kopf und Herz, eine Erstarrung der Glieder und schließlich den Zusammenbruch des Kreislaufs und den Herzkollaps bewirkte. In einem 1968 in Jerusalem entdeckten Felsengrab stießen Archäologen auf die Gebeine eines um das Jahr 50 Gekreuzigten. Bei ihm hatten die Henker die Annagelung angewandt: Die rechte Ferse war über die linke gelegt und ein etwa fünfzehn Zentimeter langer Nagel mitten durch die Knochen getrieben worden. Die Handwurzelknochen zeigten keine Verletzung; die Eisennägel waren wahrscheinlich durch Elle und Speiche in den Querbalken (aus Olivenholz) geschlagen worden. Zur Stützung des Körpers diente ein Holzpflock, so daß der Gekreuzigte in Hockstellung starb.

Um gewisse Erleichterungen zu verschaffen, hatten Gesetze der Alten Welt vorgesehen, daß den Gequälten Wein gereicht werden konnte, der mit Weihrauch, Myrrhe oder anderen betäubenden Drogen vermischt war und gegen die Schmerzen unempfindlich machen sollte. Nicht selten wurde der Kreuzestod dadurch beschleunigt, daß vor Anbruch der Nacht den Sterbenden mit Holzscheiten oder Eisenstäben die Beine zerbrochen wurden. Das Verfahren sollte nicht die Qual der Verurteilten lindern, sondern jede Fluchtmöglichkeit ausschließen. Waren die Knochen zerschlagen, sackten die Körper vollends durch. Ein Bericht der französischen Zeitung Le Monde vom 9. April 1966 beschreibt den Vorgang des Sterbens am Beispiel von Gefangenen, die in Konzentrationslagern mit den Händen an einen Kreuzespfahl gehängt worden waren: »Sie konnten bald nicht mehr atmen, außer wenn sie die Hände aufzogen. Bald befielen sie heftige Muskelkrämpfe, während der mit Luft gefüllte Brustkorb diese nicht mehr auszustoßen vermochte. In Dachau wurden an die Füße der stärksten Opfer Gewichte gehängt, um so den Tod herbeizuführen und zu verhindern, daß sich die Gefangenen an den Händen aufzogen.«

Eine unsägliche Folter, das Kreuz eine zusätzliche Demütigung. Noch heute ist dies nachzuvollziehen: Wird ein Mensch geköpft, erschossen, erhängt, auf den elektrischen Stuhl gesetzt, in die Gaskammer geführt, mit der Giftspritze hingerichtet, ist alles in einem Augenblick vorbei. Hängt man ihn an den Kreuzesbalken, stirbt er so langsam und qualvoll wie bei kaum einer anderen Hinrichtungsart. Gerade deswegen kommen Zuschauer auf ihre Kosten; die Sieger unter ihnen können, wie im Neuen Testament wirkungsvoll erfunden, am Hinrichtungsplatz auf und ab gehen und ihre Sprüche machen.

Eine blutbefleckte Theorie

Zu den Vorgängen um einen historischen Jesus oder zu den Doktrinen über den geglaubten »Jesus« kann man stehen, wie man will. Soll aber über Jesus aus Galiläa gesprochen und Golgotha gedeutet werden, muß ein Minimalkonsens über drei Fakten hergestellt sein: Jesus existierte, Jesus hatte Jünger, Jesus starb am Kreuz. Während das erste Faktum Voraussetzung für die beiden anderen ist (und hier vernachlässigt werden kann), bedingen sich die beiden anderen. Denn Jesu schmählicher Tod war nicht nur eine Folter ausgesuchter Grausamkeit an einem einzelnen, sondern auch ein Desaster für eine ganze Gruppe. Diese Katastrophe mußte sobald wie möglich bewältigt werden: von diesen Jüngern oder doch vom aktiveren, gläubigeren Teil der Gefolgschaft. Die vielfältigen Versuche zur Verdrängung, Bewältigung, Sublimierung des Geschehens, wie sie im Lauf der Jünger-Geschichte unternommen wurden, müssen an dieser Stelle nicht aufgenommen werden. Wichtig sind nur ein paar Hauptlinien.

Am bedeutsamsten erscheint mir die Frage, wie sich die Jünger den Anteil des Gottes »Jesu« an den schrecklichen Ereignissen vorstellten. Da es sich um eine glaubensgebundene Gruppe mit typisch religiösen Zielsetzungen und Formen der Bewältigung handelte, lag es nahe, daß »unser Gott« eine ausschlaggebende Rolle spielte. Die Verfasser des Neuen Testaments lassen uns nicht im Stich: Ihr Gott bekommt eine ganz bestimmte Aufgabe zugewiesen; von dieser her lassen sich die Kunstfigur »Jesus Gottessohn« und die künftige Glaubensgemeinde (Christentum, Kirchen) interpretieren.

Der evangelische Theologe G. Bornkamm weist darauf hin, daß die vergleichsweise ausführlich und detailliert geschilderte

Passion nicht auf ein besonders umfangreiches Quellenmaterial gestützt werden konnte. Angesichts der historischen Unrichtigkeiten der Leidensgeschichte ist eher das Gegenteil wahr: Je weniger Fakten zur Verfügung stehen, desto beliebter wird die ausufernde Ausschmückung. Diese wird getragen von einer eigenen Gemeindetheologie: Der Jünger-Trieb verlangt danach, daß mit der Katastrophe von Golgotha nicht alles zu Ende ist, was Jünger miterlebten, sondern daß hinter dem dunkel unfaßbaren Geschehen nichts anderes als ihre Rettung steht und im vermeintlichen Unheil das Heil »Jesu« sich abzeichnet. Die Hand »unseres Gottes« muß also gerade im Scheitern Jesu sichtbar werden, und »Jesus« soll als der erscheinen, der Gottes Ratschlüsse verwirklicht und ihre Erfüllung bis zum bitteren Ende für uns erleidet. Gelingt dem historischen Jesus eine solche Tat für die Jünger nicht, versagt er vor dem Wunsch der Seinen, muß er dem »Jesus« der Jünger weichen. Ein realer Mensch, hinfällig, ohnmächtig, gescheitert wie alle Menschen, wird bedenkenlos durch den Sohn »unseres Gottes« ersetzt. Von diesem erhofft der Jünger Allmacht, Heil und Sieg – und schreibt ihm sobald wie möglich Gewinnchancen zu.

Unter dem Leidensdruck eines solchen Glaubens ist Jesus aus Galiläa das erste Opfer des Christentums. Ihm werden viele folgen. Der Jünger-Trieb verbindet Gleichgesinnte durch die Folterjahrhunderte der Christenheit hindurch; er muß zugleich die Andersdenkenden, nicht Gruppenwilligen verfolgen bis aufs Blut. Der von Jüngern sorgsam auf die eigenen Interessen hin komponierte Herr, »unser Jesus«, der einzige Sohn »unseres Gottes«, erfüllt alle Wünsche. Er übersteigt souverän die nackten Fakten, und die Hinrichtung des Meisters als eines Verbrechers wird auf diese Weise ebenso gemildert wie der Schock der Hinterbliebenen. Nicht zufällig strotzt das Evangelium, nachdem die Jünger wieder Worte gefunden haben, von einschlägig erfundenen Vokabeln, Spruchgruppen und Berichten, die auf »unseren Gott« Bezug nehmen. Auffällig wird dies in der Passionserzählung, wo ständig auf den Befehlswunsch des alttestamentlichen Gottes verwiesen wird. Hier hagelt es förmlich Erfüllungslegenden: Alles, was aus Anlaß der Passion passiert sein soll, erfüllt eine Prophezeiung.

Dem Jünger-Trieb selbst waren zunächst Kraft und Effizienz versagt. Die Jünger mußten spätestens nach dem Desaster von Golgotha ihre Ohnmacht erkannt haben. Daher zitierte ihr Wunsch die höchste Instanz herbei, »wickelte Gott selber in den kleinsten Jammer hinein, in dem sie drinstecken«, und imaginierte einen Gott, der buchstäblich alles und jedes, was »Jesus« getan und gelehrt haben soll, mit seinem (unserem!) heiligen Willen legitimiert – auch und gerade den Foltertod des Sohnes. Doch auf diese Weise ist Gott als Täter vereinnahmt; damit steht er selbst vor Gericht.

Die Theologie des Paulus ist vom Kreuz her geprägt. Er, nicht zufällig als schlau gerühmt, macht als erster aus der elenden Not der Jünger seine Tugend. Er deutet, was ohne Zuhilfenahme eines ausgeprägten Jünger-Glaubens nicht zu fassen ist. Daher verliert er, abgesehen von der böswillig-folgenträchtigen Beschuldigung aller Juden (1. Thess. 2,15), kein Wort über die Details einer historischen Kreuzigung. Es kommt ihm darauf an, das Geschehen überirdisch zu deuten. Da seine Botschaft auch heidnische Kreise ansprechen und überzeugen sollte, konnte das Kreuz, ringsum ein Skandal (Gal. 5,11; 1. Ko. 1,18.23), nur überhöht dargestellt werden: Hier starb kein Verbrecher, nicht irgendein Jesus aus Galiläa, sondern »unser Jesus« nahm den Fluch der Welt auf sich, wurde am Kreuz zum Heiland der Heiden, zum Mittler des Segens Abrahams (Gal. 3,13 f.).

Hier ist »unser Gott« am Werk, und jetzt wie künftig bleibt »unser Gott« am Werk. Durch das Opfer seines einzigen Sohnes am Kreuz hat er die Welt erlöst, unser Heil sichergestellt. Wer unser Wort annimmt, ist in diese Erlösung einbezogen; anderen bleibt die Sünde. Unser Verhalten den Ungläubigen gegenüber wird entsprechend ausfallen. Die Verehrung der »ganz aus den Fugen geratenen Seelen« wird immer wilder. Bald stimmt auch der Verfasser des Evangeliums nach Johannes ein. Das Kreuz soll zum Zeichen der Entscheidung für oder gegen »Jesus« werden, aber gerade dadurch auch zu »unserem« Schauplatz der Erhöhung und Verherrlichung »Jesu«. Das Evangelium weist »unserem Gott« einen festen Platz in seiner Phantasie zu, nimmt auf historische Gegebenheiten fast noch weniger Rücksicht als Paulus, will allein die Tat Gottes und des Gottessohns an »unserem Heil« verkünden.

Symbolische Sinnzuweisungen haben ihre Tücken: So bekommt Maria, ansonsten vernachlässigt, neben einem erfundenen Jünger einen theologisch sehr ergiebigen Platz unter dem Kreuz eingeräumt (Jo. 19,25–27). Die Einsetzung zur »Mutter aller Menschen«, wie das geltende Kirchenrecht (!) kühn behauptet, mag dem Marienkult der Jünger Auftrieb gegeben haben. Doch schildert das Evangelium den realen Schmerz einer Mutter so erbarmungslos jenseitig, daß die Komposition beispielhaft inhumane Züge trägt: Gegenüber dem alles überdeckenden Jünger-Wunsch werden die Regungen anderer Menschen unwichtig, und die angebliche Übernatur erdrückt all unsere Natur. Genau dies ist erwünscht. Der neueste Katechismus Roms erklärt schlicht zur sicheren Lehre, daß Maria sich unter dem Kreuz mit ihrem Sohn »in mütterlichem Geist verband, indem sie der Darbringung des Schlachtopfers, das sie geboren hatte, liebevoll zustimmte« Eugen Drewermann läßt nachfragen, wo die Mutter auf Erden ist, die dies als Liebe verstehe.

Jesus selbst erging es wenig anders. Die Tatsache, daß er, als Jude, nie von religiös begründeter Todessehnsucht gesprochen haben oder von der freiwilligen Übernahme eines Todesleidens begeistert gewesen sein dürfte, gilt dem Jünger-Glauben nichts. Jesus ging mit größter Wahrscheinlichkeit nicht nach Jerusalem, um dort den Martertod zu erleiden, wenn er auch mit der Möglichkeit rechnen mußte, ergriffen zu werden. Für Jünger kein Thema. Nicht einmal die reale Todesnot »kommt über« in den Passionsgeschichten; sie erscheint mehr oder weniger als Staffage für das Heilshandeln Gottes. Dabei bittet Jesus darum, den grausamen Vaterwillen nicht erfüllen zu müssen, und ruft am Kreuz laut nach seinem Gott: »Warum nur hast du mich aufgegeben, im Stich gelassen?« (Mt. 27,46). Dieses durchaus nachzuvollziehende Verlassensein ist Lukas suspekt, Johannes kein Wort mehr wert. Dieser opfert den Menschen Jesus einer elitären Heilsdoktrin. Er läßt den »Jesus« des Jünger-Glaubens nicht nur gehorsam den Becher des bitteren Todes trinken (Jo. 18,11), sondern auch, von oben herab, ein ebenso willfährig vaterliebes wie triumphales Wort sagen: »Es ist vollbracht!« (Jo. 19,30).

Albert Camus läßt in der Erzählung *La chute* (Der Fall) seinen Protagonisten Clamence räsonieren: »Wissen Sie zum Beispiel, warum man ihn gekreuzigt hat? ... Er selber wußte, daß er nicht ganz unschuldig war, ... er hatte bestimmt von einem gewissen Mord der unschuldigen Kinder gehört. Die Kinder Judäas, die hingemetzelt wurden, während seine Eltern ihn in Sicherheit brachten – warum waren sie gestorben, wenn nicht seinetwegen? Er hatte es nicht gewollt, gewiß, diese bluttriefenden Soldaten, diese zerstückelten Kinder flößten ihm Grauen ein

... Und verriet die Traurigkeit, die man in all seinem Tun ahnt, nicht die unheilbare Schwermut dessen, der jede Nacht Rahels Stimme hörte, wie sie ihre Kleinen beweinte und jeden Trost zurückwies? ... Es war besser, ein Ende zu setzen, sich nicht zu wehren, zu sterben, um nicht als einziger leben zu müssen und um anderswohin zu gehen, dorthin, wo er vielleicht Beistand finden würde. Er hat den Beistand nicht gefunden, er hat sich darüber beklagt, und um das Maß voll zu machen, hat man ihn zensiert! ... ›Warum hast du mich verlassen?‹, das war ein aufrührerischer Schrei, nicht wahr? Darum her mit der Schere!«

Doch nicht nur das Problem des Jesus, sondern auch das der übrigen historischen Personen ist auf die übergläubige Weise der Jünger kaum zu lösen: War es tatsächlich der Wille Gottes, daß sein Sohn zur Erde kam, um zu leiden und zu sterben, so waren Menschen nötig, um diesen Plan in die Wirklichkeit umzusetzen. Demnach wären alle, die »Jesus« haßten, verleumdeten, verleugneten, verrieten, verurteilten und töteten, Ausführende des Gotteswillens gewesen. Am Beispiel des Judas wird das Dilemma der Jünger-Theorie deutlich: Entweder war dieser ein fester Bestandteil der vorausschauenden Vorsehung Gottes und unschuldig. Oder »Jesus« ließ sich selbst täuschen, war nicht von vornherein über den Verrat eines Wolfs im Schafspelz informiert; das wirft kein gutes Licht auf sein Verhältnis zum Vater. Oder »Jesus« wußte von alldem, verhinderte aber nicht, daß ein Mensch an ihm schuldig wurde, sondern drängte Judas geradezu in den Verrat hinein: Dann handelte der Sohn Gottes schäbig, und Judas wäre legitimiert.

Noch folgenschwerer ist die Jünger-Theorie selbst: Seit den richtungweisenden Aporien und Irrlehren der frühesten Jünger hat die Dogmatik der Christenheit, immer wieder, immer diesen Jüngern auf der Spur, »unseren Gott« fest im Griff. Das

Neue Testament kann sich nicht vom Alten lösen, gerade in Sachen Gott nicht: Da dieser als unwandelbar gilt, muß er sich, das heißt unserem Wunsch treu bleiben. Insbesondere die Lehre vom erlösenden, Gott versöhnenden Kreuzestod »Jesu« ist nur zu verstehen (und psychologisch stimmig) vor dem Hintergrund des geschilderten Gottesbildes. Noch immer führt kein Weg daran vorbei, daß »unser Gott« ein Gott ist, der Blut liebt, vergossenes Blut, grauenvoll vergossenes Blut. Die Belege für diese Vorliebe des Jünger-Gottes im Alten Testament sind Legion, kultische Handlungen, Bundesschlüsse, gerechte Kriege, Landnahmen, Strafen sind voller Blut, geradezu trunken von Blut. Und der Kreuzestod des einzigen Sohnes reiht sich in der Jünger-Predigt nahtlos ein in eine bestimmte Vorstellung von Gott: Dieser soll seit Adam und Eva gekränkt sein, durch die fortwährenden Missetaten der Menschen beleidigt. Nun zürnt er, läßt sich von den vielen Schlacht- und Blutopfern nicht endgültig versöhnen, plant – der liebe Vater des Neuen Testaments – ausdrücklich den Foltertod »Jesu«.

Was für ein Gott, »unser Gott«! Ein Urbild menschlicher Tyrannenherrschaft (Percy Bysshe Shelley), ein grimmiges, eifersüchtiges, zorniges Wesen, das die Missetaten der Väter an den folgenden Generationen heimsucht, das haßt und die verfolgt, die es hassen. Eine Gottheit, die die ihr angetanen Beleidigungen furchtbar rächt, die Menschenopfer durch das Schwert und den Strick im größten Maßstab gebietet und annimmt, auf daß ihr Zorn besänftigt werde. Ein gefräßiger Gott, ein verzehrendes Feuer, dessen Anblick tötet. Ein Wesen, das ebenso empfindlich gegen Beleidigungen wie empfänglich und erkenntlich für Schlachtopfer (als Zeichen liebenden Gehorsams) ist.

Manche der besten Köpfe des Abendlandes ertrugen einfach den patriarchalen Tyrannen nicht, versuchten, sich – um Gottes willen! – vom traditionellen Bild zu lösen: Es ist eine »scheußliche und beispiellose Blasphemie, zu behaupten, der Allmächtige Gott habe Moses ausdrücklich befohlen, ein harmloses Volk zu überfallen und wegen unterschiedlichen Gottesdienstes jedes seiner Lebewesen vollkommen zu vernichten, jedes Kind und jeden unbewaffneten Mann kaltblütig zu ermorden, die Gefangenen abzuschlachten, die Ehefrauen in Stücke zu hauen und allein die jungen Mädchen für Beischlaf und Notzucht zu schonen«. Doch die Christen, Jünger einer »trübseligen, blutrünstigen Delinquentenreligion« (H. Heine), schienen sich an derlei gewöhnt zu haben; von ihrer Seite kam auffallend wenig Widerspruch.

Jünger deuten den gräßlichen Kreuzestod als Sühneopfer, um den ungnädig gewordenen, zornigen, strafbereiten Gott, »unseren Gott«, wieder gnädig zu stimmen. Diese Theorie mutet es allen Ernstes über zweitausend Jahre hinweg den Menschen zu, an einen Gott zu glauben, der – um sich mit ihnen auszusöhnen – einen von ihnen foltern und schlachten läßt und von diesem »Jesus« auch noch die Zustimmung zu diesem Mord verlangt. War das Traumglück einer Jüngerschar nicht zu teuer erkauft für solches Blut? Waren die Träume der späteren Christen mit dem Blut ihrer Folteropfer nicht zu teuer bezahlt? Allem Anschein nach regt sich wenig Widerstand gegen die Zumutung; sie stimmt übrigens mit der amtlichen, bis heute verkündeten Lehre fast aller maßgeblichen Kirchen, Sekten und Denominationen der Christenheit überein. Ich wundere mich angesichts der Gewöhnung an Gewalt und der mit dieser verknüpften Gefühllosigkeit der Gläubigen nicht, daß der schreckliche Sachverhalt von der überwiegenden Mehrheit als selbstverständlich akzeptiert und nur von wenigen als die extreme Provokation empfunden wird, die sie ist.

Offenbar sind die Psychen von Christen von Kindheit an einschlägig indoktriniert und die höllisch grausamen Ängste eines Lebens von Anbeginn vorgezeichnet. Noch gibt es, nicht zuletzt aufgrund einer restriktiven Forschungspolitik, so gut wie keine Untersuchungen über die verheerenden psychischen Wirkungen der Jüngerschaft, keine detailliert belegten Resultate einer Forschung über ekklesiogene – und theogene! – Schädigungen. Doch wird dies gewiß nicht so bleiben; die ausgenutzten Menschen melden sich früher oder später massenhaft zu Wort. Schamlos, wenn unter diesen Umständen Kirchenleute noch immer die zunehmenden Abmeldungen vom Religionsunterricht und die Kirchenaustritte als bedauerliche Fehlleistungen einzelner zu deuten wagen! Zwar handelt es sich hierbei, wie von Zeit zu Zeit beflissen mitgeteilt wird, »nur« um Bruchteile von Prozenten, doch ist das Christentum, wie alle sehen können, ungleich tiefer getroffen: Es verfing sich längst in den eigenen Netzen.

Henry Miller: »Er hing am Kreuz, und als die Qualen zu groß wurden, rief er: ›Mein Gott, warum hast du mich verlassen?‹ Dann wurde es dunkel … Dann kamen Peter und Paul, die Apostelgeschichte, Hieronymus und Augustinus … Dazwischen eine Lehre nach der anderen, eine Kirche nach der anderen, ein Kreuzzug nach dem anderen, eine Inquisition nach der anderen. Alles im Namen Jesu.« Paulus und die Seinen, die über zwei Jahrtausende Schuldigen, sind sich ihrer Sache völlig sicher. An vielen Textstellen des Neuen Testaments ist von Blut die Rede, und die jahrhundertealte christliche Glaubenslehre macht keine Ausnahme. Das Marterholz bleibt Zeichen des Jünger-Glaubens. Daher ist keine noch so progressive Theologie imstande, die ekelerregende Blutfreude der christlichen Bibel und Tradition wegzudiskutieren. Gegenüber den Rettungsversuchen bleibt vielmehr die Frage des Freiburger Psychologen Franz Buggle in Kraft, wieweit hier »das Geschäft der Auflösung biblisch-christlicher Religiosität (und ihrer Institutionen?) zugunsten einer modernen Humanität von innen betrieben wird«.

Nochmals: Blut bleibt Blut, ihr Theologen! Es ist gerade in der Bibel eine Realität. Versucht einer, mit Hilfe von exegetischen Methoden die sehr klaren und sehr konkreten Aussagen von Bibel und Kirche zu mildern, verwässert er dieses Blut. Dies halte ich für eine unehrenhafte Handlung, begangen am sicheren Schreibtisch gegenüber dem realen Folteropfer Jesus! Kein Hume, Schopenhauer, Nietzsche, Einstein hätte ähnliche Wolkenbildungen zu Lasten eines Menschen gewagt, der den Jünger als »unser Herr« gilt.

Nicht nur »Kirche, nein«, mögen sich manche Zeitgenossen sagen, sondern auch »Jesus, nein«, zumindest ein Nein zu diesem blutig Gefolterten und Gekreuzigten, der einfach nicht in unser Glaubenskalkül paßt, und darüber hinaus auch noch »Gott, nein«. Nein wenigstens zu dem folterwilligen Gott, den Bibel und Tradition festhalten! Was bleibt dann noch? Zwar ist der Versuch unter Theologen beliebt, biblische oder kirchenamtliche Texte mit Hilfe von verblasen-verschwommenen Interpretationen »auf ein abstrakteres, damit inhaltsärmeres und weniger provokantes Niveau« zu heben: eine Methode, die Eindruck macht und verkaufsfördernd ist. Die Vernebelungen machen wenigstens noch ein bißchen christlichen Glauben möglich; schließlich werden sich die Großgaranten des Glaubens etwas dabei gedacht haben! Ihre Immunisierungsstrategien stellen ja den Fortbestand eines für manche intellektuell gerade noch akzeptablen Restchristentums sicher. Bis auf weiteres.

Ich glaube nicht, daß die Taktik Bestand hat. Denn die Wortspiele umgehen regelmäßig eine entscheidende biblische Barriere: Das Neue Testament spricht eben nicht nur vom »Tod Jesu«, als hätte dieser auch einen Greis im Bett ereilen können, damit Gott versöhnt war. Die Jünger-Bibel erzählt, durch verstärkende Details ausgeschmückt, von einer qualvollen Hinrichtung. Nur diese scheint »unser Gott«, folgt man der Jünger-Theorie, als Sühne für den Ungehorsam der Menschen gefordert und akzeptiert zu haben. Glattstellungen skandalöser biblischer und amtskirchlicher Inhalte versagen daher regelmäßig. Das Dilemma zwischen der intellektuellen Redlichkeit und der Treue zur christlichen Inhumanität kann nicht behoben werden. Die theologieübliche Selektion biblischer und/oder päpstlicher Vorgaben verfängt nicht mehr, und die Lehre vom Jüngsten Gericht und der Hölle bleibt selbst dann, wenn sie bis zur Unkenntlichkeit entschärft wurde, eine unmenschliche Doktrin. Eine Frage an jene Schultheologie, die sich auffällig unschuldbewußt mit allem und jedem befaßt, nur nicht mit dem einzig Wichtigen. Wie wäre es mit ein bißchen Redlichkeit gegenüber den anderen Menschen, mit ein wenig Glauben gegenüber dem eigenen Christentum? Für Christen führt doch wohl kein Weg am Zentrum vorbei, auch wenn Theologen, inkonsequente Wegweiser, Umweg um Umweg anzeigen: Blut und Blutopfer bleiben zentral für die christliche Lehre – und auch für jede Kritik des Christentums.

»Unser Gott« hat sich offenbart, gewiß. Wer sich aber offenbart, verrät sich. Daher bleibt das Fazit des Jünger-Triebs auch immer dasselbe: Gott, »unser lieber Gott«, ist der Folter und des Mordes schuldig. Wir machten ihn an seinem Sohn zu unserem Täter. Wir bereuen unsere Tat bis heute nicht, auch wenn wir sie gegenwärtig humaner zu gewichten suchen. Nicht zufällig, daß auf dieser von Grund auf unsauberen Basis auch die vielen

Denk- und Blutopfer, die das Christentum in seiner Geschichte und Gegenwart forderte, als bloße Bagatellen gelten. Eine unsägliche Schande!

Der heilige Rest: Reliquien unters Volk gebracht

Das Material liegt bereit, die Zielrichtung des Glaubens ist vorgegeben, der Rest ist Verehren. Von Verständnis kann keine Rede sein: Wir können mit großer Wahrscheinlichkeit davon ausgehen, daß nur eine Minderheit von Christen begründete Ahnungen von dem hat, was sie als »unseren Gott und seinen Sohn« anbeten soll. Abgehobene Theologie mag sich mit christologischen und mariologischen Debatten befassen, Gläubige haben andere Interessen. Deren Inhalte fassen Kirchenvertreter, gerade noch nicht ganz abschätzig, unter den Begriff »Volksfrömmigkeit«. Diese beschäftigt sich nicht mit der Jünger-Ideologie, sondern mit dem an Golgotha Greifbaren. Mit Blut, Kreuz, Gebein.

Bitte kein Naserümpfen. Es wäre ein Fehler, die Notwendigkeit von Glaubensbelegen und die Wirksamkeit der volksnahen Zeugnisse zu unterschätzen. Sie stabilisieren den Glauben sichtbar. Das Christentum hätte nicht als Weltanschauung überlebt, wäre es auf Dispute beschränkt geblieben. Solange Menschen auf leicht faßliche Beweise angewiesen sind und eine Religion zum Anfassen wünschen, haben Reliquien einen Platz im System. Zutiefst verletzte Psychen brauchen sie vor allem, wenn Reliquien den Ruch des Blutigen haben. Da die Jünger-Religion »Christentum« an zentraler Stelle von Grausamkeit, Foltertod, Blut geprägt ist, nimmt es nicht wunder, daß auch ihre Außenseite blutig aussieht: Die christlichen Reliquien haben von Anbeginn und mit Abstand vor allen anderen Möglichkeiten direkt oder indirekt mit Blut, Marter, Tod zu tun. Schon der nächste Spaziergang in irgendeine Kirche oder Kapelle beweist dies. Das mehrfach wiedergegebene Kreuz, der gemarterte und mit fünf Wunden gezeichnete Jesus, die Kreuzwegstationen, die Pietà, vom Schwert des Schmerzes durchbohrt, die Menge von Heiligenfiguren mit den Symbolen der jeweiligen Folter, die Zuschreibung aller Altäre zu einem zumeist grausam getöteten Heiligen: Das alles ist, wie das Dauergebet des schmerzhaften Rosenkranzes oder die unzähligen Gesangbuchverse, voller Pein, christliche Gegenwart. Hier ist mit Händen zu greifen, was vermeintlich progressive Theologen wegzudeuten suchen, die vermutlich schon lange keine Kirche mehr von innen sahen.

Ein Standardwerk des Kirchenrechts, nach dem Generationen von Klerikern unterrichtet wurden, nennt Reliquien »Überbleibsel von verehrungswürdigen Gegenständigen (zum Beispiel Kreuz des Herrn) oder von Heiligen und Seligen« Freilich steht da nicht zu lesen, daß allein vom Kreuz des Herrn so viel auf Erden übrigblieb, daß aus den Holzsplittern viele Einzelkreuze rekonstruiert werden könnten. Doch verständlich ist die Suche der späteren Jünger nach den hölzernen Herrenreliquien schon: Die Frömmigkeit blieb, da »Jesus« mit Leib und Seele auferstand und in den Himmel fuhr (Lk. 24,6 und 51), ohne eigentliche Reliquien zurück. Doch sein Kreuz, dreihundert Jahre nach der Hinrichtung aufgefunden (noch heute Jahr für Jahr ein kirchliches Fest!), konnte dazu dienen, den Besitzwillen zu befriedigen. Goethe hierzu: »Das leidige Marterholz, das Widerwärtigste unter der Sonne, sollte kein vernünftiger Mensch auszugraben und aufzupflanzen bemüht sein. Das war ein Werk für eine bigotte Kaiserin-Mutter; wir sollten uns schämen, ihre Schleppe zu tragen.«

Zwar war der frühesten Gemeinde eine Suche nach Kreuz, Leichnam oder Grab »Jesu« noch unwichtig (Lk. 24,5); sie wartete auf die unmittelbar bevorstehende Wiederkunft »unseres Herrn«. Doch kaum hatten Staatsgewalt und Christentum Frieden geschlossen, holten Jünger das Versäumte nach. Bischof Eusebius, Hoftheologe Kaiser Konstantins und von Jacob Burckhardt der »erste durch und durch unredliche Geschichtsschreiber des Altertums« geheißen, berichtet von der Suche nach dem Grab »Jesu«. Die Sucher kamen freilich nicht voran. Erst nach einer Vision ihres Anführers fanden sie das Grab, an der Stätte eines Aphroditeheiligtums: »Die heiligste Stätte Jerusalems mußte durch das Verabscheuungswürdigste verdeckt sein, was es in der Stadt gab; daher stammt der Gedanke, die Stelle des Kreuzes und des Heiligen Grabes unter dem Tempel der Venus zu suchen.«

Der Kaiser ließ das sexuell sündige Terrain sichern und darauf eine Basilika errichten; wieder hatte die Übernatur über die Natur und erst recht über die Widernatur gesiegt. Die heilige Helena, Mutter eines auffallend mordlustigen Kaisers, hatte die Stätte besichtigt und mitgeteilt, sie habe bei dieser Gelegenheit das wahre Kreuz des Herrn gefunden. Seither glaubten die Jünger, an der obskuren Stelle hätten Hinrichtung und Grablegung stattgefunden, Golgotha sei also dort zu lokalisieren, wo heute die Grabeskirche steht, Ort vieler Konflikte innerhalb der christlichen Denominationen. Hand drauf! sagte eben erst der Vatikan.

Zur Erinnerung: Nicht weniger als acht sehr euphemistisch als Kreuzzüge definierte Kriege wurden organisiert, und Kreuzfahrer brachen aus Europa auf, die heiligen Stätten von Ungläubigen zu säubern und sie dem eigenen Glauben zu sichern. Und so floß unter dem jüngertypischen Schlachtruf »Gott will es!« das Blut: »Unser Gott« zog zu Felde, wir Krieger erfüllten seinen heiligen Willen. Schon an Rhein und Donau erschlugen wir in Gottes Namen Tausende von Juden. Dann vergewaltigten und mordeten wir unter den christlichen Ungarn. Bei der Einnahme Jerusalems im Sommer 1099 massakrierten wir zigtausend Sarazenen. Wir töteten, wie ein Erzbischof schreibt, jeden Einwohner. Jerusalem war unser, das Blut »unseres Heilands« gerächt. Wir troffen von Blut und hängten an den Eingang der gesäuberten Wohnungen unser Wappen. Im Tempel Jerusalems wüteten wir so sehr, daß wir »durch Gottes gerechtes Urteil bis zu den Knien und sogar bis zu den Sätteln der Pferde in Blut wateten«. Dann gingen wir hin, »glücklich und weinend vor Freude, um das Grab Unseres Erlösers zu verehren«.

Blut will zu Blut. Blut ist eine kostbare Zugabe zur Begierde, der Wein der Liebe für alle, die nicht genießen können, ohne Leiden zuzufügen oder selbst zu leiden. Auch das Blut »Jesu« wurde und wird an vielen Orten des Abendlandes, die zum Teil ihren Namen von ihm bezogen, in kostbaren Ampullen verehrt. Biblische Grundlage dieser Verehrung – und näherhin die Möglichkeit, überhaupt Herrenblut zu erhalten! – ist die Gethsemanelegende im Evangelium des Lukas (Lk. 22,43 f.): »Es erschien ihm aber ein Engel vom Himmel und stärkte ihn. Und es kam, daß er mit dem Tode rang. Er betete heftiger. Es ward aber sein Schweiß wie Blutstropfen, die fielen auf die Erde.« Die Jünger-Frömmigkeit nahm die Chance wahr, erfand mit der Zeit fromme Frauen, die jene Blutstropfen aufgesammelt und geborgen hatten. Ähnliches soll mit dem am Kreuz vergossenen Blut (Jo. 19,34) geschehen sein. Und auf gotischen Darstellungen der Kreuzigung ist gelegentlich ein Lieblingsjünger Johannes zu sehen, der als Priester gekleidet ist und das Herzblut »Jesu« in einem goldenen Kelch auffängt; das weckte Erinnerungen und Assoziationen bei den Gläubigen.

Die Christenheit war im wahrsten Wortsinn blutgierig: Immer wieder ist die Rede von Blutwundern, die sich bei der Verehrung von Ampullen und bei Messen (als Beweis für die Abendmahlslehre nach Mt. 26,26ff.) ereignet haben sollen. Zahlreiche Wallfahrtsorte (zum Beispiel Walldürn, Andechs, Bolsena) knüpfen an solche Wunder an; niemand kannte eine naturwissenschaftliche Erklärung. In dieselbe wunderbare Richtung weisen Bluthostien. Ihr Kult läßt eine ausgesprochen aggressive Tendenz erkennen; das ist die zweite Seite christlicher Blutfreude. Entweder waren zweifelnde Priester betroffen, oder Ungläubige (vor allem Juden) sollten geweihte Hostien geraubt, mit Messern durchbohrt, geschändet haben. Das kam sie teuer zu stehen. Wieder schien das Christentum sich nicht anders behaupten zu können als durch den Kampfeinsatz seiner Heilsmittel gegen andere. Blut verlangt nach gleichem. Wer sich dem Diktat der angeblichen Deuteworte »Jesu« über sein Fleisch und Blut nicht beugte, mußte damit rechnen, daß er von den Jüngern blutig verfolgt wurde.

Kein Theologe konnte den Originalton »Jesu« entschärfen: »Amen, Amen, ich sage euch: Wenn ihr das Fleisch des Menschensohnes nicht beißt und sein Blut nicht trinkt, habt ihr kein Leben in euch. Wer mein Fleisch kaut (wörtlich!) und mein Blut trinkt, hat ewiges Leben, und ich werde ihn auferwecken am jüngsten Tag« (Jo. 6,53f.). Es war schon ein seltsamer Mann, der sich von anderen Menschen aufessen lassen wollte. Wollte Jesus aus Galiläa aber das wirklich? Nietzsches Wort von der kleinen Sekten-Wirtschaft der Jünger, von deren Rokoko der Seele, von dem Verschnörkelten, Winkligen, Wunderlichen, von der Konventikel-Luft bleibt gültig. Wer Jesus gut will, wird den Jünger-Trieb durchschauen: die »Geschwätzigkeit der Gefühle, die fast betäubt; Leidenschaftlichkeit, keine Leidenschaft; peinliches Gebärdenspiel; hier hat offensichtlich jede gute Erziehung gefehlt. Wie darf man von seinen kleinen Untugenden soviel Wesens machen, wie es die frommen Männlein tun! Kein Hahn kräht danach; geschweige denn Gott. Zuletzt wollen sie gar noch ›die Krone des ewigen Lebens‹ haben, alle diese kleinen Leute aus der Provinz ... Man kann die Unbescheidenheit nicht weiter treiben.«

Die Lehre vom Genuß des aus Hostie und Wein verwandelten Leibes und Blutes »Jesu« ist zentral für das Jüngertum. Sie ist im Neuen Testament angelegt, das heißt von Jüngern »unserem Herrn« in den Mund gelegt, innerhalb der frühen Christenvereine erfunden. Authentisch ist sie nicht. Doch Tag für Tag werden die angeblichen Einsetzungsworte (1. Ko. 11,23 ff.) über Brotfleisch und Weinblut in aller Welt nachgesprochen; sie stellen den Höhepunkt der katholischen Meßfeiern dar. Ihre Herkunft aus dem kannibalistischen Milieu der Totemmahlzeiten ist in der patriarchalen Sohnesreligion längst überhöht und damit vergessen. Der Grundvorgang der Gottesverzehrung bleibt. Es fällt schon nicht mehr auf, daß auch der Einsetzungsbericht nach dem üblichen Jünger-Schema gestaltet ist. Er enthält trotz seiner friedlich erscheinenden Vokabeln mitten im Milieu des »Liebesmahles« die gewohnten Ausgrenzungen. Jünger können es nicht lassen: Auf der einen Seite steht die Verheißung für die Gruppe der Rettungswilligen, auf der anderen wird die Abgrenzung nach außen angekündigt. Denn zum einen wird »Jesus« das Wort zugeschrieben, sein Blutopfer geschehe »für die vielen« (nicht für alle Menschen!), zum anderen grenzt der Verfasser des ersten Briefes an die Korinther alle aus, die Leib und Blut »Jesu« unwürdig essen und trinken. Diesen ist einmal mehr das Strafgericht angedroht, und auch die Interessen der Liturgiereform (Zweites Vatikanisches Konzil) änderten nichts daran.

Nicht ohne Grund streiten sich die christlichen Großkirchen bis heute um die gegenseitige Zulassung zu »unserem« Abendmahl. Die Kommunion, eine Art mystischer Solidarität, wird nur der Einheitsgruppe angeboten; wer sich ausschließt, bekommt den Leib »unseres Herrn« nicht zu essen. Das Kirchenrecht gibt nicht nur detaillierte Anweisungen zur Eucharistie bis hin zu den Vorschriften über das zu verwendende Brot und den richtigen Meßwein. Es enthält auch veritable Strafbestimmungen. Sie sind gegen alle gerichtet, die die Einheit (der Jünger) stören und verletzen. Man will gerade beim »Liebesmahl« unter sich bleiben, warum auch nicht! Hier ist die Bluthochzeit des Gotteslammes vorweggenommen, von der die Apokalypse des Neuen Testaments schwärmt. Hier schmeckt es schon sehr nach Rettung und Heil, von hier aus können auch erste Blicke auf die anderen riskiert werden, auf die die endzeitliche Strafe wartet und an deren Pein man sich eines jüngsten Tages wird satt sehen können.

»Unsere« Meßfeier, »unser« Abendmahl, unsere Einheitsgruppe rechnen damit, daß alle Teilnehmer »die reichsten Früchte erlangen, zu deren Empfang Christus der Herr das eucharistische Opfer eingesetzt hat«. Dieser Gewinn für die Jünger, den »die vornehmste Aufgabe der Priester« verheißt, verlangt allem Anschein nach Bestimmungen wie die folgende: »Wer die heiligste Eucharistie empfangen will, hat sich innerhalb eines Zeitraumes von wenigstens einer Stunde vor der heiligen Kommunion aller Speisen und Getränke mit Ausnahme von Wasser und Arznei zu enthalten.« Oder, nicht weniger magisch: »Auch wenn sie am selben Tag mit der heiligen Kommunion gestärkt worden sind, ist es trotzdem sehr ratsam, daß jene, die in Lebensgefahr geraten sind, nochmals kommunizieren.« Oder: »Niemandem ist es erlaubt, die heiligste Eucharistie bei sich aufzubewahren oder auf der Reise mit sich zu führen ...« Vielmehr muß »vor dem Tabernakel, in dem die heiligste Eucharistie aufbewahrt wird, ununterbrochen ein besonderes Licht brennen, durch das Christi Gegenwart angezeigt und verehrt wird«.

Solche Vorschriften könnten als Beweise der fortdauernden und strafbewehrten Verehrung der Magie innerhalb einer Kirche abgetan werden, wäre diese nicht gefährlich auch für andere. Noch in den ersten Jahrhunderten der Christenheit war der Akt der Gottesverehrung geheimgehalten worden; man weihte die Neugetauften erst nach ihrer Eingemeindung in die Jünger-Gruppe in das Mysterium von Fleisch und Blut ein. Im europäischen Mittelalter aber wurde der Gottesleichnam am Kreuz, mit der offenen Herzenswunde, zur maßgeblichen Ikone, allgegenwärtig wie die Buddhafigur in Asien. Besonders beliebt ist seither die Hostie hinter Glas, in den sonnenförmig gearbeiteten Monstranzen, die allein Priester anfassen dürfen und deren Berührung durch ungeweihte Hände ein Sakrileg ist.

»Fronleichnam«, Herrenleib, kostbarer Schatz ausschließlich für Jünger, galt für viele Jahrhunderte als eines der wichtigsten Feste der Kirche. Katholiken trugen ihre Verehrung in Prozessionen auf die Straßen der Welt, nicht selten ausgesprochen kämpferisch, aggressiv gegen alle, die den Glauben nicht teilen konnten oder wollten. Das mag sich in letzter Zeit geändert haben. Doch fordert die Jüngerschaft »unseres Herrn« nach wie vor die Ausgrenzung aller anderen. Diese sollen nach dem geltenden Kirchenrecht noch immer ausgeschlossen sein: »Katholischen Priestern ist es verboten, zusammen mit Priestern oder Amtsträgern von Kirchen oder kirchlichen Gemeinschaften, die nicht in der vollen Gemeinschaft mit der katholischen Kirche stehen, die Eucharistie zu konzelebrieren.« Damit sind beispielsweise alle evangelischen Mitchristen und ihre Amtsträger ausgeschlossen. »Jesu« Fleisch und Blut erfüllen ihre Aufgabe; sie unterscheiden richtige und falsche Jünger und wirken bei allem Gerede von praktischer Ökumene stark trennend.

Umgekehrt eine jüdische Meinung: »Es ist ausgeschlossen«, schreibt Salcia Landmann 1987, »daß ein Jude, der sich über die genaue Bedeutung des Abendmahles im klaren ist, daran teilnehmen kann, ohne vor Entsetzen halb ohnmächtig zu werden. Und zwar ganz gleichgültig, ob er an die reale Transsubstantiation von Hostie und Wein in Leib und Blut Christi glaubt oder ob er den Akt nur symbolisch begreift.« Der bloße Gedanke an den Genuß von Blut ist für den jüdischen Geschmack ein Greuel. Doch die Vorliebe der Christenheit für Blut und blutige Reliquien bleibt bestehen. Wäre Jesus nicht den Märtyrertod gestorben, hätte es vielleicht keinen christlichen Kult um das Blut gegeben. Hier aber wird immanente Grausamkeit verheimlicht; Reliquien sind sichtbar und greifbar ihre Surrogate. Je stärker der Trieb nach Blut und Blutigem unterdrückt wird, desto intensiver werden seine Ersatzstücke verehrt. Und das Kreuz steigt zum bewährtesten Markenzeichen der Weltgeschichte auf.

Die christliche Tendenz zur selbstbestätigenden, defensiv legitimierenden wie offensiv gegen Andersdenkende gerichteten Ausschmückung eines Foltertodes fällt auf: Das heiligste Herz Jesu (mit seiner tiefen Wunde) ist ein päpstlich gefördertes Objekt der Jünger-Minne, und die Leichentücher, die wahrscheinlich unhistorische Dornenkrone, die Nägel, die Geißeln, die Ketten, die Stichlanze von Golgotha und andere Folterwerkzeuge zogen wie das Kreuz nicht nur in die vielen grausigen Bilder der Christenheit ein, sondern auch in die offizielle Verehrung, in den Glauben. Wer sich profilierte, empfing gar die Wundmale Christi. Die Stigmata des Franz von Assisi werden in einem Kirchenfest (17. September) verehrt.

Allein an heiligen Kreuzesnägeln fanden sich zuzeiten siebenundzwanzig und an Dornen der Dornenkrone über achthundert. Im päpstlichen Rom waren Folter- und Leidenswerkzeuge Mittelpunkt einer eigenen Kirche. Diese, Santa Croce in Gerusalemme (Heilig Kreuz zu Jerusalem), gehörte zu den sieben Pilgerkirchen, deren Besuch seit dem fünfzehnten Jahrhundert zur Erlangung eines vollkommenen Ablasses vorgeschrieben ist. Sie ist voller Ausstellungsstücke des Blutglaubens, deren Echtheit heute niemand außer den Frömmsten bekennt: Splitter vom Kreuz »Jesu«, ein Nagel, die Tafel mit der Inschrift: »Jesus von Nazareth, König der Juden« (Jo. 19,19), etliche Dornen aus der Krone und auch der Finger, den der ungläubige Thomas in die Wundmale des Auferstandenen legte (Jo. 20,27). All diese Gegenstände hatte die Kaisermutter Helena aufgefunden und nach Rom in ihren Palast verbracht, über dem sich heute die vielbesuchte Kirche erhebt.

In der Nähe befindet sich eines der Hauptziele der Rompilger, die Heilige Stiege. Sie ist der Legende nach aus den achtundzwanzig Stufen gebildet, über die »Jesus« den Palast des Pilatus verließ, um zur Schädelstätte Golgotha geführt zu werden. Der Brauch, sie kniend zu ersteigen, ist alt. Heute ist der Marmor durch eine Verschalung geschützt; er wäre sonst von den Millionen Frommen abgenutzt, die seit über vierhundert Jahren Tag für Tag hinaufklimmen. Am Abend des 19. September 1870, einen Tag vor dem Fall seines Staates, erstieg Pius IX. letztmals auf den Knien die Treppe. Doch weder diese Übung noch sein Schießbefehl, der tags darauf viele Menschen das Leben kostete, rettete den Kirchenstaat.

Bald ist selbst Golgotha nicht Marter genug. Im »Leben Jesu« werden andere Blutstücke gesucht. Die Jünger werden fündig. Denn schon das Jesusknäblein war, wie Lukas berichtet (Lk. 2,21), einem blutigen Ritual unterworfen: der Beschneidung. Der Jünger-Trieb gab sich nicht mit dem Wort zufrieden, sondern verlangte nach dem Objekt. In der Folgezeit findet sich ein Kult der vielfach vorhandenen und vielfach verehrten Vorhaut Jesu. Nicht nur im Mittelalter: Bischof Pie von Poitiers, ein heftiger Freund des Unfehlbarkeitsdogmas, erkannte noch 1858 eine solche Vorhaut als echt an. Dann rief er eine Lotterie ins Leben, um eine Kapelle für das heilige Teilchen erbauen zu können. Die Konkurrenz in Rom hatte vergleichsweise Pech: Die in der päpstlichen Hauptkirche des Laterans verehrte Vorhaut war schon 1527 entwendet worden. Nicht so andere Vorhäute, die bis in das neunzehnte Jahrhundert hinein verehrt wurden. Da sich jedoch Protestanten in das katholische Thema einmischten und tendenziöse Artikel veröffentlichten, ordnete der Vatikan 1900 an, es sei unter der Strafe des Kirchenbanns verboten, über diese Reliquie zu sprechen oder zu schreiben; nicht einmal die regionale Fremdenverkehrswerbung durfte sich der Vorhaut des Jesusknaben annehmen.

Objekte für eine genüßliche Darstellung der Marter fanden und finden sich noch genug. Wer sich unter den Bildern umsieht, die christliche Kunst schätzt, erhält Belege in Hülle und Fülle. Warum, fragt Shelley, Bücher gegen das Christentum schreiben, wenn man solche Bilder aufhängen kann? Durch wenig andere Beweisstücke ist so anschaulich belegt, daß sich »auf ferner fremder, kahlgrauer, wüster, düsterer Schädelstätte, jählings, kohlschwarz, scheußlichst, blutbespritzt« ein Kreuz erhob und »der farbigste, heiterste, fröhlichste Götterhimmel zersprang«!

An ihren Bildern sollt ihr sie erkennen. Sie geben buchstäblich die Illustration zu einer Tatengeschichte ab, die mit einer ununterbrochenen Kette blutigster Greuel den Satz Nietzsches belegt, das Christentum sei die Metaphysik des Henkers. Käme von einem glücklicheren Stern mit vollkommeneren Menschen (und Religionen) ein Wesen zu uns und ließe es die vielen und hochbedeutenden Werke christlicher Kunst an sich vorbeiziehen, befiele es wahrscheinlich ein Grauen vor der Geschichte der abendländisch-christlichen Menschheit. Denn es sähe in abertausend farbigen und plastischen Darstellungen die Gestalt eines Mannes, der grauenhaft gepeinigt wurde, es sähe ihn millionenfach ans Kreuz genagelt, bald sterbend, bald schon gestorben, blutend aus Händen und Füßen und der durchbohrten Seite. Und es erführe, daß dieses Sinnbild schrecklichster Folter seit fast zweitausend Jahren für die Herrenvölker unserer Erde im Nimbus übermenschlicher Vollkommenheit und Vorbildlichkeit steht.

Der Fremde sähe auch die lange Reihe der Heiligen und der Märtyrer, wie sie auf glühenden Rosten gebraten, von Pfeilen gespickt, mit Zangen bei lebendigem Leibe zerstückelt werden. Schließlich erblickte er das Phantombild eines fürchterlichen Strafgerichtes Gottes, wo ekelhafte Mißgestalten damit beschäftigt sind, nackte Frauen und Männer in kochendem Öl zu sieden, andere zu würgen, andere in flammende Öfen zu schieben; er sähe mit einem Wort die Hölle »unseres Gottes«. Unbestritten, daß die Kunst der Christenheit einen wesentlichen Anteil an den Ausschmückungen des Folterglaubens hat. Hier scheinen, unter dem Vorwand des Glaubens, der Phantasie keine Grenzen gesetzt zu sein. Einmal mehr machen Bilder sichtbar, worum es vielen geht: Gewisse weit übers Abendland hin verbreitete Darstellungen der Geißelung Jesu, des Geschehens von

Golgotha und der mannigfachen Qualen christlicher Märtyrer stellen nicht nur in schaurigen Einzelheiten die allgemeine Genugtuung über Folter und Martertod vor, sondern sind in ihrer gewollten Verbindung von Sex und Grausamkeit geradezu unerträglich. Sie waren freilich über Jahrhunderte hinweg wichtigste Werbeträger eines auf das Blut »Jesu« und der Glaubenszeugen gegründeten Christentums.

Die Darstellungen des schönen Jünglings Sebastian, der von Pfeilen an allen möglichen Körperteilen getroffen ist, stellen nur einen Ausschnitt der Möglichkeiten dar. Die Malerei macht gerade vor »Jesus« nicht halt. Eine Szene des spanischen Malers Luis Borrassá offenbart den Willen, eine onanistische Szenerie zu schaffen. Dient die Verbindung zwischen der Peitsche des Henkers und der erigierten Männlichkeit seinem Vergnügen oder dem der Beschauer? Auch eine »Geißelung Jesu« von Hans Holbein d.J. im Basler Museum erscheint wie eine Verwirklichung der möglichen erotischen Verirrungen. Jesus hält die Beine wie ein schamhaftes Mädchen gekreuzt, während ein Henker mit zweideutiger Geste nach seinem Gewand greift. Nicht einmal der Voyeur im Hintergrund fehlt; offenbar ist eine bestimmte Gefühlsskala angesprochen.

Wer sich als Liebhaber sieht, braucht nicht nur Bilder anzusehen, wie sie in fast allen Museen zu finden sind. Er kann wenigstens zeitweilig grausame Szenen religiöser Provenienz in natura beschauen. Er muß nur als Tourist nach Rio oder Madrid fahren, um die letzten Geißlerprozessionen der Welt mitzuerleben. Zwar ist der Höhepunkt der frommen Shows überschritten. Die spanische Fastenzeit kann nicht mehr mit den fünfzehn Tonnen Ketten und den achttausend Holzkreuzen des Jahres 1967 dienen; damals trugen fanatisierte Büßer Kutten, in die Nonnen Roßhaar und Eisenstückchen eingenäht hatten, um sie nur ja rauh und hart zu machen. Doch dürfte die Ideologie solch zweideutiger Frömmigkeit noch lange nicht überwunden sein. Die Verbindungen von Eros und Thanatos, von Liebe und Gewalt erweisen sich in christlichen Kreisen, sei es aus Gründen der Askese oder aus einem Trieb zur Nachahmung Christi, als ziemlich beständig.

Von Kreuz und Blut sowie von heiligen Tüchern (Turin), Röcken (Trier) und anderen Textilien abgesehen, gibt es nach der zumindest bis in die achtziger Jahre unseres Jahrhunderts offiziellen Kirchenmeinung auch sonstige hervorragende Reste: Leib, Haupt, Arm, Herz, Zunge, Bein oder jener Körperteil, an dem ein Märtyrer gepeinigt wurde, vorausgesetzt, das Glied ist vollständig erhalten und nicht zu klein. Kirchenfürsten brauchten selten zu geizen; immerhin nennt noch der gegenwärtige, bereinigte Heiligenkalender fast zweitausend Namen. Päpste vermittelten und verscherbelten die heiligsten Schätze und deckten jeden frommen Betrug im Handel mit Reliquien. Sie sahen in den Friedhöfen Roms geistliche Schatzkammern und gingen mit den Leibern der Heiligen recht großzügig um: Manch hochrangiger Besucher durfte mit einem toten Märtyrer im Gepäck die Heimreise antreten.

Noch heute sind im Vatikan beglaubigte Reliquien von Märtyrern aus grauer Vorzeit zu erhalten, und noch ist die Zeit nicht gekommen, da selbst Märtyrer nur zwei Hände und Beine haben wie andere Menschen. Denn von 19 überprüften Heiligen existieren immer noch in Kirchen und Kapellen 121 Köpfe, 136 Leiber und eine stupende Fülle anderer Glieder. Stephanus, von Juden gesteinigter erster Blutzeuge der Jüngerschaft (Apg. 7,57) und erst 415 wunderbar aufgefunden, besaß in seinen besten Zeiten 13 Arme, der Apostel Philippus ein Dutzend, der Apostel Andreas 17. Die heilige Agatha ist ähnlich aufgeteilt: Ihre

Brüste, im dritten Jahrhundert angeblich gefoltert, sind noch in Catania, Rom, Paris, Capua als Reliquien vorhanden.

Die Reliquie ist den Jüngern heilig, der Leib selbst nicht; er kann zerstückelt und benutzt, zur Schau gestellt, gestohlen, gefälscht werden. Wodurch unterscheidet sich dieser Umgang mit Menschen von dem heute zunehmend organisierten Skeletthandel, einem makabren, quasireligiösen Markt der Menschenknochen? Etwa durch seine religiöse Legitimation? Oder ist diese nicht ideologische Grundlage, historischer Beleg für alles, was auf diesem Terrain noch zu erwarten ist? Auf viele Menschen wirken die Show der Märtyrergebeine, die Vorliebe für ausgestellte Blutreste, Knochen und Schädel, die Sucht, Madonnen blutige Tränen weinen zu lassen, die intime Freude an Folter und Tod ekelerregend. Doch sie ist bezeichnend für eine Religion, die sich in ihrer römisch-katholischen Form an grausamen Reliquien weidet und nicht viel gegen das Scheußliche unternimmt, das zumindest in ihrem Volksglauben zurückblieb von Golgotha. Es kommt noch schlimmer. Denn dies ist nur die eine Seite des schrecklichen Jünger-Glaubens. Die andere ist entschieden blutiger. Die Liebe der Christenheit zu den eigenen Blutzeugen benötigt den Haß auf alle anderen.

Geile Suche der Guten

Die Sprache ist zu schwach, um die Greueltaten auszudrücken, welche das Christentum begangen ...; die Geschichte davon erregt Schauder, man entsetzt sich darüber, wenn man nur etwas sanftmütig ist ...

Pierre Bayle

Die dem Inquisitor lieblichste Melodie sind Schmerzensschreie. Am Scheiterhaufen stehend, wo der Ketzer stirbt, amüsiert er sich. Dieser vom Gesetz ermächtigte Inquisitor und Mörderbewahrt sich inmitten der Städte die Blutgier des Naturmenschen.

C. A. Helvétius

Alles schon bekannt? In der Tat kann belegt werden, daß sich heute Begriffe wie »Kreuzzüge«, »Inquisition«, »Ketzerkriege« und »Hexenverfolgung« mit Inhalten füllen lassen. Menschen wissen mittlerweile, daß Hunderttausende gefoltert und umgebracht worden sind. Allerdings bleibt die Kenntnis meist ohne Konsequenzen. Gerade bei den Jüngern.

In den Kirchen werden Sonntag um Sonntag Fürbitten vorgetragen. Eine Anregung: Statt immer wieder für eigene Anliegen zu beten, wäre erinnernde Fürbitte für Täter und Opfer der Religion angebracht. Wer hörte sie je? Wem fehlte sie überhaupt? Hätten Gläubige nicht hunderttausend Gründe, sich zu erinnern? Dürfen sie den Holocaust gleichgültig angehen, die Vernichtung, Verbrennung, Einäscherung so vieler Menschen im Namen ihrer Religion verdrängen? Und wir anderen? Sollen wir die freundlich frommen Mitbürger zur Tagesordnung übergehen lassen? Zusehen, wie sie Gottesdienste besuchen, ihr Abendmahl einnehmen, Monstranzen beweihräuchern, Reliquien verehren, Kindergärten betreuen? Verstummen, wenn Kleriker die Inhalte ihrer Moral, auf diesem blutigen Hintergrund, als höchste Werte preisen? Schweigen, sooft sie, infamer noch, Lob für ihre »Wertorientierung« einsacken? Ihre vorgebliche Wegweisung von Wahlkämpfern rühmen lassen? Wer schon von christlich-abendländischen Werten spricht, ist unehrlich, sooft er Wesensmerkmale dieser Kultur verschweigt. Also immer.

Legende von der Moral der Besten

Der englische Philosoph Bertrand Russell dachte ehrlicher als jeder Jünger. Er begründete, warum er kein Christ sein konnte: »Das ist der Grundgedanke: daß wir alle schlecht wären, hielten wir uns nicht an die christliche Religion. Mir scheint, daß der größte Teil der Menschen, der sich daran gehalten hatte, außerordentlich schlecht war. Es ergibt sich die seltsame Tatsache, daß die Grausamkeit um so größer und die allgemeine Lage um so schlimmer waren, je stärker die Religion einer Zeit und je fester der dogmatische Glaube war. In den sogenannten Epochen des Glaubens, als die Menschen an die christliche Religion in ihrer vollen Ganzheit wirklich glaubten, gab es die Inquisition mit ihren Foltern, wurden Millionen unglückseliger Frauen als Hexen verbrannt und im Namen der Religion an unzähligen Menschen alle erdenklichen Grausamkeiten verübt.«

An einem einzigen Tag des Jahres 1232 sollen um die hundert Menschen in Straßburg den christlichen Scheiterhaufen übergeben worden sein. Der schwedische Kinderprozeß von 1669 akzeptierte die Denunziation von Unmündigen, weil nach dem Zeugnis der Bibel aus dem Mund von Kindern Wahrheit kommt. Er kostete aufgrund dieser Beschuldigungen nicht nur siebzig Frauen und fünfzehn Kinder das Leben, sondern zog auch viele andere Prozesse im ganzen Land nach sich. Nur herzlose Historiker meinen über Zahlenangaben räsonieren zu dürfen, nur kalte Dogmatiker können glauben, daß alles Gott ehrt, was eine Schande für die Menschheit ist. Und nur bewußt fehlinformierte oder arrogant fröhliche Christen dürfen noch der Meinung sein, die Dogmen ihres Glaubens seien im luftleeren Raum entstanden. Das unheilbar gesunde Christengewissen, die Pausbäckigkeit der Jünger! Als habe nicht jeder Glaubenssatz seine Blutgeschichte! Ist dagegen bekannt geworden, daß Aufklärer ihre Sätze mit Gewalt durchsetzten oder die Vorkämpfer der Menschenrechte für jede einzelne ihrer Forderungen das Blut von Andersdenkenden vergossen?

Fassungslos freilich das Erstaunen vieler Katholiken, daß jemand auch außerhalb ihres Einflusses leben kann und gut dabei gedeiht. Sie hegen die – rührende oder dreiste? – Erwartung, ein Mensch habe nur bei ihren Grundsätzen anzufangen, mit ihren Voraussetzungen, mit ihren sittlichen Forderungen, um gut zu sein oder zu werden. Gewiß, für Jünger mögen diese praktikabel sein, für andere sind sie es nicht. Pierre Bayle: »Es ist keineswegs seltsamer, daß ein Atheist tugendhaft lebt, als es seltsam ist, daß ein Christ sich zu allerhand Verbrechen hinreißen läßt. Wenn wir Tag für Tag diese letztere Gruppe von Ungeheuern sehen, warum sollten wir glauben, das andere sei unmöglich?« Es bleibt eine Tendenzlüge, daß Menschen, die kirchliche, christliche, religiöse Lehren und Praxen überwanden, moralisch unvollkommene Menschen sind. Weder Christentum noch Kirche sind der Hort aller Moral; es gibt, auch wenn Bischöfe und Päpste das Gegenteil predigen, kein Monopol auf Ethik. Millionen Menschen verlieren kein Wort über die Kirchen, beschäftigen sich nicht mit der Christenheit, sondern leben bewußt oder unbewußt an den vielen Christentümern, an deren Sekten und Kirchen vorbei – und tun recht daran.

Friedrich der Große am 3. April 1753 an seinen Bruder August Wilhelm: »Wenn ich nicht zum Abendmahl gehe, so geschieht es, weil ich nicht auf dem Standpunkt des christlichen Glaubens stehe. Ich finde ihn widersinnig und möchte um nichts auf der Welt die Fehler, die ich schon habe, durch das Laster der Heuchelei vermehren; denn ich will niemanden täuschen, und man soll der Welt zeigen, daß man ein Ehrenmann sein kann, ohne an die jungfräuliche Geburt und an das Wunder der Hostie zu glauben.«

Sehen wir uns um, so stellen wir fest, vorausgesetzt, wir sind nicht blauäugig, einäugig, blind: Jeder Gewinn im menschlichen Gefühl, jede Verbesserung der Strafgesetze, jede Maßnahme zur Verminderung der Kriege, jeder Schritt zur besseren Behandlung der Farbigen, jede Milderung der Sklaverei, jede vernunftgemäße Erziehung und Aufklärung wurde zunächst von den organisierten Gläubigen bekämpft. Das Christentum ist weit davon entfernt, für die im neuzeitlichen Europa erreichte Kultur des Humanen verantwortlich zu sein. Es blieb in Sachen Humanität ohne Schrittmacherfunktion, war der »Hauptfeind des moralischen Fortschritts in der Welt«. Weder ein Papst noch ein dezidiert christlicher Souverän ging mit voran, als Humanisten und Aufklärer die Abschaffung von Folter und Todesstrafe forderten. Schon ein Blick auf den Strafvollzug christlicher Staaten belehrt über Tatsachen: Die Guillotine war im Kirchenstaat noch im neunzehnten Jahrhundert in Gebrauch, in Frankreich, der ältesten Tochter der Kirche, fiel sie erst 1981, als der sozialistische Präsident Mitterrand die Todesstrafe abschaffen ließ. In Spanien war die Garotte bis zum Tod des allerchristlichsten Gewaltherrschers Franco (1975) in Gebrauch. Dieser Halsring aus Eisen tötete das Opfer durch Erwürgen oder folterte es – in der katalanischen Form – mit einem zusätzlichen Eisendorn, der die Leiden nach Belieben des Henkers verlängerte, bis der Tod durch Zerstörung des Rückgrats eintrat. In einigen lateinamerikanischen Staaten (offizielle Religion: der Katholizismus) wird die Garotte noch immer als Folterinstrument eingesetzt.

»Ich machte die Erfahrung«, sagte Kaiser Julian, die Hoffnung auf eine Reform des Christentums begrabend, vor nunmehr eintausendsechshundert Jahren, »daß selbst die wilden Tiere dem Menschen nicht so feindlich gesinnt sind wie die Christen gegeneinander.« Und Pierre Bayle ruft noch ein halbes Jahrtausend später den Wunsch des arabischen Philosophen Averroes aus dem zwölften Jahrhundert in Erinnerung, der es unter Christen nicht aushielt, da sie »anbeten, was sie essen«, und »einander selbst auffressen, wie der Wolf die Schafe«. Ein guter Mensch, sagt Bayle, kann die Geschichte des Christentums nicht studieren, ohne selbst zornig, ausfällig, böse zu werden; er kann sich »nicht enthalten, das Andenken der Urheber dieser Greuel zu verfluchen«.

Alles bekannt? Ich lasse die für Opfer so folgenlose Behauptung aller Tätererben einmal auf sich beruhen. Auf der Basis eines angeblich ausreichenden allgemeinen Informationsstandes treffe ich nur einige wenige Ergänzungen, beschränke mich auf ein paar Belege für den Christenhaß, soweit er historisch faßbar ist, und auf einige Beweise für die grundsätzlich intolerante Mentalität dieser Religion. Ich führe dabei Buch über die Maschinerien der Marter, also über jene grausamen Techniken der Menschenfolter, die die einen Menschen – allesamt Christen! – erdachten, um andere Menschen unter dem Vorwand des Guten zu quälen. Ich versuche, den Hintergrund aufzuhellen, der Christen dazu brachte, solche Maschinen des Grauens gegen andere in Gang zu setzen, um deren geistige und körperliche Integrität zu verletzen, sie gleichsam nackt vor sich zu haben, die innersten Beweggründe und Gedanken ans Tageslicht zu zerren und sich an der Entblößung im Geständnis der

Folter zu weiden. Und ich nenne ein einziges Beispiel für den Opferstatus der Verfolgten, Gemarterten und Getöteten: die furchtbar spezifischen Pogrome, die in Zusammenhang mit dem heiligsten Objekt des Kirchenglaubens stehen – mit dem in den Leib »unseres Herrn« verwandelten Brot – und der angeblichen Sucht der Juden, sich geweihte Hostien zu beschaffen sowie Christenkinder zu schlachten, um deren Blut rituell zu verwenden.

Der Geist gläubiger Erfinder

Kommt die Rede auf die dunkleren Jahrhunderte des Christentums – das dunkelste, das die meisten Opfer fordernde, war das zwanzigste –, so wird vom »Hexenwahn« gesprochen. Der Begriff ist eingebürgert; dies macht ihn verdächtig. Denn die Verfolgung, Folterung und Ermordung von Frauen war kein wahnhaftes Phänomen, über dessen Phantasiemächtigkeit sich Zirkel unterhalten und streiten könnten. Es handelte sich um kein irrationales Geschehen, von dem alle streng Vernünftigen sich inzwischen distanzieren müßten. Der sogenannte Hexenwahn war eine technische Abfolge von durch und durch rational organisierten Verbrechen. Die Täter ließen sich nicht hinreißen; sie wußten, was sie taten. Und sie nutzten für ihre Taten die jeweils neueste Technik. Immer modernere Maschinen standen bereit; sie waren nicht zufällig erfunden worden.

Das Instrumentarium der Folter? Ohne dieses konnte die peinliche Befragung weder ihr Werk beginnen noch abschließen; Maschinen der religiösen Definition im Kopf der Jünger und Maschinen zum körperlichen Malträtieren der als böse, fremd, anders Definierten sind Voraussetzung jeder Inquisition. Der patriarchalen Phantasie (Frauen gehörten weder zu den Erfindern noch zu den Exekutoren!) sind keine Grenzen gesetzt: Es gibt so gut wie keine auszudenkende Maschine, die nicht gebaut worden wäre. Der Eifer und die Einbildungskraft, die an der Erfindung der Requisiten arbeiteten, lassen unsere Anstrengungen jenseits aller Realität verharren. Wir können nichts imaginieren, was es da nicht schon gäbe. Viele Apparate tragen doppelsinnige, ja neckische Namen, als sei ihren Bedienern daran gelegen gewesen, die Bedeutung ihrer Tätigkeit durch verharmlosenden Spott gegen die Opfer zu unterstreichen. Nicht selten sind die Namen dem christlichen Fundus entlehnt. Mehrere tragen den Hinweis »spanisch«, um auf ihre katholisch-inquisitorische Herkunft und das Land ihres hauptsächlichen Gebrauchs aufmerksam zu machen.

Herrschaften, Werteväter, Patriarchen überlassen nur in den seltensten Fällen etwas dem Zufall; ihre wichtigsten Themen und Gegenstände schon gar nicht. Daher ist die Definitionsmacht längst genauen Regeln unterworfen, organisiert, bürokratisiert, ja maschinisiert. Die sie an sich rissen, üben sie nicht mehr charismatisch, von Fall zu Fall, je nach Wirken ihres Geistes aus. Sie gaben ihr die Form maschineller Produktion. Da das Christentum keine zufällig in patriarchalen Gesellschaften existierende Religion darstellt, kann es niemanden verwundern, daß die religiöse Definitionsmacht sich den Vorgaben anpaßte und die Maschinisierung seines Milieus nachbildete.

So sprechen die im Bereich Religion Definitionsgewaltigen sich selbst für alle Menschen, deren Bestes sie als Verwalter menschlicher Angst wollen, eine oberste Kompetenz zu (Erfindung der Maschine). Das von ihnen definierte System hat hierarchischen Charakter: Es legt von oben her das Oben wie das Unten und die entsprechenden Mittelwerte fest (Bauanleitung der Maschine). Wirksame Konstruktion und Kontrolle von religiösem Know-how benötigen eine Organisation, die sich nach denselben Strukturprinzipien wie das System aufbaut und erhält (Wartung der Maschine). Die Bedienungsmannschaft der Maschine »Religion« fordert bei den zuvor als nicht definitionsmächtig definierten Gläubigen einen reproduzierenden Gehorsam. System- und Organisationsfremde werden als Störfaktoren, die die Bedienung der Maschine behindern, aus der Gruppe ausgegliedert (Leistungswahrung der Maschine). Wo Lücken im System bleiben, stellen Jünger die Maschine der Vorsehung ihres Gottes, die künftige Verbesserungen der Glaubensorganisation antreibt, zur Verfügung (Innovation).

Eine durchorganisierte Religion lebt nicht vom Wort allein. Sie erstellt eine Maschinerie von geronnenen Gesetzen und steinhart gewordenen Glaubenssätzen, die ein Eigenleben führen und deren bloßer Anblick und Gehör die Gläubigen schrecken. Doch steht die institutionalisierte Religion auch und gerade für die Erfindung, die Legitimation und den Gebrauch von Maschinen, deren Drohung nicht nur den Gehorsam der ihr Unterworfenen sichert, sondern die auch noch praktischer – den Schmerz anderer Menschen hervorrufen, verstärken und ihn an die Peiniger binden. Das religiöse Drohwort bleibt nicht allein. Es ist kein bloßer Hauch mehr, der an einem unbußfertigen Menschen vorbeizöge. In der Maschine wird das Wort Fleisch; hier nimmt es Gestalt an. Die Hölle ist nicht mehr nur jenseitig. Sie kann und muß am eigenen Leibe erfahren werden. Eine Foltermaschine nötigt durch ihre Existenz, schreckt ab, hält die Guten vom Bösen fern, führt Böse zum Guten zurück. Was wünschen Gewaltbereite mehr? In ihren Werkzeugen wird ihre Macht sichtbar; Apologeten weisen auf deren (»geistliche«) Milde hin.

Bevor die Folterknechte ihr Werk begannen, wurden den Opfern die Werkzeuge gezeigt, die auf sie warteten. Bereits dieses von der Inquisition als »territio« empfohlene Verfahren zeitigte in nicht wenigen Fällen die erwünschte Wirkung. Die Methode des Anschauenlassens ist erprobt; auch aus den Folterkellern der Gegenwart wird von ihr berichtet. Ansehen, begreifen, erschrecken. Vor mir liegt ein Ausstellungskatalog. Er weist viele Photographien auf und hat ein ungewöhnliches Sujet. Keine mittelalterliche Tafelmalerei, kein impressionistisches Werk. Der Katalog beschäftigt sich mit Folterwerkzeugen vom Mittelalter bis zum Industriezeitalter. Die Ausstellung wurde 1983 in Florenz eröffnet. Sie ist beinahe über Nacht berühmt und in mehreren europäischen Städten gezeigt worden. Seit der Berliner Ausstellung von 1908/1909 über Wesen, Methoden und Wirkung der Heiligen Inquisition war etwas Ähnliches nicht mehr Ausstellungsgegenstand.

Fünfundachtzig Folterinstrumente, wichtige und weniger wichtige, aber immer praktisch erprobte, wurden gezeigt: Werkzeuge der Exekution, der öffentlichen Demütigung, der Folter von Menschen. Etwa drei Viertel der Maschinen waren Originale, die aus dem sechzehnten bis achtzehnten Jahrhundert des Abendlandes stammen. Der Rest waren Nachbildungen, die für einschlägige Sammler in den letzten hundertfünfzig Jahren angefertigt wurden. Die Sammlung dieser Exponate, deren Großteil in den letzten Jahrzehnten durch die Antiquitätenläden der Welt gewandert war, ist heute einzigartig auf der Welt. Sie könnte als Grundstock für ein Museum in Europa dienen, das sich gegen die Folter wendet. Die Ausstellung war gedacht als ein eindringlicher Appell gegen die Verbrechen der Regierungen und der machtausübenden Institutionen zu allen Zeiten. Der Appell wurde fast einmütig von den Kommentatoren und Rezensenten der Medien in Europa und in den USA gerühmt.

Eine wesentliche Wirkung hatte er nicht; die zeitgenössischen Folterer, ihre Kommentatoren, Rezensenten und Legitimierer lassen sich durch eine Ausstellung nicht einmal provozieren.

Für die Leser des vorliegenden Buches ist hoffentlich die Frage schon nicht mehr interessant, warum beide Ausstellungen, die vom Beginn des Jahrhunderts und die aus den achtziger Jahren, ausgerechnet mit »Inquisition« überschrieben waren. Der Ausstellungskatalog antwortet für jene, die es noch nicht wissen: Es war nicht irgendein historisches Folterunternehmen in der Geschichte der Menschheit, sondern die christliche Inquisition, deren gnadenlose Methoden erst im Holocaust von 1939 bis 1945 wiederaufgenommen wurden.

Zur Einführung ein paar Daten aus der Papstgeschichte: Der Triumph des Christentums über die sogenannten Heiden im vierten Jahrhundert hatte bereits ein Gefolge von bisher unbekannten Ketzereien und Schamhaftigkeiten hinter sich hergezogen. Was jahrtausendelang weder als geistige noch als körperliche Sünde gegolten hatte, konnte jetzt benannt, denunziert und verfolgt werden. Christen wären die letzten gewesen, die hier etwas hätten durchgehen lassen. Thomas von Aquino legitimiert die Anwendung von Gewalt gegen Unbußfertige. Konzilien und Synoden ordnen die Ausräucherung der Ketzernester an, fordern Exhumierung und Einäscherung von Ketzerleichen.

Wer aber waren Ketzer, die Jäger oder die Gejagten, die Opfer oder die Täter? Sebastian Franck entwickelt im sechzehnten Jahrhundert in seiner *Chronik der Römischen Ketzer* einen neuen Begriff. Der bedeutende Prediger erwartet, daß viele, die im Heiligenkalender der Kirche stehen, beim Jüngsten Gericht verdammt werden, so die meisten Päpste, aber auch Thomas von Aquino. Und er entlarvt die Täter: Äußerlich scheuen sie die Gewalt, fließen über von Geist und Liebe, doch heimlich drücken sie dem jeweiligen Pilatus das Schwert in die Hand. Sie, die eigentlichen Mörder der Seelen und der Leiber, schufen eine hinterlistige, heuchlerische Doppelwelt. Nur in ihr können sie überleben. Voltaire: »Sie sehen zur Genüge, daß es der letzte Grad einer brutalen und absurden Barbarei ist, durch Denunzianten und Henker die Religion eines Gottes aufrechtzuerhalten, der selber durch Henker hingerichtet worden ist.«

Lustvoll und fröhlich Katholische sind überheblich. Von der Sache, vom Intellekt, von ihrer wissenschaftlichen, gesellschaftlichen oder kulturellen Leistung her haben sie keinen Grund: Im Gegensatz zu vielen der Opfer ist kein Name der Gottesjäger in das Buch der europäischen Geistesgeschichte eingetragen, und auch heute findet sich unter Kirchengläubigen keiner von Bedeutung. Es änderte sich seit Kaiser Julian nichts: »Unser ist die Literatur ..., euer aber ist der Mangel an literarischer Kultur und rüde Unbildung, und eure Weisheit hat nichts, was über das Gebot ›Sei gläubig‹ hinausginge.« Doch die Frommen fühlten sich den anderen, den begabten Andersdenkenden, so überlegen, daß sie sie befragen, foltern und ermorden mußten. Und sie sprechen heute davon, die anderen hätten die Religion dieser Folter, dieses Mordens nicht richtig verstanden. Helvétius sagt grundsätzlich: »Die beim Bigotten besonders stark ausgeprägte Überheblichkeit läßt ihn im genialen Menschen den Wohltäter der Menschheit verabscheuen, und sie bringt ihn gegen Wahrheiten auf, deren Entdeckung ihn demütigt. Ebendieselbe geistige Trägheit und Überheblichkeit, die er für Religionseifer hält, machen aus ihm einen Verfolger ...«

Schon Urban II. († 1099, seliggesprochen) sieht im Töten von Gebannten »aus Eifer für die Mutter Kirche« keinen Mord. 1199 verfügt Innozenz III., als einer der größten Päpste der Kirche definiert, furchtbare Ketzergesetze, die den Menschen schon in

Buchstaben zur Unperson machen. 1205 nennt er Christen, die sich mit Juden einlassen, »gottverdammte Sklaven« – und weist mit Substantiv wie Adjektiv in Richtung Folter. 1231 erklärt Gregor IX., die Ergreifung, Verurteilung und Bestrafung der Häretiker seien ausschließlich Sache der Kirche; derselbe Papst beklagt sich über die Nachlässigkeit, mit der Ketzer bestraft worden waren. 1251 führt Innozenz IV. die Folter ein. 1478 gestattet Sixtus IV. den katholischen Königen (Aragon, Kastilien) eine eigene Inquisition; deren Grausamkeit, die Mengen an Blut und geröstetem Fleisch, die sie forderte, beunruhigte sogar den Papst. Ohne nennenswerte Konsequenz: Der Name des Großinquisitors Torquemada († 1489), des Beichtvaters der allerkatholischsten Könige, wurde zum Synonym für ausgesuchteste Qualen; seine Machtposition, die kein anderer Mensch in Europa hatte, blieb trotz vielfältiger Klagen gegen seine Helfer unangefochten. Er schickte persönlich über zehntausend Menschen auf den Scheiterhaufen, fast hunderttausend auf die Galeeren. Um 1500 weitete sich die Spanische Inquisition, die zu Hause schon vierundvierzig Tribunale unterhielt, auf die eben entdeckte Neue Welt aus, wo sie ganze Zivilisationen zerstörte. Die beim Genozid tätigen Mönche tauften zwar die Säuglinge und Kleinkinder, doch warfen sie sie anschließend ausgehungerten Hunden vor oder ließen sie lebendig begraben …

1542 wurde die Römische Inquisition, eine »bewunderungswürdige und ganz und gar christliche Erfindung«, von Papst Paul III. zum Kampf gegen die konkurrierende Konfession Protestantismus errichtet. Gregor XIII. stellt 1584 die Protestanten auf eine Stufe mit Seeräubern und Verbrechern. Unter den Päpsten Paul IV. († 1559) und Pius V. († 1572, heiliggesprochen) war der inquisitorische Hunger fast nicht mehr zu stillen. Paul IV., Dominikaner und ehemaliger Großinquisitor, war ein Meister der Folter; er sah seinen Arm selbst »bis zum Ellbogen in Blut getaucht«. Die Barbareien des Christentums schreckten bald den Rest der Welt; die Türken wollten die übermittelten Einzelheiten schier nicht glauben. Kein Mensch schien vor dem Blutrausch der Christen sicher. Beispielsweise wurde ein dreizehnjähriger Junge ebenso wie ein sechsundachtzigjähriger Greis mit jeweils hundert Peitschenhieben bedacht. Zwischen 1721 und 1727 behandelten die 64 spanischen Glaubensgerichte 35 Fälle von Bigamie, 3 Fälle von lutherischer Ketzerei, einen Rückfall zum Islam und 824 Fälle von Rückfall ins Judentum.

Erst 1834/1835 wurde aufgrund von Sachzwängen, nicht wegen Einsicht, die Inquisition als eine eigentlich »für Zeit und Ewigkeit« gegründete Behörde abgeschafft; insgesamt neunundvierzig Großinquisitoren hatten ihr Gewaltamt versehen. Heute heißt sich die Nachfolgebehörde »Glaubenskongregation«; der Vatikan reagierte diplomatisch indigniert, erinnerte ihn ein Staatsbesuch an die Leichen in seinen Kellern. Ein Hinweis zur Vergangenheitsbewältigung auf vatikanisch: Zwischen 1815 und 1817 machten Unterhändler in Paris mit Zustimmung des Kardinalstaatssekretärs Consalvi 4518 Bände mit Prozeßunterlagen der Inquisition unleserlich und verschacherten sie anschließend an Altpapierhändler. Im September 1870 verbrannte die päpstliche Polizei große Teile des Geheimarchivs, um keine belastenden Dokumente in die falschen Hände fallen zu lassen.

Heute benötigt die Inquisition keinen Artikel mehr. Das Wort spricht für sich allein; Inquisition ist Ausdruck roher Gewalttätigkeit, Synonym für unversöhnlichen Heilsfanatismus, fieberhaft sexuelle Ausbrüche, Gewalttaten, wie sie in jedem (gerade zeitgenössischen) inquisitorischen Folterverfahren auftreten. »Die« Inquisition gibt es nicht mehr, Inquisitionen sehr wohl. Sie können auf die christliche Vergangenheit und ihre exemplarischen Methoden zurückgreifen. Deren Anwender waren der Überzeugung, als Folterer und Menschenschlächter »Arm der göttlichen Vorsehung zu sein«, auffällig bemüht, das Gesicht ihres Opfers gen Himmel zu richten, damit es »so Buße tue, wie es Unserem Herrn gefällt«. Wer sich mit Kirchengeschichte und Papstbiographien befaßt, sollte die unauslöschliche Schande einer Religion nicht von vornherein übersehen.

Maschinerie der Martern

Da ich über eigens konstruierte Maschinen spreche, nenne ich andere Folterarten erst gar nicht (ich habe alle Folterarten in einem eigenen Buch von 2004 beschrieben): nicht die noch übliche Anwendung der Wasserfolter, bei der Unmengen von Wasser durch einen Trichter in den Leib des gefesselten Opfers gepreßt wurden, dem hin und wieder auch After und Harnröhre verstopft und zugebunden worden waren, um jedes Ausfließen zu unterbinden. Ich nenne nicht das Beil zum Abschlagen von Händen und Füßen, das im christlichen Europa bis zum Ausgang des achtzehnten Jahrhunderts zu den Normalstrafen zählte – und bei weitem der Zertrümmerung der Hände auf einem Amboß vorzuziehen war. Ich nenne nicht das Brandmarken, nicht die auch heute angewandte Behinderung des Schlafes, nicht das Einmauern und langsame Verhungernlassen (das die Inquisition als eine Art Begnadigung betrachtete!), nicht das Abschneiden von Nasen und Ohren als eine bevorzugte Strafe für Dirnen. Immerhin wurden während der französischen Religionskriege abgeschnittene Ohren auch als Trophäen des Sieges der wahren Konfession über die irrige getragen; ein reformierter Chevalier rühmte sich, öffentlich eine Halskette zu tragen, die aus den Ohren von katholischen Priestern bestand.

Ich spreche nicht vom Ausweiden, einer häufig durchgeführten Methode der Exekution, bei der der Bauch des Opfers geöffnet, ein Teil des Darmes herausgenommen und an einer Trommel befestigt wird. Der Rest der Eingeweide wird langsam aufgerollt; das Opfer ist während des größten Teils dieser Folter bei Bewußtsein. Ich spreche auch nicht über eine Folter, die Juden traf, die kleinere Diebstähle begangen hatten: Sie wurden an den Füßen zwischen zwei ausgehungerten Hunden oder Wölfen aufgehängt. Da auch diese Tiere an den Hinterbeinen aufgehängt waren, können wir uns vorstellen, was ihr Schmerz und ihr Hunger auslösten.

Alle Folter- und Hinrichtungsarten sind bildlich belegt; die künstlerische Komposition verwendet die Form einer öffentlichen Theaterinszenierung: Requisiten, Staffage, Protagonisten, Publikum. Auf vielen Darstellungen fällt die Geschäftigkeit der beteiligten Mönche und Kleriker auf. Doch auch Logen für die Prominenz sind vorgesehen; die schuldige Obrigkeit, das staats- und kirchenstützende Personal, schaut von Amts wegen zu. Die Spitzen der Gesellschaft beweisen wohlgefälligstes Interesse. Manch prominenter Zuschauer, der nicht selbst Hand anlegt, ist mit einem prächtigen Gottvaterbart geschmückt. Was es von Fall zu Fall zu sehen gab?

Halsketten beispielsweise für Taugenichtse und Christen, die den Besuch des Gottesdienstes versäumten: Diese relativ ungefährlich aussehenden Instrumente dienten der öffentlichen Verspottung. An manchen Orten waren Halsketten nur für Raucher, Trinker und Spieler vorgesehen. Der *Rosenkranz* (Länge etwa ein Meter, Gewicht um die acht Kilogramm) legte sich um den Hals jener, die sich die geringste Unregelmäßigkeit beim

Besuch des sonntäglichen Gottesdienstes hatten zuschulden kommen lassen. Er stellte eine Art väterliche Warnung dar, bevor zu den ernsteren Mitteln des Arrests oder der Folter gegriffen wurde, um den Besuch der gottesdienstlichen Übungen sicherzustellen. Doch hatte es die bloße Warnung in sich: Ihre Opfer verspürten nach wenigen Tagen und Nächten heftige Schmerzen. Falls sie auf dem Marktplatz oder vor einer Kirche ausgestellt wurden, waren sie einer schmerzhaften Zusatzbehandlung preisgegeben; diese konnte wie der Pranger selbst tödliche Folgen haben. Auch die *Halsgeige* mit ihren verwandten Formen war kein bloß diffamierendes Gerät; ihre Wirkung auf Nacken und Handgelenke läßt sich vorstellen. In den Schweizer Kantonen Graubünden und Schwyz war sie bis zum Ende des neunzehnten Jahrhunderts in Gebrauch, in einigen deutschen Fürstentümern bis 1871.

Typisch religiös ist auch die Basis für andere Instrumente, die mit Hilfe der Folter individuelle Moral sichern und öffentliche Sittlichkeit durch Abschreckung heben sollten. So wurden *Flöten* (Oboen, Trompeten, Posaunen) verwandt, um Ruhestörer zu züchtigen oder andere für »Flüche ersten Grades« und für den Gebrauch obszöner Worte zu bestrafen. In Italien dienten diese Werkzeuge als Mittel gegen jene, die sich während heiliger Handlungen des Lärms vor der Kirche schuldig gemacht hatten. Ein Eisenring wurde im Nacken des Sünders verschlossen, die Finger wurden wie die von Musikern in die Kerben des eisernen Aufsatzes gelegt und festgeschraubt, und der Exekutor konnte entsprechend seiner Laune variieren: Die Breite der Möglichkeiten reichte von leichtem Quetschen bis zur Zerstörung der Fingerknochen und Gelenke.

Die *Ketzergabel*, deren Name die Herkunft nennt: Vier scharfe Spitzen konnten tief in das Fleisch unter dem Kinn und in das

Brustbein gerammt werden. Sie verhinderten jede Kopfbewegung und erlaubten den Gefolterten nur ein leises Stammeln, mit einer kaum verständlichen Stimme. Vieler Worte bedurfte es gar nicht. Worauf es ankam, war in die Gabel geritzt: Das Wort »abiuro« (ich schwöre ab) genügte, damit alles klar war und das Opfer, falls es Glück hatte, keinen weiteren Martern ausgesetzt wurde. Mit Häretikern kannten die Jünger selten Pardon: Nicht nur der Scheiterhaufen war für die Unbeheimateten bereit, sondern auch ausgesuchteste andere Martern wie das Ertränken in Fässern voller Jauche und Urin, das Ausschneiden, Ausbrennen, Absägen der Zunge oder das langsame Rösten auf glühendem Eisen. Hin und wieder wurden die Opfer durch Verbrennen feuchten Strohs genüßlich erstickt; ein Päckchen Schießpulver, dessen Explosion die Brust aufriß, diente dazu, die Methode nicht allzu barmherzig erscheinen zu lassen.

Schmerzensschreie waren nicht vorgesehen. Um den unpassenden Lärm zu unterbinden, hatten Folterspezialisten die eiserne *Mundsperre* oder das Stummenzaumzeug erfunden. Eine Ideologie, die schon im Normalfall Schweigen mit Gehorsam und Schreien mit Stören gleichsetzte, war gehalten, die Ausnahme grausam zu bestrafen. Daher erstickten besondere Geräte die Schreie der Opfer im Ansatz. Ein eiserner Block, auf der Innenseite eines Rings angebracht, wurde in den Mund geschoben, die Schnalle hinten am Ring geschlossen. Ein Loch sicherte die Luftzufuhr, doch konnte es vom Folterer zugehalten werden, und das Opfer rang um Luft. Giordano Bruno, den die Inquisition 1600 mitten in der Stadt des Papstes verbrannte, starb mit einer solchen Eisensperre im Mund. Sie war so konstruiert, daß ein langer Dorn die Zunge durchbohrte und unter dem Kinn wieder hervortrat; ein zweiter steckte fest in seinem Gaumen. Unter den Zuschauern befanden sich hohe und höchste Kleriker.

Eine bloß spätmittelalterliche Verirrung des Papsttums? 1889 wurde auf demselben Platz, auf dem die Repräsentanten der Kirche diesen Ketzerleib gefoltert und zu Asche gemacht hatten, ein Denkmal errichtet. Am Tag seiner Enthüllung betete Papst Leo XIII. »zur Sühne« einen Tag lang in seiner Hauskapelle. Zuvor hatte er zahlreiche Beileidsschreiben aus der katholischen Welt erhalten, die das Denkmal für das Opfer schmähten, nicht etwa ihre Trauer über das Opfer selbst zum Ausdruck brachten.

Das Zerquetschen von Fingernägeln, Knöcheln, Gliedern gehört zu den ältesten Foltermethoden. Es ist effizient, denn das Verhältnis von aufgewandten Mitteln und erzeugten Schmerzen wirkt, aus Sicht der Folterer, höchst befriedigend. Wo es in einem Folterarsenal an kostspieliger und komplizierter Ausstattung fehlt, sind die sprichwörtlichen *Daumenschrauben* am Platz. Auch *Knieschrauben* tun ihren einfachen Dienst; sie werden an Knien und Ellbogen angesetzt, deren Gelenke sie nachhaltig verletzen. Gleichwohl gab sich der Erfindungsgeist nicht mit der einfachen Ausführung zufrieden; ein österreichisches Exemplar, zwischen 1769 und 1777 entstanden, stellt die Luxusausgabe dar. Es ist, mit zwei Barren und einem abnehmbaren Schraubenschlüssel, kunstvoll konstruiert und geschmückt. Nicht ohne Grund: Zum einen sah die Epoche, in der W.A. Mozart lebte, auf die grandiose Ausschmückung an sich einfacher Themen und Gegenstände, zum anderen war 1769 das berüchtigte Kriminalgesetzbuch der Kaiserin Maria Theresia *(Constitutio Criminalis Theresiana)* erschienen.

Dieses Werk, das im Namen einer recht freundlich wirkenden, aber unnachgiebig katholischen Herrscherin Inquisitionsverfahren und Folter detailliert regelte, hinkte bereits bei seinem Erscheinen hinter der Zeit her; immerhin hatten England und Preußen die Folter abgeschafft. Doch wirkte es bis in die letzten Amtsstuben der Monarchie hinein, nicht zuletzt aufgrund seiner beispiellosen Akribie, mit der die Methoden der Marter – vor allem ihre schrittweise vorzunehmende Steigerung – beschrieben waren. Hier tobte sich bürokratischer Geist aus, alles war normiert, und weder die Dicke der Stricke, die Anzahl der Knoten in den Fesseln, die Lage der Nägel und Schrauben noch der Grad bleibender Verletzungen, die für die Anwendungsgrade erlaubt waren, blieben dem Zufall überlassen. So zeigt die Ingenieurzeichnung die Kräftelinien an, die bei Daumenschrauben wirken – und sich genau über den Fingernägeln kreuzen. Eine andere Zeichnung beschreibt das System der *Streckleiter*, näherhin die Zahl der brennenden Kerzen von genau vorgeschriebener Länge, die an den ausgerenkten Schultern, Armbeugen und Hüftknochen angebracht werden durften, um dem Opfer Verbrennungen bis zum dritten Grad zuzufügen.

Die *Eiserne Jungfrau* (Nürnberg, fünfzehntes Jahrhundert): Ein ganz aus Eisen gefertigter Kasten in der Form eines bis zur Erde reichenden Umhangs; das aufgesetzte Kopfteil trägt ein Frauengesicht. Die Dornen auf der Innenseite der Türen und auf der Rückseite konnten wahrscheinlich nach den Anforderungen des jeweiligen Urteilsspruchs in unterschiedlichen Konstellationen angebracht werden. Sie waren damit mehr oder weniger tödlich oder wirkten mehr oder weniger verstümmelnd. Die erste Exekution mit diesem Instrument ist auf den 14. August 1515 datiert; das Gerät war aber schon Jahrzehnte zuvor in Gebrauch. Der zur Folter und Exekution freigegebene Mann wurde damals in ihr Inneres gestellt, und die Türen schlossen sich langsam, so daß »die scharfen Dorne seine Arme durchstachen, und an etlichen Stellen seine Beine, und seinen Bauch und seine Brust, und seine Blase und die Wurzel seines Glieds, und seine Augen und seine Schultern, und seinen Hintern, ihn aber nicht töteten; und so verblieb er und machte ein groß Geschrei und Wehklag zwei Tage lang, bevor er starb«.

Die eisernen *Käfige*: Bis zum Ende des achtzehnten Jahrhunderts christlicher Zeitrechnung waren europäische Stadtansichten überzogen von solchen Käfigen. Sie hingen an den Außenseiten der Rathäuser, Fürstenpaläste, Gerichtsgebäude, Kirchen und baumelten an hohen eisernen Galgen, die vor den Toren an wichtigen Straßenkreuzungen standen. Die nackten Opfer wurden eingesperrt; sie starben an Hunger und Durst, im Winter an Unterkühlung, im Sommer an Hitzschlag oder an Verbrennungen durch die Sonne. Die verfaulenden Leichen wurden gewöhnlich in den Käfigen belassen, bis die Gebeine verfielen. Doch hielt auch der technische Fortschritt seinen Einzug in diesen Wahn: Manche Maschinen wurden eigens mit Blitzableitern versehen und Leichname mit der Zeit hermetisch in gehärtetes Harz eingelassen, um den vermeintlich heilsamen moralischen Abschreckungseffekt zu verlängern. Freilich ist schon lange bekannt, daß Strafen, die Menschen abschrecken sollen, bei unzähligen Zuschauern gerade diesen Effekt nicht haben. Wohl aber einen anderen: den Wunsch, weiter zuzuschauen, zu quälen, zu töten. Nebenbei: Die Universitäts- und Bischofsstadt Münster/Westfalen stellt Folterkäfige bis heute an einer Kirche der Innenstadt zur Schau; Busladungen von Touristen bekommen sie bei Stadtbesichtigungen vorgeführt. Die Schamlosigkeit gegenüber den Opfern (»Wiedertäufer«) stört offenbar noch 2005 keinen Verantwortlichen der christdemokratisch regierten Kommune.

Die *Zangen*: Platt- und Kneifzangen sowie Scheren, kalt oder zumeist glühend heiß gebraucht, sind hervorragend dazu geeignet, jedes Glied zu quälen und bei Bedarf sogar zu entfernen. Kein Wunder, daß die simplen Geräte zur Grundausstattung des europäischen Folterkellers gehörten. Sie wurden vor allem an Nasen, Fingern, Zehen und Brustwarzen angesetzt. Flachzangen dienten zum Abreißen oder Abbrennen des Penis. Männliche Geschlechtsteile wurden im Vergleich zu den weiblichen Genitalien selten gefoltert; sie galten, in stillschweigendem Einvernehmen des Patriarchats, als immun. Nur wenn, nach Auffassung christlicher Werteväter, die Art der Strafe der Art der Sünde folgen sollte, wie im Falle von Homosexualität und Masturbation, bezeichnenderweise aber nicht bei Vergewaltigung, konnten auch Hoden und Penisse gefoltert oder abgezwickt werden; die sündigen und bestraften Teile wurden zusammen mit der Hand des Sünders verbrannt.

Das *Rad*: Nach dem Hängen war das Rädern die gebräuchlichste Methode in Mittel- und Nordeuropa, vom frühen Mittelalter bis zum Beginn des achtzehnten Jahrhunderts. Das Opfer wurde auf dem Rücken liegend und mit ausgestreckten Gliedern auf den Boden des Richtplatzes gelegt und an Eisenringen festgebunden; stabile Querhölzer wurden den Handgelenken, Ellbogen, Fußknöcheln, Knien und Hüften untergeschoben. Dann zerschlug der Henker mit den eisenbewehrten Kanten des Rades Glied um Glied, Gelenk nach Gelenk, Schultern und Hüften; ein tödlicher Schlag wurde vermieden. Die Täter wußten, worum es ging: Nur ein langsamer, kenntnisreicher, zurückhaltender Folterer ist ein Meister seines Fachs; das ist noch immer Regelvorgabe für Folterschüler. Meisterlich auch, bei den Opfern so gut wie keine Spuren zu hinterlassen, um jedem Vorwurf eines überlebenden Menschen begegnen zu können.

Die von Exekutoren und Schaulustigen verspotteten, von Amtspersonen aus Staat und Kirche umgebenen Opfer, berichtet ein deutscher Chronist aus dem siebzehnten Jahrhundert, verwandelten sich zusehends in schreiende Puppen aus

»rohw, schleymig und formlos Fleisch wie die Schleuch eines Tündenfischs«. Danach wurden ihre Glieder in die Speichen eines größeren Rades geflochten und in horizontaler Lage auf der Spitze eines Pfahls befestigt; Vögel holten sich Fleischstücke und pickten die Augen aus. Der Tod trat – langsam! – nach den vermutlich längsten und grausamsten Schmerzen ein, die der Einfallsreichtum der Machtapparate ersinnen konnte. Selbst der grausame Kreuzestod Jesu bleibt, als antike, »heidnische« Exekutionsform, weit hinter der fortentwickelten christenmenschlichen Technik zurück.

Die *Säge*: Die Methode wird im Alten Testament erwähnt (2. Sam. 12,31); die Christenheit war eine gelehrige Schülerin. Die Geschichte des Abendlandes ist voll von Opfern, die dieses Los erlitten, ein von Menschen herbeigeführtes Schicksal, das wahrscheinlich noch schlimmer ist als Verbrennen auf dem Scheiterhaufen oder Eintauchen in siedendes Öl. Im lutherischen Deutschland wartete die Säge auf einige Führer der aufständischen Bauern, und noch im Spanien des ausgehenden achtzehnten Jahrhunderts ist sie Exekutionsmittel in der Armee. Die Gefolterten, in der Strafjustiz meist Homosexuelle, wurden dabei planmäßig, also keineswegs in irgendeinem Wahn oder Blutrausch, mit dem Kopf nach unten aufgehängt. Das sicherte die Versorgung des Gehirns mit Sauerstoff und dämmte den Blutverlust ein. Das Opfer verlor, so Berichte aus dem frühen neunzehnten Jahrhundert, erst das Bewußtsein, wenn die zwischen den Beinen angesetzte Säge den Nabel erreichte – oder gar die Brust.

Der *Pfahl*: Die verbreitete Folter- und Exekutionsart benutzte einen Holz- oder Eisenpfahl, auf den das Opfer mit weitgespreizten Beinen gesetzt wurde. Der Pfahl sollte nur mäßig zugespitzt, fast abgestumpft sein, um bei seinem Eindringen in den Leib keine lebenswichtigen Organe zu verletzen; diese sollten »nur« beiseite geschoben werden, um die Qual zu verlängern. Der Folterer konnte den gemarterten Menschen langsam, Stück um Stück, in die Spitze hineindrücken und hineinhämmern; der Pfahl durchbohrte das Opfer vom vorher eingeölten After her und trat mit der Zeit an der Schulter, aus der Brust oder aus dem Magen wieder heraus. Pfählszenen waren in Europa zwischen 1300 und 1700 keine Seltenheit. Ein Spezialfall der Pfählung berichtet davon, daß die Exekutoren ihrem wahrscheinlich homosexuellen Opfer, dem englischen König Edward II., im September 1327 mit einem glühenden Schürhaken, den sie vorsorglich in ein Kuhhorn gesteckt hatten, um wenig Spuren zu hinterlassen, vom After her die Eingeweide durchbohrten. Der Leichnam wurde anschließend – ohne sichtbare Verletzungen aufzuweisen – dem Volk gezeigt und in Ehren begraben. Die Kirche sorgte für das Requiem.

Das *Pendel*: Das Ausrenken der Schultern durch Hochziehen der auf den Rücken gebundenen Arme ist eine so grundlegende Folter, daß sie seit alters gebräuchlich ist. Sie gilt in vielen Folterbüchern als eine Art Initiationsritus der Marter, als der erste Grad, der die Opfer, falls sie überleben (sollen), auf weitere Quälereien vorbereitet. Eine komplizierte Ausrüstung ist ebensowenig erforderlich wie eine zeitraubende Ausbildung des Folterknechts. Noch im Reich der Kaiserin Maria Theresia wußte die Justiz, wie sie vorzugehen hatte. Die Handgelenke werden gefesselt, ein Seil wird an den Fesseln befestigt und das Opfer hochgezogen. Ist die Fesselung perfekt und werden noch Gewichte an die Füße gehängt, bricht sofort jede Schulter mit Schulterblatt und Schlüsselbein aus den Gelenken, eine Verletzung, die zu bleibenden Verformungen von Brust und Rücken führt. Werden die Gewichte verstärkt, kann das Knochengerüst eines Körpers so sehr auseinandergezogen werden, daß der gefolterte Mensch gelähmt wird oder stirbt.

Ähnlich wirkt die *Judaswiege*: Die grauenvolle Prozedur blieb vom Mittelalter bis heute nahezu unverändert, die nicht weniger furchterregende Ideologie sowieso. Nur die Bezeichnung dieses Folterwerkzeugs ist nicht mehr in Gebrauch. Ich bedaure dies: Der Name weckt wie kein anderer Erinnerungen an das Schicksal »unseres Herrn«, verrät den grausamen Jünger-Trieb und seine Beweggründe, klingt christelnd, trifft die Sache, legt die Foltergeschichte der Christenheit bloß, hält sie gegenwärtig. Das Opfer der Judaswiege wird an einer Seilwinde nach oben gezogen und auf die Spitze einer hölzernen Pyramide gesetzt, so daß sein Gewicht auf dem After, der Scheide, dem Hodensack oder dem Steißbein zu lasten kommt. Der Folterknecht kann, nach Belieben der Inquisitoren, durch Hochziehen und Herablassen den Druck zwischen Null und dem ganzen Körpergewicht variieren. Er kann sein Opfer auch schaukeln oder mehrmals hintereinander auf die Spitze fallen lassen. Noch in jüngster Vergangenheit (und in der Gegenwart?) wurde diese Folter bei nicht wenigen Regierungen in Lateinamerika geschätzt. Mittlerweile ist sie modernisiert: Die Tragegurte sind ebenso wie die Spitze der Pyramide elektrifiziert.

Fortschritte in technisierter Grausamkeit sind auch bei den *Kettengeißeln* festzustellen: Die von den Römern verwandten Lederpeitschen sind technisch längst überholt. Zwar finden sich noch immer Peitschen, die »nur« den Zweck haben, dem Opfer die Haut abzuziehen. Sie sind in einer Salz- und Schwefellösung getränkt und bewirken, daß Haut und Fleisch bald nur noch eine formlose Masse bilden und Lunge, Nieren, Leber, Eingeweide herauszutreten beginnen. Die genannte Ausstellung zeigte aber auch eine Geißel aus rasiermesserscharfen, flachen, ovalen Kettengliedern; eine weitere war mit Lorbeeren, scharfen, blattförmigen Metallschneiden, ausgestattet.

Auch die *Kopfpressen* und *Schädelschrauben* des Mittelalters erfreuen sich noch heute bei den Behörden vieler Folterländer (dazu später) einer großen Beliebtheit. Jeder Kommentar erscheint überflüssig, sobald ein Exemplar dieser Werkzeuge betrachtet wird: Der Schädel wird zwischen zwei Eisenklammern gepreßt, und eine griffige Schraube dreht diese Klammern langsam gegeneinander. Zuerst werden die Zähne gegen die Kiefer gedrückt und zerbrechen sie schließlich. Dann treten die Augen aus den Höhlen, und endlich spritzt das Gehirn durch die geborstene Schädeldecke. Die modernsten Pressen verfügen über gepolsterte Kinn- und Schädelauflagen, so daß sie, falls das Opfer überleben sollte, keine größeren Spuren hinterlassen.

Die *gedornte Halskrause* oder die *gedornte Halskette*, über fünf Kilogramm schwere, in Europa weitverbreitete Instrumente aus Eisen, an allen Seiten mit Dornen besetzt, wurde im Nacken des Opfers geschlossen. Das Fleisch im Bereich von Nacken, Schulter und Kiefer wird auf diese Weise bis auf die Knochen abgetragen; der sich ausbreitende Wundbrand, Blutvergiftungen und die Erosion der Knochen selbst führen in kurzer Zeit zum Tod. Die praktikablen Martergeräte waren bei sparsamen Kommunen beliebt; sie arbeiteten von selbst, Tag und Nacht, schufen keine unvorhergesehenen Zwischenfälle, bedurften keiner Aufsicht und ersparten die Kosten für den Henker. Dieser Selbstand des Werkzeugs mag mit ein Grund sein, weshalb es noch heute angewandt wird.

Instrumente und Kleidungsstücke mit innen angebrachten Dornen waren nicht nur Werkzeuge der Fremdfolter, sondern sind bis heute als Requisiten der religiös bedingten Selbstgeißelung beliebt. Als Foltergeräte wirkten *Geißelungsgürtel* nicht selten tödlich: Um die Taille gelegt, rissen sie bei einer jähen Bewegung, oft bei jedem Atemzug das Fleisch auf. Oft wurden offenliegende Fleischteile vom Folterknecht mit fleischfressenden Maden besetzt, die sich tödlich sicher in die Bauchhöhle des Opfers nagten: ein weiteres Beispiel für den Einsatz von Tieren bei der Folter von Menschen. Der in der genannten Ausstellung gezeigte Gürtel stammt aus Spanien oder Frankreich, ist um die Wende zum neunzehnten Jahrhundert gefertigt worden und trägt etwa zweihundertzwanzig nach innen weisende Dornen.

Gleich praktikabel wie die Halsketten und -krausen waren die vielfältigen Formen des *Zwangsgürtels*. Dieser wird an der Taille der Gefolterten angelegt. Die an seiner Seite angebrachten kleineren Ringe schließen sich um die Handgelenke. So gefesselt wird das Opfer einfach bis zu seinem Geständnis oder bis zum Tod Hunger, Durst, Kälte oder Hitze ausgesetzt; die sich rings um den Gürtel ausbreitende Infektion tut das Ihre hinzu. Noch vor wenigen Jahren wurde der Gürtel in Gefängnissen und »Irrenanstalten« eingesetzt; noch verschwand er nicht überall. Der *spanische Kitzler*, ein eisernes Requisit von der Größe einer Hand, war mit scharfen Zacken besetzt und gewöhnlich an einem kurzen Stiel befestigt. Er diente dazu, das Fleisch des an den Armen aufgehängten Opfers zu Fetzen zu reißen und bis auf die Knochen abzuschaben. Dabei galt die Devise allen Folterns: Das Opfer mußte vorzugsweise nackt sein, um seine körperliche Integrität völlig dem Willen und Handwerk des Exekutors auszuliefern. Kein Körperteil blieb verschont: Gesicht, Bauch, Rücken, Gliedmaßen, Geschlechtsteile, Brüste.

Wieder einmal, immer wieder, immer noch kein Zufall, daß und wie sich die Folterlust einer Männer- und Klerikerkaste derer annahm, die angst machten: der Frauen. Da ist die Rede davon, wie Frauen lebendig begraben wurden. Die Spezialität: An ihren Brüsten war ein Sack mit Katzen befestigt, die unter der Erde die Haut zerkratzen würden. An Frauen kann patriarchale Moral besonders intensiv demonstriert werden. Das gesamte Geschlecht, das nach dieser Doktrin stets zum Versucherischen, Gefährlichen, Sündigen geneigt ist, bedarf notwendigerweise der Führung und Erziehung. Der männliche Logos, vorgeblich objektiv, übernimmt die schwere Aufgabe, das Mysterium Weib zu erhellen und die im Dunkeln, Erdhaften, Höhlenhaften Entdeckten auf den Weg der Wahrheit und des Lichtes zu führen. Weigern sich die Frauen, die Männermoral zu akzeptieren, bekommt ihnen dies schlecht.

Nicht nur die Kriegsführung ist Männersache; S.L. Vauban († 1707), einer der berühmtesten Militärarchitekten aller Zeiten, schätzte, daß allein in den Kriegen, die Christen zwischen dem vierten und dem siebzehnten Jahrhundert anzettelten und führten, auf jeden in der Schlacht getöteten oder verletzten Krieger zwölf Frauen, Kinder oder andere unbewaffnete Zivilisten kamen, die ermordet wurden. Wer weitere Belege für den Opferstatus von Nichtmännern (Nichtkriegern) sucht, erinnere sich der Bombenangriffe auf Dresden und Hiroshima, bei denen mehr Frauen und Kinder getötet und verstümmelt wurden, als die USA im Zweiten Weltkrieg an Verlusten unter ihren Soldaten und Seeleuten zu tragen hatten. Doch auch Rechtsprechung und Strafvollzug sind und bleiben in der Hand der Patriarchen. Diese nahmen sich das Recht zum Foltern, Töten, Negieren und Auslöschen von Menschen; ihre Kirche legitimierte dies. Erst in unserem Jahrhundert wird das grauenhafte Monopol aufgebrochen, wenn auch nicht grundlegend und überall. Bis ins neunzehnte Jahrhundert hinein beweisen Männer den Frauen ihre foltermoralische Überlegenheit: Ledige Mütter werden wegen ihrer zutage getretenen Sünde ausgepeitscht, öffentlich, voyeuristisch; die Männer gehen straffrei aus.

Frauen, denen leichtere Vergehen als solche sexuell beschwerten angelastet werden, zumeist die als typisch weiblich definierten wie Diebstahl, Zanksucht, Geschwätzigkeit, kommen an den *Pranger*, werden mit Händen und Füßen in Löcher und Eisenklammern eingeschlossen und öffentlich ausgestellt, gerade vor Kirchen. Dort können sie vom Mob verhöhnt, bespuckt, getreten, geschlagen, mit Urin und Fäkalien überschüttet werden. Solche Substanzen hatte jeder zu Hause. Sie wurden in Nachttöpfen herbeigetragen und in den Mund, die Nase, das Haar der Frau geschmiert. Allerdings finden sich auch förmliche *Faßpranger*, bei denen das Opfer von vornherein in Fäkalien, Urin, faulendem Wasser stehen mußte. Männer zogen Messer, mit denen die Hilflose geschnitten und teilweise schwer verstümmelt werden durfte. Auch das ständige Kitzeln an den Fußsohlen und Hüften war kaum erträglich. Viele Vorstellungen über den Pranger müssen angesichts dieser Wirklichkeit verniedlichend wirken.

Die unzuverlässige, geschwätzige und streitsüchtige Frau: ein Topos der Männerliteratur, ein Dauerthema an Stammtischen, eine Grundangst im Patriarchat. Gegen die auf Männerpsychen lastende Gefahr erfanden Foltertechniker Mundsperren, um Frauen zum Schweigen zu zwingen. Die *Schandmasken*, die in phantastischen Formen auf uns kamen, beweisen ähnliche Interessen. Frauen, die sich verbal gegen die Machtstrukturen der Männergesellschaft, gegen häusliche Sklaverei und unablässige Schwangerschaften aufgelehnt hatten, wurden im Laufe von vier christlichen Jahrhunderten auf diese Weise schwer gedemütigt und gefoltert. Zur Erniedrigung der von Kavalieren und Gentlemen beflissen als schönes Geschlecht denunzierten Andersartigkeit wurde Frauen im Verlauf der Folter und Exekution das Haar abgeschnitten.

Die beiden Großmächte des abendländischen Patriarchats,

durch und durch frauenfeindlich konstituiert, reichten sich im abgrundtiefen Haß auf alles Weibliche die Hand: Staatliche Instanzen gaben die Aufmüpfigen der öffentlichen Lächerlichkeit preis, und die Kirchen straften eine lange Liste von geistlichen und unsittlichen Vergehen, für die keine Todesstrafe vorgesehen war. Ihre Opfer aber, in skurrile Masken geschlossen und vor der Menge der Gehorsamen ausgestellt, erlitten nicht nur die Demütigung. Sie waren den Schlägen der Zuschauer, ja tödlichen Verletzungen, vor allem an Brüsten und Genitalien, wehrlos ausgesetzt.

Denselben Zweck verfolgt die *orale Birne*, ein kunstvoll gefertigter und verzierter Eisenknebel, dessen zugespitztes Ende das Aufschlitzen der Kehle erleichtert. Ähnliche Möglichkeiten bieten die rektale und die vaginale Birne, die, durch Schraubendrehungen ausgeweitet, Eingeweide und Gebärmutter aufreißen. Der tiefere Grund für das Gerät: männliches Bewußtsein, patriarchale Angst vor dem angeblichen Mysterium, Furcht vor der bleibenden Nichtdurchschaubarkeit der fraulichen Natur, Schrecken gegenüber dem dem Logos unzugänglichen Frauenblut (Menstruation), Sorge über die nicht zu erreichende Fruchtbarkeit, vor allem aber das latent immer vorhandene Bewußtsein der Männer, intellektuell, moralisch, emotional, sexuell den Frauen unterlegen zu bleiben. Der Mehrbesitz der Frauen mußte geradezu anankastisch an den Organen, die eine Frau zur Frau machen, blutig gerächt werden.

In diesen Zusammenhang gehören auch die vielfältigen Formen des *Keuschheitsgürtels*. Zwar mystifiziert eine endlose Legende dieses Requisit: Die Fabel will, daß solche Gürtel während der langen Abwesenheit der Ehemänner die Treue ihrer Gattinnen sicherten. Vor allem sollen Christen, die zu ihrem Handwerk, dem Krieg und Kreuzzug, aufgebrochen waren, den

Gürtel angepaßt haben. Doch ist die Mär durch kein Dokument zu stützen. Eine Frau hätte den Gürtel nur für eine kurze Zeitspanne tragen können; längere Fristen waren wegen der bald auftretenden Blutvergiftung ausgeschlossen. Keuschheitsgürtel waren vielmehr Folterwerkzeuge. Ihre Gewalt wirkte zumindest indirekt gegen die Frauen. Sie richteten sich gegen die mögliche Vergewaltigung und damit gegen die Inbesitznahme einer von einem Ehemann für sich allein beanspruchten Frau durch einen männlichen Konkurrenten, der in der Vergewaltigung das behauptete Exklusivrecht an den Geschlechtsteilen der Ehefrau nachhaltig störte.

Keine Frau gehört in strikt patriarchalen Gesellschaften sich selbst; sie geht aus der Hand ihres Vaters nahtlos in die ihres Gatten über. Gewalttätigkeit und Demütigung des Keuschheitsgürtels sollen die Ehre einer Frau schützen, richten sich jedoch ausschließlich gegen die betroffene Frau und sichern die »Ehre« des Gatten. Männer bedienten sich gegenüber Frauen eines Folterwerkzeugs, um sich selbst gegen jene Leiden zu schützen, die sie aufgrund der ihnen gut bekannten Natur eines (anderen) Mannes zu erwarten hatten. Zeitgenössische Frauen aus Spanien und Sizilien erinnern sich noch daran, daß sie selbst – freiwillig? – solche Gürtel anlegten.

Eigens gefertigte Zangen zwickten mit Lust Brüste ab, grausam gestaltete *Brustkrallen* zerfleischten langsam die Brüste unzähliger Frauen, denen von den Patriarchen der Sittlichkeit Ehebruch, Abtreibung und andere libidinöse Akte vorgeworfen worden waren. An manchen Orten und zu gewissen Zeiten – in Deutschland bis ins neunzehnte Jahrhundert hinein – wurde mit der rotglühenden Kralle ein »Biß« angebracht, auf den Brüsten unverheirateter Mütter. Die Kinder lagen während der Tortur zu Füßen der Mutter und wurden mit deren Blut bespritzt.

Im Hochmittelalter wurden ehebrecherische Frauen auch gesteinigt, auf Lebenszeit in ein Kloster gesperrt oder in eine Schlangengrube geworfen. Ihre Liebhaber kamen ebenso wie Vergewaltiger vergleichsweise glimpflich davon; freilich ist ein Fall überliefert, wonach der betrogene Ehemann Fleischstücke aus der Leiche des Favoriten seiner Frau als Frikassee serviert hatte.

Die Zahl der Frauen, die – bereits in bischofseigenen Öfen! – verbrannt oder »so dünn gefoltert« wurden, »daß die Sonne durch dich scheint«, geht in die Millionen. Sie wurden vernichtet, weil sie sich »dem Teuffel verbunden« oder »in Wolffsgestalt sich verwandlen könden« und »vil Männer, Knaben und Vichs umbgebracht«. Die Patriarchen, allesamt Angstbeißer, allesamt Christen, sehen in der massenhaften Folter ebenso wie in der Todesstrafe der Verbrennung eine Warnung und ein Exempel für fromme Frauen und Mägde. Sie richten ihre Brutalmoral auf: Der Feuertod der angeblich Bösen wiegt unter ihresgleichen gering gegenüber der Bewahrung fraulicher Frömmigkeit, Sittsamkeit, Schweigsamkeit. So konnten Frauen kaltblütig geopfert werden, damit die Ideologie am Leben blieb und das ganze Volk nicht untergehe (Jo. 18,14). Das Feuer des Heils wirkte freilich nicht selten anders: Die Moral ließ sich nicht heben, alle Anfeuerung half auf Dauer nur wenig bis gar nicht. Doch den geschundenen Frauen platzten auf dem Scheiterhaufen die Bäuche, die Eingeweide traten heraus, und Schwangere verloren ihre Kinder. Kam ein solches zum Vorschein, wurde es, nach christlicher Definition ein Teufelsbalg, zurück in die Flammen geworfen.

Bevor weitere Bluttaten nachgewiesen werden, ist eine Frage zu stellen und zu beantworten: Waren es nur Christen? Blieben allein sie die Täter? Die Frage, wo die Schar christlicher Märtyrer bleibe, von denen fast alle in Religionsunterricht und Katechese hörten, treibt gewiß manche um. Gab es keine Christenverfolgungen? Wurden allein Christen schuldig? Waren sie nicht selbst Opfer? Die Frage wird gern mit einem anklägerisch moralisierenden Unterton gestellt; wie selbstverständlich darf auch das Stichwort »Redlichkeit« nicht fehlen.

Der unter Christen anzutreffende Mut zur Anklagemoral verwundert: Zumeist gehen Jünger davon aus, daß nur Christenverfolgungen »erster Klasse«, also die Verfolgung *von* Christen durch Nichtchristen, eines Hinweises wert seien, während Christenverfolgungen »zweiter Klasse«, die *durch* Christen erfolgten, verschwiegen oder en bagatelle behandelt werden könnten. Das Erbe der Opfer anzutreten und Predigt-Gewinn daraus zu ziehen fällt Jüngern offenbar leichter, als sich in die riesige Schar der Tätererben einzureihen. Daher verschweigen – auch dies eine Frage der angemahnten Redlichkeit – so gut wie alle Dokumente, Katechismen, Enzykliken, Hirtenbriefe noch immer die Tatsachen. Werden Christen nicht eigens dazu aufgefordert, sehen sie sich nur selten in der Lage, eine unabdingbare Forderung neuzeitlicher Wissenschaft zu erfüllen und beide Seiten zu Wort kommen zu lassen.

Die Antwort auf die gestellten Fragen setzt sich aus verschiedenen Teilen zusammen. Sie fällt in keinem Fall zugunsten des Christenkalküls aus. Zum einen ist die tatsächliche Bedeutung der Christenverfolgungen (erster Klasse) bei weitem nicht so groß, wie sie im parteiischen Religionsunterricht gelehrt wird. Christen haben freilich ihre Gründe, die Christenverfolgungen ähnlich zu übertreiben wie die Zahlen, die sie nennen, wenn sie ihresgleichen als Opfer und nicht als Täter sehen: Immerhin schlachteten Christen, wenn im Zusammenhang mit menschlichem Leben überhaupt aufgerechnet sein darf, in einem einzigen Jahr ihrer Judenverfolgung mehr Menschen ab, als im Lauf von zwei Jahrhunderten Opfer von Christenverfolgungen durch römische Kaiser zu beklagen waren. In Polen werden allein 1648 gegen zweihunderttausend Juden ermordet; keine von christlichen Autoren angegebene Zahl aus den antiken Christenverfolgungen erreicht nur annähernd die dieser Christentäter. Warum sollten die Opfer dieser Christen nicht in einem zutreffenderen Sinn Märtyrer genannt werden?

Unredlich zwar, die Verluste der Christenheit geringzuschätzen, indem sie einfach heruntergerechnet werden; jeder Mensch, der gewollt gequält oder vernichtet wurde, ist einer zuviel. Doch auch in bezug auf die Folter neigt sich die Waage nicht zugunsten der Christenheit. Denn der direkte Vergleich zwischen gefolterten Christen und folternden Christen fällt zu Lasten der christlichen Folterer aus: Die Zahl ihrer Opfer bleibt um ein vielfaches höher als die der gemarterten Christen. Das in der Christentheorie so berüchtigte »Heidentum« war nicht entfernt so grausam wie die Praxis des von derselben Theorie heiliggesprochenen Christentums.

Zum anderen spricht viel für eine Übertragungsthese: Die von Christen an anderen geübten Foltern wurden allem Anschein nach beflissen auf »Heiden« übertragen, um die eigene, passive Verfolgung, den sogenannten Opferstatus, weithin sichtbar und für alle nachvollziehbar zu machen und gleichzeitig den Vorwurf der Täterschaft (aktiver Status) abzuwehren: die massenhafte Verfolgung, Folterung, Ermordung der Gegner. Obgleich sich hierzu kaum Untersuchungen finden, fällt auf: Christliche Legenden übertrugen in Wort und Bild die Folter- und Exekutionsmethoden, die zur Zeit ihrer Entstehung von Christen geübt wurden, auf die frühen Märtyrer und Heiligen ebender Christen. Werden in der christlich beeinflußten Ikonographie Bilder von oft nur erfundenen, unhistorischen Märtyrern vorgezeigt, so weisen diese in aller Regel Folterinstrumente und -techniken vor, die aus späterer Zeit stammen und christliche Praxis waren. Sie wurden auf die frühere Epoche zurückdatiert. Das dürfte kein Zufall sein, sondern stellt eine Verunglimpfung des nichtchristlichen Menschen zugunsten christlicher Vorzeige-Opfer dar.

Das Rösten von Menschen, um ein Beispiel zu nennen, taucht noch in europäischen Darstellungen des siebzehnten Jahrhunderts auf. Beliebt war die Wiedergabe des Phalarisstieres, einer Erfindung, die dem Tyrannen von Akragas (heute Agrigent) zugeschrieben wurde. Der metallene Stier sollte in seinem Inneren die Opfer aufnehmen; ein Feuer wurde unter seinem Bauch entfacht, und die Menschen im Inneren wurden auf schlimmste Weise geröstet. Ihr Schreien und Stöhnen drangen durch den geöffneten Mund des Tieres und erzeugten die von Folterern wie Zuschauern gewünschten Bellgeräusche. Doch gibt es zum einen keine Beweise für eine entsprechende antike Praxis; Phalaris († 554 vor der christlichen Zeitrechnung) galt seinen Zeitgenossen als gebildeter und humaner Herrscher. Zum anderen sind solche einem »Heiden« unterschobenen Marterstiere als Requisiten europäischer Folterkammern zwischen 1500 und 1700 nachzuweisen.

Die Legendenbildung verfolgte zwei Hauptziele: Einerseits konnte möglichst vielen suggeriert werden, daß »Heiden« im allgemeinen, von Natur aus, grausam waren und ihre Foltermethoden besonders im Kampf gegen Christen schrecklichste Formen annahmen. Andererseits wurden die Gläubigen von der tatsächlichen Grausamkeit ihrer Zeitgenossen abgelenkt, die ihre Orgien gegen die als Feinde definierten Hexen, Ketzer, Juden feierte. Dieses doppelsinnige Vorgehen stellt einen weiteren frommen Betrug in der Geschichte des Christentums dar. Er straft jene Lügen, die nur von den Ausgeburten »heidnischer« Phantasie sprechen. Es waren Christen, die diese Phantasie nicht nur weiterträumten, sondern in die blutige Tat umsetzten. Gerade auf diesem Gebiet sind Vorstellungen zurechtzurücken und neue Gewichtungen zwischen »Heidentum« und Christentum vorzunehmen. Beispielsweise erreichen die furchtbarsten Bilder von der Dornenkrone »Jesu« nicht die Wirklichkeit der von Christen tatsächlich angewandten Dorneninstrumente. Nicht einmal der diesbezügliche (legendäre) Jünger-Bericht von der Krönung »Jesu« mit Dornen erzählt, ihr Herr sei dieser Folter erlegen. Doch ist erwiesen, daß die im Verlauf christlichen Strafvollzuges verwandten dornenbesetzten Instrumente so grausam wirkten, daß sie den Tod der Opfer herbeiführten. Ähnliches gilt für die verwandten Geißeln.

Die Grausamkeit der Jünger ist nicht zu übertreffen. Sie weitet das Terrain ihrer Definitionsmacht im Laufe der Zeit weit über den Bereich der Häresie hinweg bis zu allen möglichen Formen des Ungehorsams aus: Wurden nicht auch Menschen, die nichts anderes getan hatten, als in der Fastenzeit Pferdefleisch zu essen, von kirchlichen Gerichtshöfen zum Tode verurteilt? Voltaire berichtet: »Ich halte ein solches Urteil in Händen ... Dumme und grausame Priester! Wem gebietet ihr denn das Fasten? Etwa den Reichen? Sie hüten sich wohl, es zu befolgen. Etwa den Armen? Sie fasten das ganze Jahr über ... Ihr Verrückten, wann werdet ihr eure widersinnigen Gesetze ändern?«

Wenig Chancen: Das Kirchenrecht schreibt in einer Generalklausel die Abstinenz von Fleischspeisen an allen Freitagen des Jahres vor.

War gar das Heiligste tangiert, das ihr Glaube festhielt, in Erinnerung an den Abendmahlsbericht und die Passion »Jesu« festhalten mußte, kannten Christen kein Pardon. Nachdem sich Dogmatiker in heftigsten Auseinandersetzungen darauf verständigt hatten, an eine Verwandlung von Brot und Wein in Fleisch und Blut Christi glauben zu lassen, wurden die von eigens dazu bestellten Priestern geweihten Brote zu Objekten ständiger und zunehmend intensiverer Verehrung. Hostien (lateinisch: hostia = Opfer) mußten aber auch nach außen, gegen Zweifler, Bestreiter, Schänder verteidigt werden. So hatte der päpstliche Nuntius Aleander bereits zu Beginn der lutherischen Reformation die Vorstellung entwickelt, durch die Verbrennung von einem halben Dutzend Lutheraner und die Einziehung ihrer Güter sei das Problem, das auf die römische Kirche zukam, von vornherein perfekt zu lösen …

Auf der einen Seite wurden Christi Blut und Leib magisch verehrt. Ein Beispiel: Schon eine Katechese des Cyrill von Jerusalem (um 348) rät dazu, einen an den Lippen des Gläubigen zurückgebliebenen Tropfen des Abendmahlsweines aufzunehmen und damit die Augen und die Stirn zu bestreichen, um diese zu »heiligen«. Andererseits war Gotteslästerung schwerster Strafen würdig; 1224 hatte Kaiser Friedrich II. den Feuertod für Häresie, 1269 der heilige Ludwig, König von Frankreich, die Verfolgung von Fluchern und Lästerern der Gottesmutter oder eines Heiligen angeordnet. Ein Gesetz von 1478 bestimmte, daß Rückfälligen die Zunge mit glühenden Eisen durchbohrt wurde, bevor sie die Todesstrafe erlitten. Eine königliche Verordnung vom 20. Mai 1686, gegeben zu Versailles, verurteilte sakrilegische Soldaten zur Durchbohrung ihrer Zunge. Der Preußenkönig Friedrich II. aber nannte einundfünfzig Jahre später, zur Verwunderung seiner christlichen Zeitgenossen, die Anklage auf Gottlosigkeit »die letzte Zuflucht aller Verleumder«.

Als Sakrileg, die Verunehrung Gottes durch Verletzung ihm geweihter Personen, Sachen und Orte, galt die Profanierung von Hostien und heiligen Gefäßen, die nur mit dem Scheiterhaufen gesühnt werden konnte, wobei die öffentliche Abbitte und die Verstümmelung der verbrecherischen Hand nicht vergessen wurden. Schon der *Sachsenspiegel* (um 1224 bis 1231), das älteste und einflußreichste Rechtsbuch des deutschen Mittelalters, hatte generell geurteilt: »Welcher christen mann oder weib ungleubig ist etc., die soll man auff einer horden brennen.« Es blieb nur noch, den Unglauben näher zu umschreiben; in dieser Hinsicht waren der Definitionsmacht der Jüngerschaft ebensowenig Grenzen gesetzt wie ihren Vollzugsmethoden. Sakrilegisch waren die Profanierung heiliger Bilder und Reliquien sowie die Brandschatzung geweihter Kirchen wie Kapellen. Auch Kirchendiebstähle, die Altartücher, Kerzen, Weihrauchfässer betrafen, wurden wie Sakrilegien behandelt. Und wer einer von den vielen Prozessionen die schuldige Ehrfurcht versagt hatte, wußte desgleichen, was auf ihn wartete. Unnötig zu sagen, daß die Strafmaßnahmen die Sittlichkeit und Gottesverehrung kaum hoben; die Vielzahl der Strafgesetze gegen das Fluchen belegt, daß es staatlichen und kirchlichen Obrigkeiten über Jahrhunderte hinweg nicht gelang, ihre Auffassungen durchzusetzen.

Wenig andere »Verbrechen« wurden ähnlich geahndet und blutig verfolgt wie das Hostiensakrileg; noch im geltenden Kirchenrecht ist die Entweihung einer Hostie mit der Höchststrafe bedroht. Die Strafbestimmung erinnert bis in ihren Wortlaut hinein an vergangene Zeiten: »Wer die eucharistischen Gestalten wegwirft oder in sakrilegischer Absicht entwendet oder zurückbehält, zieht sich die dem Apostolischen Stuhl vorbehaltene Exkommunikation als Tatstrafe zu ...« Zwar wirken die gegenwärtigen Strafandrohungen nur mehr wenig bedrohlich, doch verbirgt sich hinter der sichtbaren Ohnmacht von heute die Gewalttat von gestern. Wer in früheren Jahrhunderten der Geschichte des Christentums Hostien wegwarf, entwendete oder zurückbehielt, war des Todes schuldig. Das war keine leere Drohung. Die fürchterliche Verfolgung traf auch einzelne Christen: 1556 wurde ein Kleriker, der in einem Anfall von Wahnsinn eine Hostie in seine Wohnung verbracht, dort zerbrochen und zertreten hatte, nach öffentlicher Bußbitte vor dem entweihten Tabernakel auf einem Rost zum Hinrichtungsplatz in Rouen geschleift, an einen Pfahl gebunden und verbrannt; seine Asche zerstreute man in alle Winde.

Die Inquisition kannte keine Hemmung; ihr Arm reichte bis ganz nach oben. Berühmt wurde der Prozeß gegen Bartolome Carranza, den Erzbischof von Toledo und Primas von Spanien. Dieser Kardinal, Theologe des Konzils von Trient und persönlicher Ratgeber König Philipps II., wurde 1559 von der Inquisition wegen reformatorischer Lehre belangt, nicht weniger als vierzehnmal aufgrund Hunderter beanstandeter »Stellen« formell angeklagt und 1576 in Rom zu Klosterhaft verurteilt. Drei Wochen später starb er; er hatte mehr als siebzehn Jahre in Isolationshaft auf den Urteilsspruch gewartet. Sein Vermögen und seine Bibliothek waren sofort nach der Verhaftung eingezogen worden; die immensen Einkünfte seines Sitzes, hundertfünfzigtausend Goldstücke jährlich, flossen der Krone zu und wurden zur Finanzierung des Mammutprozesses gegen ihn verwandt. Die Dokumentation des Falles umfaßt über fünfzigtausend Seiten.

Doch Christen litten nie mehr oder auch nur gleich viel wie die Angehörigen jenes Volkes, das sich nach der Jünger-Lehre bereits gegen seinen Messias unbußfertig gezeigt hatte. »Jesu« Blut kam dem Buchstaben und dem Geist des Matthäusevangeliums getreu (Mt. 27,25) »über uns und unsere Kinder«, über die Juden. Über die zwölf Stämme Israels würden zwar, so der wüsteste Jünger-Traum, die Erwählten »unseres Herrn« erst am letzten Tag zu Gericht sitzen (Mt. 19,28). Doch so lange wollten sie nicht warten: Von Juden grenzten Christen sich schon auf Erden ab. Beispiele aus Spanien nehmen die Maßnahmen Hitler-Deutschlands voraus: Nachdem dem Mann auf der Straße erzählt worden war, daß er trotz seines Elends doch ein Edelmann sei, da er nicht nur den richtigen Glauben besitze, sondern auch keinen Tropfen jüdischen Bluts in sich und seinem Stammbaum trage, ging er fröhlich daran, es denen heimzuzahlen, die noch weiter unten als er angesiedelt wurden. Die Inquisition kann als Erfinderin gelten: Sie sorgte dafür, daß Kinder nicht nur bis ins dritte oder vierte Glied für die Sünden der Väter büßten, wie es sich ein Autor im Alten Testament ausgedacht hatte, sondern bis ins zehnte. Denn die spanische Glaubensbehörde kennzeichnete Ketzer durch eigene (gelbe) Schandkleider und Abzeichen und ersann die »limpieza de sangre«, die Reinblütigkeit, Möglichkeiten zu deren Nachweis und höchst unmenschliche Folgen. Zu Beginn ihrer Verfahren wurde festgestellt – durch Zeugenaussagen, aus Akten, aus weitläufigen Erkundigungen –, wie groß der Prozentsatz jüdischen Blutes bei den Angeklagten war. Die Feststellung der Blutsreinheit ist nicht nur im Prozeß vorgeschrieben; sie wird auch für alle geistlichen und weltlichen Beamtenstellen verlangt. Noch mehr:

Jeder Chorknabe und jeder Marktaufseher hatte seine Ahnen nachzuweisen, damit auch kein Tropfen jüdischen Blutes in ihren Adern fließe ...

Auslösende Faktoren für die Blutrache der Christen an jüdischen Mitbürgern waren Legenden über den (rituellen) Blutdurst sowie über die Schändung von Hostien durch jüdische Zeitgenossen. Märchen über Ritualmorde der Juden finden sich, in Form von Tatsachenberichten, das gesamte Mittelalter hindurch und ziehen sich bis ins neunzehnte Jahrhundert. Sie wurden noch um die Wende zum zwanzigsten Jahrhundert von Klerikern wie dem österreichischen Professor und Kanonikus August Rohling verbreitet. Rohling erfreute sich des besonderen Wohlwollens des Kardinalerzbischofs von Prag, Franz Graf von Schönborn, und dessen Bruders, des österreichischen Justizministers. Auch die katholische Religionspädagogik verwandte die Legenden bis ins zwanzigste Jahrhundert hinein, mit kirchlicher Druckerlaubnis.

Berichte über kannibalistische Vorgänge und andere abergläubisch-magische Riten waren unter strenggläubigen Christen nicht selten; sie bezogen sich auf irgendwelche andere, auf Angehörige christlicher Sekten, denen die Abschlachtung getaufter Kleinkinder, der Verzehr von Fleischteilen und männlichem Sperma sowie das Trinken von Menstruationsblut vorgeworfen wurden. Christliche Bußbücher, die zwischen 600 und 1000 entstanden und weite Verbreitung fanden, setzen freilich ähnliche Vorkommnisse auch innerhalb der strenggläubigen Gemeinden voraus; sie belegen den Kannibalismus mit Strafbußen. Auch die Volksmedizin glaubte in weiten Teilen Europas an eine Wirkung frischen Blutes, vor allem wenn es von Gefolterten und Hingerichteten stammte. Noch 1890 wurde ein Christ verurteilt, der zwei Kinderleichen von einem jüdischen

Friedhof gestohlen hatte, um den Typhus zu bekämpfen. Der einschlägig Vorbestrafte gab zu Protokoll, es gebe zwei Arten dieser Krankheit: Die eine, die katholische, sei allein mit dem Vaterunser zu besiegen, während die andere, die jüdische, der Knochen von Juden bedürfe. Aberglaube, der sich mit Körperteilen Toter befaßt, ist auch aus Klöstern überliefert: so das Trinken geweihten Wassers aus Schädeln, die Märtyrern zugeschrieben wurden.

»Jedes Jahr, besonders um die Osterzeit wird die Beschuldigung erneuert, daß die Juden oder, wenn auch nicht alle Juden, so doch Juden zu rituellen Zwecken Christenblut gebrauchen«, leitet der Theologe H. L. Strack noch 1900 sein oft aufgelegtes Buch *Das Blut im Glauben und Aberglauben der Menschheit. Mit besonderer Berücksichtigung der Volksmedizin und des jüdischen Blutritus* ein. Der Berliner Universitätslehrer hatte Grund für sein Vorwort. Er konnte nicht nur aktuelle Fälle von schlimmstem Antijudaismus belegen und nachweisen, daß jüdische Religionsgesetze den Blutgenuß und die Verwendung von Leichenteilen strikt untersagen, ja die jüdische Volksmedizin weitaus weniger als die christliche Blut verwendete. Er war auch in der Lage, Beweise für die vielfachen Beschuldigungen, blutigen Martern und Pogrome in Deutschland, Österreich, Ungarn, Italien, Frankreich und der Schweiz beizubringen, für die Christen, zur Verteidigung ihrer heiligsten Glaubensgegenstände, verantwortlich zeichneten – und die mit folgenlosen Entschuldigungen nicht aus der Welt zu schaffen sind.

Seit dem Ende des dreizehnten Jahrhunderts gab die (legendäre) Erscheinung der blutenden Hostien vielfach Anlaß zu der Anklage, Juden hätten die in das Fleisch Christi verwandelten Brote durchstochen oder durchschnitten und damit geschändet. Aus der Anklage erwuchs die Rechtfertigung für das Pogrom, so gegen sechsunddreißig märkische Juden, die 1510 wegen Hostienschändung gefoltert und verbrannt wurden. Der Widerspruch einzelner Christen gegen das Vorgehen ihrer überzeugtesten Glaubensgenossen, selbst die Schutzbullen von Päpsten für die Juden hatten wenig Erfolg; offenbar gelang es der obersten katholischen Macht nicht einmal zu Zeiten ihres größten gesellschaftlichen Einflusses, sich in dieser Angelegenheit gegen die Jüngerschaft durchzusetzen. Die siebenhundertjährige Blutbeschuldigung der Christen gegen die Juden erwies sich als stärker. Überall wurden einzelne Juden oder ganze jüdische Gemeinden verleumdet, aus rituell-religiösen Gründen für das Passahfest christliche Kinder eingefangen und ermordet zu haben.

Aus der Überfülle dieser Verleumdungsverbrechen einige Beispiele: In der Nacht zum Karfreitag (!) des von Sixtus IV. ausgeschriebenen »Jubeljahres« 1475 soll ein dreieinhalbjähriger Junge mit Namen Simeon in Trient einem jüdischen Ritualmord, also einem Mord zur Gewinnung rituell zu nutzenden Christenblutes, zum Opfer gefallen sein. Sein Blut soll dazu gedient haben, in das ungesäuerte Passahbrot verbacken und in den vorgeschriebenen Wein gemischt zu werden. Diese Untat an einem Unschuldigen, die der wissenschaftlichen Überprüfung nicht standhält, beschreiben die offiziellen Heiligenakten (Acta Sanctorum) der Kirche zum 24. März. Sixtus V. erlaubt 1588 schließlich eine Messe zu Ehren des heiligen Märtyrers Simeon.

Die Folge der unbewiesenen Anschuldigung: Alle in Trient erfaßten Juden wurden mehrere Monate hindurch unmenschlichen Foltern unterworfen, bis sie nach wiederholter, jedesmal verschärfter Tortur die Tat gestanden. Der Angesehenste unter den Gefolterten, Samuel, wurde entkleidet an Händen und Füßen gebunden und an einem Seil hochgezogen, so daß die

Schultern aus den Gelenken sprangen. Dann ließen ihn die Folterknechte unter geistlicher Assistenz immer wieder schnell niedersausen, um ihn ebensoschnell hochzuziehen. Erst eine Ohnmacht hindert die Fortsetzung der Prozedur. Sie wird an den beiden nächsten Tagen wiederaufgenommen; zusätzlich hält man dem Opfer eine Pfanne voll brennenden Schwefels unter die Nase. Nach dem ersten Geständnis Samuels machen die Christen eine zweimonatige Pause, während der die übrigen Verhafteten gefoltert werden. Da Samuel inzwischen widerrufen hat, quält man ihn von neuem: Er wird mit Weihwasser abgefüllt, und zwei kochendheiße Eier werden in seine Achselhöhlen gelegt. Schließlich geht er »auf eigenen Wunsch« auf den Scheiterhaufen. Der zuständige Bischof berichtet in seinen nach Rom geschickten Akten von den Foltern.

Noch vierhundert Jahre später ein ähnliches Ereignis: 1840 wurden ein Kapuzinermönch und sein Diener in Damaskus ermordet. Das Verbrechen wird sofort als »rituell-jüdisch-fanatische Ermordung« den Juden angelastet. Ein Beobachter schreibt zwar, die ganze Anklage gegen die Juden sei ein bloßes Machwerk gewesen. Um so grausamer waren die Christen vorgegangen: Den Angeklagten wurde jedes rechtliche Gehör verweigert, statt dessen wurden die ausgesuchtesten Qualen angewandt, um falsche Schuldgeständnisse zu erpressen, darunter Auspeitschung, Wasserfolter, Auspressen der Augen mit einer eigens konstruierten Maschine, Folter der Genitalien, Schlafentzug, Dornen zwischen Finger und Zehen, Feuer unter Nase und Kinn.

Als gegen Ende des neunzehnten Jahrhunderts in West- und Mitteleuropa keine Pogrome und Folterungen mehr angezeigt schienen, wenigstens nicht, wie bekannt, für ein paar Jahrzehnte, mußte der christliche Haß auf die Juden vorübergehend seine Zuflucht zu Vermutungen, Gerüchten, indirekten Beschuldigungen nehmen. Seine Tendenz blieb dieselbe. 1892 behandelt die klerikale französische Zeitung *Journal d'Indre et Loire* unter der Titelzeile »Ein Ritualmord« die Auffindung einer schauderhaft verstümmelten Kindsleiche. Der Artikel läßt nichts unversucht, aus dem Zustand des Leichnams auf eine rituelle Schächtung zu schließen. Der Verfasser vermutet »Zeichen der Blutentziehung am Hals, an den Armen, an der Schenkel-Schlagader, an den schließlich gekreuzigten Gliedern«, denn – so der Beweis! – diese Körperteile sind beiseite geschafft, um keine Spuren zu hinterlassen. Wie selbstverständlich fehlt auch der Penis; an seinem Zustand hätte sich nach Meinung des Schreibers belegen lassen, daß es den als Täter verdächtigten Juden um die Gewinnung von Beschneidungsblut ging. Die Realität sah anders aus: Die Kindsmutter wurde des Mordes überführt.

Zum Schluß eine Zeitungsmeldung aus Westfalen: 1873 wurde im Dorf Enniger bei Ahlen ein junges Mädchen ermordet. Allgemein wurden die Juden, die es dort zahlreich gab, der Tat beschuldigt. Christen wollten wissen, daß das Blut der jungen Frau, die »im Rufe aufrichtiger Frömmigkeit« stand, zur Einweihung der neuen Synagoge gebraucht worden sei. Die gerichtliche Untersuchung erbrachte keine Beweise für diese Beschuldigung, jedoch für einen Lustmord. Die öffentliche Meinung sprach aber kräftig genug, um sämtliche Judenfamilien bis auf eine aus Enniger zu vertreiben. Die Synagoge wurde nie in Gebrauch genommen, »und nicht nur die Zeit, sondern auch der Haß der Bevölkerung hat ihr ... übel mitgespielt: in den öden Fensterhöhlen wohnt das Grauen«.

Die Schuld der Streckbank

Christliche Patriarchen und ihre Moral: Können wir einfach und folgenlos vergessen, daß diese spezielle Sittlichkeit zu wesentlichen Teilen mit Denunziation, Folter, Mord durchgesetzt wurde? Religionen sind wie Leuchtwürmer, meinte Schopenhauer, sie bedürfen der Dunkelheit, um zu leuchten. Vor allem leuchtet der »unversöhnliche Haß auf diejenigen, die nicht von ihrer Sekte sind«, ins dunkle Abendland. Immer wieder wird die Feststellung des Pierre Bayle bestätigt, es gebe keine Nationen auf Erden, die kriegerischer sind als die, die sich zum Christentum bekennen. Immer wieder wird der Ruf nach Vernichtung laut: Nur wenige große Gegner des Christentums konnten der Verfolgung durch Christen entgehen. Entweder wurden sie, wie Giordano Bruno, gefoltert und verbrannt, oder die beamtete Christenheit ließ nichts unversucht, sie persönlich und beruflich zu schädigen: Ihre Namen wurden schlechtgemacht, ihre Werke zensiert, eingesammelt und verbrannt. Ihre Bücher konnten gar nicht oder nur unter falschem Namen oder in verstümmeltem Zustand erscheinen.

Und über allen gegnerischen Geist legte sich die Gedächtnisfolter: Kein Denkender im Abendland sollte sich je eines großen Namens, einer bedeutenden Leistung solcher Menschen erinnern. Vernichtung der gegen das Christentum gerichteten Kultur hieß die Devise, Löschung der sie tragenden Namen und Leistungen; diese Verbrechen an der Menschheit gelangen den Monopolisten in vielen Fällen. Die Christenheit, vor allem Rom, »entschied sich immer für die Meinung, die den menschlichen Geist am stärksten unterjochte und die Urteilskraft am meisten zerstörte«. Wie Geschichte und Erfahrung lehren, sind Menschen, die an Himmel und Hölle glauben, jedes Verbrechens fähig.

Den Tod des »abgefallenen« Kaisers Julian, wahrscheinlich die Tat eines gedungenen christlichen Mörders, feierten Christen im Jahr 363 mit öffentlichen Gastmählern, mit Tanzveranstaltungen in den Kirchen, den Märtyrerkapellen, den Theatern. Sein letztes Werk wurde vernichtet und mußte aus der Replik (dreißig Bücher!) eines Kirchenlehrers rekonstruiert werden. Christen zerstörten auch alle Bilder, die den zum »Heidentum« zurückgekehrten Herrscher zeigten, ebenso alle Inschriften, die an seine Siege, seine Wohltaten erinnerten, von Arabien und Syrien bis nach Norditalien und in die Alpen hinein. Und die Kirchenführer, zu Lebzeiten des neuen »Judas« zu feige für den offenen Widerstand (obgleich Julian Verfolgung und Folter ausdrücklich ausgeschlossen hatte), diffamierten den Toten als Werkzeug des Teufels, als »ein Schwein, das sich im Schmutz wälzt«. Im fünften Jahrhundert schließlich verbreitete die Staatsreligion der Christen die tollsten Schauergeschichten, oft mit sexuellem Unterton: Julian soll Nonnen zur Entkleidung gezwungen, mit ihren Eingeweiden die Schweine gefüttert, Kinder haufenweise seinen Heidengötzen geopfert haben. In altsyrischen Geschichten tritt er als leibhaftiges Monstrum auf, als Teufel, der den Kindern das Herz herausreißt, um rituelle Opfer zu bringen. Das katholische Mittelalter und noch die Jesuitendramen der Neuzeit setzen die Verunglimpfung eines Kaisers fort, den Große der Geistesgeschichte als ihresgleichen verehrten. Julian soll sich der Höllenkönigin verschrieben, Schwangeren die Bäuche aufgeschlitzt, die Gebeine von Märtyrern geschändet haben.

Voltaire wendet sich an die Christen: »Man gaukelt uns etwas von Martyrien vor, daß es zum Totlachen ist. Man malt einen Titus, einen Trajan und einen Marc Aurel, diese Muster an Tugend, als grausame Ungeheuer ... Man hat geglaubt, die alten

Römer zum Ziel unseres Hasses zu machen, und man hat sich lächerlich gemacht. Wollt ihr echte, wahrhaftige Barbareien, schöne, dokumentarisch belegte Massaker, Ströme von Blut, die tatsächlich geflossen sind, von wirklich ermordeten Vätern, Müttern, Ehemännern, Ehefrauen und Säuglingen? Ihr barbarischen Verfolger, sucht diese Dinge nur in euren Annalen ... Es steht euch sehr gut an, ihr Barbaren, den Kaisern um so mehr Grausamkeiten anzulasten, ihr, die ihr Europa mit Blut überschwemmt und mit sterbenden Körpern bedeckt habt ...!«

Gewalttat, Folter, Mord, Unterdrückung des Geistes als Mittel zur Etablierung einer bestimmten Moral sind nur die eine Seite christlicher Wirkungsgeschichte. Die zweite: Sollen wir uns nicht daran erinnern, daß die Grundprinzipien dieser Sittlichkeit noch heute, gerade im Bereich menschlicher Sexualitäten, allgemeine Gültigkeit beanspruchen, von Oberhirten nach wie vor als einzig wahre verkündigt werden? Doch weder die historische noch die gegenwärtige Realität gibt Anlaß zur Genugtuung über die höchsten, letzten Werte, die eine christliche, kirchliche Jüngerschaft noch immer zu vertreten beansprucht. Denn was ist von einer Sittlichkeit zu halten, die Hand in Hand mit Grausamkeit ging und erst einhielt, als sie von außen gehindert wurde, ihre Methoden fortzusetzen? Wie sollen wir eine Moral nennen, die zu ihrem Gelingen und Überleben nicht nur ein ideologisches, sondern auch ein reales System von Strafen und Foltern voraussetzte? Die sich gegen jede Toleranz zur Wehr setzte und ein tolerantes Verhalten erst – als eigene Erfindung! – predigte, nachdem andere Menschen ihr die Folterwerkzeuge aus der Hand geschlagen hatten?

Liegen die Zeiten der Straffolter hinter uns? Ist das ideologische System überwunden? Welchen Stellenwert hat eine Moral, die primär aus Furcht vor einer Folterstrafe in der jenseitigen

Hölle praktiziert wird? Was taugt eine Geistigkeit, deren Werk Teufel tun müssen, weil Menschen zu ihren Lebzeiten sich nicht beugten? Welchen Wert weist jene unter Christen weitverbreitete Sittlichkeit auf, die sich der Verlockung durch himmlischen Lohn verdankt? Welches Niveau unter Menschen erreicht eine Strafe, die mit Vergeltung und Rache begründet wird, den damit verwandten Schluß auf eine Wiederherstellung der Ehre des (beleidigten) Gottes inbegriffen? Braucht »unser Gott« Himmel und Hölle, um nicht nackt zu stehen? Benötigen Christen die Furcht für ihren Glauben? Solche Moral wirkt entschieden demoralisierend.

War die Moral, die sich bewußt der realen Folter verschrieb, je weniger unsittlich? Waren die Jäger aller Zeiten nicht kränker als die Gejagten? Änderte sich seit dem Tod Jesu nicht alles zum Schlimmen? Beispielsweise saß nach dem Passionsbericht der Evangelien selbst der Sohn Gottes nie auf einem jener schrecklichen Befragungsstühle, die in den christlich dominierten Jahrhunderten zur Grundausstattung jedes Inquisitors gehörten. Jesus brauchte nie Platz auf einem Sessel zu nehmen, der an der Rückenlehne, dem Sitz, den Armauflagen mit Hunderten von Eisenspitzen und Dornen besetzt war. Seine Peiniger hatten es nicht nötig, ihn auf einen Stuhl zu setzen, der durch eine Fackel oder Kohlenpfanne bis zur Unerträglichkeit erhitzt wurde. Solche Sitzgelegenheiten erfand erst die Jüngerschaft.

Jesus lag auf keiner Streckbank, er wurde nicht wie hunderttausend Opfer seiner späteren Gemeinde mit Hilfe einer Winde buchstäblich um bis zu dreißig Zentimeter verlängert. Die römischen Söldner renkten seine Gelenke in Armen und Beinen nicht aus, zerrissen seine Muskeln keineswegs kreuz und quer. Die Evangelien schildern vergleichsweise behutsam, was er ihrer

Meinung nach erlitt. Ihre Konstruktionen eröffnen »Jesus« sogar die Möglichkeit, in gesetzten Worten auf die Fragen des Verhörs zu antworten. Offenbar konnten sich die frühesten Jünger nicht im Traum ausmalen, was ihre Nachfolger praktizieren würden, um ein Geständnis zu erlangen, diese »Königin der Beweise«, diese »begehrteste Frucht, die einem Richter (oder Polizisten) in den Schoß fallen kann«.

Wenn schon Vergleiche angestellt werden sollen: Der »Jesus« der Evangelisten war sich keiner Schuld bewußt; auch Pilatus kann keine an ihm finden (Jo. 19,4). Können die Opfer christlichen Folterns und Mordens von sich nicht dasselbe sagen? In beiden Fällen kam es dennoch auf das Geständnis an: »Jesus« schweigt dazu (Lk. 23,9), was ohne Folgen bleibt, oder er legt in geradezu herrscherlich anmutenden Worten und souveränen Sätzen ein Bekenntnis zu seiner Person und zu seinem Auftrag ab (Lk. 22,68–70), bevor er unschuldig hingerichtet wird. Und die unschuldigen Opfer des Christenhasses? Ihnen ist weder ein Schweigen noch ein souveränes Sprechen erlaubt. Sie haben ihre Sünden zu gestehen, vor allem die in Gedanken geschehenen, häretischen. Oder sie müssen bekennen, daß sie Teufelsbuhlschaften oder sonstige Vergehen begingen, die zwar sexueller Natur waren, aber als häretisch verfolgt wurden. Mittlerweile hatte ja der Teufel endgültig die europäische Szene betreten, um sie bis zum Ende der Hexenverfolgungen im späten achtzehnten Jahrhundert nicht mehr zu verlassen. Woher dieser Teufel gekommen war, wer ihn in die Zivilisation Europas einführte und mit gräßlichsten Konsequenzen kulturell verankerte, bedarf keiner Untersuchung mehr.

Der Inquisitionsprozeß kennt sein Ziel: Die Beschuldigten müssen die Verantwortung für die Verbrechen übernehmen, deren sie angeklagt sind. Das entlastet die Herren der Streckbank.

Sie können nicht nur sich selbst als entschuldigt ansehen, sondern auch frei über Strafe und Gnade entscheiden, je nachdem, ob ihnen die Grade von Geständnis und Bußfertigkeit der verlorenen Söhne zusagen oder nicht. Ähnliche Vorgänge könnten bei der Beichtpraxis ausgemacht werden, die nicht zufällig eine zeitgleiche Geschichte hat. Beichtstuhl und Befragungsstuhl sind sich so unähnlich nicht. Die Geschichte der Assoziationen des Jünger-Triebs ist freilich nicht geschrieben. Das von Christen abgerichtete »Geständnistier« Mensch (M. Foucault) wartet noch auf seine Darstellung. Da die »unermüdliche Wißbegier der Inquisitoren als konstitutives Merkmal der abendländischen Zivilisation« gilt, kann ich das Versäumnis der Wissenschaft nicht als Zufall betrachten.

Wollen und können die Opfer kein Geständnis ablegen, weil sie nichts zu gestehen haben, drohen Christen ihnen die sogenannten Grade eines schauderhaft schmerzlichen Verhörs an, während dessen die Glieder immer mehr auseinandergezogen werden. Schon beim ersten Grad werden die Schultern ausgerenkt, da die Arme hinten am Rücken nach oben gezogen werden. Während der Fragen zweiten Grades beginnen Ellbogen-, Knie- und Hüftgelenke sich aus den Gelenkpfannen zu lösen, beim dritten Grad lösen sie sich, gut hörbar. Bereits nach dem zweiten Grad des Verhörs ist das Opfer sein Leben lang verstümmelt, nach dem dritten bleibt es gelähmt.

»Du sollst fleißig suchen, forschen, fragen«, rät ein biblischer Autor (5. Mose 13,15). So wird in kirchenamtlichem Auftrag gesucht: Nicht nur das Geständnis ist wichtig, auch der am Körper des Opfers angebrachte Beweis. Dieses Teufelsmal muß gefunden werden. Also versucht sich der Kleriker als Lustgreis, und blutlose Theologie lebt ihre Phantasien aus. Wo genau das Böse beim Weibe sitzt, wo Ehre, Sünde, Scham zugleich ausgemacht werden können, steht bei den Wissenden fest. Schamhaare verbergen den Satan, und daher wird gesucht, mit Nadeln und Stiletten gestochen, rasiert, geschabt, versengt, mit Schwefel die behaarte Stelle freigebrannt. Mediziner und Nichtmediziner, auch Kleriker, suchten nach dem Mal der Buhlschaft, nach dem Zeichen der Unempfindlichkeit, nach dem Stigma der Lust, das der Satan auf den Festen wildester Ausgelassenheit persönlich angebracht hatte. Wie durch Zufall fanden sich diese Spuren auf den Brüsten, am After oder zwischen den Schenkeln der Opfer. Wird gefunden, ist der Tod sicher. Und weshalb sollte nicht gefunden werden? Wer Inquisition zuläßt und die Streckbank einrichtet, will finden.

Aus einem Prozeßprotokoll von 1631, das belegt, was eine Frau an einem einzigen Tag erlitt: Der Henker band sie an den Händen, zog sie auf die Streckleiter und schnürte sie an vielen Stellen. Da sie zudem schwanger war, wiederholte er die Tortur, goß ihr Branntwein auf den Kopf und zündete ihn an. Dann brannte er die Frau mit Schwefelfedern unter den Achseln und am Hals. Schließlich ließ er sie vier Stunden lang immer wieder am Seil von der Decke herabschnellen, einmal mit gebundenen Armen und Beinen, einmal ohne zusätzliche Fesseln. Dann wurde Branntwein auf den Rücken gegossen und angezündet. Darauf wurde sie erneut gestreckt, diesmal mit schweren Gewichten auf den einzelnen Zehen. Dann kam sie auf die Streckbank. Dann drückte sie der Folterknecht mit dem Rücken gegen ein dornenbesetztes Brett. Daraufhin wurden ihre Füße gebunden und, mit einem Gewicht von einem halben Zentner beschwert, nach unten gezogen. Dann schraubte man ihre Waden so fest in spanische Stiefel, bis das Blut aus den Zehen kam. Und wieder das Streckbett, wieder die Streckleiter. Schließlich die Auspeitschung der Lenden, bis das Blut aus der Nierengegend schoß. Dann der Schraubstock, sechs Stunden. Endlich ein Geständnis.

Der Prozeß der Gewalt von Männern gegen Menschen geschieht nicht willkürlich, er hat seine Regeln. Die Praxis der Verfolgung von Andersdenkenden nennt sich legal; sie ist Normen unterworfen. Juristen und Historiker verweisen auf diese angebliche Rechtsbasis. Sie übersehen dabei nur eins: Das Gesetz der Folter und die Methoden des Mordes wurden von den Gewalttätigen selbst mit Hilfe besonderer Wissenschaften (Theologie, Jurisprudenz, Medizin, »Maschinenbau«) willkürlich festgeschrieben und nachhaltig durchgesetzt, sie gelten noch heute: Definieren des Eigeninteresses gegen die anderen, Denunzieren ebendieser anderen, Fangen und Binden, Foltern und Inquirieren, Erpressen von Geständnissen bei Beklagten und Zeugen, Töten, Vernichten der Erinnerung, fortlaufendes Negieren der Tat, Vergessen der Opfer.

Noch ein Vergleich: In der christlichen Literatur findet sich der Hinweis auf die Heimkehr des Ketzers zur Mutter, der heiligen Kirche. Das weckt Erinnerungen an das Gleichnis vom verlorenen Sohn. Doch besteht ein wesentlicher Unterschied zwischen jener Erzählung der frühen Jünger und der Praxis ihrer Erben: Wurde der Sohn des Gleichnisses mit dem Schlachten des Mastkalbs belohnt, ist für den Ketzer-Sohn späterer Jahrhunderte trotz seiner Reue und Umkehr unnachgiebig der Tod auf dem Scheiterhaufen vorgesehen. Folter und Tod geschehen streng nach dem Gesetz derer, die von ihnen profitieren. Zwischen den Opfern und den Tätern ist die Kommunikation auf das vermeintlich Wesentliche beschränkt; dieses Eigentliche wird von der Täterseite her definiert. Der Täter sagt zum Opfer: »Das Gesetz macht dich leiden, wenn du schuldig bist, weil du es sein könntest, weil ich es will, daß du es seist.«

Und jeder, der auch nur ein wenig Erfahrung sammelte, weiß, daß eine einzige halbe Stunde Folter mehr Qualen mit sich bringt als drei Hinrichtungen am Galgen. Wohl auch mehr Vergnügen und Lust bei den Tätern ...

Immer wieder der Blick von oben nach unten, die Degradierung des Opfers durch Blicke, Worte, Taten. Folter bleibt einer der offensichtlichsten Ausdrücke einer patriarchalen, in Kirche und Staat verwirklichten Zweiklassengesellschaft. Sie ist Synonym für Methoden, die die Herrschenden zur Etablierung ihres Machtwillens verwendeten und verwenden. Die Opfer, früher Sklaven und Niedervolk, werden durch Foltern von den Edelmenschen und anderem Gesindel abgehoben, nach unten gedrückt, wohin sie »gehören«. Folter ist Herrschaftsbedürfnis; sie folgt aus dem Jünger-Trieb. Hier ist keine Rede mehr von Menschenwürde. Hier versagen Fensterpredigten endgültig. Hier wird die körperliche und psychische Integrität bewußt verletzt, ein förmlicher Angriff auf den Menschen und seine biologische Konstitution unternommen, die Rechtspersönlichkeit des anderen von dem einen in Wort und Tat bestritten, die Kommunikation unter Menschen abgebrochen, die Mitwirkung der Opfer-Gruppe an den Angelegenheiten aller (Staat, Kirche, Gesellschaft) zugunsten der Täter-Gruppe behindert. Hier gibt es Subjekte und Objekte, für Zuschauer erkenntlich.

Christen sind es, die den Kampf einer Gesellschaft gegen eine isolierte Gruppe von Menschen propagieren und die Legitimation für den Ausbau eines Herrschaftsapparates liefern. Die Kirche ist geschichtlich die Schöpferin neuer und folgenschwerer Herrschaftsstrategien und Kontrollformen. Die Staaten, jahrhundertelang christlich dominiert, wenden Methoden in der Verfolgung von Kriminalität an, deren Autorität in der Tradition des Christentums lag. Das Verbrechen ist als Sünde definiert, die durch die Strafe geheilt werden muß: reinste Jünger-Ideologie. Sünder werden allgemein nicht mehr als verantwortungsfähige Personen angesehen; ihre Handlungen sind auf jenseitige Kräfte zurückzuführen, die die Seelen beherrschen und die Menschen als Subjekte eliminieren. Wahrheit aber konnte und kann unter diesen Umständen nicht mehr kommunikativ unter Menschen ausgehandelt werden. Wo gefoltert wird und Geständnisse erpreßt werden, besteht ein institutionelles Unterwerfungsverhältnis. Die kommunikative Koexistenz ist zerstört. Das Oben wie das Unten sind festgeschrieben. Lockert sich das Band, kommt erneut die Gewalt derer da oben zum Zuge. Der eine Mensch tut innerhalb einer Herrschaftsorganisation dem anderen systematisch Gewalt an, schließt ihn bewußt von der Teilnahme an (»unserer«) Gesellschaft, Staat, Kirche aus.

Sogenannte Amtspersonen haben zwar immer wieder so schmutzige Hände wie die korrupten Helfer der Inquisition. Doch sie erscheinen in ihrem heiligen Folterzwang als Träger einer Aufgabe, um Störungen gewalttätig zu beseitigen, sogenannte Majestätsverbrechen zu sühnen, die Bösen zu bestrafen, die Guten zu retten. Darin besteht der Herrschaftswert der Folter. Diese bestätigt als Amtsverbrechen den degradierten Status bestimmter Mitmenschen und demonstriert den Absolutheitsanspruch der »guten« Gewalt. Die sogenannten Guten können durch das Erpressen von Informationen und Geständnissen, durch Brechen des Widerstands, durch bewußtes Zufügen schlimmster Schmerzen unmittelbar Vorteile für ihre Herrschaft ziehen. Folterideologie und -praxis erlauben keinen Zusammenhalt unter Menschen mehr. Sie leben davon, daß es verschiedene Gruppen von Menschen geben soll, von bösen und von guten Menschen, von gläubigen und von ungläubigen, von keuschen und von unkeuschen, von geretteten und von aufgegebenen. Ohne solche Selektionen, wie sie für patriarchale Gesellschaften und Religionen typisch sind, wäre Folter nicht möglich.

Wer die Folter nicht nur als Verbrechen verfolgen, sondern abschaffen will, muß sich um die zugrundeliegende Ideologie und deren Milieu kümmern. Doch nicht zufällig finden sich nur wenige literarische Hinweise auf die in der Folterpraxis zutage tretende Kriminalität der guten Christen und ihrer Systeme, auf das Religionsdelikt Folter, auf die Folter als repressives Verbrechen. Das Böse bleibt auffällig oft bis ausschließlich bei den Opfern angesiedelt. Der Gehorsam der wirklichen oder der potentiellen Folterknechte gegenüber dieser Selektion und den sie legitimierenden Personen auch. Foltern ist keine exklusive Tätigkeit, sondern Ausdruck konformen Verhaltens. Folterer, pflichtbewußte Täter, wollen gehorsam sein, die ihnen gestellten Aufgaben zur Zufriedenheit einer Autorität erfüllen. Und da die überwiegende Mehrzahl der Menschen aufgrund ihrer religiösen Erziehung angepaßt, autoritätsgläubig, gehorsam bleibt, ist auch die autoritär beeinflußte Selektion noch tief in den Menschen verankert. Das Gefühl, ein Untertan zu sein, bleibt vorhanden – oder kehrt immer wieder zurück.

Der amerikanische Sozialpsychologe Stanley Milgram konnte in einem berühmt gewordenen Experiment nachweisen, daß Menschen, die normalerweise der Grausamkeit abschwören, anderen Menschen Schmerzen bis zum höchsten Grad zufügen, wenn dies nur von einer Autoritätsperson verlangt wird. Milgram ließ Männer in weißen Laborkitteln den erwachsenen Durchschnittsamerikanern, die sich zur Verfügung gestellt hatten, die Anweisung erteilen, anderen Menschen Elektroschocks zu verabreichen. Die Schocks waren nicht echt und die

Schmerzen der »Opfer« nur gespielt. Doch das wußten die Versuchspersonen nicht. Ihnen war gesagt worden, die Untersuchung solle die Wirkung von Strafen auf das Lernverhalten messen. Die Versuchspersonen zeigten sich je nach ihrer Nähe zum Opfer bis zu fünfundsechzig Prozent gehorsam; sie waren sogar in der Lage, dem Versuchsleiter bis zur Erteilung des Maximalschocks Gehorsam entgegenzubringen. Bei akustischer Rückkopplung (Schmerzensschreie) sank der Prozentsatz um zwei Prozent.

Ist die Folter eine universale und ewige Institution? Muß sie sein, um einem Urbedürfnis nach Blut abzuhelfen und die menschliche Fähigkeit zu stärken, sich am Schmerz anderer zu erfreuen? Oder ist dieses Bedürfnis strikt patriarchal, also ausschließlich oder vorwiegend bei Männern anzutreffen? Die in dieser Hinsicht von Forsch-Herren bewußt nur spärlich durchforsteten Archive lassen darauf schließen, daß in den dreieinhalb Jahrhunderten der Hexenverfolgung gegen fünfundachtzig Prozent der Opfer Frauen waren; zwischen 1450 und 1790 wurde das Leben von etwa zwei bis vier Millionen Frauen im katholischen und protestantischen Europa ausgelöscht. Ist dieses Bedürfnis der Patriarchen durch seine spezifisch christlichen Zurichtungen – etwa in den Freudenfesten der spanischen Autodafés – nicht verstärkt und in seinen Folgen verschlimmert worden? Hielt das Christentum den Blutdurst nicht nur nicht in Schach, sondern wollte es ihn erst gar nicht stillen? Es gibt zu denken, daß der Kommentar zu der erwähnten Ausstellung europäischer Folterinstrumente die Kirche als »die Quelle und wichtigste Stütze der Folter im Abendland« bezeichnet. Die Jünger betrachteten die Folter als das sicherste Mittel auf dem Weg zur totalen Kontrolle über den totalen Glauben.

Wurde die Folter abgeschafft? Oder nur für kurze Zeit aufgehalten? Wer sorgte für ihre Ächtung? Die Meinungen gehen auseinander: Christen teilen Seitenhiebe auf die Leistungen der Aufklärer aus, sprechen von einem Eigenanteil der Christenheit, indem sie verdienstvolle Einzelkämpfer aufzählen. Andere heben hervor, daß es Menschen mit der Zeit einfach zuviel wurde, andere von Amts wegen leiden zu machen oder ihrer Qual zuzusehen. Wieder andere argumentieren zugunsten einer aufgeklärteren Rechtsphilosophie, also neuer Vorstellungen von den Rechtsgütern des einzelnen Menschen, die gegen obrigkeitliche Gewalt zu schützen waren. Ein abschließendes Urteil erscheint noch nicht möglich. Verweisen Juristen allerdings auf die zunehmende Individualisierung der Person und die daraus folgende Festlegung des Schuldgedankens, so wird man kaum fehlgehen, wenn man diese Entwicklungen nicht dem Guthabenkonto des Christentums und seiner Kirchen gutschreibt. Dasselbe gilt für den gegen die Kirchen erkämpften Grundrechtsschutz des einzelnen vor obrigkeitlicher Gewalt, und auch für die zunehmende Solidarisierung der Menschen mit jenen einzelnen, die der Folterung und Bestrafung durch staatliche und kirchliche Amtspersonen ausgesetzt waren.

Gewiß schwand die peinliche Befragung allmählich, ein Reiseführer durch Nürnbergs Sehenswürdigkeiten von 1784 bezeichnete die Eiserne Jungfrau bereits als »abscheulich Greulwerk«, das auf die Zeiten Kaiser Barbarossas zurückgehe, eine Fehleinschätzung um beinahe vierhundert Jahre. Dennoch konnten in Deutschland noch 1788, auf dem Höhepunkt der Aufklärung, kurz vor der Französischen Revolution, Gerichtsurteile gesprochen und vollzogen werden, die Vierteilen, Brechen der Knochen, Abschneiden von Zungen und Händen beinhalteten. Solche Strafmaße gelten den Christen gern als mittelalterlich, als sei das europäische Mittelalter eine buddhistisch beeinflußte

Epoche gewesen! Doch sie waren im größten Teil des katholischen Europa, besonders in Spanien, Bayern, Österreich, Italien, gesetzlich in Kraft.

Schwamm darüber? War nichts institutionalisierte Sünde, blieben die ungeheuren Vergehen gegen Leib und Leben individuelle Verirrungen? Wem soll einleuchten, daß allein Folter und Todesurteil Ausfluß eines von der Christenheit längst überwundenen Zeitgeistes gewesen sein sollen, während andere Verfehlungen, vor allem sexuelle, unbeirrt als zeitlose Sünden gelten und nach wie vor bestraft werden? Galt nur das sechste, gegen sexuelle Vergehen gerichtete Gebot immer und überall, während das fünfte, »Du sollst nicht töten!«, für Jahrhunderte von Amts wegen außer Kraft gesetzt werden konnte?

Die Frage der Bereicherungskriminalität schneide ich noch nicht einmal an. Es genügt der Hinweis, daß aus Menschenblut Gold gemacht und bei inquisitorischem Vorgehen an erster Stelle auch das Vermögen der Opfer zugunsten der staatlichen und kirchlichen Instanzen eingezogen wurde. Mit der Zeit kam einiges zusammen, und nicht in jedem Fall kann der Besitz der heutigen Kirche auf Schenkungen zurückgeführt werden. Alles bekannt? Alles verdrängt? Die Gegenwart freigesprochen?

Deutsche Bischöfe machten 1994 auf Veranlassung des Vatikans Generalinventur, ließen den Gesamtbestand ihrer Kirchenschätze erfassen und bewerten. Was bei dieser äußerst kostspieligen Aktion herauskam? Allein die Diözese Regensburg schätzte ihren Bestand auf zweihunderttausend Wertobjekte; das Erzbistum München-Freising wußte sich im Besitz der größten Sammlung von Meßkelchen aus Augsburger Silber. Es sollen zehntausend sein; dies ergäbe einen Wert von etwa dreißig bis vierzig Millionen Euro.

Grausame Wüste Sexualität

In jeder asketischen Moral betet der Mensch einen Teil von sich als Gott an und hat dazu nötig, den übrigen Teil zu verteufeln.

Friedrich Nietzsche

Eines Tages werden wir wissen, was es heißt, ein ewiges Leben zu haben – wenn wir aufhören, zu morden.

Henry Miller

Wir werden uns wohl oder übel darein schicken und tun, was das Christentum nie getan hat: uns der Verdammten annehmen.

Albert Camus

Theologie ist schnell mit Ausreden bei der Hand; das klassifiziert ihre Denker, Auftraggeber, Finanziers. Sie belegt die Inhumanen mit einem wissenschaftlichen Namen, als seien sie seltene Insekten, die in eine Vitrine abwandern. Da liegen sie, die Rigoristen und Grobianisten christlicher Geschichte. Sie bleiben zur Schaustellung abgeordnet, hinter sicherem Glas verwahrt, aufgespießt, abgehakt. Unsereins soll sie vergessen, Kirchenchristen leisteten, wie selbstverständlich, diese Vergessensarbeit bereits.

Sex and Crime mit Religion, mit christlicher Religion, gar mit christlichen Kirchen in Verbindung zu bringen, ist noch immer gewagt. Kaum ein Fernsehredakteur könnte es riskieren, das Thema auch noch zu bebildern, obgleich Material genug vorhanden ist, aus Geschichte und Gegenwart. Doch Verbindungen herzustellen zwischen Gangster-Bräuten und Jesus-Bräuten gilt als unfein. Weltreligionen sind von Haus aus prude: So etwas gehört sich nicht; wir sagen von vornherein zur Geschlechtlichkeit nur bedingt ja, zur Gewalt eindeutig nein.

Der gegenwärtige Satanismus antwortet offener; er bejaht sowohl Sexualität als auch Gewalt: »Ich habe dem Kaninchen kurzerhand den Hals durchgeschnitten. Das Blut wurde in einer Opferschale aufgefangen und eine geweihte Hostie darin aufgelöst. Benno und ich durften das Blut aus der Opferschale allein für uns trinken. Dann haben wir vor aller Augen miteinander gevögelt.« Manche schütteln sich jetzt, obwohl sie soeben ein Buch über Sex, Folter, Christentum lasen: Unter Christen, unter Kirchengläubigen gar, kommt so etwas nicht vor. Gewiß nicht, möchte ich bestätigen. Denn das kirchliche Christentum hat anderes anzubieten: eine Geschichte und Gegenwart der Gewalt und der Geschlechtlichkeit, gegen die das Blut eines Kaninchens und ein Koitus von zwei Jugendlichen gering zu veranschlagen sind. Verglichen mit den kollektiven Exzessen der Christenheit (Kreuzzüge, Ketzer- und Hexenjagden), wirken die heimlichen Veranstaltungen der Satanssekten wie ein trotziges Spiel unartiger Kinder.

Masken und Gesichter

Kirchenvertreter hätten es am liebsten, wenn allen Menschen beim Wort »Christentum« nur Choralgesang, Weihrauch, Friedhofskreuze, Weihnachtsglocken, Bibellektüre, Nächstenliebe einfielen. Dann bliebe die Sonnenseite ihrer Religion beleuchtet. Doch auf der Schattenseite waren ungleich gewaltigere Kräfte am Werk – und sie sind bereits wieder tätig. Die sexuelle und die politische Aufklärung, die nie von der Religion ausgingen, waren auch nie Lieblingskinder der Christenheit.

Legenden bedürfen des Goldes; ihr Geruch und Geschmack wirken heiligmäßig süß. Doch die Wirklichkeit des Abendlandes, das in den Reden von Politikern und Kirchenleuten so oft vorkommt, sieht anders aus: ein Bodensatz der Schmerzen zuerst, darauf ein blutig-harter Basalt quer durch Europa gelegt.

Dann ein Gemenge von Knochen und Fleisch, das in unzähligen Folterwerkstätten der Christenheit hergestellt wurde, in Städten und Städtchen. Es war zusammengesetzt aus den Teilen unzähliger Menschen, die von ihren Mitmenschen zerrissen, zersägt, erwürgt, verbrannt, geschändet, gebraten und zerkocht worden sind. Diese Suppe aus verrottendem Blut, aus zerquetschten Gebeinen, aus verfaulenden Kadavern riecht nicht gut. Doch sie gibt den wahren Geruch der Geschichte ab.

Zum Himmel »unseres Gottes« stinkt er nicht. Christliche Schadensbegrenzung, Imagepflege genannt und mit evangelischem wie katholischem Werbegeld in Millionenhöhe dotiert, bleibt beim christentümelnden Zungenschlag. Sie weiß, warum: Er verschafft der Teilnahmslosigkeit, der Verweigerung des Mitleids für die Opfer wie der Absolution für die Täter Konjunktur. Opfer und Täter tauchen ins gleiche Vergessen ein; diese Gleichsetzung stiehlt den Gefolterten nochmals die Würde. Mitten unter uns.

Die erotische Erfahrung verpflichte uns im Prinzip zum Schweigen, bemerkt Georges Bataille in einer Studie über das Verhältnis zwischen dem Heiligen, der Erotik und der Gewalt. An einer anderen Stelle sagt er, daß auch die Gewalttätigkeit still ist. Niemand ist jedoch verpflichtet, Geschlecht und Gewalt in den Kellern des Heiligtums zu belassen, in die sie sich zurückgezogen, um Millionen Opfer zu begraben. Wie hieß es noch gestern? Aus dem Christentum kommende Kriminalität? Nie gehört. Wie tönt es heute? Wir wissen schon – und Schluß. Abermals ist geleugnet, was Christen den Unzähligen angetan, die dem jeweiligen Glaubensstandard nicht entsprechen konnten. Und Johannes Paul II. predigte, es sei unserem Jahrhundert vorbehalten geblieben, Menschen allein deswegen zu ermorden, weil sie einer falschen Rasse angehörten. Wohlweislich verschwieg der Papst, daß seine Kirche nicht so lange warten wollte, um Menschen wegen ihres falschen Glaubens auszulöschen.

Welche Wahrheit liegt, bitte schön, in der Mitte? Von Folter, Mord und anderen Verbrechen, die der Christenheit anzurechnen sind, mußte berichtet sein. Meine Herren in Schwarz, Lila, Purpur, Weiß: Wie hätten Sie es gern gelesen? Wollten Sie Gesäusel hören? Beim Waschen der Talare trocken bleiben? Wie soll reagieren, wer Ihre Maske abnehmen will und bestürzt merkt: Das ist Ihr Gesicht? Doch eine auf unwahren Fundamenten fußende Religion kann keine ethisch denkende, fühlende und handelnde Gemeinschaft bilden. Wo Kleriker herrschen, haben Folter, Mord, Kreuz kein Ende. Voltaire: »... wenn es feststeht, daß die Geschichte der Kirche eine ununterbrochene Folge von Konflikten, Verleumdungen, Torturen, Betrügereien, Rauben und Morden ist, dann ist damit erwiesen, daß jene Ausschreitungen in der Sache selber begründet sind, ebenso, wie erwiesen ist, daß der Wolf immer ein Raubtier war und daß es sich keineswegs um vorübergehende Ausschreitungen handelte, wenn er unsere Schafe riß.«

Ihre Greuel schweigend hinzunehmen, das Glaubensmodell »Tugend durch Terror« mitzutragen und dafür Sonntagspredigten von der Liebe zu allen Menschen zu hören, das muten Christen uns noch heute zu. Die Frechheit der Leute mit dem Alles-halb-so-schlimm-Gesicht bittet nicht. Sie verlangt – Triumph der Täter! –, wir sollten, wenn schon nicht alles verschweigen, so doch zurückhaltend beschreiben, was sich nicht mehr vertuschen läßt. Andernfalls drohen Christen – im Volksgerichtshofton! –, die Trauerarbeit an den Opfern pamphletistisch, primitiv, peinlich zu nennen. Diesen Gefallen mögen Gewissenlose sich selber tun. Hirnlose sind lästig, um des Himmelreiches willen Hodenlose selber schuld, doch Herzlosen vergeben wir nicht! Große, Geweihte zumal, dürfen wir nicht anders als scharf sehen. Wir müssen zu ihnen sein, wie sie selbst sind. Mitleid, das sie verweigern, sei ihnen versagt. Kalt, wie sie kämpfen, abschätzig, wie sie Schafe weiden, wollen sie beschrieben sein. Alles andere bricht dem Leser die Treue.

Straf-Askese, Folter nach innen und außen

»O, über die Gemeinschaft der Christen! Sie hat ein ekelhaftes Fegefeuer erfunden, hat den Erlöser als ein mageres Gestell in Holz und Stein geschnitzt und sich berauscht an seiner blutenden Häßlichkeit. Sie hat keine Liebe geübt, sie hat das Grauen gelehrt. Sie hat nicht gebetet vor der Schönheit, sie haben sich vor dem Entsetzen heiser geschrien!« (H.H. Jahnn).

Kennt das real existierende, das heißt das provinziell denkende und fühlende Christentum schon zwei Kategorien von Menschen, die Gläubigen und die Nichtgläubigen, die anderen, so erst recht die beiden Klassen Keusche und Unkeusche. Schwarzweißmalerei? Entsprechend simpel sind jedenfalls die Sanktionen. Noch ist nicht erforscht, welche sexuellen Sünden beispielsweise Beichtväter zu der Zeit verfolgten, da Auschwitz betrieben wurde …

Wie inhuman die Gewichte kirchlicher Moral verteilt sind? Mittelalterliche Praxis verhängte über eine Frau, die sich einmal selbst befriedigt hatte, eine Bußstrafe von drei Jahren. Diese barbarische Sanktion für eine Tat, die die Welt bestimmt nicht schlechter machte, wurde für andere Missetaten keineswegs angedroht: Wer andere Menschen blutig schlug, wer im Krieg getötet oder auf Befehl seines Herrn gemordet hatte, kam mit vierzig Tagen Buße davon. Und so ging es weiter: War Theologen schon vor dem Ersten Weltkrieg, während dieses Gemetzels und kurz danach das Thema »Aggressions- und Friedensforschung« weitaus weniger wichtig gewesen als ihr Lieblingsthema »Sexualität«, blieben sie auch nach dem Zweiten Weltkrieg blind. »Wenn es einen Trieb gibt, der den Menschen unter die Würde seiner Vernunft und Freiheit hinabdrücken kann«, schreibt ein katholisches Handbuch für Ehefragen, »so ist es sicher der Geschlechtstrieb.« Wer anderes erwartete, zum Beispiel einen Hinweis auf die grundsätzlich amoralische Aggression des Krieges, weiß nicht viel vom offiziellen Christentum. Bezeichnend, wie viele Talkshows sich gelangweilt mit dem Endlosthema »Zölibat« herumschlagen, während keine Diskussion sich der Themen annimmt, die mit den Stichwörtern »Kirche«, »Gewalt«, »Aggression«, »Religion« umschrieben sind. Offenbar wirkt das Geschlechtsleben eines Kaplans interessanter als massenhaftes Foltern und Morden.

Die Jünger-Legende läßt »Jesus« sagen: »Die Söhne dieser Welt heiraten und werden verheiratet; die aber erwählt sind, an jener Welt und der Auferstehung von den Toten teilzuhaben, heiraten nicht und werden nicht verheiratet; sie können ja auch nicht mehr sterben; denn sie sind Engeln gleich und Söhne Gottes, weil sie die Söhne der Auferstehung sind« (Lk. 20,34–36). Der maßlose Anspruch dieses Textes fällt vielen beim ersten Lesen gar nicht auf. Das ist ein Fehler. Denn es handelt sich um eine der schäbigsten Aussagen, die Ehrgeiz erfand: Zum einen ist die Rede von der Erwählung der einen für Leben und Auferstehung von den Toten, zum anderen werden jene diffamiert, die heiraten und geheiratet werden. Da ich annehme, daß die meisten Leser dieses Buches nicht zu den Engelgleichen gehören, bitte ich sie, den Text der Erwählten genauer zu lesen und Folgerungen zu ziehen.

Das Leben nach der Art der Engel stellt eben nicht nur »den radikalsten und beharrlichsten Entwurf gegen das familiäre Dispositiv in der Geschichte der Menschheit« dar. Es ist auch eine Kampfansage gegen Milliarden Menschen. Diesen ist, in Ehe und Familie, das Geschäft der Fortpflanzung übertragen, während sich die Edelsten zum Verzicht auf Sexualität verpflichten. Diese asketische Gegenwelt ist nicht nur in der Praxis gescheitert, sondern auch in ihrer Ideologie des Selbsthasses grausam falsch. Im übrigen wurde nicht bewiesen, daß der historische Jesus asketische Züge erkennen läßt.

Ein selbstgerechtes Wort wie das der Geheimen Offenbarung (Apk. 14,4), erwählt seien jene, die sich »nicht mit Weibern befleckt« hätten, weil sie »jungfräuliche Menschen« seien, spricht für sich. Es hat viel mit dem »Jesus« der Jünger zu tun und nichts mit dem Jesus der Geschichte, nichts mit lebendigen Menschen. Das gilt auch für den grauenvoll widernatürlichen Satz im ersten Brief an die Korinther: »Ein Mann tut gut daran, keine Frau zu berühren« (1. Ko. 7,1). Auch er paßt in eine Folterkammer, in der sich die paar Eunuchen um des Himmelreiches willen wohl fühlen, die es praktisch noch geben mag. Für wieviel menschliches Leid wird der Satz verantwortlich sein? Beispielsweise lenkt das Wort von der »alten Hexe« bewußt ab: Die von Christen verbrannten »Hexen« waren nicht zufällig attraktive, vielfach sehr junge Frauen.

Die fleißigsten Jünger machten nicht nur aus der Gottesidee eine Lehre von einem Tyrannen, der kleine Vergehen mit ewiger Verdammnis bestraft. Sie malten, selber eifersüchtig böse, »unseren Gott« als Strafrichter. Sie sahen sich als Lehrer der Welt, zumindest auf dem Terrain ihrer Moral, und rotteten jede

Kenntnis der Liebe und der Liebeskunst aus, die Menschen sich erobert hatten. Ihre Kirche tat alles, was in ihrer Macht stand, damit die von ihr einzig erlaubte Form der Sexualität, der (detailliert moralisierte) Geschlechtsverkehr in der gültig geschlossenen Einehe, »möglichst wenig Vergnügen und möglichst viel Leid mit sich brachte«. Und im Vatikan arbeitet eine Schar zölibatärer Greise an diesem probaten Unlust-Projekt; Beispiele aus dem jüngsten Katechismus belegen dies. »Und es beten die Pfaffen nach alter Art / gegen sündige Teufelsgedanken. / Das Kirchenvermögen liegt wohlverwahrt / nebenan, nebenan in den Banken« (K. Tucholsky).

Die Katholische Nachrichtenagentur (KNA) teilte 1993 mit, Sex sei hierzulande bei vielen Menschen out, immer outer. Zölibat, der freiwillige Verzicht auf sexuelle Partnerschaft, sei dagegen in. Auch meldete die Agentur, die Amerikanische Bischofskonferenz habe eine Kommission zur Untersuchung von Sexualvergehen durch Priester eingesetzt. Das Gremium solle eine einheitliche Position der Kirche gegenüber dem in den USA, wie wir inzwischen wissen, hundertfach verbreiteten Problem erarbeiten.

Wer kann lachen in einer christlichen Welt! In einer Welt der Asketen, Fanatiker, Verbrecher, Folterer? In einer Gesellschaft, die die Erde, den Menschen, den Leib und die Seele schändete, sie unfaßlich erniedrigte und entwürdigte? Deren Gott, »unser Gott«, eine Kreatur der Totschläger ist, der Sklavenhalter wie der Versklavten, Feigen, Folgsamen, die den bequemen Weg vorziehen, die einen Mittler fanden, »der den durch ihre Dummheit oder seelische Erbärmlichkeit angerichteten Schaden wiedergutmacht«?

Überall schafft sich das Gehemmte Abwege, Umwege, Auswege. Die Beschreibung der Historie christlicher Sexualneurosen läßt zwar noch auf sich warten. Doch wissen wir bereits: Sublimierung geschieht nach den Spielregeln der Jüngerschaft als einer patriarchalen Doktrin mit Hilfe von Weltablehnung, »Askese«. Manche Menschen, vor allem die erfahrenen Athleten »Jesu«, sind noch heute von diesem uralten Begriff fasziniert, und nur wenige sind schon bereit, die krank machende Wirkung eines rücksichtslos asketischen Lebens auch da anzunehmen, wo Krankheiten aus Disziplin, Zusammenreißen, Verzicht stammen – und am ehrlichsten asketogen hießen.

Vor allem die Jungfräulichen, Engelgleichen wurden in ihren Träumen sexuell bedrängt und geschunden, von ausschweifenden Visionen tyrannisiert, von Frauenhaß und von der Angst vor Frauenblut überwältigt. Immer wieder berichten sie davon, daß sie Satan und seine Gesellen in Gestalt schöner Mädchen sahen, in »ganzen Legionen nackter Frauen«, »in jeder Stellung«. Die Frau als Eva, als Zauberin, als Schlange, als Gift, als Virus, als Ungeziefer, als Juckreiz, als Flamme, als Anlaß zur Trunkenheit, als Schlauch und Uterus, kurz: die Fron der Frömmsten. Ein Jünger des Frühmittelalters, der das Verbot für Frauen begründet, eine richtige Kirche zu betreten, spricht für alle: »Solange ich noch aus Fleisch und Knochen bestehe, werde ich nie mehr das Gesicht einer Frau sehen, und dieses Kloster, das ich mit Gottes Hilfe errichtet habe, wird niemals mehr einer Frau Zugang gewähren. Denn es schickt sich nicht, daß wir, die wir die Familie Christi sind, unseren Anblick den Frauen verkaufen.«

Unseren Anblick verkaufen? Die ursprüngliche Bedeutung von »sündigen« ist »das Ziel verfehlen«, das ein Mensch gesetzt bekam oder sich, unter dem Über-Ich, selbst setzte. Heilsegoistisch Ängstliche sehen dieses Ziel gefährdet, wenn sie nicht täglich ihr Kreuz auf sich nehmen, das heißt kämpfen. Männer machen die Gefahr des Zielverlusts an Frauen fest. Im Grunde kann kein Gottesmann glauben, daß er in dieser Welt und unter Frauen leben könne, ohne sich zu versündigen. Die Hölle, der heimliche Ort und das Tal der Toten, wird als Schoß der Frau gesehen. Zu ihr, dem fressenden Maul der Erdmutter, gehört im Jünger-Mythos der Teufel. Rot ist seine Farbe, Rot ist auch die Farbe der Fruchtbarkeit, des Frauengeschlechts, des Blutes, der Menstruation. Frauen umfangen und verschlingen den Mann; ihr Todesschoß schwächt und foltert den Phallus. Aus solchem Schoß kommt kein Leben; Angstphantasie drehte den Mehrbesitz um, zum Ort tiefster, lockendster Sünde.

Abhilfe sollte bei den Konsequenten die Selbstkastration, bei weniger Überzeugten der schnelle Sprung in eiskaltes Wasser, der Bußgürtel mit Kugeln und Stacheln oder die sogenannte Infibulation schaffen, jene Selbstfolter, die den Penis mit einem Ring umschloß und beschwerte, je schwerer, desto stolzer der Asket. Die kampfbetonte Askese, Unterdrückung der Mannesbegierde und zugleich Umleitung des fehlorientierten Impulses auf andere, wurde von der Mönchs-Theologie zu Inhalt und Form des Christenlebens und von einer Männer-Soziologie zur »Grundlage aller höheren sozialen und kulturellen Organisation« hochgeschrieben. Die extrem leib- und seelenfeindliche Haltung rächt sich allerdings. Sie macht nicht nur die Befallenen krank. Sie wirkt mörderisch auf andere ein.

Eine Zeichnung John Jack Vrieslanders (1912) zeigt, wie Sittenrichter denken und handeln: Staats- und kirchentragende Personen in Roben und Talaren begleiten eine nackte Frau zur Hinrichtung. Der Text zum Bild: »Wir müssen die Nackttänzerin aufhängen; das ist die einzige Gelegenheit, bei der wir sie in Muße betrachten können, ohne in den Verdacht der Lüsternheit zu kommen.«

Es bezeichnet die Askese, daß ein Kirchenlehrer sie als tägliches Martyrium beklagt. Konnte ein Jünger schon nicht leibhaftig das Martyrium erleiden und seinem Herrn auf diese blutigrote Weise nachfolgen, so war er doch in der Lage, sich als Asket zum »weißen« oder »grünen« statt zum »roten« Martyrium erwählt zu sehen. Wo eine Religion außergewöhnliche Leiden als Kriterium der Heiligkeit verlangt und die Jünger-Gruppe »unseres Herrn« ein Kreuztragen (Mt. 16,24) verehrt, ist nichts anderes zu erwarten. Askese kennt folglich das Synonym »Opferleben«. Märtyrer und Opfer brachte sie in der Tat hervor: Selbstmörder und Mörder. Von den Folterern zu schweigen.

Askese übt ein, wie sich Schmerzen ertragen lassen, und das möglichst lautlos, lustvoll. Das erlaubt, Gleichgültigkeit gegen den Schmerz umschlagen zu lassen in Entladungen der Gewalt. Nicht von ungefähr scheuten sich Asketen kaum, grausame Folterungen und Hinrichtungen zu praktizieren. Nicht nur prägte eigene Gewalt das fürchterliche Gottesbild, das auf uns kam, die unbewältigte Aggressivität äußerte sich auch im Verlangen nach Opfern. Die Wissenschaft von der Psyche ist sich sicher: »Der Destruktionstrieb ist die Folge eines ungelebten Lebens« (Erich Fromm). Und die gehemmte Sexualenergie setzt sich in Destruktivität um, sexuelles Unbefriedigtsein steigert bei Männern die Aggression. Der Psychoanalytiker Wilhelm Reich: »Die grausamen Charakterzüge im Zustande sexueller Unbefriedigtheit wurden mir verständlich. Ich konnte diese Erscheinung bei bissigen alten Jungfrauen und asketischen Moralisten sehen. Im Gegensatz dazu fiel die Milde und Güte genital befriedigbarer Menschen auf. Ich habe nie einen befriedigungsfähigen Menschen gesehen, der sadistisch sein konnte.«

Ein simpler Pfarrer aus einem französischen Dörfchen wurde, als Exempel für seinesgleichen auf der ganzen Welt, 1925 heiliggesprochen und 1929 zum Patron aller Seelsorger (!) erhoben. Wie dieser intellektuell schwach begabte, psychisch stark deformierte, doch hochberühmte Pfarrer von Ars († 1859) gewirkt hatte? Er sprach fast ausschließlich von der Hölle, peitschte die Seelen, folterte die Gewissen, sagte vom Seelenhirten, dieser müsse schon aus Pflichtbewußtsein stets den Degen (gegen andere, gegen Teufel) mit sich tragen. Aufgrund übermäßiger seelischer und physischer Belastung (Kasteiung, Fasten, Schlafentzug) war er in Versuchungen geraten, die sich zu dämonischen Kämpfen steigerten. Seine pathologische Angst vor der Hölle, diesem riesigen Mülleimer des Klerus, sah die große Mehrzahl der Menschen, vor allem die Verheirateten, als Verdammte. Nicht zufällig griff er »mit flammender Wut« das Tanzen und andere »irrsinnige Verzückungen fleischlicher Lust« an. Schon ein Blick konnte die Verdammnis nach sich ziehen, eine einzige Sünde der Putzsucht ein Mädchen zum Werkzeug der Hölle machen – zur Verantwortlichen für viele Verbrechen an unschuldigen Seelen.

Beispielhaft für viele seiner Kollegen erfand dieser Seelsorger nach eigenem Gutdünken Todsünden um Todsünden und drohte den Menschen die Hölle an. Damit übte und verbreitete er Psychoterror. Doch Bilder und Statuen des religiös Kranken und Schuldigen sind in fast jeder französischen Kirche zu finden: ein Exempel. Frömmler versuchen nicht nur immer wieder, gute Gelegenheiten zu nutzen, um ihre besonderen Tugendansprüche zu gesetzlicher Geltung zu bringen. Sie verfügen auch über einen Glauben, der nicht nur von einer Marienminne süßest unterdrückter Sexualität, sondern auch von Blutgier und Blutverherrlichung gekennzeichnet ist: Er spricht von stellvertretendem Leiden und von Sühne, von Hingabe für andere, von Opfergesinnung wenigstens bei anderen. Von seinen Aggressionen handelt er nicht; die bekommen die anderen von allein zu spüren. Der Großinquisitor, asketisch gestylt bis in die letzte Faser von Seele und Leib, sexuell gezügelt, ja erloschen, ist der Typus des kalten Mörders. Derart disziplinierte Männer, die ihren »Trieb« im Griff haben, gehen hart mit ihresgleichen um. Und brutal mit allen anderen. Die ihrem Lebensstil angepaßten Frauen, längst keine Frauen mehr, machen es ebenso.

Belege für den Zusammenhang von gehemmter Sexualität und ausgelebter Folterphantasie sind im Christentum Legion. Nonnen werden in ihren Visionen von Pfeilen, Lanzen und Degen der Gottesminne durchstoßen, mit Liebeswunden bedeckt, von Orgasmen der Schmerzenslust überwältigt. Und sie foltern sich selbst, aus Liebe zu ihrem Jüngerinnen-Ideal: Ich nenne die heilige Maria Magdalena von Pazzi (1566–1607), eine der hervorragendsten Mystikerinnen ihres Ordens und als das »klassische Beispiel einer sexuell pervertierten, asketischen Flagellantin« bezeichnet. Sie wälzte sich in Dornen, ließ sich heißes Wachs auf die Haut träufeln, beschimpfen, ins Gesicht treten, von ihrer Oberin peitschen. Dabei stöhnte sie: »Es ist genug, entfache nicht stärker diese Flamme, die mich verzehrt. Nicht diese Todesart ist es, die ich mir wünsche. Sie ist mit allzuviel Vergnügen und Seligkeit verbunden.«

Die französische Ordensfrau M.M. Alacoque, 1690 verstorben und 1864 heiliggesprochen, schnitt sich ein Jesus-Monogramm in dic Brust und brannte es aus, als es zu schnell heilte. Sie trank Waschwasser, aß verschimmeltes Brot, verfaultes Obst, wischte einmal mit der Zunge den Auswurf eines Patienten auf und empfand Glück, wie sie in ihrer Autobiographie schreibt, als sie ihren Mund mit dem Kot eines Mannes gefüllt hatte, der an Durchfall litt. Herz-Jesu-Orden, Herz-Jesu-

Andacht und Herz-Jesu-Fest der katholischen Kirche gehen auf diese Visionärin zurück.

Was selten thematisiert wird: Die Amtskirche unterdrückte nicht nur jahrhundertelang die konkurrierenden Alternativen um die richtige Askese und belauerte die einschlägigen Frauengruppen, vor allem wenn sie von unten kamen und keine Kleriker als Aufpasser vorgesetzt haben wollten. Sie setzte, mit Gewalt, auch ihre Auffassungen von Gehorsam, Keuschheit und Armut durch, zog die Güter der Unterlegenen ein, schuf Klöster als totale Institutionen und sorgte dafür, daß das Monopol künftig bei ihr lag. Die patriarchale Institution leistete ganze Arbeit und berücksichtigte dabei so gut wie nie Willen und Bedürfnis der Frauen selbst: Zuwendung, Mitmenschlichkeit, Intuition und Empathie galten als Merkmale weiblichen Arbeitsvermögens. Während Kirchenmänner die entscheidenden Plätze in der Organisation besetzten und entsprechende Ideologien schufen, wurden den Frauen die Berufsrollen des Für-andere-da-Seins auf den Leib geschrieben. Ob der Frauenberuf, der unter Bedingungen der Ausnutzung ausgeübt wurde, nicht nur die Männergesellschaft befriedete, sondern auch Frauen je ganzheitliche Menschen sein ließ? Die Geschichte der Frauenorden als Geschichte der Ausbeutung religiöser Gefühle ist ebensowenig geschrieben wie die Geschichte der zölibatären Verirrungen unter dem Gesichtspunkt der Brutalität gegen andere.

Eine Ordensfrau: »Trotz meiner Erfahrung würde ich nicht sagen, daß das Kloster ein Lesbennest ist. Meines Erachtens sind viele Frauen ins Kloster gegangen, um der Sexualität zu entfliehen, ob lesbisch oder heterosexuell. Der Wunsch, Gott zu gehorchen und sich ihm zu weihen, ist oft zweitrangig bei dem Bedürfnis nach Zölibat und Verleugnung. Das Kloster erscheint als Himmel, eine Welt außerhalb der Gefahren dieser Welt.« Wie Liebe zur Legitimation der Unterdrückung von Frauen in der Ehe herhalten mußte, wurde sie als Mittel der Unterdrückung von Frauen in den Klöstern instrumentalisiert. Dies konnte durch die Fixierung auf die sogenannte Gottesminne geschehen, aber auch, zumal diese Ausrichtung den Vorwurf des Heilsegoismus einbrachte, durch die Aufforderung zur asketisch gezügelten Nächstenliebe. Die Idee der Hingabe sprach die Ordensgeschöpfe lange Zeit an; sie erwies sich vor allem für den in Klosterschulen hinlänglich deformierten fraulichen Sozialcharakter als anziehend.

Das Produkt der klösterlichen Ausbildung war schließlich jenes perfekte Dienstmädchen, das Demut, Asexualität und Unterordnung unter dem Etikett »Nächstenliebe« verinnerlicht hatte und sich »Schwester« nennen durfte, um als billige Arbeitskraft eingesetzt werden zu können. Dieser Zustand mochte den Ruhm der Kirche als »der« Institution der Caritas mehren, doch verlangte er unzählige Opfer. Nicht nur Geist und Psyche der Klosterfrauen waren jahrhundertelang unterdrückt, auch die Körper dieser Opfer asketischer Folter blieben geschwächt. Was Kirchen- und Ordensleitungen den Frauen antaten und wie grausam sich deren Unterdrückung an pflegebefohlenen Kindern, psychisch Kranken und Alten rächte, ist ebenfalls nicht aufgearbeitet. Wer es fassen kann, fasse es (Mt. 19,12)!

Harte Strafen, in Kindheit und Jugend an sich erfahren, bewirken (wie im Strafvollzug) in der Sache nichts, doch machen sie häufig aggressiv. Ein überwiegend strafendes Verhalten von Erwachsenen, wie dies in christlich-patriarchalen Familien gang und gäbe ist, bringt entgegen elterlicher Erwartung wenig selbstdisziplinierte Kinder hervor. Das Gegenteil tritt ein:

Familien, in denen oft und lustvoll gestraft wird, erzeugen häufiger gewalttätige Kinder als andere. Die so Erzogenen reagieren mit Flucht aus dem Vaterhaus, aber auch mit dem Wunsch nach Vergeltung. Die Rache trifft häufig nicht die Eltern, sondern jene Mitmenschen, die gerade zur Hand sind, sei es im privaten oder im beruflichen Umfeld. Auch die grausamen Vorkommnisse in Klöstern gehören hierzu.

Die im wahrsten Sinne des Wortes in Fleisch und Blut übergegangene Tugend, sich des Körpers und seiner Gefühle, Bedürfnisse, Freuden und Nöte zu schämen, weist ihre Heimtücke auf. Askese, die eine Unempfindlichkeit gegen sexuelle Regungen einübt, schlägt leicht um in Gewalt nach innen und außen. Um Panzerkörper verlangen zu können, braucht der Asket beispielsweise eine Art Panzersprache. Asketisch disziplinierte Sprache ist stets Abwehrsprache. Ihre Panzerwörter – wie »unehrenhaft«, »unanständig«, »unzüchtig«, »unkeusch« für Körperteile, Gedanken, Handlungen – bauen den Wortpanzer auf, den so Strukturierte brauchen. Ständige Verdrängung erfordert einen auch sprachlichen Kraftaufwand besonderen Zuschnitts. Das bewußt Nichtaufgeklärte, Verklemmte, Strafbewehrte übt beständigen Druck in Richtung Bewußtsein aus. Diesem Druck muß durch »unausgesetzten Gegendruck das Gleichgewicht gehalten werden«.

Die um ihr Leben Geprellten wissen: Darf ich nicht lieben, wie ich will, sollen es auch andere nicht dürfen, sondern tun, was ich will. Zum einen empfanden regeltreue Nonnen und Mönche ihre Liebeswonnen bis hin zum Orgasmus durch die Alltagsübung einer bräutlichen Minne zum Herrn oder zur Madonna. Zum anderen konnte, durfte, mußte die Verdrängung des Sexuellen notwendig ihr Ziel in Quälerei, Tortur und Mord finden: Die seitenlang genüßlich geschilderten Leibes- und

Todesstrafen, Hinrichtungsarten, Martern und Qualen, an denen sich Kleriker ergötzten und Inquisitoren sich aufgeilten, sind ein Schandmal des Christentums.

Kaiser Julian, zornig über die Praxis der Christen, sich Märtyrer zu schaffen und diese zu verehren: »Immer neue Leichen fügt ihr der alten Leiche (›Jesu‹) hinzu. Ihr habt die ganze Welt mit Gruften und Grabmälern angefüllt.« Er sah recht; überall, wo das spätantike Christentum mit der Außenwelt zusammenstieß, bestand es aus magisch verehrten Heiligenschreinen und Gebeinen. Doch wie viele Leichen noch auf das Konto der Christenheit kommen würden, konnte der Kaiser nicht im entferntesten ahnen.

Ich bitte, nicht nur die Vergangenheit der »schlüpfrigen Materien« anzuerkennen, wenn überhaupt von Schuld gehandelt wird. Also keine Flucht ins Mittelalter! Ich schlage den Flüchtigen vor, sich ihrer Erziehung zu erinnern: Wurden sie nicht selbst in ihren Gewissen gefoltert? Und geschlagen? Von überzeugten Christenvätern zu Hause, von Klerikern in der Schule, von Nonnen im Heim? Sind tausend und abertausend Zeugnisse mißhandelter, gequälter, gefolterter Kinder, die in Erziehungsheimen kirchlicher Trägerschaft aufwuchsen, frei erfunden? Die Erzählungen über prügelnde Nonnen in den Altenheimen im nachhinein aufgebauscht? Die Berichte der Arbeitnehmer im Kirchendienst gefälscht? Bei gutem Willen kann nachgeforscht werden, wer die Wahrheit sagt und wer nicht.

Beispiele für Gewissensfolter? Aus einem Kleinen Katholischen Katechismus von 1952, genehmigt für den Gebrauch in Schulen: »Habe ich meinen Eltern Böses gewünscht? Habe ich mich in der Kirche unartig betragen? Gott verspricht den guten Kindern seinen Schutz und Segen und die Seligkeit. Gott droht den bösen Kindern seinen Fluch und die ewige Verdammnis an.« Wie viele Leser mögen zu denen gehören, die diesen Schwachsinn als im Gewissen verbindlich betrachten mußten? Die Erzählung einer Frau von heute: »Ich eilte von Pontius zu Pilatus, ich lag in den Nächten wach, grübelte, sezierte meine Gefühle, versuchte, Erlaubtes und Unerlaubtes durch die Gürtellinie zu trennen, bohrte weiter, dabei stets bemüht, ein verbotenes oder schließlich als verboten erkanntes Gefühl nicht absichtlich oder versehentlich hervorzurufen oder es gar als positiv zu empfinden. Ich stand vor dem Richter meiner inneren Inquisition, sah mich die ›heiligmachende Gnade‹ leichtfertig und frevelhaft verscherzen, jonglierte stets am Rand des Höllenabgrunds entlang, tastete mich vorwärts und kam nicht weiter ... Ich war lange Jahre ein unsicherer Mensch mit ausgeprägter Ich-Schwäche, unfähig, mich in Leben und Beruf durchzusetzen, stets geneigt, mich vor allen Entscheidungen bei irgendwelchen Autoritäten rückzuversichern, ... eine typische Vertreterin der tyrannisierten Generation.«

Ein Mann: »Und so bemühten wir uns, wenn wir schon nicht den ›Versuchungen‹ und ›Anfechtungen‹ widerstehen konnten und wollten, so doch möglichst bald zu beichten und dabei lieber zuviel als zuwenig anzugeben. Im Internat war der diesbezügliche Service – aber damit auch das Überwachungssystem – nahezu komplett: Vor der täglichen Morgenmesse bestand die Möglichkeit, die ›nächtliche‹ Sünde noch schnell zu beichten (aber gleichzeitig konnten Mitschüler und Vorgesetzte sehen, wer schon wieder das Beichten nötig hatte!) ... Denn nicht jeder hatte die Kaltblütigkeit, trotzdem zur Kommunion zu gehen, die ja dann unwürdig sein und ewige Höllenstrafen nach sich ziehen konnte! Und das Nicht-zur-Kommunion-Gehen wurde auf jeden Fall registriert und führte zu einer Vorladung ... ›Sag mal, hast du irgendwelche Probleme ...‹«

Und die handfeste Strafe? Ein Mann: »Am 8. Mai 1945 schenkte GOTT hansis vater die erkenntnis, daß das wahre heil nur in der kirche zu finden sei; und da dieser ein kluger mann und seine frau katholisch war, wurde hansi im gleichen geiste erzogen. In seinem 9. lebensjahre brachten ihn die eltern zum tempel, auf daß er fürder dem HERRN diene. Schwer war der anfang, doch heilsam die gehirnerschütterung, als der glaubenseifrige kaplan das meßbuch auf hansis unwürdigen kopf herabsausen ließ, weil dieser das confiteor noch immer nicht beherrschte.«

Das Heim? Ein Zögling: »Gott wurde uns als lieb und voller Güte geschildert. Seine Diener auf Erden aber waren Menschen, die uns Kindern an den Hals wollten ... Die Nonnen waren es doch, die uns zur Beichte zwangen ..., die uns sagten: Ihr müßt uns und somit Gott gehorchen und uns und ihn ehren. Die Nonnen waren es, die in die Kirche gingen, beteten, den Rosenkranz schwangen und uns Gottesbotschaften einbleuten. Sie waren es auch, die, wenn sie gerade nicht an Gott dachten und sich nicht in der Kirche aufhielten, auf uns kleine Kinder einschlugen, uns erpreßten und uns quälten. Nonnen waren es, die uns zu seelischen Krüppeln machten.«

Es waren katholische Klosterfrauen, die eine uneheliche Mutter, wörtlich: »das räudige Schaf«, ihr Kind auf offener Straße zur Welt bringen ließen, in Toulouse, in jüngster Vergangenheit. Aus Angers und Tours wird berichtet, daß im zwanzigsten Jahrhundert Nonnen in ihrer Wut als »säuerliche Jungfrauen« (G. Clemenceau) die ihnen anvertrauten Kinder mit Ruten und Brennesseln schlugen, ihnen befahlen, Waschwasser, Schmutz, den Auswurf von Tuberkulosekranken zu sich zu nehmen. Sechsjährige wurden in Zwangsjacken gesteckt, Mädchen im Winter nackt an ein Kreuz gebunden, andere blutig gekratzt.

Ein Kind erzählt, es habe Küchenabfälle essen müssen, ein anderes berichtet von Brot, das mit Kuhmist belegt worden war, ein drittes wurde von einer Nonne in einem Saal angebunden, wo es elf Stunden stehen mußte.

Können wir anders, als jene Christen zu verachten, die entschuldigen, abwiegeln? Es handelt sich nicht um Einzelfälle. Immer wieder finden sich – wenn genau nachgeschaut wird, auch bei sich selbst! – ähnliche Berichte, die von prügelnden Pfarrern und Nonnen erzählen. Von der »lächelnden Furie, deren Name in meine Kindheit eingebrannt ist«, einer Nonne, die ein kleines Kind voller Wut in eine Badewanne stieß und unter Wasser festhielt, bis es bewußtlos wurde. Von der Nonne, die ein Kind zur Abschreckung mit einem Lederriemen verprügelte und es dann an den Haaren in einen Schweinestall zog, wo es stundenlang, zitternd und völlig verdreckt, verbringen mußte. Von der Nonne, die ein magenkrankes Kind aufforderte, eine Fettsuppe zu essen, ihm die Nase zuhielt, seine blutenden Lippen mit einem Löffel aufpreßte, es vollstopfte, schließlich mit Nackenhieben das Erbrochene aufzuessen zwang. Kinder mußten zusehen, kotzten reihum.

»Ich suchte«, sagt ein Davongekommener, »in meiner Umgebung nach einem Gesicht, das Wärme und Liebe und Fröhlichkeit und Leben ausstrahlte. Ich schaute in viele Gesichter. Doch ich fand keins, wie ich es suchte. Und auch in den Gesichtern anderer Kinder fand ich nichts außer Kälte, Angst und Hoffnungslosigkeit. Sie waren gekennzeichnet von Spuren schlimmster Unterdrückung. Sie lächelten kaum noch, ihre Mienen waren immer ernst und voller Traurigkeit.«

Die neuzeitliche Vorstellung von der Gebrechlichkeit des Kindes und der Verantwortlichkeit des Lehrpersonals für die Hebung der Moral bleibt nicht ohne Folgen. Doch Strafen jeder Art machen am schnellsten und am gründlichsten die einen Menschen zu Sadisten, die anderen zu Masochisten. Und Schläge sind noch immer wirksamste Argumente in der Erziehung zum Gehorsam. Ihre Anwendung führt, als direkte Pädagogik, schneller zum Ziel als jede andere Argumentation. Eine Erziehung der unmittelbar angewandten Art.

Weltanschauungen und Verhaltensweisen werden von Menschen gelebt und von Menschen vermittelt. Im Bereich von Religion und Kirche gibt es direkte Zusammenhänge zwischen Quälerei seiner selbst und Strafhärte gegen andere. Die prügelnde Nonne ist keine Ausnahme; sie ist die zumindest potentielle Regel. Religiöse Sozialisation erzeugt in den Psychen Angst – und Liebe zur Gewalt. Diese erstreckt sich auf diejenigen, welche Macht über religiöse Inhalte und Formen ausüben können, und auf die, die diesen unterworfen sind, weil sie sich zu den Gläubigen zählen. Die Hand, die einen schlägt, zu küssen statt abzuhauen, die Straf-Kirche gar noch zu lieben übt Varianten des Masochismus ein.

Schwache fühlen sich stärker, wenn sie auch anderen angst machen können. Die dümmsten Schafe wollen als die gefährlichsten Tiere gelten. Sie stürzen sich nach Heine »in die Asketik, in die Abtötungslehre, in die Martyrsucht, in den ganzen Selbstmord der nazarenischen Religion«. Ihre Theologen aber tun es, zumal sie ständig mit Himmel und Hölle hantieren, nicht unter einem bestimmten Level: »Hört man, wieviel Aufhebens ein Theologe von der Handlung eines Menschen macht, der als Lüstling von Gott geschaffen ist und der mit seiner Nachbarin, die Gott so gefällig und anmutig machte, geschlafen hat: Könnte man da nicht meinen, die Welt sei an allen vier Ecken in Brand gesteckt worden?«

Alles bekanntgemacht und weggesteckt? Wer die biblischen und kirchenoffiziellen Wahrheiten, die jeweiligen Katechismen, Sündenkataloge, Straf-Theologien, Gewissensnormierungen, Jenseitsdrohungen annahm, weiß gut, welche Opfer an Leib und Seele er dafür erbrachte und täglich erbringt. Manche unter diesen »Gottesvergifteten« (Tilmann Moser) sprechen auffällig heiter davon, sie lebten fröhlich katholisch oder still pietistisch. Vor allem sei es, trompetet fromme Stupidität, eine Lust, katholisch zu sein.

Das mag bei denen so sein, deren Lust sich am Blut der Opfer der eigenen Religion erregt. Doch die an Leib und Seele erfahrene Last hält nicht still. Sie muß möglichst vielen aufgebürdet sein. Diese sollen es auch nicht besser haben und die Welt nicht einfach genießen. Die nicht selten religionssadistisch begründete und vorgetragene Aufforderung zu häufigen Opfern (Askese bis hin zum völligen Denk- und Weltverzicht) verstärkt die bei vielen Untertanen vorhandene masochistische Tendenz.

Die Erkenntnis, daß die Fixierung von Menschen auf bestimmte, vor allem sexuelle Sünden ähnlich wie die Einschüchterung durch die christliche Straf- und Höllen-Predigt Krankheiten hervorrufen oder bestehende Erkrankungen verschlimmern kann, ist nicht neu. Es führte in die Irre, handelte man solche Erscheinungen als individuelle Neurosen oder Obsessionen ab. Die Predigt der Christenheit selbst ist beängstigend: Was ist von einer Liebe zu halten, die durch Strafdrohung erzwungen werden soll? Kann die angeblich christliche Nächstenliebe oder die Liebe zu Gott nur mit Hilfe von Angst und Schrecken (vor Sünde und ewigem Heilsverlust) motiviert sein, so erreicht ihre Zweckgebundenheit auch nicht annähernd die Höhe antiker oder neuzeitlicher Motivation. Im Gegenteil: »Die Verwilderung der Sitten wächst auf dem Boden falscher Sittlichkeit.«

Welch niedrigstehende Moral weist der Gott aller Katechismen auf, der menschliche Vergehen zählt, buchhalterisch festhält, auf Reue und Buße pocht und die am schwersten wiegenden, ungebeichteten, unbereuten Taten mit einer so radikal unverhältnismäßigen Strafe wie der ewigen Verdammnis ahndet? Läuft einer solchen Buchhalter- und Rache-Gottheit nicht schon ein weltlicher Richter, der auf die Verhältnismäßigkeit des Strafmaßes achtet, den Rang ab? Ein Rächer- und Vergelter-Gott ist etwas für Kanaillen.

Als hätten neuzeitliches Denken, Fühlen, Leben nicht schon lange ein anderes Niveau an Sittlichkeit erreicht: Christliche Glaubenskrankheiten wie die lebenslang ertragenen Ängste vor Sünde, Strafe, Höllentod sind nicht nur bei Millionen von Gläubigen anzutreffen, sie sind systemimmanent. Sie verbreiten bei Tätern, Predigern, Erlösungsspezialisten massenhaft elitäres (Sendungs-)Bewußtsein und millionenfachen geduckten Gang unter den Opfern. Noch immer finden sich genug Opferseelen, die ihre gebeugte Haltung als die vor »unserem Gott« und seinen Hirten einzig aufrechte zu definieren lernten. Eine gute Portion Schuldbewußtsein gehört beim gutsituierten Christentum zum schlichten Wohlbefinden. Niemandem steht es frei, Christ zu werden. Zum Christentum, so Nietzsche, wird man nicht bekehrt, man muß krank genug dafür sein. Und eine gesunde Aggressivität mitbringen: »Wenn der Christ ein geistliches Lied singt«, schreibt Henry Miller, »klingt es, als ob er in den Krieg marschiere. Vorwärts, christliche Soldaten! Wie geht es noch mal –? Als ob er in den Krieg zöge. Warum als ob? Sie führen immer Krieg – mit dem Säbel in einer Hand und dem Kruzifix in der anderen.«

Die Aggression zeigt sich zur Zeit nicht in Kriegsaufrufen wie noch vor Jahrzehnten, als Christenführer ausdrücklich zum Waffengang aufforderten. Damals konnte ein Pfarrer den Krieg als Gebot der Nächstenliebe verteidigen, ein anderer die in den Kirchen herrschende Mentalität am Beispiel des »Kriegers Jesus« festmachen: Wer diesen zum Antimilitaristen und Pazifisten mache, nehme ihm »das Herz aus der Brust und seinen Ehrenkranz vom Haupt«. Die Dornenkrone, das Foltermittel, der Kriegsorden, das Mörderabzeichen?

Doch ganz legte sich, wie selbstverständlich, die Drohung nicht, gegen andere mit Gewalt vorzugehen. Der Haß kommt per Post. Beispiele nannte die *Süddeutsche Zeitung*, der die besten Deutschen, mittlerweile nicht mehr anonym, mitteilten, was sie als Christen von Nichtdeutschen halten, von den »Scheißtürken« und »Menschen-Säuen«. Wie weit wir nach Solingen, Rostock, Hoyerswerda auf dem Weg zurück zu einer bestimmten christlich-abendländischen Kultur und zur Praxis früherer Jahrhunderte bereits sind, zeigt die Suche nach dem kleinstmöglichen gemeinsamen Nenner: Man muß schon wieder daran erinnern, daß andere Menschen weder abgestochen noch verbrannt werden dürfen.

Macht die christliche US-Moral mobil, wie eben erst im Fall des Senators B. Packwood, dem unerwünschte Avancen vorgeworfen werden, so könnte man meinen, die USA stünden am Rande eines globalen Konflikts. Denn Fälle sexuellen Fehlverhaltens einzelner und nicht die Verstrickungen der USA in die Folterungen und Morde lateinamerikanischer Militärs gelten als politische Untugend. Ließen wir die wahren Christen gewähren, wären die Bordelle gesäubert – und alle Gefängnisse überfüllt.

In einem Land wie den USA, in dem zwanzig Prozent der Bevölkerung in Armut leben, in dem Kinder vor Betreten der

Schule mit einem Metalldetektor abgetastet werden (damit sie einander oder ihre Lehrer nicht erschießen oder erstechen), in dem Drogensucht, Korruption und Gewalt herrschen, in einem Land, das sich Gottes eigenes heißt, besteht das gefährlichste Laster in einer sexuellen Anmache. Nichts schadet einem Politiker mehr als ein solcher Verdacht. Auf der Waage der Puritaner wiegen andere Laster, politische Gewalttat inbegriffen, weniger schwer.

Eine Meldung von 1930: Der dritte Grad der Folter wird im Bundesstaat Oregon dadurch erreicht, daß die Beschuldigten in ein Leichenschauhaus verbracht werden, wo ihnen Leichen in den widerlichsten Verwesungsstadien gezeigt werden. In Michigan wird eine Frau zusammen mit einem Skelett eingeschlossen. Die amerikanische Forschungsorganisation World Priorities wies darauf hin, daß die Industrieländer für ihr Militär pro Jahr so viel Geld ausgeben, wie die zwei Milliarden ärmsten Menschen der Erde verdienen. Die Zahl der Schußwaffen in den USA beläuft sich auf über 220 Millionen. Nach Hochrechnungen der Bundesbehörden bringen hunderttausend Schüler eine Schußwaffe mit in den Unterricht. In den USA wird durchschnittlich alle zwei Minuten ein Kind oder ein Jugendlicher erschossen. Und die Filmzensur verbot soeben einen Werbetrailer, in dem für einen Moment Michelangelos nackter Adam aus der Sixtinischen Kapelle zu sehen ist.

Päpste, die sich im Schmutz waten sahen wie Paul VI. 1972, Bischöfe wie der Regensburger Oberhirte, der 1980 auf »den engen Zusammenhang des Weibes mit dem Tier« aufmerksam machte und lehrte, »Sexualität führt zur Bestialität«, würden sich freuen. Ihre Saat geht auf. Der jetzige Papst spricht auffällig oft von der Permissivität der Sitten. Diese vom sexuellen Terrain auf das ungleich bedrohlichere der permissiven Kriegslust zu übertragen fiel ihm nicht ein. Die Methoden sexualfixierter Moral blieben dieselben, auch wenn ihre Protagonisten zum Teil wechselten: denunziationsbereite Schnüffelei, detaillierte Sündenschemata, sanktionierende Bußlisten. Sie haben einen patriarchalen Hintergrund, können auf eine von Christen geprägte Geschichte zurückgreifen. Daher sind sie erprobt praktikabel.

So werden in den USA eigene Keuschheitsklubs gegründet; immer mehr junge Amerikaner versprechen schriftlich, »sexuell rein« in die Ehe gehen zu wollen. Die katholische Kirche startet einen großangelegten »Feldzug gegen sexuelle Erfahrungen vor der Ehe«; »Abstinence Girls« diskutieren an Schulen darüber, wie sie den »Dämonen des Sex« widerstehen können. Ein US-College im Bundesstaat New York gibt sich einen sexualpolitischen Kodex, der festlegt, welche Worte Schüler gebrauchen müssen, wenn sie eine Mitschülerin küssen wollen. Arbeitgeber können ihre Arbeitnehmer zwingen, auf Grundrechte zu verzichten, Briefe lesen, Telefongespräche abhören zu lassen, einen Privatdetektiv zur Überwachung des Privatlebens zuzulassen. Selbst in der eigenen Wohnung darf mancher US-Amerikaner verbotene Wörter nicht benutzen, keinen einschlägigen Witz erzählen, will er nicht Gefahr laufen, denunziert zu werden und seinen Arbeitsplatz (in der Rüstungsindustrie?) zu verlieren.

Die Extreme berühren sich; längst ist eine bestimmte Sexualmoral auch von links vorgeschrieben. Zensur wurde zum Schlüssel zur moralischen Korrektheit. Wer diese Moral fordert, versteht sich bewußt politisch, das heißt machtorientiert. Einzelne publikumswirksam aufgegriffene Fälle werden von sexuell bereits asketisch durchformten Kleingruppen sofort als Beweis für eine allgemeine Unsittlichkeit gedeutet. Dieser radikal zu begegnen ist damit eine hochstehende sittliche Forderung. Die wenigen Wissenden müssen handeln, zumal »die Regierung versagt«. Sie sehen sich auserwählt, das Volk aufzuklären, im Dienste der Massenmoral einzelne Sünden dingfest zu machen, die als sexuell schuldig Definierten öffentlich zu bezeichnen und zu bestrafen.

Kleine gewaltbereite Gruppen von Erwählten verdrängen schließlich die Opfer sexueller Gewalt und setzen sich an deren Stelle. Sie sprechen im Namen der Opfer und brandmarken nicht nur den moralischen Feind, sondern auch die wirklichen Opfer, für die sie vorgeblich handeln. Doch wer profitiert von der gewaltbetonten Moral? Es sind in den seltensten Fällen die Opfer. Profit haben Meinungsführer, die die einzelnen Fälle als Waffe für Disziplinierung und Bestrafung mißbrauchen. Die Arbeitgeber, deren Machtstellung sich durch Sprach- und Verhaltensregelungen nochmals stärken läßt. Die politische und religiöse Lobby, die neue, schlagkräftige Waffen gegen die Konkurrenz in die Hand bekommt. Die gaffende Masse der Zuschauer, deren Lust an sexuell inspirierten Sensationsgeschichten durch intensive journalistische »Aufklärung« und durch ein allgegenwärtiges Fernsehen gefördert wird.

Manche Opfer der selbstgerecht moralisierenden Kampagne beanspruchen bereits ihr Stück Kuchen: »Volksvertreter haben ein ungemein feines Gespür für die Stimmung im Volk und neigen vielleicht deshalb dazu, ihre Sünden allzu beflissen sühnen zu wollen.« Zwar wird in den USA noch nicht wieder die öffentliche Auspeitschung gefordert und akzeptiert, doch bedingen sich Täter und Opfer ein und derselben Sexualmoral. In Sachen Sexualität bleibt das Gewalt anzeigende Schema von Sünde, Strafe und Erlösung bis in die postmoderne Wortwahl hinein klassisch religiös.

Der sexuell Disziplinierte, der andere in Zucht hält, züchtigt, tauglich, tugendhaft macht – glaube niemand, diese Lebensform, die Tod in sich trägt, sei unchristlich oder gar unbiblisch. Der »Jesus« der Jünger rät zu solchen Haltungen, damit die Seinen die Gefahr ewiger Strafe vermeiden. Die Vorgabe (Mt. 5,30) spricht eine klare Sprache: Wer »Jesus« nachfolgen und Jünger sein will, reiße das Auge aus, das ihm (sexuelles) Ärgernis gibt, und hacke die Hand ab, die zum Bösen reizt! Denn jeder, der eine Frau begehrlich anschaut, hat in seinem Herzen schon die Ehe mit ihr gebrochen (Mt. 5,28). Darauf steht die Todsünde ...

Zeitbedingter Rigorismus? Unernst, unwörtlich zu nehmen? Papst Johannes Paul II. war anderer Meinung. Ein Vorschlag für die Betroffenen: Progressivere Christen sollten nicht wegdiskutieren, was gerade nicht in den Dialog mit der Welt paßt, und ihre Heilige Schrift nicht nur als Frohbotschaft predigen, sondern auch alle Stellen ernst nehmen, die Bibelfoltern gleichkommen. Menschen möchten wissen, woran sie sind, was in Altem und Neuem Testament gilt und was definitiv als zeitbedingt definiert ist und daher künftig vernachlässigt werden kann.

Warum ich mich mit Christentum und Kirche befasse? Es gibt in der Tat lohnendere, weiter in die Zukunft weisende Themen. Doch handelt es sich um Mächte, die wie keine zweiten unseren Kontinent über viele Jahrhunderte hinweg nicht nur geistig im Griff hatten. Dieser Macht nachzuspüren ist reizvoll. Und Folgerungen zu ziehen bleibt notwendig: Gewiß machte die abendländische Religion in den zweitausend Jahren ihres Bestehens aus antiken und neuzeitlichen »Heiden« keine besseren Menschen. Das genaue Gegenteil ist tausendfach zu belegen: Die Jünger griffen das patriarchale Erbe auf, tauften es in ihrem Sinn und »verbesserten« nicht nur die Theorie, sondern auch alle Methoden der Verfolgung. Eros und Thanatos gehen in der Liebesreligion eine eigene Ehe ein. Die Folgen sind unabsehbar; die Verwüstung des Sexus durch die Grausamkeit lebt fort. Fast bin ich versucht, hier den alten Satz zu zitieren, nach dem der Mensch des Menschen Wolf ist. Doch möchte ich die Wölfe nicht verleumden.

Ein schwerer Fehler, die Folter als ein historisches Phänomen zu betrachten, als eine vergangene, auf bestimmte Orte beschränkte, rechtlich streng begrenzte Prozedur. Solche Illusionen werden bewußt genährt oder unbewußt aufrechterhalten. Sie schläfern das Gegenwartsgewissen ein und trüben die Wachsamkeit gegenüber einer realen, überall lauernden Gefahr.

Eine etablierte Horror-Industrie kommt dem Bedürfnis vieler Männer entgegen, zu töten, zu quälen, zu schinden und zu schänden, lustbetont zu vergewaltigen. In Film, Fernsehen, Revue, Horror-Roman, Horror-Comic werden Millionen Folterungen, Vergewaltigungen, Schändungen, Morde zur Augenweide – gerade im Abendland und seinem Sproß, dem christianisierten amerikanischen Kontinent. Die christliche und die nachchristliche, zutiefst durch Spurenelemente des Christentums infizierte Menschheit kann allem Anschein nach mehr und mehr ohne »unseren Gott« auskommen. Doch ob sie ohne »unseren« Teufel leben kann und will? Auch er wurde von Christen eingeschleppt und zweitausend Jahre lang in der Sündenpredigt durchgefüttert. Beispiele: In der zweiten Hälfte des sechzehnten Jahrhunderts werden in Deutschland etwa 230000 Teufelstraktate abgesetzt. Der Buchhändler Sigmund Feyrabend verkauft bei der Frankfurter Messe 1568 insgesamt 1220 Teufelsbücher, darunter 232 Eheteufel, 203 Spielteufel, 180 Fluchteufel, 151 Jagdteufel, 136 Hofteufel, 131 Geizteufel.

Es ist ein Maßstab für Kultur, wieweit diese gefährliche Fratze die Vorstellungen der Menschen beherrscht oder daraus vertrieben ist. Millionen scheinen wehrlos der alten Aggression ausgesetzt, die in ihnen hochsteigt. Die Gegenwart erlebt jene »ricorsi« mit, die bedeutende Humanisten vor Jahrhunderten fürchteten: Rückfälle in Barbareien, die als überwunden galten, obgleich Auschwitz und Hiroshima noch nahe sind. Gefoltert wird heute im größten Teil der Welt; Torquemada bedient sich der neuesten Elektronik, Pharmazie, Psychoneurologie. Ich bin mir sicher, daß fast jede Leserin, fast jeder Leser geschockt ist und diese Tatsache aufs schärfste mißbilligt. Ebenso gewiß, daß die meisten, nachdem sie die üblichen Gefühlsregungen überwanden, sich um nichts von alledem mehr kümmern.

Am 10. Dezember 1948 nahm die Generalversammlung der Vereinten Nationen ohne Gegenstimme eine Allgemeine Erklärung der Menschenrechte an. Zum fünfundvierzigsten Jahrestag der Resolution stellte UNO-Generalsekretär Butros Ghali fest, daß eine wachsende Zahl von Regierungen die Erklärung ratifiziere und in nationales Recht umsetze, jedoch 1993 über dreihunderttausend Menschenrechtsverletzungen bekanntgeworden seien. Das bedeutet einen dramatischen Anstieg gegenüber dem Vorjahr, als der UNO dreiundvierzigtausend Fälle gemeldet worden waren. Die tatsächlichen Zahlen – nicht nur in Südosteuropa – liegen weltweit ungleich höher.

Der Begriff »Menschenrechtsverletzung« wird häufig euphemistisch gebraucht. Noch immer scheuen sich manche, der Wirklichkeit die Ehre zu geben und von Folter und Mord zu sprechen. Immerhin beschuldigte der Ausschuß gegen Folter der Vereinten Nationen Ende 1993 über siebzig Länder der systematischen Folter. 1981 waren es laut Amnesty International sechsundsechzig der hundertvierundfünfzig Mitgliedsstaaten der UNO, in denen gefoltert wurde, und in mehr als fünfzig Staaten konnte ein Mensch ohne Anklage oder Prozeß eingesperrt werden. Die psychiatrische Folter wird nicht überall als solche anerkannt oder aufgeführt.

Eingehende Untersuchungen erbrachten den Nachweis, daß 1992 in der Türkei sechzehn Personen, darunter drei Minderjährige im Alter zwischen dreizehn und sechzehn Jahren, infolge von Folterungen starben – und noch immer in diesem NATO-Land gefoltert wird, das alle Konventionen gegen die Folter unterschrieb. Trotz einiger Maßnahmen der Regierung wird an verschiedenen, dem Innenministerium unterstehenden Orten systematisch die Folter angewandt. »Systematisch« bedeutet: Es handelt sich um keinen Zufall, keinen Einzelfall (obgleich auch dies verwerflich wäre!), sondern um eine gewohnheitsmäßige, weitverbreitete und absichtliche Praxis. Sie gilt als so normal, daß es keinen journalistischen Hinweis mehr wert ist, wenn gefoltert wird.

Helmut Kohl äußerte jedoch 1993 bei seinem Besuch in Ankara: »Wie komme ich dazu zu denken, daß die Türkei Menschenrechte nicht beachtet?«

Offiziell wurde die Folter bereits 1838 de facto durch einen Erlaß des Sultans aufgehoben; seit 1858 ist das Verbot auch im Strafgesetzbuch festgeschrieben. Die gegenwärtige türkische Regierung bestreitet wie selbstverständlich alle Vorwürfe, sieht sich aber bisher außerstande, ein nationales Programm zur Bekämpfung der Folter zu erstellen. Auch eine unabhängige Kommission mit Ärzten, Anwälten und Experten, die Zugang zu Gefängnissen und Verhörzentren der Polizei erhielte, ist nicht in Sicht. Noch gibt es als »Särge« bezeichnete Einzelzellen, in denen – sie sind etwa sechzig mal achtzig Zentimeter klein, ohne Licht und ausreichende Luftzuführung – die Opfer nur stehen oder knien können. Noch ist der Gebrauch von Augenbinden bei Verhören nicht verboten.

Am Beispiel solcher Binden läßt sich belegen, was Folter sein kann. Im ersten Augenblick reagieren wir vielleicht zurückhaltend auf das Wort »Augenbinde«: Ist sie wirklich so schlimm? Ist sie Folter? Erst nach und nach stellt sich das Gespür für den Zustand der verbundenen Augen ein. Wer eine Binde tragen muß, ist derart desorientiert und verletzlich, daß er abhängig ist wie ein Behinderter. Er bleibt physisch hilflos und psychisch eingeschüchtert. Das bewirkt ein simples Stück Tuch. Obgleich die Gefolterten nichts sehen können, sind sie selbst auf absurde Weise sichtbar: Objekte, die Hohn und Mißhandlung erdulden müssen. Demgegenüber bleibt der Folternde unsichtbar, namenlos, sicher vor möglicher Entdeckung und Verfolgung. Er kann es sich bequem machen und die Allmacht des Sehens nutzen. Kein Wunder, daß manche Folterer sich völlig auf Augenbinden verlassen, die mitunter jahrelang nicht abgenommen werden dürfen. Die Gewalt im Dunkeln, die Geräusche, wenn ein Freund geschlagen wird, die bange Erwartung, der nächste zu sein, ohne es kommen zu sehen, sind schlimmste Qual.

Die Türkei, wiederum »nur« ein außerchristliches Problem, eine Frage an die andere, die islamische Welt? Der UN-Ausschuß behandelte 1993 auch Berichte über Paraguay, Ekuador, Polen, Portugal. Es handelt sich um Staaten, deren weitaus überwiegende Bevölkerungsmehrheit römisch-katholisch ist. In Paraguay, bekanntlich von Jesuiten beackert, gehören neunzig Prozent der Einwohner der »Staatsreligion« an, fast der gesamte Rest der Bevölkerung zählt sich zu einzelnen protestantischen Denominationen. Ekuador gibt ähnlich hohe Zahlen an, und Portugal hat fast achtundneunzig Prozent Katholiken unter seiner Bevölkerung. Konfessionslose machen eine verschwindend geringe Minderheit aus.

Der UN-Ausschuß stellte fest, daß in Paraguay gefoltert wird und das Strafvollzugssystem nicht einmal Minimalanforderungen genügt. Ähnlich sieht es in Ekuador aus. In Portugal gibt es trotz Regierungsbemühen Mißhandlungen und Folter in Polizeistationen und anderen Haftorten. Ich nehme an, daß in den drei Ländern die Polizei nicht ausschließlich in nichtchristlicher Hand ist. Auch ist es allzu simpel, die Folterer pauschal als schlechte Christen zu bezeichnen; vielleicht gehören einige Kirchgänger zu ihnen.

Bevor Repräsentanten christlicher Kirchen hierzulande wieder von den immanenten wie offen zutage liegenden Vorsprüngen ihrer Religion predigen, darf gefragt werden, wieviel die oberhirtliche Predigt in den seit Jahrhunderten katholischen Ländern bewirkte und wieweit das Modell Volkskirche sich nicht nur in Kathedralen, sondern auch in Regierungs- und Polizeizentralen Gehör verschaffte.

Immerhin waren die rapide zunehmenden Schreckensmeldungen aus dem katholischen Südamerika Anlaß dafür, daß Amnesty International 1973 in Paris eine erste Konferenz zur Abschaffung der Folter durchführte. Die Tatsachen waren und blieben danach, und die Welt schaute immer fassungsloser auf den – offenbar eben erst entdeckten – neuen Ausbruch folternder Gewalt.

In Uruguay, gut christlich, wurden die Tupamaros M. Rosencrof und R. Sendic in mehr als zehn Jahren Einzelhaft gefoltert, in winzigen Zellen gehalten, als Geiseln benutzt. Rosencrof durfte jahrelang weder gehen noch stehen, sondern mußte auf einer Bank sitzen und den ganzen Tag auf eine Wand starren. Sendic wurde auf dem Grund eines ausgetrockneten Brunnens festgehalten: »Wir fingen an zu denken, daß wir tot waren, daß unsere Zellen keine Zellen, sondern Gräber waren, daß die Außenwelt nicht existierte, daß die Sonne ein Mythos war … Ganz im Ernst, in über elfeinhalb Jahren habe ich die Sonne insgesamt nicht mehr als acht Stunden gesehen. Ich vergaß die Farben …«

In Kolumbien, einem der gewalttätigsten Länder der Gegenwart, sind nach Angaben der UNO Millionen von Kindern schutzlos der Willkür von Polizei und Drogenmafia ausgesetzt. Allein in der Hauptstadt Bogotá gibt es dreitausend Kinderprostituierte; die Mafia setzt Kinder als Killer ein. Die Regierung tut nichts. In reichen Wohnvierteln werden arme Kinder vielmehr als unerwünschte Elemente von der Staatspolizei regelrecht verfolgt. Tausende von Kindern sind in Haft, ohne daß Anklage gegen sie erhoben wird; viele unter ihnen werden gefoltert.

In Nicaragua, durchweg katholisch, fanden sich unter dem Regime von Somoza Waisen- und Straßenkinder, die im Alter von sechs bis acht Jahren von der Nationalgarde dazu ausgebildet worden waren, Oppositionelle zu foltern: Sie rissen den Gefangenen bei lebendigem Leib die Augen aus den Augenhöhlen. Als die Sandinisten an die Macht kamen, wurde ein Teil der Kinder zur Therapie nach Schweden gebracht; in den meisten Fällen blieben sie unheilbar schwerstbeschädigt. Sie sind, wie andere Folterer, denen jedes Mitleid systematisch abtrainiert wurde, nicht mehr in der Lage, sich als fühlende Menschen zu erleben.

In Brasilien – ich scheue mich, den überwältigend hohen Prozentsatz der Landeschristen anzugeben – wurde die Praxis, lebende Objekte zu benutzen, in den ersten Jahren des Militärregimes durch einen US-amerikanischen Polizeiausbilder eingeführt. Dieser holte Bettler von den Straßen und folterte sie in eigens eingerichteten Unterrichtsräumen, damit die einheimische Polizei lernen konnte, welches die empfindlichsten Körperteile sind und wie am schnellsten Geständnisse zu erreichen waren. Kaum war Brasilien in die Geheimnisse eingeweiht, ging der Lehrer nach Uruguay und setzte dort den praktischen Unterricht fort. Heute sind die Foltermethoden in Lateinamerika bekannt; eine Kreuzigung gehört dazu.

Die brasilianischen Streitkräfte gaben zu, während der Militärdiktatur zwischen 1964 und 1985 politische Gegner verhaftet, gefoltert und ermordet zu haben. Das Geständnis betraf nur die Marine; Heer und Luftwaffe weigerten sich, die Namen ihrer Opfer zu bestätigen, deren Zahl mit zweihundertvierzig angegeben wird.

In Chile, ausreichend mit Christen versorgt, war der politische Terror während der strikt antikommunistischen und deswegen amtskirchlich geförderten Diktatur des Generals Augusto Pinochet an der Tagesordnung. Der General rechtfertigte den Terror mit den zynischen Worten, die Demokratie müsse ab und an »in Blut gebadet« werden. Sein Geheimdienst DINA galt als Inbegriff des Schreckens. Andere lateinamerikanische Repressionsapparate folterten und ermordeten mehr Menschen, aber keiner handhabte Folter und Mord so reibungslos wie diese Organisation. Zu den Protagonisten des Putsches von 1973 hatte die rechtskatholische Vereinigung Patria, Familia y Propiedad (Vaterland, Familie, Privateigentum) gehört; Katholiken setzten sich im Lauf der nächsten Jahre mehrfach in Straßenaktionen und ganzseitigen Zeitungsanzeigen für das Regime ein.

Die DINA, Stütze der Diktatur, hatte Spezialgesetze. Bei männlichen Gefangenen wurde die kollektive Masturbation erzwungen, um die unter Machos besonders verletzende Redensart »Ihr seid alle Wichser!« einzulösen. Die Folterer der DINA setzten auch das Wissen der Psychologie um die persönlichkeitszerstörende Wirkung von Vergewaltigung und Folter an Genitalien und After ein. Es war im Vergleich mit den übrigen Geheimdiensten ihre Spezialität, daß alle weiblichen Gefangenen vergewaltigt wurden. Den Jahreswechsel 1974/1975 feierten die Offiziere der DINA zu Hause und überließen fast hundertfünfzig Gefangene den wachhabenden Unteroffizieren; diese vergewaltigten etwa zwanzig Frauen. Fast wäre es zu einem Massenausbruch gekommen, da das Wachpersonal nackt war und eine Gefangene beinahe in den Besitz einer Maschinenpistole gekommen wäre. Wegen dieses Sicherheitsrisikos verbot die DINA spontane Vergewaltigungen; die systematischen durch Offiziere gingen weiter. Gegen Ende der Diktatur wurden Prozesse wegen Folter und Entführung reihenweise eingestellt. Folterer wurden amnestiert, zukünftige Prozesse durch Gesetz verboten. Pinochet hatte gedroht: »Wenn einer einen meiner Männer anrührt, ist der Rechtsstaat zu Ende!«

Pinochet erklärte zum zwanzigsten Jahrestag des Militärputsches, weder das Militär noch er selbst hätten sich für irgend etwas zu entschuldigen. Bei anderer Gelegenheit nannte er die spurlos verschwundenen und wahrscheinlich gefolterten und getöteten Gegner des Regimes Banditen.

In Argentinien, römisch-katholisch, verschwanden zwischen 1976 und 1979, als Diktator und Junta sich zu Festgottesdiensten einstellten und mit kirchlichen Würdenträgern talkten, dreißigtausend Menschen, darunter vierhundert Kinder. Der Verbleib der meisten ist bis heute nicht geklärt. In diesem Land, dessen Offizierkorps zu mehr als achtzig Prozent aus praktizierenden Katholiken bestand, begann die Folter mit Tritten und Schlägen, setzte sich fort im Prügeln mit Knüppeln, Brettern, Eisenketten und Hämmern, mit denen man Füße und Hände zerschlug. Alternativen waren: Untertauchen in Schmutzwasser; Plastiktüten über den Kopf, die kurz vor dem Ersticken abgezogen wurden oder auch nicht; Augenbinden, die so fest angezogen wurden, daß die Augäpfel in den Schädel gepreßt wurden; Binden, die verschmutzt und mit Würmern besetzt waren, die sich in die Augenbindehaut einfraßen; Ausdrücken von Zigaretten auf allen Körperteilen; Versengen mit glühenden Nägeln; Elektroschocks an allen sensiblen Stellen des Körpers; unter Strom stehende Metallknüppel an den Brustwarzen, unter den Achseln, an Augen, Ohren, Zahnfleisch, Zunge; Zwang, kleine Elektroden zu schlucken, die Speiseröhre und Magen verbrannten; Metallroste, die unter Strom standen und mit Wasser übergossen wurden – war ein Leib bereits zerschunden, war es Salzwasser; Abreißen der Haut unter den Fußsohlen; tagelanger Durst (der Mund mit Pfeffer gefüllt); Zerquetschen von Hoden; Scheinexekutionen. Oder eine Katze unters Hemd gesteckt, die unter Strom gesetzt wird und den mitgefolterten Menschen zerkratzt. Oder die Folter eines Kindes, der die Mutter zusehen muß. Oder einfach nur sitzen lassen: Tage, Wochen, oft mit einer Kapuze über dem Kopf; noch simpler: einen Menschen in diesem Zustand vergessen ...

Wer waren die Täter? Oft genug Engagierte, von der gerechten Sache Überzeugte, Christen und/oder Nazis. Der spätere Leiter der argentinischen Bundespolizei: »Das Heer schätzt den Menschen als solchen, denn es ist ein christliches Heer.« Gewiß waren auch viele Christen, darunter Priester, unter den Opfern. Gewiß setzten sich Christen in Argentinien wie in der Bundesrepublik zur Wehr, doch ebenso gewiß gehörten Priester zu den Folterern, ebenso sicher wurde im Offizierskasino eine Messe gelesen und den Gefolterten die heilige Kommunion gereicht. Sicher ist auch eine Unterstützung des Regimes durch Bischöfe, die zwar kritische Hirtenbriefe veröffentlichten, doch ihr praktisches Verhalten nicht an diesen ausrichteten und sich kaum für ihre verfolgten Mitchristen einsetzten.

Hier fanden sich zwei Ideologien, deren Kollaboration offenbar nichts im Wege stand. Besonders die Tätigkeit des damaligen Nuntius, Pio Laghi, fordert zu Nachforschungen heraus. Der ranghöchste Vertreter des Vatikans in Argentinien war eine der wichtigsten ideologischen Stützen des Militärregimes. Er ergriff die Partei der Täter, setzte deren Vaterlandsliebe der Liebe zu Gott gleich, überbrachte denen, die »ich als Brüder ansehe«, den Segen des Papstes. Die Brüder wurden vom Nuntius eigens gelobt, weil sie »getreu den Befehlen ihrer Vorgesetzten zum Opfer ihres eigenen Blutes bereit sind«.

Über das Vergießen fremden Blutes verlor der Oberhirte kein Wort. Dabei mußte er über die Vorgänge informiert gewesen sein: Wer, wenn nicht ein päpstlicher Nuntius, sollte in solchen Angelegenheiten Bescheid wissen? Laghi unternahm nichts. Seine persönliche Nähe zum Chef der Junta, dem ebenfalls praktizierenden Katholiken Videla, und seine amtliche Überzeugung als Nuntius verhinderten, daß er die in einem so katholischen Land besonders beträchtliche Macht der Kirche gegen Folter und Mord mobilisiert hätte. Doch als ihm und dem Vatikan der argentinische Boden zu heiß wurde, nahm ihn der Papst aus der Schußlinie und machte ihn zu seinem diplomatischen Vertreter in den USA.

Was war unter der Amtszeit Laghis und mit seinem Segen geschehen? Die »Verteidigung unseres Gottes« und der christlichen Werte als ideologische Motive waren so überzeugend, daß die Folterer bis hinunter zu den niederen Dienstgraden sie verstanden. Warum auch nicht? Lateinamerika vollzog die europäische Neuzeit nicht vollständig und flächendeckend nach; die Mehrzahl der Bevölkerung lebt zur Zufriedenheit der Bischöfe in den Vorstellungen eines Glaubens, den europäische Theologen nicht aufbringen, der aber deswegen nicht »abgeschafft« ist. Das Gegenteil ist wahr. Ein Beispiel: Bei der Durchsuchung eines Hauses, dessen Besitzer entführt wurden, zerstörten die Täter alles, was sie vorfanden, und schmierten schließlich die Parolen »Es lebe König Christus!« und »Christus erlöst!« an die Wand. Keine Entgleisung: Wer das gängige Bild »unseres Gottes« und die erprobte »Jesus«-Lehre der Jüngerschaft kennenlernte, wird sich nicht wundern; alles paßt.

Am 28. April 1983 veröffentlichten die Streitkräfte zum Abschied ein Schlußdokument, das jede Nachforschung verhindern sollte und sich mit Vokabeln aufputzt, die katholischen Sprachregelungen entstammen. Der schmutzige Krieg gegen andersdenkende Mitbürger wird darin als erfolgreiche Dienstleistung für die Gesellschaft definiert, und nachgewiesene Übergriffe sind als bedauerliche Einzelfälle bezeichnet, die »vor dem Gewissen des einzelnen dem Urteil Gottes sowie dem Verständnis der Menschen unterliegen«. Dann werden die verschwundenen »Terroristen« für tot erklärt – und ihnen wird sogar »verziehen«: »Mögen sie in der Einheit ihrer Gotteskindschaft Vergebung finden.«

Kaum war die Junta gestürzt, wurden nach und nach Hunderte von nichtidentifizierten Leichen aufgefunden, von denen die meisten Folterspuren aufwiesen. Der Prozeß gegen die Junta erbrachte faktisch eine Entlastung der Schuldigen, die unzählige Brutalitäten begangen hatten. Es gab ganze fünf Verurteilungen, in drei Fällen zu geringen Strafen. Folter und Mord blieben nahezu folgenlos. Dieses Ergebnis war nicht nur für argentinische Militärs sehr beruhigend, sondern auch für alle anderen Regimes des Kontinents. Die Machthaber in Südamerika atmeten auf. Brasilien amnestierte 1979 Hunderte von namentlich ausgewiesenen Folterern und beließ viele von ihnen im Staatsdienst. Offenbar konnte es weitergehen wie gewohnt. Der Subkontinent, in den nach dem Zweiten Weltkrieg viele Nazis geflohen waren, kennt daher noch immer Folterer, die eine besondere Bewunderung für die Methoden Hitlers hegen.

Übrigens: Hohe Vertreter der katholischen Kirche hatten seinerzeit den flüchtigen Nazis geholfen; vatikanische Pässe waren hoch begehrt und für die Täter, die sich plötzlich als Opfer sahen, auch zu erreichen. Der Vatikan, der unter anderem die Menschenrechtscharta der Vereinten Nationen noch immer nicht unterzeichnet hat, half nach Kräften mit. Offensichtlich entdeckten manche Prälaten nicht in den Jahren zwischen 1933 und 1945, sondern erst danach ihr Herz für Menschen, die Opfer sind.

Auch Frankreich folterte in den fünfziger Jahren, in seinem Kolonialkrieg gegen Algerien, wo viele junge Franzosen »eine Schule der Perversion« durchliefen. Damals gehörten fast fünfundneunzig Prozent der römisch-katholischen Kirche, weitere drei Prozent anderen christlichen Kirchen an. Bischöfe machten die Tatsache der Folter weder bekannt, noch standen sie im Widerstand gegen die Unmenschlichkeit in vorderster Linie. Es war keiner der vielen gepeinigten Araber, sondern der seinerzeit einzige gefolterte Franzose, Henri Alleg, der überlebte und ein Buch über seine Qual schrieb, und es war der Nichtchrist Jean-Paul Sartre, der ein aufrüttelndes Vorwort zu diesem Buch verfaßte. Diese beiden öffneten einer Nation die Augen. Übrigens: Das Buch wurde, der erste Fall seit dem achtzehnten Jahrhundert, in Frankreich schleunigst verboten, gleichwohl ging es um die Welt. Parallelen zu mittelalterlichen Foltermethoden finden sich zuhauf.

Alleg, Mitglied der Kommunistischen Partei, berichtet, wie

Offiziere ihm nach Art der inquisitorischen »territio« zunächst das Instrumentarium zeigten, das einfache Brett mit Lederriemen, auf das er geschnallt werden wird, und der elektrische Apparat, der ihn quälen wird. Das Schaupublikum nimmt Platz, kommentiert, trinkt Bier, raucht, und die Folter setzt ein. Die Elektroden werden am rechten Ohrläppchen und an einem Finger der rechten Hand angeschlossen: »Von einem einzigen Schlag bäumte ich mich in meinen Fesseln auf und brüllte aus vollem Hals ... Nahe meinem Ohr war ein langer Funke aufgesprungen, und ich spürte den rasenden Herzschlag in meiner Brust.« Daraufhin wird ihm, diesem »Schreihals«, ein Knebel in den Mund gesteckt und die Stromzufuhr erhöht; ein Peiniger befestigt schließlich die Elektrode am Penis des Gefolterten: »Plötzlich spürte ich einen wilden Schmerz, wie den Biß eines Tieres, das ruckweise das Fleisch herausreißt.«

Die Wasserfolter schließt sich an: vernickelter Wasserhahn, befestigter Schlauch, Tuch um den Kopf, Nase zusammengekniffen, Stück Holz zwischen die Lippen, Schlauch dazwischen, Wasser aufgedreht, Erstickungsanfälle, Todesangst, Ohnmacht. Dann noch: »Alle miteinander packten mich und hängten mich, den Kopf nach unten, an der Eisenstange des Rauchfangs über dem Becken auf. Nur meine Finger berührten den Boden. Einen Augenblick hatten sie Spaß daran, mich wie einen Sandsack vom einen zum andern zu schaukeln. Dann sah ich Lorca, der langsam vor meinen Augen eine Papierfackel anzündete. Er hob sie hoch, und schlagartig spürte ich die Flammen am Geschlechtsteil und den Beinen, deren Haare knisternd abbrannten. Ich bog das Kreuz so stark durch, daß ich an Lorca stieß. Der wiederholte alles noch ein paarmal, dann begann er, mir die Brustwarze anzubrennen.«

Großbritannien folterte 1966 in Aden, wo einige Gefangene

auf Stangen gespießt wurden. Zudem hatte man ihnen alle Nägel ausgerissen, sie an den Daumen aufgehängt oder sie zwölf Stunden lang im Schmutz der Aborte liegenlassen. Seit langem wird auch in Nordirland (fünfunddreißig Prozent Katholiken, neunundzwanzig Prozent Presbyterianer, vierundzwanzig Prozent Mitglieder der Staatskirche) gefoltert, wo Christen sich, wie bekannt bis heute, blutige Kämpfe liefern. Ein Bericht: »Die Auswirkungen waren verheerend. Hunger, der zu schnellem Gewichtsverlust führt, kombiniert mit Schlafentzug und einer unbequemen Haltung reichen allein schon aus, um extremen Streß und eine Störung der Gehirnfunktion zu verursachen ... Abgesehen von den Pausen für Brot und Wasser und den Gängen zur Toilette wurden manche Männer fünfzehn oder sechzehn Stunden in dieser Weise festgehalten. Viele hatten Halluzinationen und glaubten, daß sie verrückt würden. Hinterher sagten einige, daß sie lieber sterben würden als weitere Verhöre durchzumachen.«

In Südafrika, das überwiegend christlichen Glaubens ist und in dem die Weißen nur fünf Prozent der Bevölkerung ausmachen, aber siebenundachtzig Prozent des Landes besitzen, wurden im Zuge des auch von christlichen Kirchen mitgetragenen Apartheidsystems unter anderem rechtliche Kategorien und Gesetze geschaffen, die eine farbige Erziehung, eine Bantuerziehung und eine indische Erziehung garantieren sollten. Sie zielten allesamt darauf ab, durch eine bewußt schlechte Ausbildung eine dienende Klasse zu schaffen. An diesem Klassifikationssystem, das seine christlichen Vorgänger und Vorstufen hat, zerbrach 1976 die Staatsideologie. Doch bis dahin und weit darüber hinaus vermochte sie, von getauften Weißen legitimiert, Hunderttausende von Mitmenschen an Leib und Leben zu schädigen.

Folgerungen, auch für Christen

Meine Bitte an die Christen unter den Leserinnen und Lesern: Machen Sie sich keine Illusionen! Lassen Sie sich keinen Sand in die Augen streuen! Die folgenden Sätze warten auf ihre Widerlegung:

- *Es waren ausschließlich getaufte und fast immer auch bekennende Christen, die in Europa jahrhundertelang folterten!*
- *Es waren Bischöfe und Päpste, die die passende Ideologie ausarbeiteten, die Menschenfolter legitimierten und ihre Gläubigen zum Gebrauch widerwärtigster Werkzeuge aufboten!*
- *Es sind noch heute ungezählte Christen zu finden, welche die ihnen als böse Gegner bezeichneten Mitmenschen foltern!*
- *Es sind fast ausnahmslos die Oberhirten der christlichen Kirchen, die zur menschenverachtenden Vergangenheit ihrer Religion schweigen!*
- *Es gibt offizielle Repräsentanten der Christen, die noch immer nicht ihr Versagen gegenüber den aktuellen Folterpraxen in ihren Ländern zu erklären bereit sind!*

Gewiß fanden sich auch Verfolgungen von Christen in der jüngsten Vergangenheit, gewiß gibt es solche auch in der Gegenwart. Aber: Sie geschahen und geschehen nicht nur durch die berühmten anderen, durch »Ungläubige«. Vielmehr sind auch Christen gegen Christen am Werk! Doch Kirchen lassen fast ausschließlich über die Verfolgung ihrer Mitglieder durch sogenannte Neuheiden berichten, nicht aber über die Christenverfolgung durch die eigenen Gläubigen.

Ich stelle mir vor, daß genügend engagierte Christen aufstehen, die mehr Solidarität mit den historischen und den gegenwärtigen Opfern aufbringen, als sie es von ihren Bischöfen gewohnt sind. Denn nur jene, die im Grunde ihres Herzens anderen nicht zu vergeben bereit sind, verzeihen den Opfern nicht und ergreifen die Partei der Täter. Sie glauben, daß den Gefolterten und Ermordeten, alles in allem, von bedauerlichen Einzelfällen abgesehen, doch recht geschehen sei, weil sie kriminell gewesen seien. Und sie glauben ebenso fest, daß auch »unser Gott« nicht vergeben könne. Darum erfinden sie die ewige Höllenqual und halten an ihr fest. Viele bestehen prinzipiell auf einer diesseitigen und/oder einer jenseitigen Chance auf Bestrafung und Folterung aller Mitmenschen, die als Böse (Irrende, Abweichende, Glaubenslose, Kriminelle, politisch Oppositionelle) definiert und selektiert wurden. So etwas haben Menschen aber nicht nötig. Christen sollten sich, falls noch nicht geschehen, aus den offiziellen und privaten (jenseitigen) Höllen verabschieden, austreten aus den vermittelten Regelkreisen und Ideologien ihrer Kirchen. Was gefordert ist, unter Menschen gefordert: Abbruch, Zäsur, Befreiung. Es ist möglich, »das Verstummen in Sprache« umzuwandeln und »die Schreckenslähmung in Widerstand«. Darin besteht der Appell an die Lebenden, Überlebenden – und unser aller Chance. Die Geschichte des Menschen steht erst am Beginn.

Literatur

Diese autorisierte, leicht gekürzte Ausgabe des erstmals unter dem Titel »Passion der Grausamkeit« (München 1994) erschienenen Buches, das in einem späteren Nachdruck den Titel »Sex und Folter in der Kirche« (München 1998) trug, verzichtet bewußt auf detaillierte Quellenangaben. Diese sind in einer der früheren Editionen dieses in verschiedene Sprachen übersetzten Buches zu finden. Statt dessen werden im folgenden Hinweise auch auf die seit 1998 erschienene einschlägige Literatur gegeben.

F. Agricola, Gründlicher Bericht, ob Zauberey die argste und greulichste Sünd auf Erden sey (Köln 1597).

H. Alleg, Die Folter (Berlin 1958).

amnesty international, Geschundene Körper – Zerrissene Seelen. Folter und Mißhandlung an Frauen (Bonn 2001).

amnesty international, »Wer der Folter erlag ...« Ein Bericht über die Anwendung der Folter in den 80er Jahren (Frankfurt a.M. 1985).

W. Andrews, Old-time Punishments (Detroit 1970).

F. Auer, Grausamkeit, Folter- und Todesstrafen (Röthenbach 1993).

A. Baher, Folter im 21. Jahrhundert. Auf dem Weg in ein neues Mittelalter? (München 2009).

G. Bataille, Die Tränen des Eros (München 1981).

G. Beestermöller, Rückkehr der Folter. Der Rechtsstaat im Zwielicht (Unkel 2008).

K.A. Bierdimpfl, Die Sammlung der Folter-, Straf- und Bußinstrumente des bayerischen Nationalmuseums (München 1882).
P. Burschel/G. Distelrath/S. Lembke (Hg.), Das Quälen des Körpers. Eine historische Anthropologie der Folter (Köln-Wien 2000).

R.D. Crelinsten/A.P. Schmidt (Hg.), The Politics of Pain. Torturers and their Masters (Leiden 1993).
G. Czermak, Christen gegen Juden. Geschichte einer Verfolgung (Nördlingen 1989).

K. Deschner, Das Kreuz mit der Kirche. Eine Sexualgeschichte des Christentums (München 1989).
Ders., Opus Diaboli. Fünfzehn unversöhnliche Essays über die Arbeit im Weinberg des Herrn (Reinbek 1987).
Ders. (Hg.), Das Christentum im Urteil seiner Gegner (München 1986).
U. Devries, *Amnesty international* gegen Folter. Eine kritische Bilanz (Frankfurt a.M. 1998).
K. Doubek, Lexikon merkwürdiger Todesarten. Seltsame Spielarten und Formen des Exitus (Frankfurt a.M. 2000).
H.P. Duerr, Obszönität und Gewalt. Der Mythos vom Zivilisationsprozeß Bd. 3 (Frankfurt a.M. 1993)

M.D. Evans/R. Morgan, Die Bekämpfung der Folter in Europa (Heidelberg 2002).

K. Farrington, Geschichte der Folter und Todesstrafe. Die dunkle Seite der Justiz (Augsburg 1998).
U.M. Fiechtner/M. Schweizer, Folter: Angriff auf die Menschenwürde (Unkel 2006).
Folterwerkzeuge und ihre Anwendung 1769. Constitutio criminalis Theresiana (Leipzig 1997).

M. Foucault, Überwachen und Strafen. Die Geburt des Gefängnisses (Frankfurt a.M. 1977).
G. Franzen, Ein Fenster zur Welt. Folter, Trauma und Gewalt (Frankfurt a.M. 2000).
W. Fricke, Standrechtlich gekreuzigt. Person und Prozeß des Jesus aus Galiläa (Reinbek 1988).
A. Gallonio, Trattato de gli instrumenti di martirio e delle varie maniere di martoriare usate da' gentili contro christiani descritte et intagliate in rame (Rom 1591)
G. Gehl, Folter – zulässiges Instrument im Strafrecht? (Weimar 2004).
H. Goerlich, Staatliche Folter (Paderborn 2007).
S. Graessner/N. Gurris/C. Pross (Hg.), Folter. An der Seite der Überlebenden (München 1996).
J.R. Grigulevic, Ketzer – Hexen – Inquisitoren. Geschichte der Inquisition 15.–20. Jahrhundert (Berlin 1976).

Hamburger Institut für Sozialforschung (Hg.), Nie wieder! Ein Bericht über Entführung, Folter und Mord durch die Militärdiktatur in Argentinien (Weinheim-Basel 1987).
F. Heer, Abschied von Höllen und Himmeln. Vom Ende des religiösen Tertiär (Frankfurt a.M.–Berlin 1990).
F. Helbing, Die Tortur. Geschichte der Folter im Kriminalverfahren aller Zeiten und Völker (1910, Nachdruck Augsburg 1999).
R. Held, Inquisition-Inquisición. Ein zweisprachiger Führer zur Ausstellung von Folterwerkzeugen vom Mittelalter bis zum Industriezeitalter, präsentiert in verschiedenen europäischen Städten (Vaduz-Baar 1991).
H. Herrmann, Die Folter. Eine Enzyklopädie des Grauens (Frankfurt a.M. 2004).
Ders., Begehren, was man verachtet. Männer haben Angst vor Frauen (Münster 2004).
Ders., Lexikon der kuriosesten Reliquien (Berlin 2003).

Ders., Zwischen Hirtenwort und Schäferstündchen. Wie's die Kirchenfürsten trieben (München 1999).
Ders., Die Caritas-Legende. Wie die Kirchen die Nächstenliebe vermarkten (Hamburg 1993).
Ders., Vaterliebe. Ich will ja nur dein Bestes (Reinbek 1989).
Ders., Ketzer in Deutschland (München 1982).
A. Hoffmann, Lexikon des Sadomasochismus (Berlin 2001).
A. Holl, Im Keller des Heiligtums. Geschlecht und Gewalt in der Religion (Stuttgart 1991).

B. Innes, Die Folter. Ein dunkles Kapitel in der Geschichte der Menschheit (Köln 2001).

G. Keller, Die Psychologie der Folter. Die Psyche der Folterer, die Psycho-Folterer, die Psyche der Gefolterten (Frankfurt a.M. 1981).
M. Kerrigan, Instrumente der Folter (Erftstadt 2006).
P. Koch/R. Oltmanns, Die Würde des Menschen. Folter in unserer Zeit (Hamburg 1977).
R. Krämer/Badoni, Judenmord, Frauenmord, Heilige Kirche (München 1988).

H.C. Lea, Geschichte der spanischen Inquisition (Leipzig 1911; Neudruck Frankfurt a.M. 1997).
K.B. Leder, Todesstrafe. Ursprung, Geschichte, Opfer (Wien–München 1980).
C. Leitmeier, Die Kirche und die Gottesurteile (Wien 1953).
W. Lenzen, Ist Folter erlaubt? Juristische und philosophische Aspekte (Paderborn 2006).

R. Matz, Die unsichtbaren Lager. Das Verschwinden der Vergangenheit im Gedenken (Reinbek 1994).
A. Mayer, Der zensierte Jesus (Olten–Freiburg 1983).
T. Maier/U. Schnyder, Psychotherapie mit Folter- und Kriegsopfern (Bern 2007).

A. McCoy, Foltern und Foltern lassen. 50 Jahre Folterforschung und -praxis von CIA und US-Militär (Frankfurt a.M. 2005).

S. Milgram, Das Milgram-Experiment. Zur Gehorsamsbereitschaft gegenüber Autorität (Reinbek 1982).
G. Minois, Histoire des enfers (Paris 1991).
K. Millet, Entmenschlicht. Versuch über die Folter (Hamburg 1993).
M. Morschel, Der Kampf um die Abschaffung der Folter (Gießen 1926).
H. Mynarek, Denkverbot. Fundamentalismus in Christentum und Islam (München 1992).

M. Naumann/T. Spengler, Kursbuch 163. Folter und Feste (Hamburg 2006).
P. Nitschke (Hg.), Rettungsfolter im modernen Rechtsstaat. Eine Verortung (Bochum 2005).
H. Nottarp, Gottesurteil-Studien (München 1956).

E. Peters, Folter. Geschichte der Peinlichen Befragung (Hamburg 1991).

R. Quanter, Die Folter in der deutschen Rechtspflege sonst und jetzt (Dresden 1900, Nachdruck Augsburg 1998).
Ders., Die Leibes- und Lebensstrafen bei allen Völkern und zu allen Zeiten (Leipzig 1906).

E.A. Rauter, Folter in Geschichte und Gegenwart von Nero bis Pinochet (Frankfurt a.M. 1988).
J.Ph. Reemtsma (Hg.), Folter. Zur Analyse eines Herrschaftsmittels (Hamburg 1991).
L. Richter, Die Geschichte der Folter und Hinrichtung. Vom Altertum bis zur Jetztzeit (Wien 2001).
K. Rossa, Todesstrafen. Von den Anfängen bis heute (Bergisch Gladbach 1985).

E. Scarry, Der Körper im Schmerz. Die Chiffren der Verletzlichkeit und die Erfindung der Kultur (Frankfurt a.M. 1992).
D. Scherf (Hg.), Der liebe Gott sieht alles. Erfahrungen mit religiöser Erziehung (Frankfurt a.M. 1984).
W. Schild, Die Geschichte der Gerichtsbarkeit. Vom Gottesurteil bis zum Beginn der modernen Rechtsprechung (Hamburg 1997).
P. Schulz-Hageleit, Alltag – Macht – Folter. Elf Kapitel über die Verletzung der Menschenwürde (Düsseldorf 1989).
W.G. Soldan/H. Heppe, Geschichte der Hexenprozesse (Kettwig 1986).
J. Solé, Liebe in der westlichen Kultur (Frankfurt a.M.–Berlin–Wien 1979).
B. Solet, Folter. Zeugen gegen das Schweigen (München 1998).
G. Sorgo, Martyrium und Pornographie (Düsseldorf 1997).
F. Stöckle, ... bis er gesteht. Folter und Rechtsprechung (Würzburg 1984).
H.L. Strack, Das Blut im Glauben und Aberglauben der Menschheit. Mit besonderer Berücksichtigung der Volksmedizin und des jüdischen Blutritus (München 1900).
G. Streminger, Gottes Güte und die Übel der Welt. Das Theodizeeproblem (Tübingen 1992).

Torture, Consideration about Tools (Ausstellungskatalog Prag 1999).

J.v. Ussel, Sexualunterdrückung. Geschichte der Sexualfeindschaft (Gießen 1977).

R. Villeneuve, Grausamkeit und Sexualität (Berlin 1988).
H. Vorgrimler, Geschichte der Hölle (München 1993).
J. Voss, Das Schwarzmondtabu. Die kulturelle Bedeutung des weiblichen Zyklus (Stuttgart 1988).

T. Weitin (Hg.), Wahrheit und Gewalt. Der Diskurs der Folter (Bielefeld 2008).

T. A. Wetzstein/L. Steinmetz/C. Reis/R. Eckert, Sadomasochismus. Szenen und Rituale (Reinbek 1993).

R. Zagolla, Im Namen der Wahrheit. Folter in Deutschland vom Mittelalter bis heute (Berlin 2006).